中国近代节制生育史要

陈永生　编著

苏州大学出版社

ZHONGGUOJINDAIJIEZHISHENGYUSHIYAO

图书在版编目(CIP)数据

中国近代节制生育史要 / 陈永生编著. —苏州：苏州大学出版社，2013.8
ISBN 978-7-5672-0495-9

Ⅰ.①中… Ⅱ.①陈… Ⅲ.①节制生育—历史—中国—近代 Ⅳ.①C924.21—09

中国版本图书馆 CIP 数据核字(2013)第 182297 号

中国近代节制生育史要

编　　著　陈永生
责任编辑　施　放
装帧设计　吴　钰
出版发行　苏州大学出版社
地　　址　苏州市十梓街 1 号
邮　　编　215006
电　　话　0512－65225020　65222617(传真)
网　　址　http://www.sudapress.com
印　　刷　常州市武进第三印刷有限公司
开　　本　700 mm×1 000 mm　1/16　印张 28.5　字数 500 千
版　　次　2013 年 8 月第 1 版
　　　　　2013 年 8 月第 1 次印刷
书　　号　ISBN 978-7-5672-0495-9
定　　价　90.00 元

前　言

（一）

“节制生育”一词，在中华人民共和国成立后的前十余年一直作为专业术语在使用。比如，1953年政务院指示中央卫生部帮助群众节育；1956年9月，周恩来在关于发展国民经济的第二个五年计划的报告中说：“适当地提倡节制生育”；1957年，《人民日报》发表《应该适当地节制生育》的社论，同年还摄制发行科教电影“节制生育”；等等。从学科发展看，这是新中国成立前节育活动的延续。但新中国成立后，对于近代节制生育发展的历史很少提及。1983年出版的大型医学丛书——《中国医学百科全书·计划生育》，对近代节制生育仅说：1936年虽在上海成立过“生育节制情报处”，但没有起作用而迅即夭折。1983年史成礼先生编写《我国计划生育活动史》（未正式出版），未论述1949年前的节制生育活动，他所编的大事记也从新中国成立后起。到1987年，孙沬寒先生撰写的《中国计划生育史稿》出版，仍是论述新中国节育史的著作，书末所编的年表，也是从1949年开始。该书有一节记叙“近代节育思想和节育活动”，相当一部分是介绍梁启超、鲁迅、陈达、吴景超等人口节育思想，约万言，直接论及节育活动的更少。在中华人民共和国成立后的30多年中，没有出版研究新中国成立前的节育专著和专论（文章中涉及也少见）。这就易给读者造成中国节育活动是从新中国成立后才开始的印象。

对新中国成立前的节制生育活动不仅普通民众失知，而且医务界内亦如此。笔者1991年10月在“全国第二届健康教育理论研讨会”的大会发言中，论及民国健康教育，提到前辈学者在性教育（包括婚恋、生育）方面努力的事例和文献，会后许多代表主动来询问讨论。笔者曾与张铁民先生

(时任卫生部华北地区卫生管理干部培训中心主任)作过一次长谈,都甚感应加强民国卫生史的研究,这有益于纠正缺乏史学知识所造成的误解、误析。1999 年 4 月,笔者在“第三届中国国际性学学术交流会”作“20 世纪初叶中国的节制生育活动”报告,简要介绍了我国近代节育运动的概况,包括山格夫人来华将节育公开推向社会,并推动成立节育组织等活动。与会代表们有的感到新奇,有的怀疑是否真有此事,亦有代表说,如果属实,中国计划生育史要重写,等等。

现有大量文字、图片资料,无可辩驳的史实证明 1922 年我国已经成立节制生育团体,出版了节制生育专著、专业期刊,发行节制生育专号。1930 年,第一所民间的节制生育指导所成立,开展节育技术指导,使节育从宣传发动为主,转入实践指导。经过多年的奋斗,1945 年,“指导适当之节孕”写进国民党的施政纲领,成为政府的指导思想。前辈学者胡适、周建人、杨崇瑞、陈达等人,在近代力主控制人口,提倡生育自由,为推行节制生育作出过卓越的努力和开拓性的贡献。这些史实表明中国科学节育运动启始于 20 世纪初,中国节制生育史应该从此叙始。现在我们有责任对此进行全面整理,将历史真貌晓以后人,使近代节育历史与此后接续,这就是撰写本书的驱动力。2008 年在本书三稿完毕之时,看到 2007 年出版的《中国人口和计划生育史》,这部由国家人口和计划生育委员会编的大型专史,只有一节“中华人民共和国成立前的人口发展情况”,约 9 000 字,书内没有介绍新中国成立前的节育活动。这从中国节育(计划生育)历史研究来看,更有必要尽快补充近代部分的缺失。

(二)

撰写史学类著作,首先要考虑断代,在近代史分期各有所论的情况下,本书采用《中国医学通史》断代之例(邓铁涛、程之范主编,人民卫生出版社 2000 年 1 版),以 1840 年至 1949 年新中国成立为近代,再根据近代节育活动发展的阶段特征,分为:孕育期(1840—1921 年)、启始期(1922—1929 年)、发展期(1930—1949 年)三个阶段,即以 1922 年 4 月山格夫人(Mrs. Margaret Sanger)在北京大学作“生育制裁的什么与怎样”的讲演为标志,为启始期的开始,此前为孕育期;以 1930 年北平节育指导所成立,开展节育技术指导为标志进入发展期（到中华人民共和国成立）。

在节制生育发展的各个阶段，早期突出宣传控制人口的意义，但很快发现，要实现生育自主、个性解放、婚恋自由等，没有提供节育技术的支持甚难实行，故节育得到反传统各派的普遍支持。节制生育的推行给人们在思想、道德、行为准则和价值观等方面带来巨大的冲击，除了节制人口出生外，更使婚姻与生育分离、性活动与婚姻分离等成为可能。因此，对于近代节育运动的评价，不能仅用节育案例数字来衡量，节育运动所产生的思想、社会的影响，要远远大于节育技术层面的作用。

我们在肯定近代节育运动意义之时，也必须看到其局限性。当时节育组织和技术指导活动都是民间的，活动主要是在北京、上海、广州、南京、杭州等沿海大城市和其周边地区，且往往在知识人群中进行；虽努力将节育活动向农村、实验区扩展（如河北定县），向低文化人群推行，但尚属探索阶段。如果从节育管理、节育技术指导和推行力度等分析，1949 年以前的节育活动与新中国成立后的计划生育活动难以相比。

（三）

书稿在构思、修改的过程中，最后没有采用总论、各论的体例，而采取按历史发展的纵轴展叙，这样节育各阶段的活动及发展轨迹，时序脉络清楚。有关人口、遗传优生、婚恋等领域的互动，分别纳入三个时期分述，虽然这使得这些学科活动显出某些分割痕迹，但是对突出节制生育的发展，更为流畅，避免了一些事例的重复。书内有插图 70 余幅，其中 50 余幅是直接摄于新中国成立前的出版物。

全书遵循以叙史为主，史论为次的原则，着重反映概貌，力争将原始文献、重要内容、重要书目等出处详列，为读者深入研究提供导引、检索参照。书稿内对于某些孤证资料，必要论及或引用时也附注明；涉及一些重要事件、人物及活动等方面的争论，或多篇史料记载有重大出入之处，认真进行考证，列出论据。例如，山格夫人 1936 年是否到过北京，上海节育研究社成立日期等，是我国节育史上有明显争论之事，甚至许多有影响的著述说法也不一。此外，如报纸出刊年份印错，报头日期与刊眉日期不一，甚至将刊期印错等，凡已发现，都进行了说明或校注。

本书写成，要感谢苏州大学图书馆、国家图书馆、上海图书馆、南京图书馆、南京大学图书馆等在文献索取、复制多方面给予的支持。其中，特别要感谢苏州大学图书馆特藏部，他们在国内图书馆还普遍对近代文献封闭、限制之时，在20世纪70年代末，就向教师开放馆藏丰富的近代史料，还特地为特藏刊物编辑了检索手册，在当时检索工具书甚少之时，其实用价值尤其显著。可以说没有他们的帮助与支持，很难写成此书。特藏部赵明先生、薛维源先生在古籍检索、人物考证等方面给予许多具体的帮助，在此诚致谢意。同时亦要感谢段本洛教授、周寿祺教授、朱梅主任医师、张苏萌副主任医师、张丹红副主任医师，以及习医同窗和学长相励。另参阅了近年20余位作者的节育文章和学位论文，从中得到启迪，在此一并致谢。本书能够付梓，得到苏州大学出版社的鼓励与支持，特别是施放编辑为全书结构调整、编辑出版倾注了大量的精力，在此深表感谢。书中有误之处或立论不当，敬请读者指正。

陈永生　1999年初稿

2013年7月4日于苏州大学

目　录
Contents

上篇　节制生育运动孕育期(1922年前)

中篇　节制生育运动启始期(1922—1929年)

下篇　节制生育运动发展期(1930—1949 年)

上　篇

节制生育运动孕育期(1922 年前)

我国历史上早已存在节制人口的思想和控制生育的行为。然而科学的节制生育，是在近代化进程中渐现的。到 20 世纪初，面对庞大的低素质的人口，主张控制人口生育的观点日益增强；妇女解放、生育自主的呼声高涨，避孕节育的意义得到新知识分子的认同和传播；节育用品已在社会出售；新文化运动又加速了这个进程，积聚着把节育运动公开推向社会的能量。我们称此阶段（1922 年前）为我国节制生育运动孕育期。它是 1922 年起中国近现代节育运动进入启始期的基础。

第一章 近代以前的人口生育思想举要

在我国古代历史上，许多名人、名著，虽有关于人口的论述，但没有形成独立的思想体系。本章就鸦片战争前一些学者的人口生育思想和历史上的生育控制行为择要简介。

一、夏、商、西周人口生育思想

在中国历史上，很早就有了人口思想的萌芽，相传奴隶主为了战争和管理国家，就有人口分布情况的记载及统计。① 在商代，虽然人祭之风盛行，但这可以从战争中获得奴隶来补充，故奴隶主们对于人口的多寡尚没有引起重视。到奴隶社会中晚期，在生产工具和生产技术落后的条件下，人的作用日显重要，故渐渐改变杀害奴隶之风，开始关注人口的蕃衍，主张增加人口的言论日昌。史料中有许多记载，如《诗经》，它是我国最早的一部诗歌总集，在其《国风·周南·桃夭》中说："桃之夭夭，有蕡其实，子之于归，宜其家室。桃之夭夭，其叶蓁蓁，子之于归，宜其家人。"②文中用桃花艳丽、绿叶秀盛，比喻新婚女子的美丽，反映了期望女子出嫁后，像桃树结实一样多生子女，人如叶兴的愿望。在西周，为重视男女的婚配，设立专门官员主管婚配，如《周礼·地官》有"媒氏掌万民之判"、"司男女之无夫家者而会之"等记载，其意在促进婚姻生育。

此外，在西周已出现重男轻女的思想，如《诗·小雅·斯干》中说："乃生男子，载寝之床，载衣之裳，载弄之璋，其泣喤喤，朱芾斯皇，室家君王。乃生女子，载寝之地，载衣之裼，载弄之瓦，无非无仪，唯酒食是议，无父母

① 徐宗元，辑.帝王世纪辑存·星辰及历代垦田户口数第九.上海：中华书局，1964：118-120.

② 金启华，译注.诗经全译.南京：江苏古籍出版社，1984：14.

贻罹。”①其意是生了男孩放在床上，给他玉制器皿玩，预示将来是一家之主，甚至成为统治者；而生女儿，只能放在地上，用陶制纺锤玩，将来只需要做些家务，不要给父母带来麻烦就好。封建社会中称生儿子是“弄璋之喜”，生女儿是“弄瓦之喜”，可能也源出于此。诗中对男女的“期望值”有显著的差别，已明显地反映偏好男性子嗣，重男轻女。

二、春秋战国时期的人口生育思想

春秋战国时代（公元前 770 年—公元前 221 年）是我国思想文化历史上的第一个转型期。各种思想活跃，涉及哲学、教育、文化、政治、经济、伦理道德等，出了许多思想大家，在人口生育思想方面，其核心是主张增加人口，鼓励生育，并逐渐发展成为主流人口思想。虽然有担忧人口增长过快，带来社会混乱等观点出现，但如寒蛩之鸣。历史上人口生育观的论争，大部分可朔源至此时。

1. 管仲与《管子》的人口思想

管仲（？—公元前 645 年），春秋前期著名的政治家。他认为人口能否增加关系到国家的安危，在《国语·齐语》中说：“修旧法，择其善者，而业用之，遂滋民与无财，而敬百姓，则国安矣。”管仲主张男女及时婚配；将人按职业分为士、农、工、商，分业定居。他的人口思想在《管子》中多有反映。

（1）人口众多是国家富强的根本。“夫争天下者，必先争人”②，“地大国富，人众兵强，此霸王之本也”③。

（2）鼓励人口增殖，提高生育率。例如，“取鳏寡而合和之，予田宅而家室之，三年然后事之”④，鼓励他们成家。

（3）奖励生育。凡是“士民有子……有三幼者，无妇征；四幼者尽家无征，五幼又予之葆，受二人之食，能事而后止”⑤。他提出免赋税，甚至第五个小孩及保姆所需，均由国家负担。

（4）保持人口与土地之间的平衡。在主张增加人口，鼓励生育之时，管仲又指出，“地大而不为命曰土满，人众而不理命曰人满”⑥，即认为人口

---

① 金启华，朱一清，程自信. 诗经鉴赏辞典. 合肥：安徽文艺出版社，1990：479.
② 管子·霸言//四库全书（729 册）. 上海：上海古籍出版社（影印），1987：101.
③ 管子·重令//四库全书（729 册）. 上海：上海古籍出版社（影印），1987：63.
④ 管子·入国//四库全书（729 册）. 上海：上海古籍出版社（影印），1987：192.
⑤ 管子·入国//四库全书（729 册）. 上海：上海古籍出版社（影印），1987：192.
⑥ 管子·霸言//四库全书（729 册）. 上海：上海古籍出版社（影印），1987：102.

并不是无条件的越多越好。在他身后二千余年，如何估计人口和土地状况，一直是制定人口生育政策的支点，得当与否，决定了人口生育政策的实际效果。

(5) 重视人才培养，提出“一年之计，莫如树谷；十年之计，莫如树木；终身之计，莫如树人”①，即注重人口质量的提高。这是一个很有远见的观点。

2. 孔子、孟子的人口生育思想

(1) 孔子(公元前551年—公元前479年)，名丘，字仲尼，生活在春秋末期，是伟大的思想家、教育家。他创立的儒家学说，是一庞大的思想体系，在我国和世界历史上有巨大影响。他的思想被许多人遵为行为准则。他在人口方面的论述，对后人的影响深远而流长。主要观点：

1) 主张增加人口。指出“天地之性人为贵，人之行，莫大于孝”②，做孝子首先要求就是繁衍后代。并说“父母生之，续莫大焉”③。为此提出，要重视男女婚配，“男子二十而冠，有为人父之端，女子十五许嫁，有适人之道”④。他力主推行仁政，这样“四方之民，襁负其子而至矣”，即诸侯各国之民携儿带女前来，本国人口就会增加。孔子主张增加人口，特别从孝道观念要求子孙的繁衍，对于后人的人口生育思想有根深蒂固的影响。

2) 孔子还发展西周以来的歧视妇女的观念，强化了男尊女卑的思想，提出“唯女子与小人为难养也，近之则不孙，远之则怨”⑤。这种歧视妇女的思想观念，在漫长的封建社会不断的宣扬发挥下，给妇女戴上了“三纲五常”、“三从四德”的沉重枷锁。在生育方面，夫权至上，女子也没有选择的自由，助长了人口的增加。

(2) 孟子(约公元前372年—公元前289年)，名轲。相传受业于孔子之孙孔伋。孟子的思想大多数源于孔子。他也主张迅速增加人口，认为“广土众民，君子欲之”⑥，统治者都希望人口众多。他提出“不孝有三，无后为大”，更加强化了封建社会的子嗣延续、繁衍后代的生育观。孟子还就如何增加人口，推行仁政等提出许多主张。

---

① 管子・权修//四库全书(729册). 上海：上海古籍出版社(影印)，1987：18.

② 孝经・圣治//胡平生. 孝经译著. 北京：中华书局，1996：19.

③ 孝经・圣治//胡平生. 孝经译著. 北京：中华书局，1996：19.

④ 王肃. 孔子家语・本命解//四库全书(695册). 上海：上海古籍出版社(影印)，1987：62.

⑤ 论语・ 阳货//金良年. 论语译注. 上海：上海古籍出版社，1995：218-219.

⑥ 孟子・尽心上//四部丛刊初编(八). 上海：上海书店(影印)，1989：8.

孔孟人口生育思想的核心是鼓励生育,增加人口数量。由于几千年来他们两人在中国思想领域的无可动摇的地位,尽管朝代更迭,其思想始终成为封建社会的主流人口思想。人们以人口多寡判国家强弱,以人口多少论家族兴衰。在现实社会生活中,子嗣不兴的家庭常常被欺负,无儿子的家庭,更受到歧视,造成封建社会求嗣,特别是求男性子嗣的欲望十分强烈。这就是中国多妻、多育最重要的原因之一,长期以来对人口的增长产生明显的影响。

3. 韩非的人口生育思想

韩非(约公元前280年—公元前233年),是战国末期著名的思想家。在人口问题方面,与孔孟增加人口的主张不同。他说:"今人有五子不为多,子又有五子,大父未死,而有二十五孙,是以人民众而货财寡,事力劳而供养薄,故民争,虽倍赏累罚而不免于乱。"①他认为当时人口多的家庭已不少,人口的增长已经超过物质生活资料的增加;人们辛苦劳作而收入少,社会不安定,难免于乱。韩非在我国历史上首先指出,人口的增长快于物质财富的增长将导致社会的不稳定和动乱。韩非认为,人口生育必须与物质财富生产相适应,人口数量与人们生活水平成反比(物质条件相同)。

韩非虽然没有正面提出减少人口生育的主张,但是对于社会已经存在的溺女婴的现象,还是有一定的认同。在《韩非子·六反》中说:"父母之于子也,产男则相贺,产女则杀之。此俱出于父母之怀衽,然男子受贺、女子杀之者,虑其后便,计之长利也。"他认为父母杀女婴是不得已而为之,怀有同情,并认为从长远看是有利的。

他分析了当时的人口状况,认为不是太少而是太多,就人口构成看,应增加农业人口,其思想不乏积极推动社会进步的意义。他继承发展了老子、商鞅的愚民思想,提出了许多限制人民掌握知识文化的主张,为秦始皇"焚书坑儒"的暴行,提供理论基础。

4. 墨子、老子、商鞅、荀子等人口生育思想

(1) 墨子,名翟(约公元前468年—公元前376年),是战国时期著名的思想家,墨家学派的创始人。他认为,"欲民之众,而恶其寡"②,并就增加人口提出许多主张。他说:"昔圣王为法曰丈夫年二十不敢毋处家,女子

① 韩非子·五蠹//四库全书(729册).上海:上海古籍出版社(影印),1987:779.
② 墨子·辞过//四部丛刊初编(七一).上海:上海书店(影印),1989:17.

年十五毋敢不事人”①，提倡早婚。但墨子反对纳妾，这样可使男女适时婚配，不致男无妻女无夫，并可多生育，增加人口。他又说“蓄私不可不节”②。墨子在如何促进人口增殖、保证劳动力等方面，提出过许多有进步意义的主张。

(2) 老子，姓李名耳，生卒不详，大约生于春秋末期，是著名的思想家，道家学派的创始人。他主张：“小国寡民，使有什伯之器而不用；使民重死而不远徙。虽有舟舆，无所乘之；虽有甲兵，无所陈之；使民复结绳而用之。甘其食，美其服，安其居，乐其俗。邻国相望，鸡犬之声相闻，民至老死，不相往来。”③他希望保持一种国家小，人口少，无知无为的状态（这不能与近代减少人口出生的观点等同）。老子还提出：“民之难治，以其智多。故以智治国，国之贼；不以智治国，国之福。”④认为有了知识，难于统治。他还认为“绝巧弃利，盗贼无有”⑤，反对提高人民的知识与生产技能，提倡愚昧无知。

(3) 商鞅（约公元前390年—公元前338年），是战国时期著名的政治家。他的人口思想的核心是增加人口，指出：“人众兵强，此帝王之大资也。”⑥应设法快速增加人口，首先是招徕其他诸侯国家的人民到秦国；用“今利其田宅而复之三世，此必与其所欲，而不使行其所恶也”⑦的政策鼓励人口的移入。他还主张增加农业人口，减少不从事生产的人口，指出“而税多食口众者败农者也”⑧，鼓励扩大总人口中农业人口的比例。

商鞅在鼓励人口增长的同时，指出人口数量与土地数量之间要保持平衡，当“民过地，则国功寡而兵力少；地过民，则山泽财物不为用”⑨，两者失衡均有害于国家和人民。他与主张增加人口的前人相比，表现得更有识见。此外，在商鞅的许多政论中，他也反对提高人民的文化知识，在历史上起到不良的影响。

(4) 荀子（约公元前313年—公元前？年），名况，是战国后期著名的

---

① 墨子·节用上//四部丛刊初编（七一）. 上海：上海书店（影印），1989:2.
② 墨子·辞过//四部丛刊初编（七一）. 上海：上海书店（影印），1989:17.
③ 老子·八十章//陈鼓应. 老子注译及评介. 北京：中华书局，1984:357.
④ 老子·六十五章//陈鼓应. 老子注译及评介. 北京：中华书局，1984:312.
⑤ 老子·十九章//陈鼓应. 老子注译及评介. 北京：中华书局，1984:136.
⑥ 商君书·弱民//续修四库全书（971卷）. 上海：上海古籍出版社，667. 1995.
⑦ 商君书·徕民//续修四库全书（971卷）. 上海：上海古籍出版社，663. 1995.
⑧ 商君书·垦令//续修四库全书（971卷）. 上海：上海古籍出版社，651. 1995.
⑨ 商君书·算地//续修四库全书（971卷）. 上海：上海古籍出版社，655. 1995.

思想家。在人口问题上，其核心观点亦是增加人口，并认为主要是增加农业人口和招徕各诸侯国移民。他对自然界的资源供养人类，抱乐观的态度，说："夫天地之生万物也，固有余足以食人矣"①，认为人再多，都能养活，这显然是过分的乐观。在对待民众教育方面，荀子与老子、商鞅的愚民观相反，主张加强教育，以免"今人无师法，则偏险而不正；无礼义，则悖乱而不治"②。

三、秦汉至隋唐五代时期的人口生育思想

秦汉至隋唐五代时期（公元前221年—960年）人口思想，仍然以奖励生育、增加人口为主。统治者实行的政策主要有：鼓励早婚、解放奴婢、僧尼还俗、增加农业人口、减免赋税和移民等。在人口生育思想方面，未有重要的论述，择一些学者的主要论点介绍如下。

1. 秦汉时代

（1）贾谊（公元前200年—公元前168年）、晁错（约公元前200年—公元前154年），都是西汉著名的政论家，都主张增加人口，特别是农业人口。晁错还提出鼓励移民戍边的一些措施。

（2）董仲舒（约公元前179年—公元前104年），著名哲学家、经学大师。他最著名的是主张"罢黜百家，独尊儒术"，排斥儒家以外的所有学说。在人口生育思想方面，以阴阳五行学说为依据，提出"君为阳，臣为阴；父为阳，子为阴；夫为阳，妻为阴"③。董仲舒认为这些都是上天决定，阳是主体，阴是附庸，不可抗拒，不可改变。他深化了男尊女卑的理论根据，将男尊女卑更绝对化。这在中国历史长河中，对人们的行为、道德、思维模式等，起了极为消极的影响。

（3）王吉（？—公元前48年），在历史上并非名人，但是在人口生育思想方面，他明确反对早婚，说："世俗嫁娶太早，未知为人父母之道而有子，是以教化不明而民多夭。"④他是有史记载以来，最早反对传统的早婚思想和早婚政策的人，在我国人口生育历史上，不应忽视这一卓见。王吉主张婚嫁从简，男女成年后及时婚配以增加国家人口。此外，他附和董仲舒的

---

① 荀子·富国//王先谦，沈啸寰，等. 荀子集解（上）. 北京：中华书局 1988：185.

② 荀子·性恶//梁启雄. 荀子简释. 北京：中华书局，1983：328.

③ 董仲舒. 春秋繁露（卷十二）//四部丛刊初编（一〇）. 上海：上海古籍出版社，1989：7.

④ 班固. 汉书·王吉传. 上海：中华书局，1962：3064.

阴阳五行的重男轻女思想。

(4) 贡禹(公元前 124 年—公元前 44 年),他在分析影响人口增长的原因后指出:“取女皆大过度,诸侯妻妾或至数百人,豪富吏民畜歌者至数十人,是以内多怨女,外多旷夫。”①这严重影响了男女的婚配,因而主张遣散宫女奴婢,以有利于人的生育繁衍。

(5) 王充(27—约 97 年),代表作《论衡》。他在《论衡·气寿》中说:“妇人疏字者子活,数乳者子死。何则?疏而气渥,子坚强;数而气薄,子软弱也。”②这反映了作者主张生育不能密,而要稀。生育密者孩子体质差,虚弱;反之体质好,强壮。

(6) 王符(约 85—163 年),东汉著名思想家。他反对奢侈之风,主张通过移民,使人口与土地相适应,改变“边郡千里地各有两县户才置数百”,而中州内郡土少人众,主张土地与人民必须相称③。

(7) 崔寔(?—170 年),东汉著名思想家。他提出“徙贫人不能自业者于宽地,此亦开草辟土,振人之术也”④,解决人口与土地分布不平衡的矛盾。

(8) 徐干(171—218 年),非常重视人口调查管理,政府应掌握人口数字等资料,这是“为国之本也”⑤。他将掌握人口数字作为治理国家的根本任务看待,这比前人有远见;就是与同时代的仲长统相比,也显得更有见识⑥。历史发展证明,人口资料的完整和正确,在很大程度上决定一个国家发展规划的成效。

2. 魏晋南北朝时代

这一时期是中国历史上分裂、战争、混乱持续最长的时期,朝代更迭频繁。不断的动乱使人口死亡率上升,而人员的流散又使赋税流失,故统治者一旦掌握政权后,都采取鼓励生育、增加人口的措施,甚至采用强制手段婚配,如晋武帝曾令“女年十七父母不嫁者,使长吏配之”⑦。为了增加人

① 班固.汉书·贡禹传.上海:中华书局,1962:3071.

② 王充.论衡.上海:上海人民出版社,1974:12.

③ 王符.潜夫论//四库全书(696 册).上海:上海古籍出版社,1987:401.

④ 杜佑,通典·食货典.王文锦,等,点校.北京:中华书局,1988:14.

⑤ 徐干.中论·民数.//四库全书(696 册).上海:上海古籍出版社,1987,501.

⑥ 仲长统曾将进行人口调查、掌握人口资料作为解决“政务”的十六条纲领之首提出,但未提到徐干这样的高度.

⑦ 房玄龄,等.晋书·武帝纪.北京:中华书局,1974:63.

口,一些统治者和学者主张佛教僧人和尼姑还俗,生育后代。

(1) 皇甫谧(215—282 年),著有《帝王世纪》,系统整理了从夏至三国期间的人口数字。尽管不十分详细、可靠,但这是前人未有的,是对人口研究的开创性贡献。后人的研究,常引用此资料。他还对人口增减的原因,进行了初步的分析。

(2) 李冲(450—498 年),是北魏著名的政治家。他创"三长之制",得到太后的肯定。他说:"立三长,则课有常准,赋有恒分…… 何为而不可?"[①]后"遂立三长",目的在于加强健全各级行政组织和人口管理,同时有助于赋税的征收。这对以后的行政设置产生重要影响,直至近代的保甲制都可朔源至此。

(3) 周朗(425—460 年),是南朝时期论述人口问题较多的一位学者。其核心思想亦是力主增加人口,并提出许多促进人口增殖的主张。例如,他认为"戍淹徭久,妻老嗣绝"[②],难以生育子女,人口减少,为此应减少兵役、徭役,即"家宽其役,户减其税",使人民能有安定生活,生育子女。他还主张改革婚聘习俗,促进男女适时婚配;强行命令早婚,凡是"女子十五不嫁,家人坐之"[③],以提高生育率。周朗在安置流民和加强对人民教化方面也有许多具体的主张。

在魏晋南北朝时期,还有一些学者在他们的著作中论及人口问题。比如,傅玄(217—278 年)提出要确定士、兵、农、工、商比例,增加农业人口,将多余的官吏、工商人口转向农业。郭祖深(生卒不详,活动于 502—549 年)主张僧尼还俗,减少不参加农业生产的人数,这在梁武帝大兴佛教之时,敢于提出,甚有胆识。

3. 隋唐五代时期

这一时期人口思想的核心观点仍然是推崇增加人口。各种主张、政策也都是环绕人口增殖展开(如傅奕),亦有指出人过多之害等(如王梵志)。

(1) 傅奕(554—639 年),认为佛教是"演其妖书,述其邪法,伪启三涂,谬张六道,恐吓愚夫,诈欺庸品"[④]的骗人的邪说,主张严禁。他主张僧尼应还俗,"请令匹配,即成十万余户,产男育女",增加生产人口。

---

① 魏收. 魏书·李冲传. 北京:中华书局,1974:1180.
② 沈约. 宋书·周朗传. 北京:中华书局,1974:2094.
③ 沈约. 宋书·周朗传. 北京:中华书局,1974:2094.
④ 刘昫,等. 旧唐书·傅奕. 北京:中华书局,1974:2715.

（2）王梵志（约590—660年）①，是唐代通俗诗人的代表。在敦煌出土的白话诗中占有较多的篇幅，仅法国和英国收藏敦煌的文献中有关王梵志的诗，就有约30件（篇幅长短不等）②。国人对王梵志的诗进行过多种校辑研究，如张锡厚根据敦煌遗书的28种不同的写本等，整理出三百多首诗，并辑入他人许多考辨的述评。③ 王梵志的诗文通俗易懂，大部分描写社会中下层生活，反映民间的疾苦，被认为是白话诗人的代表。其中，有论及人口生养等，指出人过多之害，主张少生，重视人口质量等。

① 诗中说："续续生出来，世间无处座，若不急抽即，眼看塞天破。"④"人人惣色活，拄著上头天"⑤；"人人覔（觅）长命，没地可种谷"⑥；"于时未与死，眼看天地官，男女有亦好，无时亦最精"⑦。这些都反映了诗人对人满之状的认识和担忧，指出天地之窄，人满之患，如不迅速控制，这将上拄于天。他忧虑生命之延长，人口之增加，谷物出产难以适应。这是我国历史上较早明确指出人多为患，应改变此种状况的学人。

② 诗又说："生儿不用多，了事一个足。省得分田宅，无人横煎蹙。"⑧作者明确表达了少生儿女可减少对土地、房屋的需求，不必愁困苦而窘迫。他认为，儿女能干的一个已经足够，不在于多。这是在"多子多福"强大舆论统治下，最早提倡少生优生，"一个足"的诗人。比冯梦龙主张只生一男一女的观点，要早约七八百年，有甚高的思想价值。

③ 指出贫困人群生育子女比富裕家庭多的状况，说"富儿少男女，穷汉

---

① 关于王梵志的身世说法不一，甚至有人否认其人的存在。众多研究者中，多数认为他生活在唐初。本文从胡适所述（见：胡适著.白话文学史.上海：新月书店，1929：229-233）。而有些学者认为收入王名下的作品，可能至宋初。王梵志诗流传下来的均为写本，不同抄写本略有差别。本文引自敦煌文献中王梵志诗五首的影印件.

② 见《敦煌遗书总目录索引新编》.

③ 张锡厚，校辑.王梵志诗校辑.北京：中华书局，1983：1-362.

④ 中国社会科学院历史研究所，等.英藏敦煌文献（第8卷）.成都：四川人民出版社，1992：239.

⑤ 上海古籍出版社，法国国家图书馆.法国国家图书馆藏敦煌西域文献（28卷）.上海：上海古籍出版社，2004：282.该文在《王梵志诗校辑》第66页为"人人总巴活，拄著上头天".

⑥ 上海古籍出版社，法国国家图书馆.法国国家图书馆藏敦煌西域文献（28卷）.上海：上海古籍出版社，2004：283.参见：《王梵志诗校辑》75页.

⑦ 上海古籍出版社，法国国家图书馆.法国国家图书馆藏敦煌西域文献（24卷）.上海：上海古籍出版社，2002：149.而项楚校注的《王梵志诗校注》（上海古籍出版社，1991年），将"眼看天地官"辑注为"眼看天地窄"（705-706页）；在张锡厚的校辑本中为"眼看天地间"（180页），且该篇诗的起始，两版本亦有别.

⑧ 项楚，校注.王梵志诗校注.上海：上海古籍出版社，1991：742.

生一群"①。表明王梵志早已注意并认识到贫苦人群生育率高的现象。

尽管历史上一些学者认为署名王梵志的诗,并非他一人所作,认为有人将他人的白话诗作归于其名下,并认为王梵志诗的文学价值有限(如全唐诗未收录)。然而作为反映这一时期的人口生育思想,明确指出人满之虑,少生育等,无论出自于何人,都甚有价值。

(3) 李峤(664—713 年),主张减轻赋税,鼓励流落异乡的人返回家乡,"垂恩德以抚之,施权衡以御之"②,同时提出要加强户口管理。

(4) 刘晏(715—780 年),是唐朝的理财学家。他指出"户口滋多,则赋税自广,故其理财常以养民为先"③。他主张增加人口,扩大就业。在救济贫民方面,他主张将赈济改为廉价出售谷物,避免不劳而坐等救济。

(5) 陆贽(754—805 年),唐朝著名的政治家,亦十分重视增加人口。他主张增加穷人的就业机会,鼓励移民,减低赋税等,使人民安业,增殖人口。

(6) 杜佑(735—812 年),唐朝著名的史学家。在人口学方面的贡献上,他比皇甫谧《帝王世纪》更系统地整理了古代至唐天宝期间的人口资料。④ 他提出发展农业,减轻赋税,促进人口增长;赞赏徐干重视人口管理、确切掌握人口数字的思想。

四、宋元至鸦片战争前的人口生育思想

这一时期 (960—1840 年),除主张增加人口的主流思想外,出现了不同的观点和著述。一些思想家和政治家,就人口增长与物质生活资料增长之间的关系,以及对人口增长过快的担忧等,明确提出了节制人口,减少生育。

1. 李觏、苏轼、马端临、徐光启、冯梦龙的人口生育观

(1) 李觏(1009—1059 年),北宋著名的学者,主张变革,说:"救弊之术,莫大乎通变。"⑤他的人口观点的核心,是主张增加农业人口,强调"王

① 上海古籍出版社,法国国家图书馆. 法国国家图书馆藏敦煌西域文献(24 卷). 上海:上海古籍出版社,2002:148.

② 王溥. 唐会要(下)·逃户. 上海:上海古籍出版社,1991:1850.

③ 司马光. 资治通鉴·四·卷第二百二十六唐记四十二. 长沙:岳麓书社,1990:38.

④ 杜佑. 通典·食货典·历代户口盛衰. 王文锦,等,点校. 北京:中华书局,1988:142-158.

⑤ 李觏. 易论第一//四库全书(1095 册). 上海古籍出版社,1987:35-36.

法必本于农”，应减少非农业人口①，包括通过限制奢侈品生产，减少“冗食”之人和限制工商业发展等措施。

（2）苏轼（1036—1101 年），号东坡，北宋著名的文学家和诗人。在人口思想方面，他认为天下土地是完全可以养活天下人民的，所以出现矛盾，是由于分布配置不当，他说：“夫中国之地，足以食中国之民有余也。而民常病于不足何哉，地无变迁，而民有聚散，聚则争于不足之中，而散则弃于有余之外。”②其意是按照土地合理分布人口，就能达到平衡。苏轼在中国人口思想史上，杰出之处是否定了以前绝大部分思想家的人口愈多财富愈多的观点，指出人口的多寡不能决定国家贫富和强弱。他认为在管仲、商鞅之时，人口是富强的标志还有道理，但是后来发展并没有因为人多而富裕，如果不生产的人增加，非但不能使国家强大兴盛，反而可能是造成社会贫困和动乱的原因。他说：“非徒无益于富，又且以多为患。生之者寡，食之者众，是以公私枵然而百弊并生。”③

（3）马端临（约 1254—1323 年），南宋著名史学家。他指出“民之多寡不足为国之盛衰”；人口有质的良差之分，说“古者户口少而皆有才智之人，后世生齿繁而多窳惰之辈，均是人也”④。人口质量低，人越多越坏。在八百年前，他就明确指出了人口质量之差的不利影响，是值得赞誉之事。

（4）徐光启（1562—1633 年），明代著名的科学家，在天文学、数学等方面的著作和翻译作品很有影响。他和利马窦（Mathieu Ricci）合作完成《几何原本》的翻译等，对于传播西方科学知识颇有影响。徐光启在人口生育问题方面独特的见解是对人口发展速度的估计。他说：“洪武中亲郡王以下男女五十八位耳，至永乐而为位者百二十七，是三十年余一倍矣。”⑤他明确地指出人口快速增加的趋势，这与在约二百年后马尔萨斯所说的人口 25 年的倍增周期相近。他又说：“玄扈先生曰按三代制，产多寡不同，诸家之说互异，刘氏一首疑之，夫谓古民多后世之民少，必不然也。生人之率大抵三十年而加一倍。自非有大兵革，则不得减。”⑥他认为无大的战事，人口将

---

① 李靓．安民策第十//四库全书（1095 册）．上海古籍出版社，1987：149．

② 苏轼．苏东坡集（六）·苏东坡应诏集·策别十四．上海：商务印书馆，1936：24．

③ 苏轼．苏东坡集（二）·策问·国学秋试策问．上海：商务印书馆，1936：19．

④ 马端临．文献通考·自序．北京：中华书局，1986：考四．

⑤ 徐光启．处置宗禄查核边饷议．//徐光启集（上册）·论说策议．北京：中华书局，1963：14．

⑥ 徐光启．农政全书·田制·玄扈先生井田考．//四库全书（731 册）．上海：上海古籍出版社，1987：54．

三十年倍增，开创了中国学者判断人口增长周期的先河。

(5) 冯梦龙(1574—1646 年)，字犹龙，又字子犹、公鱼等，明末著名的文学家。他著有诗歌、戏曲、小说，所著"三言"为公认的古典名著。但他在《太平广记钞·古元之》的眉批中，表述的节制人口出生的主张却鲜为人知。《太平广记钞》，一部分取自口头传说和社会生活的素材，大部分是从古代杂记和抄本等钩辑而成。在记叙"古元之"中写道，后魏尚书令古弼族子元之，饮酒昏睡，醒后叙说"梦中"在和神国所见美丽安逸的田园风光等。其中，有"其人长短妍蚩皆等，无有嗜欲爱憎之者，人生二男二女，为邻则世世为婚姻"之语①。冯梦龙针对此眉批云："不若人生一男一女，永无增减，可以长久。若二男二女，每生增加一倍，日增不减，何以食之?"②冯梦龙认为人口生育，如果不加控制，就会成倍增加，将来难有食物供养；主张一对夫妇只生一男一女。这比新马尔萨斯主义者提出的"二孩论"要早近 200 年。冯梦龙是我国历史上又一位直率地提出要控制人口生育，少生子女；并最早明确主张生育一男一女，十分难得可贵。

2. 洪亮吉的人口论与物竞论

洪亮吉(1746—1809 年)，字君直，号雅存，又号北江。是乾隆嘉庆时代的著名文学家、思想家。他是同时代及以前历代学人中，对人口问题论述面广且比较深入的学者。可惜他有关人口生育的论述，直到清末民初尚少为学界关注。民国初年，张荫麟介绍他的生平及人口思想时说，"至今犹湮没不彰"③。

洪亮吉的著作，1877 年 4 月重刻，共 222 卷，有关主要政论著作，收入《意言》共 20 篇，其中关于人口生育、物竞的论述，分别见于"治平篇"、"生计篇"、"百物篇"、"命理篇"、"夭寿篇"(第六至第十篇)等。④

(1) 人口论。

① 户口(人口)的增长速度远远快于生产生活资料的增长。洪亮吉说："然言其户口则视三十年以前增五倍焉，视六十年以前增十倍焉，视百年百数十年以前不啻增二十倍焉。"⑤他不仅看到户数的快速增加，还看到

---

① 冯梦龙. 太平广记钞·古元之. //四库全书. 1045 册，上海：上海古籍出版社，1987：710.

② 冯梦龙. 太平广记钞·古元之. //魏同贤. 冯梦龙全集(第八册). 南京：江苏古籍出版社，1993：143.

③ 张荫麟. 洪亮吉及其人口论. 东方杂志，1926，23(2)：69.

④ 洪亮吉. 洪北江全集·卷诗阁文甲集卷第一. 授经堂重刻本，1877：1-15.

⑤ 洪亮吉. 洪北江全集·卷诗阁文甲集卷第一·治平篇. 授经堂重刻本，1877：8.

人口的迅速增长，故又说："试以一家计之，高曾之时有屋十间，有田一顷，身一人娶妇后不过二人，以二人居屋十间，食田十[1]顷宽然有余矣；以一人生三计之，至子之世而父子四人各娶妇四人，即有八人……以十人而居屋十间食田一顷，吾知其居仅仅足，食亦仅仅足也。"这样繁衍下去到二十余人时，房屋十间、田一顷"吾以知其必不敷矣"[2]。他认为就是将以前闲置土地等开垦，"亦不过增一倍而止矣，或增三倍五倍而止矣；而户口则增至十倍二十倍"，人口过剩，生产生活资料难以满足人口增长的需要，是社会发展的潜在压力。

② 人口过剩是贫困的主要原因。洪亮吉认为，由于人口增加，在生产生活资料没有能相应增加时，人均所享有的资源就下降，人民生活困苦。他说："今则不然，为农者十倍于前，而田不加增；为商贾者十倍于前而货不加增……"；这样必然使竞争加剧，使"所入者愈微，所出者益广"[3]，造成人民虽终生勤劳，仍生计艰难。

③ 人口剧增是社会动乱的原因。当人口快速增长，生活资料不能满足需要之时，各种矛盾出现，必然有一部分人，无土地可耕，无货物可贩卖，成为无业人口，他们为了生存，可能有种种不符合社会公认的道德行为，成为社会不稳定的动因。尤其"游手好闲者，遇有水旱疾疫其不能束手以待毙也"[4]。他认为人口快速增加，对平时有业者，勤奋工作尚不能使生活有保障，而无业及游手好闲人员，在发生灾情、疾病流行时，其生活无助，必然加剧社会的动乱。对此"甚可虑者也"。洪亮吉虽然将人口过快增长视为社会贫穷的原因，但不认为是唯一的原因。他举出社会中土地和财富的兼并，贫富差别明显，"一人居百人之屋，一户占百人之田"，这样的贫富不均，更加剧了贫困，必需改变。

④ 对于人口的过快增长，洪氏提出"天地调剂之法"和"君相调剂之法"，以抑制人口过剩。他说："水旱疾疫即天地调剂之法也"，可以减少人口；但认为"遭水旱疾疫而不幸者不过十之一二矣"，难以对人口增长发生明显的影响。故应施"君相调剂之法"，如"使野无闲田，民无剩力"，移民、开荒，减少赋税，开仓济民等[5]。洪亮吉特别指出，"天地之所以养人者原不

① 原文可能有误，从上下文看应为一.
② 洪亮吉.洪北江全集·卷诗阁文甲集卷第一·治平篇.授经堂重刻本，1877：8.
③ 洪亮吉.洪北江全集·卷诗阁文甲集卷第一·生计篇.授经堂重刻本，1877：10.
④ 洪亮吉.洪北江全集·卷诗阁文甲集卷第一·生计篇.授经堂重刻本，1877：10.
⑤ 洪亮吉.洪北江全集·卷诗阁文甲集卷第一·治平篇.授经堂重刻本，1877：9.

过此数”,依靠“天地调剂之法”和“君相调剂之法”,解决人口增加与生活资料增长的矛盾作用是有限的。

(2) 物竞论。

① 天生百物并非专以养人。洪氏说:“人谓天生百物专以养人不知非也”,“熊罴虎豹之势众于人则杀人,人之势众于熊罴虎豹则杀熊罴虎豹”①。生物竞争永远不息,适者生存,不能适应者被淘汰。

② 人之一生无命运、轮回之说。

洪亮吉否定人生轮回和命在天之说,他说:“人之生修短穷达有命乎?曰无有也”,“岂果有轮回果报乎?曰无有也”②。即人的生命、命运并不是天定的,喻示人口的繁衍,亦应自我把握。

③ 人的寿命与遗传及保健和卫生相关。洪氏认为人的生命长短,各人差别明显,这与个体先天的遗传影响和后天的保健等环境因素有关,但人的生命是不可能无限地延长的。他说:“人之夭寿由于所秉之强弱矣”,“古之通养生之术,明服食之方者莫如轩辕,轩辕之寿至尧舜时已不存”③。人应该在所承秉赋的基础上及环境的影响下,竞争生存。

综观洪亮吉所著《意言》,关于人口增长速度超过物质生产的速度,并认为是贫困和社会动乱的原因,以及对此的忧虑等,与马尔萨斯人口论的许多观点甚为相似。而《意言》成于1793年,比马尔萨斯《人口原理》要早5年④;并且马氏有许多观点系引用前人之说,而洪氏无此基础,其研究的难易,显而易见。马氏虽然在《人口原理》中有关中国人口的状况有许多论述,但按当时条件两位不可能相互交流。这从一个方面反映,一个科学概念和思想总是在社会、经济等发展基础上形成,尽管有地区、时空等区别,但总是历史发展的必然产物。

洪亮吉在学术上的另一成就,在物竞论方面。洪氏发表的物竞观点要早于达尔文,他描述了自然界的物竞现象,否定了“天生百物专以养人”、生命在天、因果报应轮回等论点;主张人要不息地努力,去战胜环境,即在竞争中求生存。洪氏还重视遗传在人类进化生存中的作用,如要求人寿之增长和种族健全,就应重视秉赋(遗传)。对洪亮吉的物竞论方面的论述,我

① 洪亮吉.洪北江全集·卷诗阁文甲集卷第一·百物篇.授经堂重刻本,1877:10-11.
② 洪亮吉.洪北江全集·卷诗阁文甲集卷第一·命理篇.授经堂重刻本,1877:12.
③ 洪亮吉.洪北江全集·卷诗阁文甲集卷第一·夭寿篇.授经堂重刻本,1877:15.
④ 张荫麟.洪亮吉及其人口.东方杂志,1926,23(2):72.

国学者陈长蘅曾著文介绍，认为洪亮吉在人口论和物竞论方面，虽然不如马尔萨斯和达尔文那样系统，但都早于他们，并两论于一身，有“不磨之永久贡献”①。

五、历史上的生育控制行为

（一）医学文献关于孕育节制的记载

中国先秦及以前的医学著作，未见直接保存下来，只能从文献记载和汉代等出土文物了解。到了南北朝，妇女疾病、胎产之事受到关注，如《小品方》等。《褚澄遗书》中指出：“男虽十六而精通，必三十而娶，女虽十四而天癸至，必二十而嫁。……今未笄之女，天癸始至，已近男色，阴气早泄，未完而伤……育而子脆不寿。”②这反映了作者提倡晚婚和优生。到了隋唐时期，妇产科渐渐从内科独立成专科；“《外台秘要》还汇集了《小品》、《千金要方》等的堕胎方和断产方，适用于孕妇体弱患病不宜妊娠时以去胎，实是药物人工流产和绝育的措施”③。然而，“在妇产科也存在许多封建性的糟粕，如胎教方面”④。到宋代妇产科的专门论述比以前各朝代为多，如陈自明的《妇人大全良方》甚著名。该书 24 卷，分妇、产两部，前者包括求嗣等三门，如“记述了月经后一至六日为受精期”，还“提出药物验胎法”等⑤。到明清，由于理学盛行，妇女受压迫最重，妇产科著作虽多，但成就不大。著作中有《女科证治准绳》，内容较为丰富；明末清初，《傅青主女科》较为有名，书中分嗣育门、生育门等；此外在张景岳《妇人规》中，对胎气已动的现象，则主张“能保则保，保不住就应该堕胎处理”⑥。古代医书中有一些涉及孕育诊疗处置的内容，而有关效果的科学评价资料甚少。

西方医学的传入虽然可以追索到元朝以前，但直到 18 世纪中叶起，才渐渐加快。其中成批翻译西医书刊以合信（Benjanin Hobson, 1816—1873 年）、嘉约翰（J. G. Kerr, 1824—1901 年）为代表，此外，著名的还有德贞（J. H. Dudgeon, 1837—1901 年）、傅兰雅（Jhon Frycr, 1839—1928 年）等，这些医师翻译的书中，有《妇婴新说》、《妇科精蕴图说》等，含有关于妇女生殖、

① 陈长蘅. 中国人口论. 8 版. 上海：商务印书馆，1928：1-12（补遗一）.

② 廖育群，等. 中国科学技术史 · 医学卷. 北京：科学技术出版社，1998：236-237.

③ 廖育群，等. 中国科学技术史 · 医学卷. 北京：科学技术出版社，1998：273.

④ 赵璞珊. 中国古代医学. 北京：中华书局，1997：100-101.

⑤ 赵璞珊. 中国古代医学. 北京：中华书局，1997：132-133.

⑥ 廖育群，等. 中国科学技术史 · 医学卷. 北京：科学技术出版社，1998：418-419.

生理、生育等内容①。国人尹端模、赵元益(1840—1902年)、丁福保(1874—1952年)等合作或独立译书中,亦包括如《胎产举要》等。但这些翻译著作几乎没有正面论述节育。

(二) 民间的控制生育行为

中国封建社会早期由于战争、水灾、旱灾、瘟疫、疾病等,所导致的高死亡率,使人口的高出生率在一定时期和一定的区域内,没有出现突出的矛盾。当人口压力明显沉重,一些贫困的家庭多子女,迫使他们自己寻求减少怀孕生育的方法。然而在"不孝有三,无后为大"、以子嗣兴旺为荣等封建世俗观的统治下,以及视性为污秽,谈性、论性都是下流低俗之事的社会中,避孕节育是难以公开讨论或获得可靠的方法的。就是医生也不敢公开正面施行,所为有限。但这并不是说封建社会中没有避孕、堕胎、杀婴等意愿和行为,特别是在穷苦、多子女家庭,以及因为疾病或一些不能合法妊娠者之中,她们总在寻求避孕、终止妊娠的方法,并渴望得到指导和帮助。

1. 杀婴

杀婴通常指:当胎儿一旦分娩出生,就放入水中或放于一容器中,致窒息而死;广意也包括弃婴而引起的死亡(亦有许多场合,用"溺婴"泛指"杀婴")。这是世界上最普遍、最古老的减少人口的方法。从古罗马人、希腊人、印度人到中国人,都通行这样的方法。由于都在私下进行,从远古到现代文明时代,统治者虽然在公开场合都要禁止,但难以根绝。比如德国,法律严禁杀婴,规定(1532年)杀婴儿者处以活埋,就是这样的严刑也没有能禁绝。中国的儒家道德准则和佛教教义都反对杀生,但都因为难以取证(许多杀婴常常由产妇自己进行),虽有法律规定或社会公德制约,实际上在新中国成立前是无法有效制止的。甚至在某些地区成为控制家庭"增丁"最简单和常用的手段,客观上有利于抑制人口的增加。此外与杀婴相似,用于减少家庭人口的方法是弃婴,即婴儿出生后并不杀死,而是放到荒野或无人处,"听天由命",弃婴除少数被人收养外,大部分死亡,客观上减缓了人口的增速。

在现实社会中,杀婴有时被用来作为新生儿性别选择,在中国封建社会重男轻女的思想主导下,留男弃女有一定的社会基础。历史上曾有学者

---

① 陈永生,张苏萌.晚清西医学文献翻译的特点及出版机构.中华医史杂志,1997,27(2):76-79.

主张溺婴，特别溺女婴来减少人口出生①。杀女婴造成的后果，改变了自然的性别出生比例，造成男多于女，使性别比例失调，特别在一些经济、文化落后地区，男女之比，甚至达到 130∶100。当杀婴用于性别挑选，人为地改变自然的性别比例时，带来了极为严重的社会问题。

2. 堕胎

堕胎就是中止已经形成的胚胎(广义从受精卵形成开始)的继续发育，用人工的方法，使之从母体排出；现在医学上一般称为人工流产、引产或人工终止妊娠。其主动使用方法有：内服药、外用药、手术、针灸等；有时也有故意使用外力或机械力等。

(1) 历史上，堕胎在许多国家、地区是不合法的，或为社会主流舆论所反对的。药物堕胎通常也很少在医学书中正面论述，更难以在医疗活动中公开进行。人们对堕胎药的了解与运用，几乎都是从医书有关孕妇忌用药物中反其义而了解，如《太平惠民和济局方》收集的孕妇不能使用的药物有 60 余种，包括牛膝、大戟、巴豆等。保胎者，应避免使用这类药物(用后能致胎下)。根据这一医理，反其义而用之，就成为堕胎药。

(2) 中国传统医学著作中，也没有避孕、节育药物的专论章节；有些医书有“引产方”，并非是现代医学上的终止妊娠的引产，而是论述分娩时促使胎儿快速娩出的方法。历代对能引起小产、下胎、死胎等药物的论述，在不同时代、不同的医家中说法也不一致。各种论说中不乏有医学、药理方面的依据，但也有相当一部分缺乏科学基础。历代许多著名医学家，曾经各自对孕妇不能服用的药物进行筛选。然而，许多医学典籍并没有提供可靠、经过验证的资料。中国封建社会的文学作品中(尤其小说、野史)，堕胎药“成功”使用的事例甚多，但其真实性、科学性都比较差。本世纪初，我国学者李伯重对江浙地方堕胎方药及使用进行归纳分析说：“宋元明清时期江浙人民使用的许多堕胎方药，在可靠性和安全性方面均较差。从一些记载来看，南宋时代的堕胎方药普遍副作用很大，往往致使服用者丧生。”②

(3) 针灸堕胎，同样在医书中，甚少作正面论述。针灸学中，对孕妇有禁止针灸的穴位。比如《千金翼方》中说：“妇人欲断产，灸踝上一寸三壮，即断。”是否真有此效？没有科学资料证明，应该进行研究，取得科学数据

---

① 汪士铎. 汪悔翁乙丙日记(卷三). 明斋丛刻，1936：29.

② 李伯重. 堕胎、避孕与绝育：宋元明清时期江浙地区的节育方法及其运用与传播//李中清，郭松义，定宜庄. 婚姻家庭与人口行为. 北京：北京大学出版社，2000：178.

验证。针灸术是中国医学宝库中特有的技术，如真有这样方便、可靠的效果，中国节制人口的工作也不会这样艰难。

3. *避孕*

（1）使用药物避孕。这也是根据医书中说，求子嗣不能使用某些中药，用后能产生'子宫寒冷'等而致不孕，甚至终身无法怀孕等，反其意而用之，希望达到不孕。例如《傅青主女科》就有求嗣一节，讲述如何避免使用某些药物；这很容易想到反其意用可避免受孕。由于封建社会求子嗣延续是头等大事，医学书籍对可能引起不孕的药物叙述较为详细。如果反其意使用，要达到不孕的效果，药物的用法、用量、可靠性和毒副作用等都难以把握。

避孕"断产"的客观需求，还是驱动着各种避孕的药方的流传，如在《中国传统性医学》一书中，就收录避孕方药 17 种①。这些药方效果，无从考证。但从所述，诸如用蚕茧剪碎，焙成焦黄色，研为末……连服 7 日，就可避孕等之说，难有效果。

（2）食物避孕。在中医中药治疗方法中，食物治疗（食疗）是重要的组成部分。认为某些食物可以降低性欲或提高性欲，抑制性欲可以减少怀孕的几率，一些食物在民间传用，但对其效果同样缺少可靠的例证。但是也有些特例，曾经有研究发现食用棉籽油地区的生育率低，后来发现棉籽中含有棉酚，能抑制精子的生成，长期、一定量地食用能降低受孕率。20 世纪 70 年代前后，进行过棉酚制剂的临床研究，证明了这一原理，但实验结果在毒性和可靠性方面均不满意。食物作为一种避孕方法来说，尚无可靠的证据。

（3）延长哺乳期避孕。这是人们在生活中积累的经验，发现产后在哺乳期间，受孕几率下降，故而普遍采用对小儿持续哺乳，直到再怀孕为止。在封建社会中许多妇女每隔 2 ~ 3 年受孕一次，可能与此有一定的联系。

（4）巫术避孕。在相当长的历史时期中，巫与医不分。人们不但在生产、生活、求子、求医等方面，祈求神灵保佑，并且为了避孕也到寺院、大师处请香、求符咒。比如敦煌文献中记载钱（指铜钱）具有感应魔力，用来避孕，说"妇女不用男女产，衣中安一钱，埋即，更不生，有验"②。其意是将钱作为生殖崇拜物，钱孔被视为女阴，又如泉眼，埋后泉孔堵塞，即不能生育。

---

① 王旭东. 中国传统性医学. 南京：江苏科技出版社，1992：383－385.

② 高国藩. 中国民俗探微. 南京：河海大学出版社，1993：175.

这类的记载在中国古籍中甚多，显然是迷信，无效。

（5）喝棉籽灰、吃马尾罗灰、服油炸水银、吃巴豆和细磁粒等。比如在河北定县农村，就使用这些避孕的“土方法”。还有些人认为麝香带在身上能避孕。① 这些都无可靠的效果，甚至还可能中毒。

民间流传各种方法避孕，反映人们有控制生育的愿望。但流传的方法绝大部分缺少科学的依据，也就难有可靠的效果。

4. 其他方式

（1）节精。在许多中国人中，相信男子的精液是人的精华，男子必须减少排精，方能保证健康。同时中国阴阳学说又规定了哪些日子是行房的禁忌日，这样从客观上减少每月的性接触的次数，降低了受孕率。

（2）中医的一些典籍认为女性在月经后三天为最佳受孕时间，并要求求嗣者此前节欲数天，养精蓄力，以到此时行房最易受孕。这种种信念虽科学性有误，但提倡这样做，实际上避开了排卵期，有利于减少卵子受精率，“歪打正着”，客观上也有利于节制生育。此外体外排精，亦作为避孕手段之一在使用。

（3）手术绝育。历史上典型的是对要当太监的男性切除睾丸（幼年）及外生殖器，达到抑制男性特征及男性性功能的发育，并使之无性功能和生育功能。对于女子生殖功能的破坏，称为“幽闭”，如重击女性下腹部等。一般多为特殊目的（如刑罚）而为，并不是作为节育的手段。堕胎过程中遇到一些特殊情况，如胎体不能正常或完全娩出时，由医生或产婆施胎儿分解术，除此并无其他“动刀”的节育方法。到20世纪初，国内有个别医生开展结扎输卵管或结扎输精管手术节育，但在节制生育公开推向社会前，未有确切的个案报道。

① 北平晨报，1934-05-06(5).

第二章 鸦片战争至五四运动前后的人口生育思想

从鸦片战争到五四运动约80年中,中国遭受列强的压迫、欺凌和掠夺;国内统治者残酷剥削,众多农民破产,社会经济濒临崩溃。国弱民贫,人满之状(1901年人口已过4亿),成了中国社会发展的巨大负担。马克思就德国传教士居茨拉夫从中国传教回国之事说过:“这个国家,缓慢地但不断地增加的过剩人口,早已使它的社会条件成为这个民族的大多数人的沉重枷锁。”①但很多国人并不这样认为,故而在相当一个历史时期中,对于我国“人口过剩”与否的判断,以及围绕其产生争论的焦点,集中在节制人口生育还是鼓励增加人口上。

一、汪士铎的人口生育思想

汪士铎(1814—1889年),字振庵、梅村,号无不悔翁,江苏江宁人。他是清末底层的士大夫。1853年春,太平天国军队攻入南京后,汪士铎陷金陵城中9月余,“曾却曾军师之聘,后始遁于蔡村”②。在逃往安徽绩溪后,1859年入胡林翼帐下为幕僚。由于家中多人死于太平军之战乱,对太平天国非常仇视。汪氏的著作有《梅翁笔记》、《南北史补志》、《乙丙日记》等。汪氏有关人口节育的论述主要见于《乙丙日记》。该日记“所述自咸丰癸丑甲寅乙卯迄于丙辰之事”③,故称为乙丙日记。这是我国最早长篇论述人口的著作。文章的中心思想是:人口已经过剩,人多为患是世乱之由,并分析其原因,提出控制人口快速增长的方法,包括一些极端的主张,如溺婴、用

① 中共中央马克思恩格斯列宁斯大林著作编译局.马克思恩格斯全集第七卷.北京:人民出版社,1959:264.

② 汪士铎.汪悔翁乙丙日记·序.明斋丛刻,1936:2.有著作称汪士铎出生于1802年.

③ 汪士铎.汪悔翁乙丙日记·序.明斋丛刻,1936:1-3.

严刑，甚至死刑等。为此曾经遭到许多学者的批判，被称为反动文人。但他对人口发展状况与面临困难的解析，以及提出的某些对策，仍有许多可供借鉴之处。尤其是他所提倡的节制人口生育的构想，都是前人没有或很少集中明确地提出过的。

1. 人口已快速增长

汪氏说，唐之中季天下户口二百数十万，今江宁一城被围时已有八九十万，如果将周围乡村统计在内将及千余万，“人多之害山顶已殖黍稷，江中已有洲田，川中已辟老林，苗洞已开深箐，犹不足养，天地之力穷矣”①。汪氏说，一祖父原为大户，到有 20 个孙子，其大户已下降为中等，再传即贫。虽然改良种植方法、开荒等可以增加粮食等物质供应，但仍不能适应人口增长的需要。生产生活资料落后于人口的增长必然会带来众多的矛盾，当时社会已经出现人口过剩。

2. 人多为患，是世乱之由

汪氏认为，当时已经是人满为患，以徽州为例，“顺治元年一人者至今一百二十八人”，“天下人丁三十年加一倍”②。他认为：“官之地不足以养之，不为乱不止……驱人归农无田可耕，驱人归业无技须人，皆言人多，安能增益，盖一亩不过一农，一店不过数人，今欲以百农治一亩，千人治一店，如何其能。”③他还指出“人多则穷”是“世乱之由”④，当生活资料增长不能满足人口增长的需要，社会上偷窃、抢盗、战乱不止，不能安定。汪士铎虽指出了人口快速增长的危害，但忽视了社会分配不公的现实原因。

3. 人多致人口质量下降

汪氏认为“人多而气分赋禀遂薄”，人口过多，使受教育减少，人口的素质下降，即人口数量与人口质量成反比。

4. 提出控制人口过快增长的“长治久安之策”

（1）严格限制女孩出生，推广溺女方法。他主张“富家准生一女”，“非富人不可取妻，不可生女，生即溺之”。这种以财富决定能否婚娶的做法，显然非常极端，难以被社会接受。公然提出生女孩就溺死，更悖人道。

（2）凡有两女倍其赋。汪氏在文内多处提到，由于女人多，生育多，因

① 汪士铎. 汪悔翁乙丙日记・卷三. 明斋丛刻，1936：26.

② 汪士铎. 汪悔翁乙丙日记・卷三. 明斋丛刻，1936：28.

③ 汪士铎. 汪悔翁乙丙日记・卷三. 明斋丛刻，1936：27.

④ 汪士铎. 汪悔翁乙丙日记・卷三. 明斋丛刻，1936：28.

此而生祸乱。他主张凡“家有两女者倍其赋”①,而反对这样做者,都是“昏聩人”。感叹如果遇到这些糊涂人,“真劫运也”②。

(3) 主张晚婚,鼓励独身。汪士铎看到徽州地方“十六皆抱子”,早婚引起人口快速增加,应制定严格的婚姻条律,规定“三十而娶,二十五而嫁,违者斩决”,“严再嫁之律,犯者斩决”③。他想用这样严酷的刑律,来降低人口出生率,这种想法显然是凶残而反人类的,也明显脱离现实,根本无法实施。他还提倡:“广清洁堂”,“广女尼寺”,“立童贞女院”等,其目的在于鼓励独身,禁止女性丧偶后再婚,推崇妇女出家,守贞洁,使她们无婚姻、不生育,以减少人口。

汪还鼓励男子外出经商,申述其多方面的意义。他举绩溪地方人少且富裕之例,认为这与夫妇共居时间减少,降低受孕几率有关。

(4) 用药物绝育,减少人口出生。他提出“妇人服冷药”,“生一子后服之”,“送断胎冷药”④,希望用药物来终止妇女再受孕。他是我国历史上首先公开明确提倡用药物来节育、绝育的学者。

(5) 限制男婴出生。对于男孩,“皆佳矣亦可留一子,多不过二子,三子即溺之”⑤。他不但主张严格减少女孩出生,就是男孩亦需控制在1~2人,这是继冯梦龙后的又一“两孩论”者。他还提出,凡形体不端正的婴儿皆要溺之,表明汪已经注意到,婴儿出生时的健康直接影响到人口的质量,其方法错误,但是反映了优生的意识。

(6) 控制人口,不必拘孔孟之说。汪氏说:“集思广益求言妇人服冷药生一子后服之,因时因地因事因人各制宜,广溺女法救时不得不变法,不必拘孔孟六经”;在控制生育方面“不用孔孟,不祀鬼神,不信术数”等⑥。这在当时社会直言不讳地提出不必遵循孔孟之道,是需要勇气的。

二、薛福成的人口生育思想

薛福成(1838—1894年)是清末著名的思想家,外交家。因为出使多国,对西方资本主义国家有了较多的直接接触和了解,他对中国人口情况

① 汪士铎.汪悔翁乙丙日记·卷三.明斋丛刻,1936:29.
② 汪士铎.汪悔翁乙丙日记·卷三.明斋丛刻,1936:31.
③ 汪士铎.汪悔翁乙丙日记·卷三.明斋丛刻,1936:29.
④ 汪士铎.汪悔翁乙丙日记·卷三.明斋丛刻,1936:29.
⑤ 汪士铎.汪悔翁乙丙日记·卷三.明斋丛刻,1936:30-31.
⑥ 汪士铎.汪悔翁乙丙日记·卷三.明斋丛刻,1936:30.

的估计和对策的论述，就吸收了西方的人口思想和价值观。

他指出，“户口蕃衍，实中国数千年所未有”，“乾隆五十七年民数三万七百四十六万有奇，较之康熙年间已增十三倍之多”；而物质生活资料甚至到了不能再增加的地步，“谓中国地有遗利欤？则凡山之坡、水之浒、暨海中沙田、江中洲沚，均已垦辟无余”①。虽然他列举的人口增长倍数和土地开发潜力之说欠妥，但是对人口基数大且增长过快，土地的承载能力不足，生活资料增长慢等趋势的分析，还是正确的。

薛福成是继马端临之后，关注并指出提高人口质量的学者之一。他认为人口的质量，不但表现在才智上，还应该有体格等方面的要求。对于人口过多状况，他认为要着重于发展经济，扩大就业，“盖用机器以造物”；发展矿业，“夫开一矿，仰食者不下数万或数千人。果能养数万人是不啻得十万亩良田也……当此人多田少民穷财尽之时，安得广开诸矿，为天下多扩良田乎”②。他还主张兴修铁路，向国外移民。但是，薛福成将人种分为贵贱，以相貌判人口的质量等观点是错误的。

三、严复的人口生育思想

严复(1854—1921 年)，字又陵，又字几道，是维新变法的理论家，中国近代著名的翻译家、思想家。他有坚实的“中学”根基，又有深厚的“西学”素养。他提倡新学，反对旧学，较早并比较系统地向国人介绍西方哲学、社会学、政治经济学和自然科学。在中国近代知识分子向西方学习，寻求救国真理的过程中，他发挥了重要的先导作用和影响。在《保种余义》和《天演论》等文中，他对人口生育有代表性的论述。他对中国人口过多并存在质量低下的状况，表示极大的担忧，认为民愈愚则婚嫁愈无节制，由于生育不能节制，“娶妻一人，生子四五人，而均须仰食于不足自给之一男子，则所生之子女，饮食粗弊，居住秽恶，教养失宜，生长于疾病愁苦之中，其身必弱，其智必昏……于是谬种流传，代复一代”③。如此下去，人口快速增长，物质生产不能有效供给就会引起贫困和社会的不稳定，“地不足养，循至大乱”；如果“夫此群中均身体弱智识昏之人，则其人愈多，为累愈甚，于是虽

① 张敏如. 中国人口思想简史. 北京：中国人民大学出版社，1982：172-173.

② 薛福成. 庸庵文外编·书周官廿人后. 沈云龙. 近代中国史料丛刊(943 册)·庸庵文编(二). 台北：文海出版社，1973：758-759.

③ 王栻. 严复集(一册)上·保种余义. 北京：中华书局，1986：87. 原刊于《国文报》1898.6.11.

有善者,必为不善者所累”,当“百人之产以养一人,衣食既足,自然不为盗贼,而天下粗安”①。他指出历史上社会治乱循环,是与人口的消长紧密相关的。他还说,“地产有限而民生无穷”;“且国之户口,既以日滋,则财之为物,亦必日进以与之副”。此处他认为使生育与生产相适应之观点已经十分清晰,并表达了生育应该自我节制的思想。

严复1898年编译《天演论》(即进化论),分为上下卷共35篇,每篇后有严复的按语。学界普遍认为该书,是他始创的“信、达、雅”翻译风格之代表。该书编译亦受斯宾塞与达尔文的社会进化论与生物进化论的影响。严复认为人类社会的发展也和自然界一样遵循着‘物竞’、‘天择’的自然规律。前者,为生物间的生存竞争;后者为生物间竞争而胜者被自然界保存下来,竞争而败者被自然界淘汰。在择种留良方面,严复说:“夫天下之事,莫大于进种,又莫难于进种,进与退之间,固无中立之地哉。”

在生育方面,于《天演论·汰蕃第九》指出:“洎新治出,物竞平,民获息肩之所,休养生聚,各长子孙,卅年以往,小邑自倍”;在人民安居之时,一个小的县城人口30年就增加一倍;“以有限之地产,供无穷之孳生,不足则争,干戈又动,周而复始终,循若无端”②。土地物产无法供给增加之人口需要时,社会的纷争、动乱必然而生。如何解决这些问题?严复进一步说:“一则听其蕃息,至过庶事食不足之时,徐谋所以处置之者;一则量食为生,立嫁娶、收养之程限,使无有过庶之一时。”③前一种方法是任由人们自由繁衍,直至人口超过食物供养量时,再谋对策,显然十分被动;而另一方法是根据食物多少,计算生活所需,规定嫁女娶妻、生育儿女的数目。他主张的是后者。

严复另一重要的人口观点,是赞成斯宾塞所说“群治进极,宇内人满之秋,过庶不足为患,而斯人孳生迟速与其国治化浅深,常有反比例也”④。认为人们的生活水平与人口增长率成反比,即生活水平愈高,人口增长率愈低。在他的著作中,还表达了血亲宜远,反对近亲结婚,以强国强种,提高人口质量;主张提高人们受教育水平,这样可以减缓人口增长速度、提高人

---

① 王栻.严复集(一册)上·保种余义.北京:中华书局,1986:86-87.原刊于《国文报》1898.6.11.

② 严复.天演论(上卷)·汰蕃第九.湖北沔阳慎始基斋初版.1898.又见:严复,译.天演论.冯君豪,注解.郑州:中州古籍出版社,1998:141.

③ 严复.天演论(上卷)·汰蕃第九.湖北沔阳慎始基斋初版.1898.又见:严复,译著.天演论.冯君豪,注解.郑州:中州古籍出版社,1998:142.

④ 严复,译.天演论.冯君豪,注解.郑州:中州古籍出版社,1998:193-194.

口素质，等等。

在严复众多的论说中，最为流传的是“物竞天择，适者生存”，并成为许多学人崇拜的“公理”。比如张竞生原名张公室，晚清追随孙中山，曾为南北和谈代表团成员，就因为崇尚“物竞天择，适者生存”之理，改名张竞生①，就是当时一种思潮的反映。

严复作为一个留学英国的著名学者，在中国近代学术思想史中，占有显著的地位。他在人口生育方面的观点，同样超过一般学人的影响。

四、梁启超的人口生育思想

梁启超（1873—1929 年）字卓如，号任公，别号饮冰室主人，是清末著名思想家，维新运动的领袖之一。早期梁启超对于中国人满之说并不认同。他估计人口在几十年内会成倍增加，但不认为中国会出现人口过剩，因为“地中应有之利，仍十不得其五，又乌在其为人满也”②。他提出了许多发展生产、利用土地的措施，这样即使人口再增加，也无饥寒之忧。

梁启超受《天演论》的广泛传播和马尔萨斯人口论等影响，对中国人口的认识也渐渐有所变化。1902 年，他在《中国史上人口之统计》中对于人口倍增之说等，认为“此天演之理，即中国也不能外也”。梁启超主张严禁早婚。在他所著《禁早婚议》中详细论述了早婚之害。该文从“害于养生也”、“害于传种也”、“害于养蒙也”、“害于修学也”、“害于国计也”③等五个方面展开分析，主要论点如下：

（1）“凡愈野蛮之人，其婚姻愈早，愈文明之人，其婚嫁愈迟。”“印度人结婚最早，十五而生子者以为常，而其衰弱亦特速焉；欧洲人结婚最迟，三十未娶者以为常，而其民族强健老而益壮。”故从结婚年龄能反映国家、民族、地区的文明程度。

（2）“中国民族无活泼之气象，无勇敢之精神，无沈雄强毅之魄力，其原因虽非一端，而早婚亦实尸其咎矣。……中国之弱于天下，皆此之由。”“中国民数所以独冠于世界者，曰惟早婚之赐，中国民力所以独弱于世界者，惟早婚之报。”

---

① 张竞生. 张竞生文集·上卷. 广州：广州出版社，1998：11.

② 梁启超. 饮冰室合集·文集之七·农会报序. 上海：中华书局，1941：130.

③ 梁启超. 饮冰室文集之七·新民议·禁早婚议. 上海文化进步社，出版日期不详，107-114.

(3) 早婚者自己尚不能自食其力,需"仰食于父母,一旦受室,不及数年,儿女成行",仅靠父母的生产,"其安能以一人而荷十数口之责任也"。这样的结果,人民生活贫困,必然危及国计民生。

(4) 早婚如"自杀之利刃",在身体尚未完全发育成熟,过早的婚姻生活,会造成"半生萎废"或"中道夭折",极不利于青年男女健康。早婚还不利于种族之蕃衍,易产下不健康的孩子,"产弱子,子复以早婚产弱孙",如此下去导致人口质量下降,危害家庭,危害国家。

(5) 早婚不利于学习,一个人受完全教育,大约要到二十二三岁,"此修学年龄中,一生之升沉荣枯皆于是定焉,苟有所旷有所废,则其智德力三者,必有以劣于他人"。而早婚者将精力、时间大量化在家庭生活等方面,使人口受教育水平下降,其危害是明显而深远的。

(6) 人口多而贫困是社会不安定的原因。"子愈多则愈益贫……贫而多子,势必虽欲安贫而不可得,悍者将为盗贼,黠者将为棍骗,弱者将为乞丐……迫于饥寒而不得所以自活之道,于是男为流氓,女为娼妓……"

(7) 结婚并非越晚越好,"社会学家言早婚之弊固多,而晚婚之弊亦不少",主张"男子三十而娶,女子二十而嫁"。认为此时可有为人父母的能力,其阅历、言论、修养等都能"为后辈之模范"。

梁启超较为全面地阐明了早婚的危害,主张禁止早婚,并指出子愈多则愈贫等。以他个人在政界和学术界的重要地位和影响,仅此就非常有利于冲破传统的封建生育观,抑制人口增长。他与严复等一样,并没有提到用节制生育的方法来控制人口的增长。

五、孙中山的人口生育思想

孙中山(1866—1925 年),名文,字德明,号逸仙,广东香山县人。1892 年习医毕业后不久,投身革命运动,一生为推翻封建皇朝,建立共和,作出了不朽的贡献。他的思想和论述,不仅在他的生前,就是在逝世后,还影响着几代人。其中有关人口生育方面的观点,同样产生过明显和持续的影响。

孙中山认为一个国家、民族的兴衰,与人口有密切关系。他在讲演中说:"现在我们讲民生主义,就是要四万万人都有饭吃,并且要有很便宜的饭吃。"①他提出了一系列改革的方法和措施,如充分利用人力和地力,合理分布人口,移民、开荒;裁减兵员,兴实业,修铁路、港口,提高人民的道德和

---

① 孙中山.三民主义建国大纲·民生主义.上海:商务印书馆,1929:67.

才能等，都是他人口思想的重要组成部分。孙中山的人口生育思想，从早期到晚年有很大的改变，曾在很大程度上影响着国人对人口状况的判断。

1. 早期忧虑人口过剩

当他步入革命之时，就已经观察到中国人口之多，普遍贫穷落后之状况，对人满为患，极为担忧。1894 年在《上李鸿章书》中说：

> 盖今日之中国已大有人满之患矣，其势已岌岌不可终日。上则仕途壅塞，下则游手而嬉，嗷嗷之众，何以安此？明之闯贼，近之发匪，皆乘饥馑之余，因人满之势，遂至溃裂四出，为毒天下。①

1912 年 6 月 25 日，孙中山在上海与《民立报》记者的谈话还说“生齿日繁，至吾国而极矣”。此时，孙中山对中国人口的认识仍是“人满为患”，并认为形势已经很危急，十分忧虑不安。他明确指出，明末李自成、晚清太平天国的起事都是人口过多所致（这与汪士铎从人口问题上分析太平天国的起因，有相似之点）。

2. 晚年主张增加人口

晚年，孙中山对中国人口状况的认识发生了变化，极力主张增加人口。对于这种改变，有些学者分析了其构因，认为“这与中国缺乏对人口的精确统计，使他轻信某些外国人关于中国人口的所谓调查有关”②。孙中山人口思想的变化，也与他文化取向等变化有关。在革命的前期，他效法欧美政治思想理念和民主文化，后来转而大力赞扬中国传统文化，主张“将取欧美之民主以为模范，同时仍取数千年前旧有的文化而融贯之”③。在人口生育观方面，同样反映了他既有西方的民主意识，尊重个人权利等价值观，又受中国传统的思维方式和道德准则的影响，使之从忧虑“人满之患”转而忧虑人口减少，提倡生育。这一改变在他于 1924 年（1 至 8 月）所发表的三民主义中的民族主义、民生主义讲演时，有清晰的表达。

（1）反对马尔萨斯学说。他认为推行马尔萨斯主义后，人口减少，将带来很多弊端，认为马氏理论有毒害。指出：

> 百年前有一个英国学者，叫做马尔赛斯，他因为忧世界上的人口太多，供给的物产有限，主张减少人口。曾创立一种学说，谓：“人口增加是几何级数，物产增加是数学级数。”法国人因为讲究快乐，

---

① 孙中山. 孙中山选集. 北京：人民出版社，1981：11.

② 胡绳武. 清末民初历史与社会. 上海：上海人民出版社，2002：642.

③ 中山大学历史系孙中山研究室，等编. 孙中山全集（一卷）. 上海：中华书局，1981：560.

刚合他们的心理，便极欢迎马氏的学说，主张男子不负家累，女子不要生育。他们所用减少人口的方法，不但是用这种种自然方法，并且用许多人为的方法。法国在百年以前的人口比各国都要多，因为马尔赛斯的学说宣传到法国之后很被人欢迎，人民都实行减少人口。所以弄到今日，受人少的痛苦，都是因为中了马尔赛斯学说的毒。中国现在的新青年，也有被马尔赛斯学说所染，主张减少人口的。殊不知法国已经知道了减少人口的痛苦。①

孙中山认为马尔萨斯主义是一种毒害，中国青年不可轻信，要吸取法国的教训，不能减少人口。

（2）预测国外人口增速将明显高于中国。中国的人口统计，直至20世纪上半叶，缺少精确可靠的数据。统计的口径不一，时间跨度选择的不同，使得中国官方统计的人口数与一些外国人士统计资料差别甚大，差距甚者达到一亿以上。到19世纪末，国内关于人口数字普遍的提法，大致在“四万万以外”②。孙中山根据许多国内外资料，分析自乾隆以来的人口的消长后指出：“就说是现在还是四万万，以此类推，则百年之后恐怕仍四万万。”③同时他分析德、美、日等国人口发展趋势，认为在过去的近百年内人口，“美国增加十倍、英国增加三倍，日本也是三倍，俄国是四倍，德国是二倍半，法国是四分之一”④。他将国内外人口增长作了对比，产生了明显的受威胁感，甚至说：“用各国人口的增加数和中国的人口来比较，我觉得毛骨耸然！”⑤

中山先生认为人口众多才能使国力强盛，极力主张增加人口，鼓励生育。他对中国人口增长率作了过低的估计，而对英、美、法、德、日等国家预测的人口增长率又过高，明显脱离这些国家的经济、社会发展和文化价值观等的实情。他逝世八十多年后的历史证明，正与他的预测相反，美国的人口还没有超过4亿，而中国的人口增至13亿多，数倍于这些国家的增长速度。

六、廖仲恺的人口生育思想

廖仲恺（1877—1925年），原名恩煦，又名夷白，广东惠阳人，出生在美

---

① 孙中山. 三民主义建国大纲·民族主义. 上海：商务印书馆，1929：17.

② 薛福成. 出使四国日记. 长沙：湖南人民出版社，1981：238.

③ 孙中山. 三民主义建国大纲·民族主义. 上海：商务印书馆，1929：18.

④ 孙中山. 三民主义建国大纲·民族主义. 上海：商务印书馆，1929：15.

⑤ 孙中山. 孙中山选集. 北京：人民出版社，1981：627.

国。他是同盟会的创始人之一,孙中山先生的忠实助手。在人口思想方面著作不多,但是,他与孙中山关系密切,在党内有较大的影响。他在《中国人民和领土在新国家建设上之关系》①一文中,阐述了人口观点。

(1) 反对马尔萨斯人口论,世界人口不可能总是按马尔萨斯所举的等差级数比例增长。廖仲恺认为马尔萨斯计算人口的方法是错误的,以孔子为例,到"康熙年间,孔子死后二千一百五十年那一年,他的子孙,男丁只得一万一千人,就算有同数的女子,也不过是二万二千人。孔子是主张民庶的,二千多年,长出二万多人,已经是了不得的多了。别的人恐怕就未有这样的多,然而和马罗达司的数目,竟直差个天和地"。

(2) 人口的增加是有限的。他说:"人口增加,在文明进步的国家里,断不会为这缘故,弄到土地所出的东西不够养人的。怎么说呢? 一方面因为科学发达,人类用这土地的本领,就大了许多。……一方面人口增加,是有个很自然的限度的。"他列举了许多人口不会无限增长的理由,如农业的改良、发展交通、开矿等普遍已认识到的因素外,还指出知识、人文因素在控制生育方面的作用。他说:"一般男女知识程度提高了,男的怕家累,就会不娶亲,就是要娶亲,也比较晚些。女的能独立,就会怕嫁人,就是嫁了人,也不想多生育,害她的身体,妨她的娱乐。"廖仲恺非常清晰地指出:提高知识水平、妇女解放,有利于晚婚、控制生育和女性身心健康。后来的节育活动也证明,发展教育,强调节制生育精神文化层面上的意义,是节育活动的重要基础。

(3) "人满的患在中国是不成问题的。"他在分析有利于控制人口增长的因素和方法后,认为"照这几个相对抗的自然趋势看来,人口增加,断不会到可怕的程度,用不着那些灾害、罪恶、战争种种为人道之敌的东西来制限他。也不怕国家发达,文明进步了之后,人口会弄到领土装不下的。所以'人满之患'终归是一句傻话罢了"。廖仲恺对中国人口抱乐观的态度,他认为当时中国不是"人满为患",而是"民穷财尽"的问题,"这四个字的根源,固然在政治上"。综观世界百余年历史证明"文明进步的国家里"就是鼓励生育,都没有出现人口快速增长;反之文明进步程度低的国家,人口增长率就高。廖仲恺著文之时(1919 年),认为中国存在"人满为患"是一偏误。

---

① 广东社会科学院历史研究室.廖仲恺集.北京:中华书局,1963:25-27.

第三章 国外人口生育思想传入，控制人口舆论渐现

古希腊时期,斯巴达地区的民众就歧视单身者,只有身体健康、精神饱满、多生育子女的人,才受人尊重。城邦规定 3 个孩子的父亲可以免除兵役。这样的人口生育思想和政策,体现了鼓励生育和优生,但也有人口过多之虑。比如,在克里特城邦规定男女生育后代到一定数量,就应该分居,其意在控制人口过多的繁衍。希腊哲学家、思想家柏拉图(Plato)主张保持人口的静止,国家应根据需要控制适当人口,繁衍优秀人种,使土地和财产不变。另一位希腊著名的思想家亚里士多德(Aristotle,公元前 384 年—公元前 322 年),主张限制人口。他指出:“繁殖如无限制,势必导致贫穷……跟着贫穷,又导致内乱和盗贼。”①他认为最完善最美丽的国家,即是能够维持人口数目使之不超出一定限度的国家。他还提出人口生育应该由国家通过法律监督管理,甚至说“在政治所需要的材料中第一是人口”。可以认为亚里士多德是历史上最早公开、明确提出节制人口生育的著名学者。尔后在很长的历史时期中,宗教的教义和统治者对外扩张的需要,都视国家的富强与人口增加有关,鼓励增加人口。到了 18 世纪,法国的孟德斯鸠(Montesquieu,1689—1755 年),美国的富兰克林(Franklin,1706—1790 年),都认为人口增长过多,有害于国家。18 世纪的许多政治家、经济学家、社会学家,提出了不同的人口观,他们的思想被马尔萨斯吸收并系统化、理论化。西方人口思想在马尔萨斯人口思想传入中国前,几乎未被国人所知晓。本章所述国外人口生育思想对中国的影响,从马尔萨斯理论传入为始。

---

① 亚里士多德.政治学.吴寿彭,译.北京:商务印书馆,1983:64.

一、马尔萨斯的《人口原理》

马尔萨斯(Thomas Robert Malthus,1766—1834 年)[①],英国经济学家,近代人口问题研究的先驱。1797 年受圣职,1798 年匿名发表《论影响于社会改良前途的人口原理,并论葛德文、孔多塞和其他作家的推测》,简称《人口原理》。1803 年以真名发表《论人口原理及其对人类幸福的过去和现在的考察,附预测将来关于消除和缓和由人口原理所产生的弊端研究》,简称《人口原理》第二版[②]。我国亦有将《人口原理》译为《人口论》。马氏的《人口原理》曾经发行过 6 版,每版均有改变,但以第二版的改变较大,仅从字数来看,第一版约 50 000 字,到第二版时约 200 000 字,第六版约250 000 字[③]。以后第六版分别于 1872 年、1888 年(2 次)印刷。

马尔萨斯的《人口原理》一发表后,就引起激烈的论争,尤其是第一版。从第二版起,他自己作了许多修改。学术界一般将马尔萨斯所持有的系统理论和主张称为马尔萨斯主义。

就其核心观点来看,大致可归纳为:两个公理,两个级数,两个抑制以及引伸的规律和结论。该书内还有关于中国人口情况的论述等。

1. 两个公理

马氏认为:食物是人类生存所必需,两性间的情欲是必然的,不能消灭并将持续存在。

这是过去、现在和将来都无法改变的法则,是公理。马尔萨斯就是根据建立在自然属性上的这两个前提,推导出其他的论点。

2. 两个级数

人类的生殖能力比土地生活资料的产出力更为强大。“人口若不受到抑制,会按几何比率增加,而人类所需的生活资料则是按算术比率增加的”[④](现在更普遍将“比率”称为“级数”)。马氏还指出,“人口如没有受

---

① 马尔萨斯的译名在不同时期和不同的译者常有区别,如有:马尔萨斯、马尔塞斯、马尔撒斯、玛尔萨斯、玛尔达、马尔达、马罗达司,等等。本书内除引号内引文及原著书名、文章题名外,均使用马尔萨斯.

② 中国大百科全书总编辑委员会《社会学》编辑委员会. 中国大百科全书·社会学. 北京:中国大百科全书出版社,1991:174. 本书内以下引用中国大百科全书的内容,略去编者、出版社、出版地.

③ T S. 人口论底学说变迁. 新青年,1920,7(4):1-12.

④ 马尔萨斯. 人口原理. 朱泱,等. 译. 北京:商务印书馆,1992:10.

到抑制，每25年增加一倍”。当他的论点受到多方面的反对后，对原来的论述作了许多注释和修改（在不同的版次中，提法可能有所区别），但可简单地归纳为“在某些时候，人口比粮食增加较快的现象”①。

3. 两个抑制

马尔萨斯根据两个公理、两个级数，认为人的繁殖能力是无限的，而自然界能够提供的食物、生活资料是有限的。当人口多，食物、生活资料少，必然有贫困、饥饿。怎样解决？他在第一版中提出了两个抑制的概念，即积极抑制（positive check，指通过各种客观的途径达到人口的自然减少）和预防抑制（preventive check）②。在《人口原理》的第一版中提出“预防抑制”中包括“道德抑制”，第二版时将这种“预防抑制”予以升华，明确为“道德抑制”③。后来及现在许多学者都沿用道德抑制这一概念，但各家对于道德抑制的内涵和界定，以及如何达到这一目的，却各有所论。

马尔萨斯所说的积极抑制，包括战争、水灾、旱灾、瘟疫、疾病、饥荒、极端的贫困和产生罪恶或苦难的各种原因等，认为这些因素都会使人口减少或寿命缩短。后来许多学者认为这种抑制不仅人类很难有效控制，而且倡导这样做是反人道的。关于他所主张的道德抑制，可以简单地归纳为：晚婚和禁欲。用他自己的话说：“我的意思是指出于远虑的动机克制着不结婚，而在这克制的时期里又保持着严格的道德行为的那种节制。我从未故意逸出这个意思。”④显然他所主张的禁欲是违反人的自然本性的，也与他自己提出的‘两个公理’相违背的。这是以后新马尔萨斯主义与马尔萨斯主义（亦称旧马尔萨斯主义）重要的不同之处。虽然马尔萨斯认为两个抑制目的的实质，是控制人口的增加，其宗旨是：“对于人类的幸福来说，人口不要增加得过速，是极其重要的。”⑤然而马氏所主张的积极抑制，只能视为影响人口增加的因素，不能作为控制人口增长的手段。

4. 引申的规律、结论

根据两个公理、两个级数、两个抑制等推导出的规律、结论，有人归纳

① 马尔萨斯. 人口原理. 子箕，等. 译. 北京：商务印书馆，1961：445.

② T S. 人口论底学说变迁. 新青年，1920，7(4)：8-9.

③ 王声多. 马尔萨斯人口论述评. 北京：中国财政经济出版社，1986：15-16.

④ 马尔萨斯. 人口原理. 子箕，等. 译. 北京：商务印书馆，1961：9.

⑤ 马尔萨斯. 人口原理. 子箕，等. 译. 北京：商务印书馆，1961：458.

为3个命题、4个结论①；亦有归纳为一条规律、一个适度、一个结论②，但其论述中心内容基本相同。

(1) 土地的生产力的增加是有限的，当超过一定限度，增加投入的收益就会递减。如果生育不加控制，生活生产资料的增长难以适应人口的增长。

(2) 人口的增长必须有一个适度。各国使人口与本国的生活资料水平保持在一个适当的限度内，一个经济生产水平落后的国家更加要控制生育。同样，一个家庭生育子女数，要与其家庭经济承受力相适应，穷人、贫困家庭就要少生育。

(3) 贫困和苦难是由于“人口增长速于生活资料增长”这一自然规律所造成的，而不是不公平的社会制度所造成的。消灭私有制并不能消灭贫困和罪恶；济贫法使那些本来无经济能力生育子女者很方便地得到食品，客观上促使人口增加，造成供养贫民再养贫民。

5. 关于中国人口的论述

马氏在《人口原理》第二版中，举了中国人口增长实例，来印证他的论点。其中有错误观点，但有一部分有其价值。

(1) 看到了中国人口的严重状况。在中国，“在一个大宅子里，往往可以看到一个包括老小三代及其各自妻子儿女的大家庭”③，估计在康熙时期人口已有三亿三千三百万。中国人民已“习惯了尽可能依最小量的食物而生活，即令拾到一些废物……他们亦高兴吃下去。中国法律许父母抛弃儿女，这亦是驱进人口增加的主要原因。但在这样状态下的国家，必然会发生饥馑”④。马尔萨斯还援引了中国一个防止溺婴文告中的话，说当时“母亲为了保存她丈夫的性命，才同意牺牲她的孩子”，采取溺婴、弃婴等手段⑤。他的这些描述基本如实地反映了中国当时庞大的人口和贫困的现状。可见在马尔萨斯的时代，中国人口状况已经引起世界的关注。

(2) 分析中国人口迅速增长的原因。他认为中国自然、地理条件优越，是“土质优异……最宜于出产农产品的地方”，“中国的气候在无论那一

---

① 大百科全书·社会学.1991:174-175.

② 王声多.马尔萨斯人口论述评.北京:中国财政经济出版社,1986:17-22.

③ 王声多.马尔萨斯人口论述评.北京:中国财政经济出版社,1986:175.

④ 马尔萨斯.人口论.郭大力,译.北京:商务印书馆,1959:40.该书根据1933年世界书局版重排.

⑤ 王声多.马尔萨斯人口论述评.北京:中国财政经济出版社,1986:176.

方面都是特别适宜于生育孩子”①，有利于人口的繁衍。中国重视农业生产，“自开国以来，对农业一直给予巨大的鼓励，这导使人民的劳动尽量去生产人类生活所需的生活资料”②。马尔萨斯用很多的篇幅记叙了中国良好的自然条件和农业生产的发展，还包含了对封建统治者的赞美。在讨论为何人民仍贫困，苦难深重时，他认为用他的人口原理可以解释，即生活资料增长刺激人口增长，而人口增加又消耗更多的生活资料，当人口增长过快太多，人民的生活必然趋向于贫苦。故他认为中国人民的清贫正是他人口理论的实证。

马氏认为中国人口过多的另一个原因，是由于早婚的习俗。他说在中国“一贯的对婚姻的异乎寻常的种种鼓励，它使这个国家的偌大出产分成很小的份额，从而说中国的人口从其与生活资料的比例来看大概比世界上任何其他国家都要多”③。在进一步分析其原因时，他认为与“永远延续宗祠中的香火”有关。此外，“结婚对于穷人也是防老的一种手段，因为孩子们，特别儿子们，是有义务赡养双亲的”④。马尔萨斯指出中国早婚习俗，浓厚的封建宗法思想，是人口的快速增长的重要原因。

6. 不同意用人工方法控制生育

马尔萨斯的道德抑制，主张晚婚、禁欲来达到减少生育，在他的著作中从来没有将避孕列入抑制人口增长的方法之一，他始终坚持自然的道德抑制原则，认为：“‘一切避孕的男女关系必然冲淡高尚爱情和大大降低女性人格’，只有妓女才避孕；采用避孕方法可能引起道德败坏，加剧性混乱，因为避孕能使人们放心地进行不正当的性行为。”⑤故而，是否主张用人工方法避孕，是新旧马尔萨斯主义之间最重要的分歧之处。

二、新马尔萨斯主义的人口生育思想

在《人口原理》发表后，反对者与支持者之间展开了论争。葛德文(W. Godwin)、培因(Thomas Paine)、康德尔等，提出反对、质疑，笔战十分激烈。弗朗西斯·普雷斯(Francis Place，1771—1854年)，是马尔萨斯的忠实支持者，继承和发展了马尔萨斯主义。但用他自己的话来说，“请不要认为我完

① 马尔萨斯. 人口原理. 子箕，等. 译. 北京：商务印书馆，1961：120.

② 王声多. 马尔萨斯人口论述评. 北京：中国财政经济出版社，1986：179.

③ 马尔萨斯. 人口原理. 子箕，等. 译. 北京：商务印书馆，1961：122.

④ 马尔萨斯. 人口原理. 子箕，等. 译. 北京：商务印书馆，1961：123.

⑤ 王声多. 马尔萨斯人口论述评. 北京：中国财政经济出版社，1986：40.

全同意马尔萨斯的一切方策办法”①；并说“马尔萨斯在其著作的某些部分，在谈到用道德抑制和预防性抑制来制止人口的增长，超过生活资料的供应时，对其效果抱着怀疑的态度”②。普氏主张在两个抑制外，增加“生理上预防措施”，简称“生理抑制”，也就是用避孕的方法来节制生育。这与马尔萨斯反对避孕形成鲜明对比，人们就将以普雷斯为代表的这一派观点者，称为新马尔萨斯主义（New-Malthusianisn）。

在普雷斯以前，虽然已有医生指导或民间自发的节育行为，但范围小，并没有公开推向社会；当新马尔萨斯主义的理论观点形成、发展和推行避孕活动后，可谓是近现代科学节育的始端。人们可以从该学派的一些代表性人物及组织的活动，了解具体的观点和影响。

1. 普雷斯

普雷斯③是英国工人出身的社会学者，激进的改革者。《人口原理的说明和例证》是他的代表作之一，1822 年出版（我国直到 1963 年才全文翻译，由商务印书馆出版）。他对节育运动的研究、宣传，从英国推向美国和欧洲其他国家，被称为节育的组织家、宣传家；他的理论和思想也被称为普雷斯主义。

（1）主要论点：

① 主张早婚。他说“我的经验早已使我相信，早婚而无很多子女之累的人，生活是最幸福的”；“假定劳动人民结婚较早，比方说，男的在二十一岁或二十二岁，女方在十八岁到二十岁之间；并且假定他们限制自己只生育两个子女……为了作到这些，就必须实行肉体抑制‘节育方法’”④。在这里早婚是要以节育和只生二个孩子为条件，并非是为了加快人口增殖思想所提倡的早婚。

② 认为晚婚会带来许多弊端，如使人正常生理遭到破坏，可能带来“道德大大地破坏、堕落和最坏的不公平”。并说“晚婚的男女双方的个性都已形成，不能像双方都比较年轻的时候那样容易融合”。晚婚所生的子女不如那些生育子女较早的女人所生的子女那么健壮，“我很担心，妇女如果普遍地晚婚会使我们的种族迅速地衰弱下去”⑤。

---

① 普雷斯. 人口原理的说明和例证. 对外贸易学院，译. 北京：商务印书馆，1963：49.
② 普雷斯. 人口原理的说明和例证. 对外贸易学院，译. 北京：商务印书馆，1963：56.
③ Place 的译名有：普雷斯、普莱斯、迫柳斯、布列司等.
④ 普雷斯. 人口原理的说明和例证. 对外贸易学院，译. 北京：商务印书馆，1963：247-248.
⑤ 普雷斯. 人口原理的说明和例证. 对外贸易学院，译. 北京：商务印书馆，1963：247.

③ 主张“生理抑制”，即实行人工避孕。认为对正常性的生理需要，实行禁欲不可能有效，反而有可能导致“生理上遭到破坏”。采取避孕方法可使人过正常性生活。避孕与道德败坏并无必然的联系。

④ 突破神学的桎梏，提出生育儿女不是“上帝的意旨”，也不是“天命神意”，言下之意，人们应该有自己的生育意愿。

（2）推行节育的活动。

1823 年夏天，他开始公开宣传节育，设计起草了三种不同的传单（其中一种为 4 页小册子），分别是《给已婚的男女两性》、《给已婚的男女劳动人民》和《给已婚的绅士淑女》，并通过各种途径散发到“从伦敦到曼彻斯特的不列颠工人阶级”①。普氏的节育活动不仅在英国家庭、工厂、社会团体中展开，还传到美国和欧洲其他国家，产生了一些信徒和追随者，如在美国就展开了轰轰烈烈的节育宣传活动。他推行节育不仅仅限于宣传，还为开设节育诊所开辟了道路，使节育医疗机构逐渐在欧美一些国家中传播开来。诺尔曼·希姆在编辑出版《人口原理的说明和例证》一书中说：“是他把人们无声的渴望结晶成为有中心的目标，有完善的经过深思熟虑的技巧和热心的道义上的劝告和社会运动，我说普雷斯把这种渴望结晶化了。”的确，他主张用避孕来节制生育，给人口生育带来划时代的改变，称他为科学节制生育事业的奠基人，并不过誉。

普雷斯的节育理论和批评马尔萨斯的‘道德抑制’以及提出用人工避孕方法控制人口增长，是区分新旧马尔萨斯主义的分水岭；但仍是属于马尔萨斯主义范畴，从总的方面看，与马尔萨斯并无本质的差别。普雷斯的避孕节育理论，指出了节制人口增加的基本办法，是他理论的支柱；它使人类找到有效无害又符合人道、易于接受的好原理，使人类有计划地控制生育的愿望有可能实现。他在节育方面的贡献不仅在理论上，还体现在向公众进行避孕理论和方法的传播及组织节育活动等方面。诺曼希姆斯说：“普雷斯在奠定国际节育运动方面的影响，与其说是由于《说明与例证》②一书的直接影响，不如说是由于他的设计散发关于实用的避孕方法的传单和训练了一小批门徒。”③普雷斯与马尔萨斯一样，许多观点是片面或错误的，长期以来反对与拥护者之间的争论未止。

---

① 普雷斯. 人口原理的说明和例证. 对外贸易学院，译. 北京：商务印书馆，1963：序言 33.

② 即《人口原理的说明和例证》.

③ 普雷斯. 人口原理的说明和例证. 对外贸易学院，译. 北京：商务印书馆，1963：序言 32.

2. 卡莱尔(Richard Carlile,1790—1843 年)

卡莱尔是英国新闻记者,急进的思想家。他曾经因为主张并支持出版和新闻自由被捕入狱。在监狱中,他出版《新门月报》,曾经“发表了几篇赞成这种新的人口抑制办法的文章”。1825 年,卡莱尔公开赞成普雷斯的主张。1826 年出版了《妇女手册》(Every Woman's Book,又名《什么是爱情》)。该书虽然违反当局的“风雅的规范”,但很受读者欢迎,一再重印。卡莱尔始终努力宣传新的人口学说,在各地巡回演说,遭到一些人和刊物的反对,“有一次在巴斯,卡莱尔的讲演被狂暴地打断了,《妇女手册》被公开焚毁”①。他的《妇女手册》不久在美国费城等地重印,引起很大的反响。普雷斯、卡莱尔的著作和活动,促使罗伯特·戴尔·欧文(R. D. Owen,1801—1877 年)著《道德生理学》(Moral Physiology,又翻译为《伦理生理学》)。《道德生理学》在 1830 年出版,书中也公开讲述避孕方法,成为欧美畅销的书,到作者欧文逝世那年(1877 年)已经销售 70 000 册②。卡莱尔在继续推动节育运动中发挥了重要作用,成为新马尔萨斯主义又一重要人物。

3. 德莱特尔(G. Drysdale,又译为德赖斯代尔)

德莱特尔是英国社会学家、医生。1854 年,匿名发表《社会科学纲要》(Elements of Social science,又名《物理的、两性的及自然的宗教》),他运用医学知识的优势,从生理学、病理学和治疗学的观点,证明抑制性欲的危害,强求贞操的弊害;认为生育者比他应该生育的子女数更多时,便是一种犯罪,多生育的已婚者比卖淫妇还不可原谅。③ 该书在欧洲各国及许多国家发行,被他的追随者视为“人类的圣经”。该书在英国刊印至 35 版,有十多种文字的译本,被认为是新马尔萨斯主义的理论和节育的“中心基础”。德莱特尔主张不要对正常性欲进行阻遏、不要生育过多子女,显然是正确的,但同样也遭到多方反对。

4. 诺尔顿(Charles Knowlton,1800—1850 年)

诺尔顿是美国医学博士,1824 年毕业于新罕布什尔州达特茅斯医学院。1832 年,他匿名(一个医生)发表《哲学的果实:或青年夫妇的蜜友》(Fruits of Philosophy:The Private Companion of Young Married People)。该书

① 普雷斯. 人口原理的说明和例证. 对外贸易学院,译. 北京:商务印书馆,1963:34-序言 35.
② 陈达. 人口问题. 上海:商务印书馆,1934:276.
③ 杨中新. 西方人口思想史. 广州:暨南大学出版社,1996:272-273.

出版后,甚受欢迎,引起了传统势力的反对。1832 年,他在马萨诸塞州汤顿及剑桥受到罚款监禁。① 1833 年,该书再版,他又在格林菲尔德城被控告,在审判中,陪审员二次均未能取得一致,以无罪获释。这反而使该书销售大增,从一年不足 1 000 册,激增到一年 25 万册。诺尔顿成为又一个著名的新马尔萨斯主义积极推行者。

5. 马尔萨斯主义团体

(1) 1877 年,新马尔萨斯主义者在伦敦,由 Besant 夫人和 Charles R. Drysdale(G. Drysdale 的弟弟)组织"马尔萨斯同盟"(Marlthusian League),第一任主席是 R. Drysdale。该同盟的目的是:"对于人口问题底公开议论","极力传播关于人口法则及其结果的智识","反复辩明产儿抑制底重要而且正当","早婚可以使两性间底洁白",等等。② 1879 年,出版机关杂志《马尔萨斯》(The Malthusian),又散发小册子多种,遭到宗教和社会多方面的反对。但在不信仰宗教者和社会主义、急进主义者中,得到同情和支持。1877 年后,英国人口出生率下降,就是推行节育有效的一个例证。可惜后来 Besant 夫人突然表示反悔而退出,承认此种运动违反国民利益并违背了道义,给同盟的工作造成一些被动。

(2) 新马尔萨斯主义者活动的开展,影响日增,在荷兰也盛行。政府对"产儿限制"管理较宽,允许医生、护士公开教授节育方法,"无论什么人,跑到看护事务所去,或者有时连手续费都不要",就可以得到指导③。1881 年,荷兰阿姆斯特丹市成立"新马尔萨斯主义协会",由女医师雅各布(Dr. Alleta Jacobs)所创办;她 1885 年就开办"避妊法接谈所",是世界上第一所专门的节育指导诊所。荷兰海牙市新马尔萨斯主义协会的书记罗特查斯,毕生为推行新马尔萨斯主义尽力,培养了 50 多名护士,到处宣传避孕节育。19 世纪末 20 世纪初,荷兰的生育率和死亡率,均已处于世界的低水平,与推行节制生育有密切的关系。

(3) 新马尔萨斯主义的组织渐渐遍及世界。到 1922 年前,除前述各国外,相继成立新马尔萨斯同盟组织的有:德国(1889 年)、法国(1895 年)、玻利维亚(1901 年)、西班牙(1904 年)、秘鲁(1905 年)、比利时(1906 年)、古

① 简明不列颠百科全书(6 卷).1986:324. 诺尔顿,又译为诺尔敦;《哲学的果实:或青年夫妇的密友》又译《哲学的果实:或已婚青年手册》.

② T S. 人口论底学说变迁. 新青年,1920,7(6):28-29.

③ 严与宽. 节育的理论与方法. 上海:大东书局,1933:56.

巴(1907年)、瑞士(1908年)、瑞典(1911年)、意大利(1913年)、墨西哥(1918年)等国家。

大约在1898年,法国教育家Paul Robin极力赞助节制生育事业,建立组织,并推向国外,成立"人类新生普遍同盟"(Universal Federation for Human Regeneration),由Charles R. Drysdale担任同盟的会长。① 1900年在法国巴黎、1905年在比利时里基、1910年在荷兰海牙、1911年在德国德莱斯顿、1922年于英国伦敦(即山格夫人来华后,所赴的会议)、1925年在美国纽约,1933年于瑞士的周立希,分别召开国际会议。该同盟的名称与Charles R. Drysdale等1877年创立马尔萨斯同盟不同,相互关系不详,但是常称为国际节育会议。如潘光旦曾经在一文中说,"今年三月底四月初第六次万国生育限制会议在纽约举行",山格夫人为会议议长②。一般视这些为连续性的国际节育会议。

随着科学的发展,节制生育它早已超出狭义的人口学研究的范畴,涉及社会学、心理学、性学、医学(尤其妇产学)、遗传学、优生学等学科。历史证明各国对节制生育所持的态度、策略、方法,在相当程度上影响着国民经济发展和人民生活水平的提高。新马尔萨斯主义提倡通过避孕节制生育,控制人口增长,有着积极意义。

三、马克思主义的人口生育思想

马克思(Karl Marx,1818—1883年),出生在德国,他本人以及与恩格斯合作出版了许多不朽的著作。有关人口生育虽然未列有专著,但对马尔萨斯主义批判的内容也甚多,本处仅涉及其几点。

1. 批判"过剩人口"论

马尔萨斯认为人口增长超过生活资料增长是必然的,即持人口绝对过剩观。而马克思主义认为:"人口过剩通常不是与生存资料的数量相对而言的,而是与雇佣劳动的资金的数量,与对劳动的实际需求相对而言的。"③即使有人口过剩也是相对过剩。马尔萨斯将"过剩人口"看成是绝对的人口自然规律的作用,而马克思指出:"不同的社会生产方式,有不同的人口

---

① 仲华. 百年来节育运动纷忧的历史观. 妇女杂志,1929,15(11):13.

② 潘光旦. 生育限制与优生学. 妇女杂志,1925,11(10):1561. 此外在《妇女杂志》1922年第6号——产儿制限号中有多篇文章论及国际节育会议的历史.

③ 中共中央马克思恩格斯列宁斯大林著作编译局. 马克思恩格斯全集第二十六卷(第二册). 北京:人民出版社,1973:658.

增长规律和过剩人口增长规律。"①当时,世界各国,尤其在欧洲,并不都出现人口过剩,人口增加并不是按几何级数增长,其倍增周期也不是25年。

2. 批判对贫困原因错误的解释

马尔萨斯主义者认为人民生活贫穷,是由于人口过多和人们没有根据自己的经济能力生育子女,否定了社会制度、社会生产方式对人口起决定性的作用。马克思主义者认为马尔萨斯主义中有明显的政治因素,为统治阶级服务。马克思指出:"用永恒的自然规律去解释这种'人口过剩',当然比用资本主义生产的纯粹历史的自然规律去解释更便利,更符合马尔萨斯真正牧师般地崇拜的统治阶级的利益。"②

马克思主义与马尔萨斯主义在分析贫穷和解决过剩人口方面的观点,十分对立。马克思主义者认为贫苦是由于私有制、分配不公平和不良的社会制度所造成的;而马尔萨斯主义者认为贫苦是由于人口过多所致,要维护私有制,控制人口的出生。

3. 不完全否定马尔萨斯主义

马克思和恩格斯痛斥了马尔萨斯主义,严正批驳了他的"多余人口"之谬论,但并不等于全盘否定马尔萨斯主义的贡献,如恩格斯说过:"人口总是威胁着就业手段,有多少人能够就业,就有多少人生出来,简言之,劳动力的产生迄今仍然由竞争的规律来调节,因而也同样要受周期性的危机和波动的影响,这是事实,确定这一事实是马尔萨斯的功绩。"③到列宁生活的时代,新马尔萨斯主义更盛行,在彼得堡人工流产的百分比在五年内就上升了一倍。很自然使人们联想到新马尔萨斯主义。列宁严厉批判了新马尔萨斯主义的错误,但并没有拒绝新马尔萨斯主义的一些做法。如对待堕胎、避孕,列宁非常明确地说,"当然,这丝毫也不妨碍我们拥护传播有关避孕方法的医学著作等等"。这表明马列主义的创始者们并没有绝对、片面地处理不同观点的论争。

---

① 中共中央马克思恩格斯列宁斯大林著作编译局.马克思恩格斯全集第四十六卷(下册).北京:人民出版社,1980:104.

② 中共中央马克思恩格斯列宁斯大林著作编译局.马克思恩格斯全集第二十三卷.北京:人民出版社,1972:578.

③ 中共中央马克思恩格斯列宁斯大林著作编译局.马克思恩格斯全集第一卷.北京:人民出版社,1956:619.

四、国人警觉人口过剩

（一）清末民初人口状况的提示

《清史稿·地理志》记载，道光十三年（1833 年）全国约 3.98 亿人。① 光绪三十四年（1908 年），清廷宣布预备实行立宪，在准备的各项工作中，人口普查为其一。根据计划，预定期为九年，并颁布逐年筹备事项的清单，其中规定以光绪三十四年为第一年，计划颁布调查户口章程等。同年十二月《调查户口章程》由民政部公布，共十一章四十条，表式五件；章程内还制定逐年工作的要求，到第五年汇总各省统计数字②。工作开展后，各地实行户口登记，取得了丰富的人口资料。这次户口调查遍及除西藏、台湾以外的各地，是历史上规模最大的一次。至 1911 年，就全国性的人口资料提出5 次报告，共有 7 组统计，包括户数清册等③。据记载，1911 年全国有 0.926 991 85 亿户，3.414 238 67 亿人④。清末这次人口统计，尽管官方强调主要目的是为"选举议员之始基"，而实际除极少数外（旗籍回藩属），主要是调查户数和人口中能承担赋税的部分，忽视未成年人和妇女，故还不能视为可靠的人口普查。此次人口统计全国的户数是出自于估算，再根据推算的每户人口平均数，得出的全国人口总数（户数×每户平均人口数）。由于数据是出于两个估算的乘积，其误差之大，可以想象。

民国政府成立后，曾经组织过人口调查，由于技术、政治、社会等原因，也没有取得可靠的数据。正如国内外学者所说，到民国为止，整个中国没有精确、科学的人口统计数据。所以有关此期间中国人口数字等资料，只能称为估计数字。各组数据，由于各自计算的方法差别，不同的学者所推导出的结果也不一。大致有以下几种统计结果：①《北京日报》（英文）和上海《中国公论西报》等，估计每户为 5.0 人；《印度支那评论》估计每户 6.32 人；陈启修估计每户不少于 7.0 人，提出全国人口为 5.31 亿。② 根据男、女、学童、壮丁 4 项推算，每户 5.5 人。③ W. W. Rockhill 计算吉林等 11 个省的资料，每户平均4.8 人。④ 陈长蘅、W. F. Wilcox，他们的计算方法虽

---

① 中国大百科全书·社会学. 1994:484.

② 北平晨报. 1933-01-01(8).

③ 北平晨报. 1933-01-01(8).

④ 中国大百科全书·社会学. 1994:484.

有程度上的区别，并几经修正，但两人最后都采用平均每户5.0人的提法；陈长蘅估计1910年全国人口在3.85亿至4.4亿①，到1928年全国人口至少有4.73亿。梁启超曾经估计我国人口有七八亿之多。陈华寅估计清末民初全国人口至少3.93亿，到1930年至少有4.45亿。

尽管对中国人口估计相差较大，就是以4.5亿而论，已经是世界人口最多的国家，并且国穷民弱。先进知识分子、忧国忧民之士，对此力主控制人口。

（二）治理人口过众

我国期刊发表有关人口的文章，1873年已见②，根据某大型数据库收录，到1949年已有5 550多篇，数量非常大。我国具有先进思想的知识分子，早认识到我国人口基数庞大、国民贫穷的人口形势，认为我国人口过剩，提出治理方针。如《东方杂志》，1904年创刊就发表《论中国治乱由于人口之众寡》。③ 这是一篇转载于1904年5月25日《警钟报》的文章，作者引用马尔萨斯人口每二十五年其数目自倍的理论，分析我国人口消长的情况，说"盖中国之治乱与人口之众寡相比例者也"。举一家"当高曾时有屋十间，有田一顷，一夫一妇宽然有余"；该夫妇生三子，娶媳后八人，"居屋十间，食田一顷，已觉其仅足而无余矣"；当子孙中蕃衍到二十余众，仍"居屋十间，食田一顷，已有不给之虞"。文章还指出："每以生齿炽昌日增月益可臻郅治之隆，而岂知大乱之兆已伏于此时。"作者十分明确地批评以人口多为强大盛世的错误观点，表达了对人口增长潜在危机的忧虑。1907年6月11日，《申报》发表《论中国治乱与人口之关系》。④ 作者认为中国人口的治与乱与西方各国不同，说"泰西各国其户口之数日增，则其生财之术亦日广"。因此，"人数愈众财源愈阔国势亦愈强"，相比之下中国的"生财之术则数千年如一日也"。故中国应该改良农工商，发展生产。作者还认为"食货之源既艰，积之日久"，则"大乱生焉"。1920年，《新青年》发行"人口问题号"，其中多位作者认为我国人口过多；批评国人以人口众多自豪，实在是梦话；认为中国的人口过多"不是和土地比例的人口过多，乃是不生产而消费的游惰人口过多"⑤。

---

① 王士达.中国家庭大小.人口副刊10期起，1933-01-01.

② 丁韪良.禁止贩卖人口.中西见闻录.1873，(12)：187-188.

③ 佚名.论中国治乱由于人口之众寡.东方杂志，1904，1(6)：115-120.

④ 佚名.论中国治乱与人口之关系.东方杂志，1907，4(7)：129-131.

⑤ 陈独秀.马尔塞斯论与中国人口问题.新青年，1920，7(4)：8.

（三）《中国人口论》初版之见

《中国人口论》作者陈长蘅。本书初版于1918年，它是国人早期了解马尔萨斯主义的一个窗口，也是近代我国学者撰写的第一本人口专著，由上海商务印书馆出版，归入尚志丛书。（8版书影见图3-1）蔡元培为《中国人口论》作序，全书分绪论、人口原理、人口编查法略说、世界诸国与我国人口之现情、人口疏密孳生徐速与国家强弱种族盛衰国民贫富生活文野之关系、婚姻之改良、世界进化之趋势与吾国图强之指针等八章。作者在1918年初版自序中指出："人口问题乃为根本之一，是书之作，欲与国人商榷人口孳生之道，必婚姻以时，养育有度。然后全国人民，有衣有食，有养有教。"①在正文绪论一开始就说："利国福民有三大道，曰强、曰富、曰教。"文中进一步解释其要义，关于人口说："人口学昌，养生有术；室家夫妇善于虑后，相率迟婚节育以谋夫妇子女之幸福，家计财富之充裕。生产率既低减，人口不至增加过速，然后生活日高，生计日裕。"他在第二章人口原理内介绍马尔萨斯的人口学说，指出"饮食物品之多寡恒与子女丁目之多寡成反比例。苟男女之欲，漫无节制，早婚繁育，螽衍过多，则人之增加必远速于物之增加"，"与其多生育而多死亡，不如少生育少死亡"。此时，陈长蘅力主节制人口增长的思想已经十分明确。他早期仅赞成马尔萨斯用"道德制裁"、"自然抑制法"来节育，而不同意用"非自然节育法"（人工避孕），故初版中没有介绍非自然的节育方法。

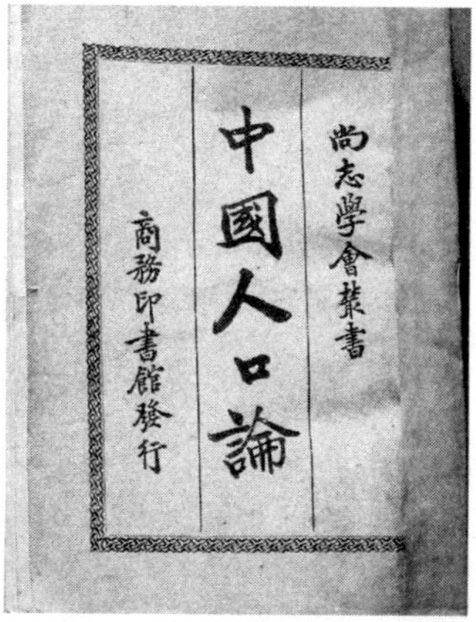

图3-1　陈长蘅著《中国人口论》

（四）《新青年》人口专号的论述

《新青年》是由一些倡导自由的知识分子群体所创办，编辑委员会中，许多是著名学者，如陈独秀是北京大学文科学长，胡适是北京大学名教授 ，还有钱玄同、李大钊、沈尹默、高一涵等；为该刊撰稿的还有蔡元培、鲁迅、张申府、傅斯年等。他们都有着广泛的社会影响和号召力，由他们所倡导的思想和行为其震撼力超常，从根本上撼动了封建思想体系。1915年9月15日，《青年杂志》创刊，从第二卷第一号改名为《新青年》。该刊撰稿人

① 陈长蘅.中国人口论.上海：商务印书馆，1928：1－2（自序）.

大都是新文化运动中的耀眼明星，在学界很有影响。1920 年 3 月，在七卷四期，出版“人口问题号”，（书影见图 3-2）是中国近代第一次公开讨论人口问题的汇集。发表的文章有：陈独秀《马尔塞斯人口论与中国人口问题》、T. S《人口论底学说变迁》、彭一湖《论人口有增加于生活资料以上的恒常倾向》、张崧年《罗素与人口问题》、严智钟《数要多，质要好》、马寅初《计算人口的数学》、陶孟和《贫穷与人口问题》、顾孟余《人口问题，社会问题的锁钥》和《书籍批评：“中国人口论”》等篇。这些文章大部分都是介绍马尔塞斯主义或环绕马尔萨斯人口论展开的讨论。编者注意编入不同观点的文章，有利于读者了解多种思潮。该刊涉及新旧马尔萨斯主义，要比《中国人口论》更为深入、详细，篇幅也明显大。这些文章不仅是我国近现代最早关于人口问题的大讨论，还折射出一些作者的政治观点。择数篇简介如下。

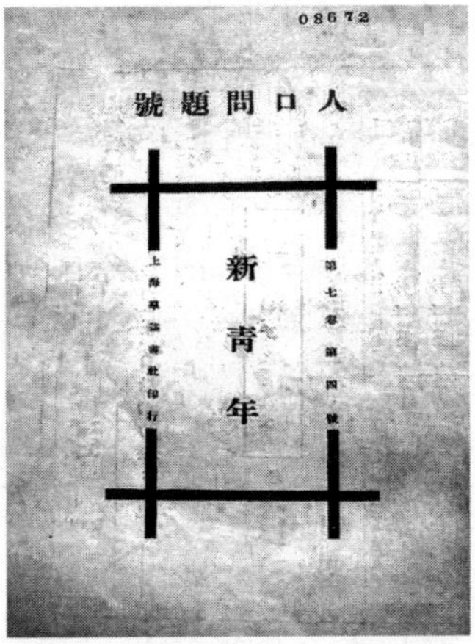

图 3-2 《新青年》人口问题号，1920 年

（1）《人口论底学说变迁》，作者 T. S，该文翻译自 4 篇日文。全文约 3 万字，包括：“马尔塞斯人口论要领”（分述人口论各版内容及变化）、“人口论出版当时底反对论”、“马尔塞斯以后底人口论”、“新马尔塞斯主义”等，并分述了其意义、沿革、评价等。译者基本从客观立场上介绍新旧马尔塞斯主义，资料性强。文后有译者编写的结论，除一些普遍性的论点外，还归纳了其他一些学者的观点，如：“不可单纯的抑制人口，应该与优种并行”、“对于不良分子，应该强迫限制，对于优秀分子却应该适用人口增殖奖励法”等。该文还担忧“有知识者、有能力者、富者产儿稀少，贫者愚者渐渐增加”、“有理性者限制产儿，无理性者反而不限制，如此前者比后者渐渐变成少数”等问题。①

（2）《马尔塞斯人口论与中国人口问题》，作者陈独秀。全文近万字，并未对马尔萨斯主义基本论点作铺叙，而就马尔萨斯的有关论点，抒发自己的观点。归纳择要如下：

① 坚持两种信念。“一是相信进化无穷期”、“世界上没有‘万世师表’

① T. S. 人口论底学说变迁. 新青年，1920，7(4)：1–39.

的圣人”；另“一是相信在复杂的人类社会……空间上没有包治百病的良方。我对于马尔塞斯人口论，就是这种见解；不但马尔塞斯人口论是这样，就是近代别的的著名学说，像达尔文自然淘汰说，弥尔自由论，布鲁东私有财产论，马克斯唯物史观，克鲁泡特金互助论，也都是这样”①。

陈独秀在自己确定的两个信念的基础上，对马尔萨斯、马克思的学说等作出分析和判断，基本上是从学术研讨角度展开。从全文来看，陈对马尔萨斯主义持批评态度。针对有些人将马尔萨斯视为圣人，将马尔萨斯主义视为改变贫苦与抑制人口过快增长的良方等进行批判。但此时陈独秀暗示马克思主义也并非是包治百病的良方。

② 认为人口按几何级数增加的判断实属错误。指出马尔萨斯对人口增加的计算没有普遍性，不科学；“自从他死后一直到现今，欧洲大陆各国，不但没有人口过多的现象，而且却有人口不足的恐慌”；批评马氏“不在这多人失业上研究救济方法，却想用限制人口来根本解决，已经和用石条压平驼背的法子同样可笑”②。陈独秀还指出一些迷信马尔萨斯主义“人口若无限制，是按几何级数增加”的信徒，只注意下半句，不注意上半句，忽视了可控制因素的作用，这些人比马尔萨斯更武断。陈认为随着社会制度的改变（有利于贫苦人民），科学的发达和生产技术的进步，“那时食物增加底速度，恐怕不是现在时代的人想象得到的，何以能断定他只能照算术的比例增呢?”他进一步说，供给人类吃的食物每25年却可以增加数十倍或数百倍。陈独秀的观点认为食物的增长不是不可能满足人口增长的需要，“人类食物底范围，自然有无限扩大底可能性”③。

③ 主张废止私有财产。陈独秀列举了废除私有制财产的好处。认为社会贫困不是由于生产物不足，而是因为分配不均。当一个阶级占据有余，就会造成另一个阶级的不足。马尔萨斯只注重食物的因素，以此讨论人口过剩，是掩护资本家的一种偏见。他主张将废除私有制、改变社会制度缺陷放在改变人口过剩的首位考虑。这是与马尔萨斯主义显著区别之处。

④ 警示国人不能以人口众多自豪。陈独秀在批判马尔萨斯的错误时，同时又清醒地认识到中国人口过多的现实。他说，“有一班糊涂人常常以

---

① 陈独秀. 马尔塞斯论与中国人口问题. 新青年，1920，7(4).

② 陈独秀. 马尔塞斯论与中国人口问题. 新青年，1920，7(4)：3.

③ 陈独秀. 马尔塞斯论与中国人口问题. 新青年，1920，7(4)：3-5.

我们中国人口众多自豪，实在是梦话”①。只有人平均占有土地比别国多，这时人多才有意义，而且“必须是有知识和生产能力的人多，才可以自豪”。这在当时许多国人对国外了解甚少，沉浸在人口众多地大物博之时，可谓是一帖清醒剂。

⑤ 有条件地赞同马尔萨斯主义的一些观点。陈氏并没有全盘否定马尔萨斯及其追随者的论点，如马尔萨斯指出人口过剩是贫穷的一种原因，对此陈独秀说：“我们不能不承认他在社会经济学上有很大的贡献。”在解决中国人口问题对策探讨时，陈提出 7 点主张，其中第 7 点是“限制人口”，他说“在以上几种方法没有收效以前，用限制人口的法子减轻社会上一部分生活困难，也可使的”②。此外他还说新马尔萨斯主义者“以为拿制欲和独生主义来限制人口，未免太酷，不如实行预防受胎的法子，因为预防受胎比制欲合乎自然，而且不损害健康”③。这些都表明陈独秀有条件地接受了节制生育的一些思想和方法。

(3)《论人口有增加于生活资料以上的恒常倾向》，作者彭一湖。该文支持马尔萨斯学说，针对反对者提出的各点，分六个方面进行一一辩驳，最后提出自己的观点：“我对于马尔塞斯所谓人口有增加于生活资料以上的恒常的倾向，是完全承认的”，对于两个级数“虽说不能予以数字的精确，说人口一定依几何的比例增加，食物一定依算术的比例增加，可是一个很大，一个很小，是极明白的几点”④。他鲜明地说自己是新马尔萨斯主义者。

(4)《人口问题，社会问题的锁钥》和《书籍批评：“中国人口论”》，作者都是顾孟余。在前一篇中，他说：“讲人口问题永远离不开人口学的鼻祖马尔塞斯——无论是赞成他，还是反对他。”⑤他根据反对者的三种观点，分别进行反驳，并从经济、社会心理、文化三个方面分述人满之患，主张多种方法同时运用才有效。这些方法包括：禁止早婚，禁止纳妾，打破一切造成人满的宗教、伦理风俗，提高人民生活程度，提高科学、美术的教育，施行有系统的恤贫律，施行各种保护工人的政策等⑥。作者支持马尔萨斯的人口论，但结合国情提出自己的意见，包含有积极的部分。作者后一篇，是对

---

① 陈独秀. 马尔塞斯论与中国人口问题. 新青年，1920，7(4)：8.
② 陈独秀. 马尔塞斯论与中国人口问题. 新青年，1920，7(4)：9.
③ 陈独秀. 马尔塞斯论与中国人口问题. 新青年，1920，7(4)：2.
④ 彭一湖. 论人口有增加于生活资料以上的恒常倾向. 新青年，1920，7(4)：7.
⑤ 顾孟余. 人口问题，社会问题的锁钥. 新青年，1920：7(4)：1-2.
⑥ 顾孟余. 人口问题，社会问题的锁钥. 新青年，1920：7(4)：1-2.

《中国人口论》一书的短评，在肯定陈长蘅一书的积极作用的同时，又批评陈反对新马尔萨斯主义，顾孟余显然以一位新马尔萨斯主义者自居。顾氏还在该文中说：人口学昌明，是泰西诸国富厚的一个原因，中国几千年来退化的历史，倒一半是延嗣的宗教造成的①。作者这两点分析，十分有助于认识中国人口生育方面的积疾。

（5）《罗素与人口问题》，作者张崧年（张申府）。张崧年是近代我国研究罗素的著名学者，1919 年起陆续翻译罗素的著作，撰写有关罗素哲学思想等评论。1920 年 10 月，罗素到中国讲学后，其哲学理论在我国思想界和教育界产生广泛的影响。本文是张崧年介绍罗素的人口思想，主要引自罗素的社会改造原理一书的第六章——结婚与人口问题。“这章书的主眼原非人口问题，乃是由男女本身和由全种族全社会两个见地以论现在的结婚制度不得不改，男女关系不得不自由……”②张氏在文内就罗素涉及西方人口问题的观点展开评述。他引述罗素的话说：“马尔塞斯的人口论对于其著书以前的时候是很对的；对于现在的蛮族，半开之族，以及开化种族中最下劣的分子，也都是对的；但对于欧美居民较文明的一半就不对了。”还认为罗素批评马尔萨斯的人口论“绝对公理”，但又指出在经济落后，社会文化不发达的地区、人群，马尔萨斯人口理论有正确的一方面。

（6）《数要多，质要好》，作者严智钟。他的基本观点是不同意马尔萨斯对于人口增长的判断，在文章最后说：“人口不应当限制，应当增加”；同时认为“在质的（qualitative）方面更应当注意”，“对于恶种，应当断绝”。

（7）《贫穷与人口问题》，作者陶孟和。他不同意马尔萨斯的观点，认为社会贫穷问题“不是由于人口过多，实在是分配不均”，“中国的贫穷更是与人口的关系小，与政治及经济的关系大了。

① 顾孟余. 书籍批评：“中国人口论”. 新青年，1920：7（4）：1.

② 张崧年. 罗素与人口问题. 新青年，1920：1-2.

第四章 清末民初国内节制生育的萌动

马尔萨斯人口论、进化论和国外节育思想等传入，引发了国人对人口状况的认识和思考，纷纷寻求控制过多人口的对策。在反封建思潮的涌动和遗传学优生学的推动下，避孕知识已出现公开传播的萌芽，节育最初作为控制人口的方法，在积聚能量萌动待发。

一、控制人口、初知节育的意义

讨论人口问题，学界一般从马尔萨斯人口讨论叙始。国人了解马尔萨斯人口论是在19世纪后期，1880年美国传教士丁韪良与国人汪凤藻翻译出版《富国策》和1896年陈炽翻译的《富国策》(在《事务报》连载)等，都论及马尔萨斯人口思想。严复根据英国生物学家赫胥黎(Thomas Henry Huxley,1825—1895年)所著《进化论与伦理学及其他》，意译了其中的序论和本论两部分，译文分35篇，每篇加了按语。1897年12月，《天演论》首先在天津《国文报》发表，1898年2月，《天演论》文言木刻本，由湖北沔阳卢氏慎始基斋初版，以后又有许多版本①。这是向国人介绍马尔萨斯主义之代表。在该书"趋异第三"的按语中，介绍马尔萨斯及其思想："英国计学家马尔达有言：万类生生各用几何级数。使灭亡之数，不远过于所存，则瞬息之间，地球乃无隙地。人类孳乳较迟，然使衣食裁足，则二十五年其数目自倍，不及千年，一男一女所生当遍大陆也。"②国人通过《天演论》，了解马尔萨斯及其人口25年倍增等观念；而《天演论》所导入的进化论思想，有助于

① 赫胥黎. 天演论. 严复，译. 上海：商务印书馆，1933：1-110. 该书1933年、1940年、1947年再版，万有文库亦有收录.

② 严复. 天演论(上卷)·趋异第三. 湖北沔阳卢氏慎始基斋初版. 又见：严复，译. 天演论. 冯君豪，注解. 郑州：中州古籍出版社，1998：75.

马尔萨斯理论在我国的传播。《天演论》成为唤醒国人重视人口快速增长，寻求节制人口生育对策的催化剂。

随着马尔萨斯提出人口如果不加限制，每25年倍增的理论在国内传播，支持者日众，避孕节育就成为实现人口控制的必要措施，其意义渐渐被认识，这些就孕育产生了把节制生育公开推向社会的基础。

二、国外节制生育活动及信息传入

新旧马尔萨斯主义的开创者和早期反对的代表人物葛德文等，都在19世纪中期先后过世，马克思也于1883年逝世。而进入19世纪后期，在欧美新马尔萨斯主义的拥护者越来越多。在世界上许多国家人口面临过快增长的压力下，提倡通过避孕控制人口过快增长，已经成为不可阻挡的历史潮流。早期国人对于各国节育活动的了解常常是在西方哲学思想、科技、文化等传入的过程中，先为一些先进的知识分子所略知，然后通过他们传播。到20世纪20年代初，通过留学、出访、经商、学术交流、官方交往等活动，将国外节育思想、方法等传入，让国人了解到英美等国家的人口政策、节育方法的状况。然而由于各个国家发展不平衡，因而在如何推行节育方面各自的做法区别甚大。

1. 英国

英国是马尔萨斯主义的起源国。工业革命后，新机器的广泛使用，英国许多工人失业，在寻求解决剩余劳动力和贫困威胁的过程中，如何抑制人口增长，成为公众关注的中心。这为新马尔萨斯主义的发展，形成有利的发展空间。这一时期已经有节育宣传品，公开免费发给已婚者，指示节育方法。同时反对堕胎舆论甚为强大，尤其以骗钱为目的的冒牌节育方法混淆了人民的判断。

在20世纪初，女医师 Alice Viokery 在伦敦东南区，以私人身份设立指导所，开展节育宣传和具体的节育技术指导。1918年，斯托普斯(Marie Charlotte Carmichael Stopes，1880—1958年)①出版 Married Love，书中讲述婚姻性卫生，提出节制生育有助于婚姻的美满，妇女可以避免生育过多的劳累与健康损害。该书出版后受到欢迎，重印6次，但激起教会的恼怒，遭

① 斯托普斯的中文译名还有斯托泼司、司托浦司、司托泼、斯托泼夫人等，本书在泛称时，采用《简明不列颠百科全书》的斯托普斯译名。斯托普斯1880年出生在英国的爱丁堡，1904年获得慕尼黑大学植物学博士学位。

到攻击，该书在美国被禁止。山格夫人因避美国法院起诉，逗留英国期间，曾与斯托普斯晤谈。斯托普斯 1918 年与罗伊飞机公司创办人之一的 H. V. 罗伊结婚，在富有的第二任丈夫支持下，推行节制生育。她创办 Birth Control News(《节育讯》)，作为宣传节制生育的机关杂志。1921 年 3 月 17 日，在伦敦北部 Holloway 地区，开设了母亲诊所(Mother Clinic)，免费给穷苦妇女指导节育方法，继而在各大区设立十余处节育指导机构。斯托普斯成为英国新的节育著名人物。

斯托普斯在开展节育指导过程中，对接受节育指导的妇女唯一的要求，是希望再介绍她们的亲友、邻居来指导所。当时英国政府对节育组织及活动，持比较宽松的态度，1922 年著名的卫生官员米拉德(Dr. K. Millard)曾经进行问卷调查，征求医学界对节育的意见，“其结果大多数以为有几种方法，稳妥可用，乐意介绍”①。此时英国开展节育有比较宽松的舆论和社会基础。

2. 荷兰

1878 年，国际医学大会在阿姆斯特丹召开，节育、避孕已成大会辩论的主要问题。荷兰在 1881 年就成立了新马尔萨斯同盟，会员超过 6 000 人。1881 年成立世界上最早的节育指导所，并培养了较多的节育指导护士。荷兰是推行节制生育最有效的国家。1895 年，避孕节育得到法律承认，全国相继设立节育指导所 52 处。“荷兰医学界、法律界，都是拥护人工制限产儿的方法的，荷兰人民的体育增进的速度，比较各国为快。”②如参军的青年，五呎七吋以上的，从 24% 增加到 47%。荷兰规定男女 16 岁就可以结婚，但同时要求并指导结婚后 4 ~ 5 年实行避孕。国民对节育的认可和节育推行的普遍程度，要高于其他欧洲国家，荷兰被认为是推行节制生育有效国家的范例。

3. 德国、意大利

德国、意大利的官方态度是反对节育。一方面是因为它们的经济发展与人口数量之间没有或尚未突现矛盾；另一方面是这些国家的统治者认为人多劳动力充足，国防上兵源多，势力就大；此外还含有向外扩张的深层次动机，故鼓励增加人口。Ussher 说“若行新马尔萨斯主义，有为低级文明国民所吞灭的危险”，明确反对节制生育。如 1866 年德国退职官员基尔希曼

① 陈达. 人口问题. 上海：商务印书馆，1934：275.

② 喆生. 产儿制限各面观. 妇女杂志，1922，8(6)：104.

劝告劳动者不可有两个以上小孩,被法庭控告,夺去官职。① 这些国家还为此制定一些鼓励生育的法律。

4. 法国

早在新马尔萨斯主义兴起前,法国人口的生育率就较低,被认为是"实际上实施新马尔萨斯主义的国家",不少法国人担心本国人口增加速度低,"外国人的人口增长速度要比本国人高 13 倍",很害怕失去大国地位。Forel说"法国底习惯(指限制人口),是国民的自杀",明确反对节育。1896年8月,法国成立的"人口增加奖励协会"列出了 12 条理由与 3 条措施,反对节育,鼓励生育,但是法国人口出生率仍然比较低。

5. 美国

美国的节育活动亦是在英国马尔萨斯主义影响下发展起来的,1832年,诺尔顿匿名著作《哲学的果实》发表就销售了三千册,到 1839 年已重版九次。以后的十余年中,类似的书籍不少,当时美国舆论对节育尚持宽容的态度。1873 年,通过了孔斯托克(Anthony Comstock)制定的反淫秽法案,颁布包括禁止邮寄宣传避孕物品的法令,开创了美国制裁节制生育的先例,此后各州先后禁止节育的宣传,甚至口头宣传也被禁止,对邮递的检查也很严格。② 许多医学和社会人士(如 Foote 父子, M. Harman)因为邮寄、散发节育宣传品而受处罚,Harmanh 还因此两度入狱。③ 南北战争时期,保守的舆论更是尘嚣甚上,将节育文字与淫秽书混为一谈,阻碍了节制生育的推行。但这并没有阻断学者们和社会的抗争,1914 年,美国纽约医师鲁滨逊(Dr. W. Robinson),仍在医学杂志发表宣传节育的文章。而大规模的节育宣传活动,引起社会广泛注意的,首推著名节育活动家——山格夫人(Mrs. Margaret Sanger)。1914 年,她出版了具有挑战性的节育刊物 The Women Rebel(《妇女的叛逆》),向反对节育的法律和宗教戒律提出挑战。她不屈不挠地在美国推行节制生育,并在欧洲产生重要的影响。1922 年她担任伦敦国际节育会议主席,赴会途中来我国,此时她已是世界节制生育界的著名的专家(她的节育事业,本书另有详述)。

20 世纪初,美国已取代了日本,成为中国学习外国经验的主要对象国。美国的哲学思想、科学技术、教育制度、道德和价值观等对我国经济、社会、

---

① T. S. 人口论底学说变迁. 新青年,1920,7(4):30.

② 月祺. 美国生育节制运动的消长. 东方杂志,1933,30(5):5-7(妇).

③ 仲华. 百年来节育运动纷忧的历史观. 妇女杂志,1929,15(11):12-15.

教育、价值取向等的影响日增,学习和模仿美国,已成为舆论的主流。这样美国的节育活动,特别著名专家的论说,很容易被作为金科玉律引用。这也是1922年山格夫人来华能很快将节制生育公开推向社会的基础之一。

三、遗传优生、进化论的知晓

(一) 初知孟德尔、高尔顿学的贡献

1. 产生与发展

人类早就观察到一些疾病在家族的集聚性,以及人的才能等在亲子间的传递现象,并对其规律作出种种探索、猜测,虽然其中难以避免错误。孟德尔(Gregor Johann Mendel, 1822—1884年)通过著名的碗豆杂交实验,发明了分离定律、独立组合定律,论述了植物的遗传现象和规律,创立了基因的概念,至今仍然是遗传学的基本定律。到1900年Landsteiner发现人类A、B、O血型系统,并证明是遗传的,这是孟德尔遗传定律应用于人类的杰出例子。此后促成了基因分析主导人类遗传学的研究。

高尔顿(Francis Galton, 1822—1911年),达尔文的表弟,是英国一位多才多艺的科学家,在医学、数学、气象学、地理学、人类学、统计学、指纹学等方面都很有造诣。1865年发表遗传性才能与特性,指出人类体格上的特点是可以遗传的正确结论,并说人类每种特殊才能或特性,还有赖于认识上尚未了解的多种不清楚的情况;认为基于这些原因,单凭一个观察必然会使人误解,只有统计学方法才是适当的[①],这奠定了高尔顿的生物统计学基础。1869年,他发表《遗传天赋》,认为心理和生理特征是遗传的,用"天赋"一词表示"超高的而且是先天的能力"[②]。当时这样的观点很少有人接受,达尔文读后给以肯定。达尔文在他的《人类遗传》(1871年)一书中多次引用了他的观点。在进化论用于人类遗传学的研究中,高尔顿又系统地观察分析有益或有害于人类遗传品质的各项因素,将人类学、遗传学、统计学、心理学等学科知识结合在一起,撰写了《遗传的才能和性格》(1865年)、《遗传天赋》(1869年,又译为《遗传的才能》)、《英国科学家的先天与后天》(1874年)等;在《对人类才能及其发展的调查研究》(1883年)一书中,创立了一个适用的新名词——优生学(Eugenics),很快被广泛使用至今。此后,他又撰写了《在现存法律与舆论的条件下人种改良的可能》

---

① Vogel Motulsky. 人类遗传学. 罗会元,译. 北京:人民卫生出版社,1998:11-19.

② 简明不列颠百科全书(第3卷). 1985:291.

(1901年)、《优生学的定义、范围和目的》(1904年)、《优生学论文集》(1909年)等。高尔顿一生有关遗传优生的著作甚丰,据他在1908年《自传》中的不完全统计,就有183种。① 达尔文也关心过优生研究,晚年面对自己与表姐婚后所生的10个孩子,3个夭折、几个都有不同程度的缺陷而苦思,为近亲结婚的遗传后果而懊恼。高尔顿从植物实验证明"自然厌恶近亲授精",并建议在人口普查中增加一些项目,以确定近亲通婚有害的后果。然而他并没有进一步研究。

孟德尔、高尔顿被认为是近代遗传学优生学的奠基人。史学界共认他俩为科学遗传优生研究之始。而高尔顿更被视为人类遗传学和医学遗传学的开拓者。国人是从他们的著作中开始了解科学的遗传优生学说。

2. 早期应用

(1) 优生学到20世纪初,很快在各国传播。1904年,高尔顿在伦敦大学设立优生学研究讲座,在大学学院内设立"高尔顿氏国家优生学实验室"。1908年,英国优生教育会成立,高尔顿任名誉会长,达尔文的儿子雷昂纳多·达尔文主持其事;同年出版机关刊物《优生学评论》。1910年,达文波特(Charles Benedict Davenport, 1866—1944年)在纽约冷泉港建立"优生学记录馆"(又译"优生学档案室")。第一个跨国的优生组织,1905年由德、奥、瑞典、瑞士等国家研究人员合作成立,称为"国际民族卫生学会"。1912年在伦敦成立"国际永久优生委员会",形成国际性的优生活动。

(2) 应用高尔顿、孟德尔的理论,为人类认识亲代与子代之间性状的相似和差异,以及其传递的规律等,创建了科学理论的依据。通过大量的调查统计分析,验证了人类身体特征、智力、患病的倾向性、行为方式等有着明显的遗传性。如英国学者Woodsd等证明伟人家系中常有超群者。Schusterh和Elderton对牛津大学学生调查,表明父子智力有密切关系。而美国学者Goddared证明低能遗传,举调查加力克家系(Kallikak Family)之例,发现加力克与健康妻所生后代,查到491人仅仅1人低能,而与一低能女子所生后代,查到189人,其中143人有神经精神缺陷。② 类似的研究引起人们探讨如何鼓励、促使优良者生育,并劝阻限制智力低下、不良行为者、遗传性病残者等的生育。这种优生观点,后来成为优生学的核心思想之一,在世界上得到广泛的认同。

---

① 严仁英. 实用优生学. 北京:人民卫生出版社,1986:4.

② 刘雄. 遗传与优生. 上海:商务印书馆,再版,1934:45-46.

(3) 20 世纪初的美国是推行优生比较积极的国家，在 1907 年，印第安那州率先发布了优生法规，其后许多州相继仿效，对所谓的劣种者进行绝育。这一做法被一些优生学者所赞赏。在美国的移民法中，优生的思想也有明显的反映，如限制南欧和东欧的移民就是根据已经移民美国的人中，西北欧移民要比南欧、东欧移民更有作为而做出的决定。在罗斯福掌政时期，仍然采取限制"劣种"生育的政策，如一次在密歇根州有近千名儿童被绝育。但此类规定等遭到了抨击。

(4) 苏联在遗传、优生学的发展中，经历了另一种过程。他们在 20 世纪 20 年代初就已经成立了遗传研究所、优生学会和出版优生杂志等。但随着政治气候的改变，学术观点被贴上政治标签，后来相继停止了人类优生、人类遗传学的研究和活动。

(二) 中国传统的遗传优生观

1. 民间的遗传优生意识

中国历史上有无遗传优生思想？在国人渐渐了解西方遗传学优生学后，产生了不同的看法。一种意见认为中国人从来就不知道遗传优生是什么，另一种认为中国自古以来就认识到遗传优生的重要，并有相应的措施。这在古籍中有相关的记载。如后汉冯偃为子选长妻之事，说冯氏"兄弟形皆伟壮，唯勤祖父偃，长不满七尺，常自耻短陋，恐子孙之似也，乃为子伉娶长妻。伉生勤，长八尺三寸，八岁善计"①。再如《晋书》曾记载，姚兴及朝臣听罗什讲经，后说"兴尝谓罗什曰：'大师聪明超悟，天下莫二，何可使法种少嗣'，遂以伎女十人，逼令受之。尔后不住僧坊，别立解舍，诸僧多效之"②。以上两例都是想通过选择优良素质者繁衍后代。中国历代婚嫁配偶选择，提倡门户相当，注重体行神情等，主导思想也是为了生育优良的后代。虽然有些并不是建立在科学理论的基础上(甚至有错误的动机和判断)，是基于传统哲学观或经验，但客观上反映了一定的遗传优生意识。

谚语是人们在劳动生产、社会生活实践等方面经验积累的总结，不一定完全符合科学要求和具备哲理的严密性，也没有官方的约束力。但在科学不发达的时代，常常又是社会公认的"道理"，左右人们行为选择的依据。对我国有关遗传优生的谚语讨论分析解读，有助于了解民间存在的遗传优生意识。

---

① 范晔. 后汉书·冯勤传. 北京：中华书局，1965：909.

② 房玄龄. 晋书·鸠摩罗什. 北京：中华书局，1974：2501-2502.

(1) 相信子代的特征受亲代遗传。如“一代娶矮妻三代没高人”、“江山易改,禀性难易”等①,都表明已经认识到上代的许多特征能传给后代,包括形体、品质、个性等。说明一个人的特征都与遗传有关。但也有将这些遗传现象予以极端的析读,得出“贼的儿子总是贼”的结论,就成为统治阶级压迫、控制人民的舆论工具。

(2) 认识到遗传的特征在繁衍中变化。人们在实践中发现,上代健康、聪明、贤良等优秀的品质,不一定在后代中均能体现。如说“买尽天下物,难买子孙贤”、“富不过三代”等。人们已经看到,显赫的家族、有名望的人,都不能保证其后代一定是优良的;皇族子孙、达官贵人后代出现痴呆、低能者并不乏见。这使人们认识到在秉承上代的遗传素质上总是有变化的。人们对遗传变异有着朴实的认识。

(3) 认识到环境对先天遗传因素的影响。在中国历史上重视环境在人成长过程中作用的事例甚多,如孟母三迁的故事,广为流传。民间流传的“近朱者赤,近墨者黑”、“跟好学好,跟叫花子学讨”等,反映了人们早已看到环境可以影响人的成长,如不重视环境教育,“生来好的胚子”也不一定成才,还可能变坏。

(4) 重视婚姻的选择。中国几千年封建社会,主张大家庭,以人丁兴旺为荣。人们有朴素的优生观念,对婚姻对象的选择非常重视,往往“同姓不结婚”。这是否说明当时的人已经观察到近亲结婚的危害?现在难以找到判断的依据,但至少客观上是有利于优生的措施。尤其在封建社会人口流动少,常以族姓聚居的地区,避免同姓通婚,可以降低遗传病的发生率。

2. 传统医学中论及遗传优生

在中国传统医学理论和有关的巫术、方术中,总是把服食(特殊饮食法)、行气、导引(形体锻炼)和房中作为一个整体看待。房中术就有求嗣篇。② 在许多古医学著作中,房室养生总是其重要的组成部分。如一代名医孙思邈著有传世的经典名著《千金方》,第27卷为《房中补益》。另一晋代名医葛洪有名著《抱朴子》传世,该书内也有房中术论述。明代名医万全著有《广嗣纪要》、《万氏家传养生四要》等。他们都是盛名一世的医学大

① 洪为溥. 中国谚语中的优生见解. 女青年月刊,14(5):51-61. 该文先发表在《人口副刊》第37期(1935年4月7日,5版).

② 高罗佩(R H van Gulik). 中国古代房内考. 李零,等,译. 上海:上海人民出版社,1990:12-13(译者前言).

家,也是著名的房室养生专家。在中国封建社会人们十分重视子嗣的繁衍,寻求延年益寿、广子嗣的良法,必然要求助于医学,促成了这一医学分支的发展。

综观古代各类医学房中书,虽然没有优生的专门章节,但常常有强调优生的表达,论述有关于传种、受胎、安产等优化生育的要点、方法,告诉并帮助人们如何能得到优秀的后代。然而中国古代房室养生和医学书中所主张的优生观和方法,往往是科学与谬误共存,甚至有许多明显的错误之处。今日科学发达,遗传优生的技术进步,对于这些"古训"、"古法"、"古典"等,大部分要(也能够)辨真伪,判断其科学性。优生方法也要存精华弃糟粕,不宜不加辨析地引用。

(三) 近代早期遗传优生著作及论说

1. 著作①

19 世纪末 20 世纪初的中国,各种思想、流派的活动都非常活跃,遗传优生学在西学东渐的大潮中传入我国。较完整翻译出版遗传优生方面的国外著作,始于 1919 年,如胡宣明、杭海翻译美国 C. B. Davenport 所著 Eugenics 一书,中文书名《哲嗣学》②,在上海由中华卫生教育联合会出版,全书 126 页(27 开),该书编为中华教育卫生联合会丛书之三。胡宣明是我国第一位留美回国的公共卫生医师,他选择的原著出版于 1910 年,原著作者是美国优生界最有影响的学者之一,通过该书,人们可了解科学优生学的基本概念及相关的内容和观点。从译著的取名"哲嗣学"来看,反映当时优生一词还没有被国内学者所通用。数年后(1924 年)《遗传与优生》出版时③,"优生"一词作为专业术语被应用,并一直应用至今。1919 年,陈寿凡编译《人种改良学》由上海商务印书馆出版(1928 年第 5 版,改为上、下册)。在 1922 年节制生育公开推向社会前遗传优生类著作出版还比较少。

2. 报刊文章

报刊介绍遗传优生知识要早于著作的出版,《申报》、《津报》、《东方杂志》、《新教育》、《民铎》、《新青年》等,在山格夫人来华前,就刊登遗传优生的论说。如《东方杂志》就刊登如下多篇文章:

---

① 主要参考:北京图书馆编. 民国时期总书目. 医药卫生自然科学. 北京:书目文献出版社,1995:1-585.

② Eugenics,早期曾经被翻译成淑种学、善种学、哲嗣学等,后来统一为优生学。

③ 刘雄. 遗传与优生. 上海:商务印书馆,1924 初版,1934 再版:1-74.

(1)《论天演与命运》①,作者指出天演之说“无论国界、种界、人界、动界、植界,一切众生界皆不能逃此公理”。而“命运论者我国相传之通说,自古迄今雅俗之轶闻,正杂之记载……皆不能逃出此迷信之圈”。作者认为这两种学派,虽“水火冰炭不相容”,但各自均有积极竞争与被动接受的区别。“优胜劣败曰生存竞争大旨”。

(2)《长生新论》②,此篇译自美国世界杂志,主要讨论如何延年益寿。内容包括:“以科学之力谋保护全体细胞之法”、“研究人类长生之法,必先自人种改良始”等。

(3)《善种学的理论与实施》③,主要介绍优生学的一些基本概念,作者指出:① 善种学是由遗传学研究而建立起来,“便是想用择种留良的方法,将社会上优秀的分子助他繁衍;将恶劣分子,用和平的方法除去他的苗种”。② 生物所有的各种性质,却成于本性和习性。本性是天生的,是自然的,习性是由于环境的情形习得而来的。环境的力量很大。③ 善种学施行的方法,并不欲纯靠法律,重要的是使人们明白遗传的道理,知晓“劣性在遗传上厉害万分”,家庭和个人应掌握这样的知识,对人种改良负有一定的责任。

(四)对进化论的认识

1859年,英国生物学家达尔文(Charles Darwin, 1809—1882年),发表《物种起源》,指出进化是在充满各种物种的生存环境中进行的,主张自然选择的进化学说,这是奠定生物进化理论基础的著作。该书出版后,受到广泛的欢迎,迅速售罄,至1872年已再版6次。达尔文被尊为进化论的奠基者。此外,1871年达尔文又发表《人类的由来及性选择》,次年出版《人类和动物的表情》等。国外进化论的发展,在清末已经引起我国知识分子的关注。他们在报刊发表消息或文章,宣传进化论。1898年《天演论》出版后,有关进化论的讨论趋热,仅仅著作,1922年前就出版5册,进入二三十年代出版进入高峰期,到1949年达95册④。这反映了我国学者的研究热情和重视。从学科发展看,20世纪前叶,进化的基础理论形成并得到公认,本书内不再分时期叙述。

---

① (无署名).论天演与命运.东方杂志,1907,4(9):168-170.原刊于《津报》.

② 愈之.长生论.东方杂志,1917,14(7):109-113.

③ 周建人.善种学的理论与实施.东方杂志,1921,18(2):56-64.

④ 北京图书馆编.民国时期总书目·医药卫生自然科学.北京:书目文献出版社,1995:216-223.本书内有关近代进化论的论述,合并于本章.

1. 进化论著作出版择例

(1)《天演论》,赫胥黎著,严复编译,1898 年初版。该书有关进化的核心观点是"万物恒变"、"物竞天择";前者是针对守旧派的"宗法不可变"而言,后者是指生存竞争,胜者保存,败者淘汰。书内其他论述,基本都是围绕这核心思想展开。"物竞天择",后来常常被作为"科学定律"引用。1933 年上海商务印书馆出版同名的书(称初版),1933 年、1940 年、1947 年等再版,此书被收入万有文库第 1 集(1933 年出版)。

(2)《天演学图解》,(英)霍德著,吴敬恒译,上海文明书局 1911 年初版,1912 年再版,全书 236 页(32 开),介绍动物、人类、地质等进化演变小史。

(3)《人类进化之研究》,过耀根编译,上海商务印书馆 1916 年初版,1926 年再版,163 页(32 开),除介绍人类的进化外,还附有人种改造与遗传。

(4)《达尔文物种原始》,(英)达尔文著,马君武译,上海中华书局 1920 年初版,到 1932 年 9 月已经出 10 版。该书是《物种起源》已见最早的完整的译本。1947 年,周建人的译本在上海生活书店出版,但是节译本。

(5)《地球与其生物之进化》,(美)葛拉普(A. W. Graban)讲演,王烈口译,上海泰东书局 1921 年初版,1927 年 3 版,上下册分别为 112、174 页(32 开)。该书论述地球和生物从古生代到近生代的进化,生物的变异和遗传等。此外,同名的书北京大学新知书社 1921 年出版,内容较前书简略。

(6)《马克思主义与达尔文主义》,(英)班纳科克(A. Pannekock)著,施存统译,上海商务印书馆 1922 年初版,次年再版,76 页(32 开)。该书介绍马克思和达尔文各自的论点,但很简单。该书英文原著名 Marxism and Darwinism。

(7)《社会主义与进化论》,(日)高畠素之著,夏丏尊、李继桢译述,上海商务印书馆 1922 年初版,至 1927 年多次再版,151 页(32 开)。该书论及不同派别的进化论,包括达尔文、拉马克、康德、考茨基、卫士满等。

(8)《天演论驳义》,大本斋主辑译,上海土山湾印书馆 1923 年出版,1932 年再版,42 页(32 开)。该书又有 1923 年版,署江苏主教姚准著述;1932 年版,署南京主教惠重准著述等。书的篇幅甚短,反对进化学说的观点十分鲜明。

(9)《进化论讲话》(上、下),(日)丘浅次郎著,刘文典译,上海亚东图书馆 1927 年初版,1933 年第 2 版,590 页(32 开)。该书论述了进化论的内容和历史,生存竞争和自然淘汰,遗传和变异,进化论对于思想的影响等。

(10)《进化论ABC》,张慰宗著,上海ABC丛书社1928年初版,1929年再版,111页(32开)。该书是ABC丛书之一。

(11)《社会主义与进化论》,(英)彭勒科克(Pannekock)著,张定夫重译(由日文转译),上海昆仑书店1929年初版,61页(32开)。全书10篇包括:达尔文说、马克思说、马克思与阶级斗争、达尔文与阶级斗争、达尔文说与社会主义、自然法则与社会学说、人类之社会性、资本主义与社会主义等。该书还有4种译本,书名略有异。①

(12)《进化和退化》,周建人辑译,上海光华书局1930年初版,1936年再版,215页(32开)。该书共辑录美、英、匈牙利等国学者文章8篇,有生物的进化、进化的生理学证据、生育节制、一生的经过等。

(13)《自希腊人到达尔文》,(美)奥兹本著,张振声译,上海现代书局1933年初版,224页(23开)。该书介绍历史上各种进化论者对生物起源、进化的观点,编入该书局出版的进化论哲学丛书。

(14)《生命之科学》(1、2册),(英)威尔士著,石沱译,上海商务印书馆1934年初版(第1册)、1935年初版(第2册),共1 547页(23开)。第1册论述生命的形态,进化的铁证等;第2册讨论进化的原因等。该书是一部关于生命起源和进化的长篇译著,著者还有P. G. Wells、T. H Huxley,但是版权页只注H. G. Wells。

(15)《自然创造史》,(德)赫克尔(E. Hacckel)著,马君武译。上海商务印书馆1935年初版,8册,901页(32开)。该书为汉译世界名著,编入万有文库第2集。商务印书馆在1936年再出单行本,主要分进化论和普通系统史两大部分。

(16)《进化论与善种学》,陈长蘅、周建人著,上海商务印书馆1923年初版,78页。书内收录论文4篇。

2. 进化论思想反映

(1)《天演论》出版,导开国人认识进化论之门,能较完整知道“物竞天择,适者生存”这一进化的“公理”。进化论“优胜劣败”成为当时许多图强变法者所公认的定律。特别进化论中“万物恒变”与封建伦理“宗法不可变”形成尖锐的对立,动摇了封建守旧“天道不变”的理论基础,带动了中国

① 北京图书馆编.民国时期总书目·医药卫生自然科学.北京:书目文献出版社,1995:219-220.

传统哲学思想的一场革命,改变着中国人认识世界的思维方式,意义深远。

我国的知识分子,以较高的热情宣传进化论。他们不仅在报刊著文,还翻译达尔文原著,编译及自撰许多进化论的著作。我们从著作的出版分布看,20 世纪二三十年代为高峰期。[①] 与同时期遗传优生、节育书籍的出版相比,数量较多,且篇幅长,如万有文库辑入的进化论类的书就有 8 部[②]。

(2) 出版的进化论著作,极大部分是持肯定、支持的论点,只有很少数反对进化论,主要是宗教人士,如基督教认为"上帝创造了人",就难以接受进化论,有些主教还亲自著述,反对进化思想[③]。但是就学界和社会舆论来看,在进化论方面的分歧不如人口、节育那样明显。

(3) 进化论与节制生育似乎不如遗传优生那样"紧密",但它对于生命本质和起源,生物进化的规律等阐述,恰是人类认识生殖现象,把握生育行为所应该具备的基础知识。

(4) 在进化论的著作中,有一部分作者论及遗传学,如列出"两派遗传说"[④]"遗传与变异"的章节[⑤]、各学派的遗传与进化学说等[⑥]。此外,在一些以论文集形式出版的进化论著作中,往往有论述优生、节育的独立篇章,如《善种学的理论与实施》、《善种学与其建立者》[⑦]、"生育节制"[⑧]等。可见进化论与遗传优生、节制生育的学科间密切相连。

四、反封建思潮的涌动

(一) 抨击封建婚姻制度

1. 反对封建婚姻道德观

中国几千年封建社会所形成的婚姻制度和道德观,统治着人们在择偶、生育、性活动等方面的思想、行为,并成为社会公德、是非判别的依据。同时家法、族规、社会舆论等强化维护着这些"标准"的贯彻和延续。19 世

---

① 北京图书馆编. 民国时期总书目 • 医药卫生自然科学. 北京:书目文献出版社,1995:216-223.

② 生物之起源. 万有文库第 1 集;发生学. 万有文库第 2 集;生命之起源与进化. 万有文库第 2 集;自然与生命. 万有文库第 2 集;实验发生学. 万有文库第 2 集;进化浅说. 万有文库第 1 集;天演论. 万有文库第 1 集;进化论之今昔. 万有文库第 2 集.

③ 大本斋主辑. 天演论驳义. 上海:土山湾书馆,1923:1-42.

④ 高畠素之. 社会主义与进化论. 夏丏尊,李继桢,译. 上海:商务印书馆,1922:1-151.

⑤ 伏枥. 竞存论略. 上海:开明书店,1940:1-98.

⑥ 德拉日(Y Delage),等. 进化论. 朱洗,译. 上海:岐山书店,1929:1-246.

⑦ 陈长蘅,周建人. 进化论与善种学. 上海:商务印书馆,1923:1-78.

⑧ 周建人,辑译. 进化和退化. 上海:光华书局,1930:1-215.

纪中后叶，随着西方男女平等自由思想传入，提倡女权、兴办女学等活动兴起，增强了女子的独立意识。① 随着女子自身反对封建的意识渐渐觉醒和增强，封建纲常与禁锢人性的婚姻制度，成为她们抨击的目标。19 世纪末 20 世纪初，先进知识分子在介绍西方男女自由平等思想时，突出抨击旧的婚姻制度，控诉封建道德观对妇女的压迫残害，向没落的封建思想发起强烈的冲击。

2. 争取婚恋自由

“父母之命媒妁之言”，视为封建婚姻制度的“金科玉律”，长期成为社会判断婚姻道德的标准。1872 年已见报刊公开谈论婚姻问题②，介绍婚姻选择与强种的关系③，提倡婚姻自由。进入 20 世纪后主张婚姻恋爱自由的文章观点更加鲜明④，痛陈专制婚姻的弊端⑤与婚姻不自由的危害⑥，宣扬自由婚姻⑦，主张成立恋爱自由会⑧，痛批压制个性自由之害，等等。在 20 世纪最初的十余年，讨论婚恋问题的文章已较多。近代我国知识分子在倡导妇女解放的过程中，以争取婚恋自由为重要目标。离婚不再视为道德的沦丧，社会对其容忍度在增加。

3. 兴女权，争男女平等

中国自西汉以来，政治哲学和社会伦理，都是以儒教孔学为指导思想，并作为评判社会行为的准则。男女不平等的现象，深入到社会、家庭，表现在经济、教育、生育、婚姻等每一个方面。19 世纪后期西方女权思潮传入，促使中国妇女的觉醒。⑨ 我国许多有识之士，将兴女权视为反封建的重要利器。他们通过办报演讲、发表女权宣言⑩、介绍国外女权理论和思想⑪与

① 刘王立明. 四十年来中国妇女节制运动. 中华妇女节制协会年刊，1935，(1)：32-33.

② 曹子实. 婚姻论. 中国教会新报，1872，(192)：6-7.

③ 陈锦涛. 婚姻强种议(译美国医学报). 国闻汇编，1897，(3)：1-2.

④ 陈撷芬. 婚姻自由论. 女学报，1902，2(3)：1-2.

⑤ 专制婚姻弊. 半星期报，1908，(18)：37.

⑥ 婚姻不自由之结果. 新小说，1905，2(2)：174-175.

⑦ 凤城蓉君. 男女婚姻自由论. 清议报，1901，(76)：4819-4821.

⑧ 恋爱自由会发起人启事. 社会世界，1912，(5)122. 发起人在该刊前一期“征求同志”，在本期内建议将会名中“恋爱”改为“爱恋”。

⑨ 石川半山. 论女权之渐盛. 清议报，1900(47). 叶再生著《中国近代现代出版通史》623-624 页说：“《清议报》(The China Discussion)是康梁等维新党人在海外的最早的一份中文杂志。”

⑩ 张慧慧. 女权报宣言. 女权，1912(1).

⑪ 达尔文天择论. 达尔文物竞论. 斯宾塞女权论. 新明丛报，1903-02-11.

国际女权运动的发展等[1],将争女权作为反封建的重要内容。许多革命家在推翻封建统治中也歌颂女权[2],鼓励女子为自己的权利而斗争,如《女学报》(1902年创刊,被认为是1898年《官话女学报》停刊多年后的续版)、《女权》报(1912年出版创刊,发表《女权报宣言》)、《北京女报》、《妇女杂志》[3]等,都是以提高女权为宗旨,认为"欲强中国,必强女子;欲文明中国,必先文明女子;欲普救中国,必先普救女子"(《女子世界》1904年创刊号)。辛亥革命后女权更受到关注,争取经济权、工作权、参政权、受教育权、职业选择权、婚姻自主权、生育选择权等方面的平等,都是妇女解放的目标,且将"女权问题列入政治议题"[4]。许多名人积极支持男女平等的活动,推动女权运动持续发展。

4. 批判传统的贞洁观

封建社会要求女子保持贞洁,妇女在结婚后守节从一而终,如《礼记·郊特牲》中说:"妇人,从人者也,幼从父兄,嫁从夫,夫死从子"。到东汉,班昭将各"妇德"之说编辑发挥,写成《女诫》,更加细化、强化"妇女道德标准",在以后漫长的封建社会中,被视为女子道德的范本。女子终身只能嫁一夫,甚至幼年婚约,未结婚夫亡,也要守寡一生不能再嫁。实际上是对于女子又深一层的性压迫。在近代妇女解放运动中,反对封建贞洁观,也成为重要的攻克目标。鲁迅在《我之节烈观》中痛批了以男子为中心的"贞节观"的荒谬,指出:"即如失节一事,岂不知道必须男女两性,才能实现,他却专责女性;至于破人节操的男子,以及造成不烈的暴徒,便都含糊过去。"[5]周作人1918年翻译日本与谢野晶子《贞操论》,他同意原作者的基本观点,如认为讨论贞操不仅仅是对女子要求,应包括男子贞操在内。[6]许多翻译著作和国人的自撰著作,从理论上痛斥其罪恶的本质,揭露了残酷迫害妇女的许多悲惨的实例,呼吁给妇女以更多的同情和自由,激发对旧婚姻制度的反叛和声讨。在具体问题上,则主张离婚后可以再婚,寡妇可以再嫁,再婚并非不洁,反对推行贞节牌坊、清洁堂的做法,禁止运用族规、家法规范妇女的行为,等等。

---

① 万国女权会巴黎开会之实况. 竞业旬报,1908-07-28.

② 秋瑾. 勉女权. 神州女报(上海神州女报社),1907,1(1).

③ 江学辉. 社说:女权平议. 妇女杂志,1918,4(8):4-7.

④ 线装书局编. 中国近现代女性期刊汇编(二). 北京:线装书局,2007:2.

⑤ 唐俟. 我之节烈观. 新青年,1918,5(2):98.

⑥ 周作人. 贞操论. 新青年. 1918,4(5):368-394.

5. 争取女子社交自由

封建伦理的统治,对于女性的压制,不仅在婚姻、教育、守节、经济地位等方面,在日常生活中,亦有许多戒律,束缚着女性的思想和活动,阻碍女子独立。妇女解放运动者们主张:(1) 女子有与男子同校、同级受教育的权利。(2) 女子有与男子交谈、出游、结社的自由。(3) 女子有出席公共集会、宴会的权利,不能以性别为座次。(4) 凡是女子学问有成者,在应试、应选要与男子同等对待,不得歧视。

6. 废除娶妾制度

封建社会要求女子从有婚约起,就应"从一而终",不能改变;而男子,可以休妻,更可以娶妾,其理由有许多,其中为了男性子嗣、延续香火,最为突出。社会对妻妾成群,不仅认可还视为财富和家族兴旺的象征。这种畸形的婚姻制度,实际上是对妇女的性压榨。妇女解放运动中,主张实行一夫一妻制,废除娶妾的陋习,许多名人(如蔡元培)公开声明不娶妾。有人还专门编写了《废妾号》①,书中有废妾宣言,并收录了有关反对纳妾的论文、小说、诗、短剧等。还有作者收录男子在婚姻、家庭等方面不良的表现,批评了这些丑陋的行为,并将有关30余篇短文,集成一书出版,其中包括废妾的主张。

此间,先进的知识阶层,他们的婚姻变化就是时代的写照,也记载、反映这一裂变过程。如蔡元培(1868—1940年)的婚姻爱情经历就是一例。他1889年成婚,是旧式婚姻,原配夫人王昭,不幸于1900年6月5日病逝。此后友朋多次劝其续娶,他考虑后拟出五项条件:"(一) 天足者;(二) 识字者;(三) 男子不得娶妾;(四) 夫妇意见不合时,可以解约;(五) 夫死后可以再嫁。"②从这五条,不难看出蔡元培先生早就强烈地反对封建婚姻的戒律,公开提出在婚约中有约定,包括可以离婚和再嫁,并自律不娶妾等。在那个时代(1901年前后),出自于甚受人敬重的著名学者之口,无疑是发向封建堡垒的一颗重磅炸弹。后来蔡元培认识黄世振(仲玉),甚合意,于1902年1月1日在杭州结婚。婚礼没有采用旧有形式,来宾均发表演说致贺,新郎致答词,用演说会代替闹洞房,这是一种全新的婚礼形式。后来黄仲玉病逝(1921年1月),再考虑续娶时,择定三个条件:"(一) 原有相当认

① 朱采真.废妾号.杭州:浙江书局,1922:1-120.

② 蔡元培.孑民自述.南京:江苏人民出版社,1999:197.

识;(二)年龄略大;(三)须熟谙英文而能为研究助手者。"①此时他婚姻的选择,明显增加了知识层次的要求(1923年7月10日在苏州留园与周峻(养浩)女士举行婚礼,蔡元培着西装,周峻披白色婚纱,一派西式风范)。蔡元培先生这3次婚姻从一个方面,反映近代婚恋的演变。蔡先生这样的名人学者所为,是一种无言的榜样。如果再与康有为晚年(1919年)还娶第五位小妾相比,蔡元培先生言行一致,更受人尊重。

7. 离婚自由增加

在清末民初,解除强迫婚姻,成为许多人(特别在知识人群中)追求的目标。自19世纪后期,离婚的话题就在报刊频频出现。② 1905年《女子世界》(2卷3期6–7页)刊登《离婚创举》一文,报刊舆论提出离婚不是羞耻事③,残疾应准离婚④等。当时政府的审判厅已经受理离婚案件,通过法律程序裁定夫妇离婚案。如吴县地方审判厅判决"洪尔振呈诉与妻洪严氏协议离婚请求裁判抚恤一案"。⑤ 与此类似,《江苏司法汇报》、《法律周报》、《政法杂志》等,以及政府的官方公告中屡有判决夫妻离婚的信息公布。甚至配偶失踪,地方审判厅也可以经审理备案离婚。1915年8月9日,大理院复广西高审厅函,关于因疾病申请离婚等事项说:"前清现行律,关于婚姻门所称疾病者,谓医术不易治疗,而于生活上有碍或常情所厌恶,如定婚之初不将其通知得彼造之愿,应准解约。至残废二字指五官四肢阴阳之机能有一失其作用而言。"⑥有人统计北京诉讼离婚案(并非都判准离婚),1917年为4.48/10万,1920年为6.68/10万⑦,封建卫道士认为这是自由恋爱的恶果,世风日下;而女权主义者认为这是妇女觉醒,女子解放,社会进步的标志。当离婚有了合法途径,为节制生育的推行,又减少一层障碍。

然而离婚的实际阻力仍然比较大,特别在小城市、农村及文化欠发达地区,歧视、看不起离婚者的现象普遍存在。社会对离婚者褒贬时有分歧。

---

① 蔡元培. 孑民自述. 南京:江苏人民出版社,1999:200.

② 离婚志始. 益闻报,1886,(577):315.

③ 钟毅. 离婚不是羞耻事. 崇明旅沪学生会杂志,1922,(2):118–119.

④ 残疾应准离婚. 香艳杂志,1915,(8):7–8.

⑤ 江苏司法报,1913,(10):7–8.

⑥ 法律周报,1915,(102):2.

⑦ 吴至信. 最近十六年北平离婚案//李文海. 民国时期社会调查丛编·婚姻家庭卷. 福州:福建教育出版社,2005:383.

8. 康有为、谭嗣同婚姻道德观

康有为、谭嗣同反封建的思想、言论，涉及封建婚姻制度的各个方面，从一个侧面反映了各种观点的汇聚，略举数点。

（1）康有为反对封建婚姻，推动妇女解放、男女平等，在《大同书》戊部“去形界保独立”有专门论述。

① 列举了妇女千年受压迫之苦。几千年的封建社会对妇女的压迫表现在受教育、婚姻、家庭、社会地位的每个方面。康有为将其归纳为：“抑之、制之、愚之、闭之、囚之、系之，使不得自立、不得任公事、不得为仕宦、不得为国民、不得预议会，甚且不得事学问、不得发言论、不得达名字、不得通交接、不得预享宴、不得出观游、不得出室门，甚且斫束其腰，蒙盖其面，刖削其足，雕刻其身，遍屈无辜，遍刑无罪，斯尤无道之至甚者矣！”①在妇女自由方面，康有为主张：“人人有天授之体，即人人有天授自由之权。故凡为人者，学问可以自学，言语可以自发，游观可以自如，宴飨可以自乐，出入可以自行，交合可以自主，此人人公有之权利也。”②在婚姻方面，同样也赞同“择嫁、离异略可以自由矣”。

② 抨击男女不平等。封建社会的传统是“伸男抑女”，女子失去独立的人权，为男子的私属品，受到的禁锢繁多。社会“以非常严酷之刑对待女子，而以非常纵肆之欲待男子”，“其不公可谓至矣”。康有为在《大同书》戊部“女子升平独立之制”一章中提出11点“变法”主张，大致归纳有：设女学，其章程与男子学校同，毕业赐出身；女子有任公职权；法律应赋予妇女独立人之资格，取消从夫的规定；婚姻予女子自由，自行择配（20岁前仍须父母约束）；女子有出入、交接、游观、宴会等自由（20岁前仍须父母约束）；旧习俗如缠足等应该严禁；女子与男子衣服当同，但袒肩、裸体与男子相抱跳舞等严禁；“国家设媒氏之官”，男女婚姻皆告媒氏，领取凭照，“早婚未及年者悉当禁断”，等等。③

③ 主张合约婚姻。康有为提出“男女婚姻皆由本人自择，情志相合，乃立合约，名曰交好之约，不得有夫妇旧名”，“男女合约当有期限，不得为终身之约”；他进一步说“婚姻期限，久者不许过一年，短者必满一月，欢好者许其续约”。他还认为“防淫愈严而淫风愈盛，不若去堤与水，自无涨溃之

① 康有为.大同书.李似珍，评注.郑州：中州古籍出版社，1998：165.
② 康有为.大同书.李似珍，评注.郑州：中州古籍出版社，1998：174.
③ 康有为.大同书.李似珍，评注.郑州：中州古籍出版社，1998：205－206.

虞”，而“行期约之事，则奸淫永绝也”①。康有为这样的婚姻观十分急进，尽管他说明“从上所论，专为将来进化计”，即到世界大同之时方可推行；“若今女学未成，人格未具，而妄引妇女独立之例以纵其背夫淫欲之情，是大乱之道也”。康有为主张合约婚姻的观点，遭到他的政敌们的抨击，他的学生和支持者，也常回避这方面的评述。这从早期出版《大同书》节选时，常常删去某些章节即可证明。康氏反对封建婚姻制度，主张婚姻自由的思想，其历史意义是无可置疑的。但他主张合约婚姻（不超过一年）遭到普遍的反对。可见，任何一种思想的推行，不能脱离历史的特定时期和环境。

康有为晚年主张君主立宪，被认为有损晚节。在婚姻生活方面，除了元配夫人张云珠外，先后娶妾五位，其中第四位为日本女子市岗鹤子，第五位是1919年娶的杭州的张光。② 对此评论甚多，其负面的影响难以回避。

（2）谭嗣同1896年开始写《仁学》，1899年，《仁学》由梁启超在日本出版的《清议报》上分期刊登。《仁学》发表立即掀起一股巨浪，冲击着封建文化和封建体制。《仁学》的内容十分丰富，虽然没有形成完整的体系，但就所涉及的知识面和对西方科学、文化的认识来看，在同期维新派人士中尚少见。

① 强烈反对君主制度。谭嗣同在《仁学》中，从理论上剖析了封建君主制度的落后和不合理性，他说“君主之祸，至于无可复加，非生人所能任受”；“二千年来之政，秦政也，皆大盗也”③。他呼吁如果君主残暴不良，人人可以反对，不谓叛逆。他此言论要比康有为、梁启超的思想更为激进。

② 强烈谴责三纲五常。凡历代统治者都以此为法宝，作为桎梏人民思想和人生自由的精神枷锁，其中“君为臣纲”的危害居首。他指出君是民的一分子，民为本，君为末，君由民择；他反对“忠君”，认为就是由民共推之君，若要民献身，则应该“吾死所共举，非死君也”。

在封建纲常伦理中，“夫为妇纲”是对妇女实际压迫最沉重的道德枷锁，如“男尊女卑”、“饿死是小，失节事大”、“未嫁从父，既嫁从夫，夫死从子”等观念，把妇女当作男子的附属品和役使的奴隶。谭嗣同揭露了这些罪恶的本质，强烈谴责这些视妇女为敌人，将妇女“锢之，严之，隔绝之，若

---

① 康有为. 大同书. 李似珍，评注. 郑州：中州古籍出版社，1998：207-210.

② 王晓元. 民国名人与日本妻妾. 北京：作家出版社，2004：24-25.

③ 谭嗣同. 仁学. 印永清，评注. 郑州：中州古籍出版社，1998：249.

鬼物,若仇雠……”等肉体上和精神上的残酷迫害①。在婚姻关系方面,他反对本非两相情愿而由父母、媒婆包办的传统封建婚姻制度,主张男女有选择婚配的自由。他反对旧礼教对妇女的歧视,主张在婚姻方面男女应该平等。他说“男则姬妾罗侍,纵淫无忌;女一淫即罪至死”,这是极其不合理、不公平的现象;他又指出“男女同为天地之菁英,同有无量之盛德大业”②,男女应该有平等的地位。他还指出贞操是封建社会强加在妇女身上沉重的镣铐,给妇女带来无穷的苦难,葬送了许许多多妇女的青春和生命。

③ 痛击了妇女在结婚或订有婚约之后,就要从一而终,保持“贞洁”等不合天理的观念,认为这违反了人的天性,“男女构精,特两机之动,毫无可羞丑……”,性欲是男女正常的生理需要,禁止它不符合人的自然习性。他强烈谴责这种突出男性自私心态,视女性为私有物品,极度甚至病态地宣扬女子“贞操”的伦理观念和种种社会行为。

④ 主张公开进行性教育,反对将性神秘化。《仁学》中有关于性学、性道德的论说像一颗炸弹,给封建思想予以强烈的打击。他指出:“藏物于箧,惧使人见,而欲见始愈切,坦坦然剖以相示,则旦日熟视而若无睹矣。”③了解性、谈论性是正常之事,无羞愧可言,如同众多事物越不让见就越想见,在性的方面也不例外,性教育不应该遮遮盖盖。

(二) 性控制与性文学艺术昌盛之交织

中国几千年以儒家学说为基础的社会道德准则始终处于主流地位,性受到严厉的禁锢,而房中术、性小说、依托于宗教的性修炼、医巫混淆之术等也在不断影响人们的思想、行为,包括性的价值观取向。中国封建社会性控制与反控制始终存在,了解其演变的轨迹,有利于对节育、生育与性交织相关的一些现象之解读。

1. 传统性控制的轨迹

(1) 早期封建礼教的性束缚。

宣扬“男女授受不亲”,提出“男女大防”,避免男女通过直接接触传情。《礼记·内则》说:“七年,男女不同席,不共食”,甚至提出“男女不同椸枷”。东汉班昭写的《女诫》,被视为女子道德的范本。“不孝有三无后为大”,成为封建子嗣观的理论依据。凡不是以子嗣繁衍为目的的性活动都

① 蔡尚思,方行. 谭嗣同选集(增订本,下册). 北京:中华书局,1981:303.

② 蔡尚思,方行. 谭嗣同选集(增订本,下册). 北京:中华书局,1981:304.

③ 谭嗣同. 仁学. 印永清,评注. 郑州:中州古籍出版社,1998:101-102.

是不道德的，反对性所具有的愉悦功能。“不孝有三无后为大”还成为以“接香火”为名而纳妾重婚的依据，成为中国婚姻史上一种怪状。

(2) 宋理学“存天理，灭人欲”，祭起性禁锢的大旗。

宋代，程（程颢、程颐）、朱（朱熹）、王（王阳明）等为代表的理学兴起，性被视为万恶之源，适应了封建王朝强化中央集权统治的思想文化需要。他们在理（天理）与人（人欲）的关系上，都主张“存天理，灭人欲”，以封建的伦理纲常限制人的欲望，尤其对待妇女性的方面更为苛刻。所谓“饿死事小、失节事大”就源出于程颐之说。朱熹继承二程之学，将天理与人欲更加对立，认为“天理存则人欲亡，人欲胜则天理灭”。

理学还积极宣传人人道德自律，抑制性的欲望，尽量过禁欲的生活，“万恶淫为首”成了卫道士们的口头禅。“淫”字的含义，不仅包括婚姻外的一切性行为，而且婚姻内性生活，如果追求一定技巧也视为淫。至于观看色情画、言情小说、爱情戏剧、唱情歌等皆在“淫”之列。更有甚者，认为只要想到涉性之事（虽然没有具体行动），也是“意淫”，其心在可诛之列。性不仅不能讲，连想也是淫，故而从“诛淫行”到“诛淫心”，禁止含有性内容的书籍出版、流通，推行无性文化。

性控制的另一个方面是女子贞操观的强化。秦汉时期形成了女子贞操观，隋朝对于男女关系控制比较松弛，唐朝男女交往比较自由，女子再嫁之风盛行，直到宋初并不迫使女子守节。宋代中期理学兴，开始推崇女子守节，以后历代皇朝颁布政令、树贞节牌坊，颂扬、奖励节妇，封建家族通过族规家法规范各家族成员行为，更强化了妇女的守节。

(3) 清代更为严酷的性控制。

清顺治九年，颁布禁令严禁“琐语淫词”，康熙时将“淫词小说”的书和书版销毁，违者严处。清政府对于贞女节妇，不遗余力地旌表，编《烈女传》，大树贞节牌坊，设立“贞洁堂”、“清洁堂”等。女子守节越苦越好，越惨烈越佳，将“贞洁”神化，使妇女成为封建礼教的祭品。对女子性的禁锢，实际也在一定程度上控制着男子的性取向。

2. 性文学艺术昌盛展示的另一种轨迹

中国性文化是一个千年不解之结①，性禁锢的同时，性文学艺术的兴盛和流传之广是中国社会的一种怪状，错综交织出某些似乎矛盾的现象，如果简单地梳理，社会对性的态度，可归纳为传统派与反传统派之区别。前

---

① 郑思礼. 中国性文化：一个千年不解之结. 北京：中国对外翻译出版公司，1994：9－24.

者主张性控制，反对除繁衍后代为目的的任何性行为；而后者反对性禁锢，宣扬性的欣赏愉悦功能。传统派的观点前已述，而反传统派论点主要是通过文学艺术作品和宗教活动等呈现另外一种轨迹。沈雁冰说这些作品不仅在量的方面，而且在质的方面“亦足推为世界各民族性欲文学的翘楚”①。

（1）性小说的繁荣。

现在一般认为小说中的性描写，是以汉代《飞燕外传》为始，大量出现是在明中期至清中期，如《金瓶梅》、《如意君传》、《肉蒲团》、《株林野史》、《痴婆子传》、《醒世恒言》、《警世通言》等。数量之大，各家统计不一（包括因界定标准的区别），流传下来现在可见的，以百计并不为多。历史上对这类小说，多次发布过禁书目录。所禁止之原因，除了少数是因政治因素外（如《水浒传》），绝大部分是因小说的淫词秽语被禁。学界对于这类具体作品的评价不一，有学者提出要区分情色与淫秽，前者以《金瓶梅》为代表，后者以《肉蒲团》为代表。

《金瓶梅》在中国文学史上，是一部有深远影响的作品。它暴露了明代社会政治的黑暗、经济的腐朽、道德风尚的堕落、伦理关系的严酷等。作品在突破封建的性控制，宣扬性文学艺术的欣赏价值有积极进步的意义。然而作品中大量的性描写，对纵欲、荒淫生活的渲染等，表现了作者思想庸俗和低级趣味。而如《肉蒲团》之类的作品，全书集中于性器官和几乎是病态的性描写，词语粗俗，格调低下，是淫秽小说的典型，历代几乎都予以否定。再从书的体裁结构来看，《金瓶梅》之类性描写是“故事”的一部分，文学性较强；而《肉蒲团》之类，“故事”是为串联性描写，其淫秽之构思更显，文学价值也甚低。

（2）春宫画的流传。

春宫画又称秘戏图，与文字相比，更直接、形象地展示了人的性活动，是性文学艺术展示的一部分。其起源可以追溯到汉代，源远流长。它与小说公开传播不同，春宫画的欣赏、传播通常是在私秘状态下。收藏者往往不愿意公开身份，常以单幅或手卷形式保存，非常的神秘。在文学作品如《金瓶梅词话》中插入春宫图，亦成为一种形式。某些商人为了牟利，印刷秘戏图出售，促成从皇室内宫到民间的流传。但在漫长的封建社会中，没有人整理而出版过专门的论著，直到 1951 年荷兰人高罗佩（（R. H. Van

① 沈雁冰. 中国文学内的性欲描写//郑振铎. 中国文学研究（上）. 小说月报 17 卷号外. 上海：商务印书馆，1927：1.

Gulik, 1910—1967 年)①,将明代春宫版画的研究写成专著。原著是用英文手写,蜡纸刻印,只印了 50 册,作者所题中文书名——《秘戏图考》,副题:“附论汉代至清代的中国性生活”。此书 1992 年由杨权翻译成中文,公开出版“内部发行”。② 翻译时将有些春宫图略去(如“花营锦阵”有文字无图③),反映译者尚有所保留。此书收录中国性文化的许多史料,例证了在强大的性控制的主流之外,性文学艺术的欣赏,性愉悦的客观存在及追求。

(3) 房室养生源远流长。

中国古代就有房中术的记载(长沙马王堆出土的竹简就是例证),经过道家发展房中术,成为繁杂的理论学说。如道家所主张的采阴补阳学说,认为男子的“阳”有限,而女子“阴”是无限,主张采阴补阳,有益健康。提倡男女共行性修炼,学习交接之道,延年益寿,以达长生不老等。除此,道家还通过医家,将医巫混杂宣传其理论,强调服食、行气、导引和房中之功能。著名医学家孙思邈,本身就是一个道家,在《千金要方》中,多处宣扬房中补益。参杂于医学之中的伪科学性知识,更容易误导人们的性行为和价值观的取向。

此外性崇拜也广泛存在,表现在对器物、自然现象等许多方面,甚至对于山水、湖泊,都赋予“公”、“母”等性的色彩。④ 社会现实中性的话语更渗透到各个层面。

(4) 叶德辉的“反潮流”。

清末民初,著名藏书家叶德辉(1864—1927 年)曾经编辑《双梅景闇丛书》,包括《素女经》、《素女方》、《玉房秘诀》、《玉房指要》、《洞玄子》、《天地阴阳大乐赋》等 6 篇。该书辑成于 1903—1914 年间,多篇有序或后记,说明原文之出处,如《素女经》从日本丹波康赖撰《医心方》所录,而《天地阴阳大乐赋》引自敦煌藏本等。⑤ 所辑 6 篇都是讨论性、房室之事,批评者认

---

① 高罗佩,1910 年出生在荷兰,先后攻读法律、东亚语言文学,接受中文训练,1935 年获得博士学位。此后一直担任外交官,包括在我国南京、重庆任外交官。1967 年在担任荷兰驻日本大使期间,回国休假途中病故。他酷爱中华文化,是著名的汉学家,发表过许多有关中国古代文化的专著,如《秘戏图考》、《中国古代房内考、》、《中国绘画鉴赏》等。他还将中文著作翻译成英文介绍到西方,如《狄公案》、米芾《砚史》等。

② 高罗佩. 秘戏图考. 杨权,译. 广州:广东人民出版社,1992:1-447.

③ 2007 年,台湾大辣出版股份有限公司出版《花锦营阵》,有图。

④ 中国性科学百科全书编辑委员会,中国大百科全书出版社科技编辑部. 中国性科学百科全书. 北京:中国大百科全书出版社,1998:90-91 之间插页图.

⑤ 以上为笔者阅读该书木刻版后所引。

为辑编这样的丛书，有失文人体统。叶德辉在《双梅景闇丛书》首篇——新刊素女经序中，就翻译西方生殖器男女交合婚姻卫生学一事指出："无知之夫，诧为鸿宝，殊不知中国圣帝圣君之胄，此学已讲求于四千年以前。"①叶德辉明显有宣示我国古代的性学研究早于西方之成绩，不要无知崇拜外国。客观地说，该书较早将有关文献辑于成册，促进了我国对古代性学、养生学等的研究。

（三）西方人文思想的冲击，提倡公开进行性教育

1. 促进传统性观念裂变

19 世纪中后期，列强用武力打开了中国闭锁的国门，西方的科学技术、思想、文化等大量传入我国。在"西风东渐"中，西方的女权主义、性学观、婚恋观等亦随之而入，这与中国封建社会压迫、歧视女性，以及中国封建社会"三从四德"，"从一而终"的精神枷锁等，形成鲜明的对比，发生激烈的冲撞。自 19 世纪末妇女解放的舆论兴起，唤醒女性争取婚恋自由、社交自由等，成为突出的目标。辛亥革命、五四运动加速了这一进程，先进的知识分子通过报刊、著作、演讲等极力颂扬。其中，包括西方的性理论、性道德准则、生育理念等。

当西方性革命思潮——性自由传入我国后，推动了以恋爱自由为公开口号，冲破传统婚姻制度对性活动"垄断"、束缚，以追求更大的性自由，甚至提出"合约婚姻"、"试婚"等激进观点②。这从根本上否定了以儒家封建礼教纲常为正统的中国旧文化，催化了封建性观念的裂变解体。

2. 主张性教育从学校启动

在封建性禁锢漫长的历史长河中，我国国民对于性的了解非常之少，有限的知识除了人与人的口头传授外，就是从文学作品和医学典籍中的"房室养生"中了解，而且往往注重的是性技巧，以及如何通过性活动来延年养生等。这种性知识不仅科学性差，还有许多错误。历史上的一些性取向和行为的异常，往往与性知识缺乏有关。

大量文献表明，最先觉醒倡导性教育的是教育文化界人士。宣传、讨论性教育的主要阵地是在教育类的报刊；论述的中心是如何推行性教育，

---

① 叶德辉. 双梅景闇丛书. 木刻版[出版者不详]. 另外可参见：敦煌古籍考释. 江西科技出版社，1988，敦煌医药文献辑校. 江苏古籍出版社，1998.

② 据《中国性现状》记述："性革命高潮不是首先出现于资本主义西方，更不是美国，而是革命胜利后布尔什维克党领导下的苏联。"（潘绥铭. 中国性现状. 北京：光明日报出版社，1995：41.）

力主从学校启动。[①] 我国学者陆费逵(1886—1941年),1910年在《教育杂志》发表《男女共学问题》,力主改变男女分校的规定,向封建的性禁锢投放了一颗试验弹。次年(1911年)在《教育杂志》发表《色欲与教育》,认为"社会风气之坏,半出于色欲",提出在教育上从四个方面进行性教育[②]。文中还说:男女既秉天之所赋,由生理而生欲念,乌能窒之塞之,且亦不必窒之塞之,尤不可窒之塞之也。[③] 其意十分清晰——性欲是自然的生理的,怎么能强行压制?压制是不必要也不可能的。他还提出了在学校进行性教育的方法与措施。陆氏当时执掌中华书局,在出版界、教育界是一位重量级人物;他又在教育领域内最有影响的《教育杂志》上谈论性,其对舆论的影响和人们心灵的震撼,可以想象。1916年志厚发表《教育上之色欲问题》与陆氏呼应,引证了德国柏林大学校长的性教育的做法。针对有人认为在学校进行性教育有害,指出:"云有害者非色欲之为害,而滥用或误用之害","消极之防,危害甚巨",主张性教育"以公然讲授为得策"[④]。这些可认为是推行学校性教育代表性的呼声。1919年,《曙光》(1卷5号)分别发表王统照、王晴霓、宋介的《两性的教育观》、《两性的道德》、《两性与社会》等有关性的论述7篇。1920年,《巴哥罗底的两性教育观》由潘公展编译,分三期在《教育杂志》发表[⑤],该书原名 Sex Education,是美国哥伦比亚大学 M. A. Bigelow 教授1914—1915年期间向师范生讲授性教育的教本。潘公展以编译方式,将欧美性教育的理论、方法、课程结构、教育体系等比较全面地介绍给国人。这是我国最早成册翻译的性教育译著,成为以后我国性教育的"理论依据"和教材。性教育的推行为节制生育宣传形成有利的舆论环境。

(四)著作公开论述性与婚恋问题

在1922年前,我国尚没有出版节育和性教育专著。但在性卫生、婚恋、家庭等方面已经有一些著作出版。

在性卫生著作方面:1901年,翻译著作《戒淫养生种子男女交合新论》、《男女婚姻卫生学》分别由文轩书会、上海广智书局发行[⑥]。1906年,丁福

① 陈永生. 清末民初我国学校性教育述略. 中华医史杂志,1993,23(1):6-11.

② 陆费逵. 色欲与教育. 教育杂志,1911,3(9):1-3.

③ 陆费逵. 色欲与教育. 教育杂志,1911,3(9):1.

④ 志厚. 教育上之色欲问题. 教育杂志,1914,6(12):1-4.

⑤ 潘公展. 巴哥罗底两性教育观. 教育杂志,1920,12(10/11/12):1.

⑥ 刘志琴. 近代中国社会文化变迁录(二卷). 杭州:浙江人民出版社,1998:256.

保译《子之有为法》出版(23 开,精装)。[1] 1911 年,《先天构造图说》出版(吉林双城,精益书局 32 开 35 页),该书简介男女生殖系统的生理解剖及性卫生知识。1915 年,两本同名《最新结婚学》的书出版,一本说明为译[2],另一本说明为著[3],但该两书主要章目相同,均有结婚之利害、结婚之避忌、离婚之自由、人口限制之是非,等等。两书(第二册可能为编译)均将限制人口的概念,向公众作了介绍。同年尚有译作《结婚论》出版,全书 9 章 60 页,其中有性教育和体格审查各一章。1915 年还出版《欲海》(文艺编译社,112 页,23 开)、《情欲宝鉴》(上海,新中华书社,102 页,32 开)。1916 年,知新等译"无痛安产法",介绍法国巴丁国立大学附属妇人医院开展妇女无痛分娩有关情况。[4] 1919 年,《男女婚姻宝鉴》出版(上海,广文书局,86 页 32 开)。

在婚恋家庭类著作方面有《结婚训》(卢寿笺,1917)、《家学浅论》(明原堂印书馆,1917)、《治家酬世全书》(天虚我生,1919)、《中国家庭问题》(罗敦伟等,1921)、《妇女智囊》(徐桂芳,1921)、《废妾号》(朱采真,1922)等。

以上列举 1922 年前我国性卫生、婚恋、家庭类的部分出版物。他们所陈述的观点,科学性和社会意义参差不齐,但在强大的封建思想统治下,能够公开论述性、生育和婚恋,就是进步,客观上有利于促进中国节制生育高潮的到来。

五、避孕节育知识传播的萌芽

1. 1914 年《香艳杂志》刊登《避妊之实行为人种改善之妙策》

该文系翻译自日本的妇女杂志。文中说:

> 法兰西盛行避妊之风,国内女子守不嫁主义者綦夥,或虽嫁而极意研究不妊之术。以故今百年余来,法国国民之生产率,乃逐年减少,国内人士昔曾大声疾呼,唤醒当道,谓避妊实自杀其人种之术,并有条陈奖励生育法以矫正之者,其结果乃非惟不见生殖之增加,且避妊之风蔓延益广。当道遂亦无法制止,一听之民

---

① 田村化三郎. 子之有为法. 丁福保,译. 上海:医学书局,1906:11-60.

② 青田有美. 最新结婚学. 陈适吾,译. 上海:有正书局,1915:1-80.

③ 蟾侪. 最新结婚学. 上海:中国图书公司和记,1919:1-101.

④ 知新,琴宗,编译. 无痛安产法. 妇女时报,1916,(22):7-9.

间自然而已。然吾人调查法国逐年人口率,则并不见其锐减,且其国民勇挚深沉之风,有进无已,而寿命亦较前倍长者……观此种不可思议之事实,乃知避妊实为人种改善之妙法也。①

作者以法国推行避孕后,人口出生率减少,但人平均寿命增加,人的素质"有进无已",认为避妊实为人种改善之妙法。文内还列举荷兰、新西兰等国避孕推行后,人口出生率、死亡率降低与国民体质提高等数据,证明其避孕能够改良人种的论断。

2. 1920 年 6 月,邵飘萍在《妇女杂志》上发表《避妊问题之研究》

该文是我国最早在期刊上长篇专论避孕的文章。作者在绪言中说:"人口政策为世界各文明国重要政策之一,盖人口之增减……与国家之贫富强弱有密切关系故也","避妊问题一方与人口之增减有关,一方尤与社会上各种现象有关"②。主要内容:

(1) 避妊发生的原因。从经济、文化、生理、社会四个方面分析,包括:"人口渐繁,衣食住三者常虞不给,惟恐儿女过多",文化发达国家的妇女恐怕"容貌易衰","儿女绕膝于社交极为不便",避免"不名誉之事"等,故而要避孕。指出从人种学(遗传学)看,要预防父母将精神疾病、糖尿病、吗啡中毒等遗传给后代。

(2) 人口问题与避妊问题。追溯避孕问题的起源,如"亚理斯多德、柏拉图均有劝人堕胎之主张",并介绍新、旧马尔萨斯主义的人口观和高尔登"人种改善学"的观点。

(3) 荷兰实行避孕的效果。介绍荷兰 1881 年开始设立节育指导所,后主要都市均开设指导机构,开展节育指导。经过数十年后,国民体质提高,劳动生活条件改善,是推行节育最好的例子。

(4) 法国滥行避孕之害。由于法国"以享乐主义为动机无政策之滥行避妊","人口增加殆近于停止之状态"。其避妊之结果反而"几陷国家于危殆"。

(5) 英、美、德避妊节育之状况。介绍上述三国开展节制生育活动情况。如其中说到美国:"散革挨夫人(山格夫人)始在纽约之薄梨克林区设避妊相谈所",以及所从事的工作等,该部分约有 300 余字。这是我国学者较早介绍山格夫人事迹的文章。

---

① 鸟蛰庐,译述. 避妊之实行为人种改善之妙策. 香艳杂志,1914,(4):5-6.

② 邵飘萍. 避妊问题之研究. 妇女杂志,1920,6(5):1-8.

(6) 避妊问题赞否两方之论据。作者列出赞成的理由:疾病的社会现象之预防、养育儿童之改善、社会程度之增进和国际关系之缓和。而反对避孕的理由:违反自然法、风纪之颓废、唯物主义之跋扈和民族之自灭。

作者针对上述情况,发表了自己的观点:

> 综合各国因避妊问题而发生之现象,及关于此项问题赞否两方学说之比较,试作公平之判断,以为此篇结论,则第一当察其动机之如何。如因缓和经济之困难,且抱人种改善及预防恶病遗传之目的,以期少生少死,少生多教,则避妊诚不失为一种救济之方法。而赞成派所谓以此缓和国际之关系,尤可注意军国主义者之岌岌于攫取殖民地,亦人口问题迫之使然,非空论也。若夫其动机在于逸乐,如法国之妇女社会,则避妊之祸,直足以灭种。荷兰与法国结果之异,盖在此耳。窃观我国下层社会悲惨之现象,乞丐、娼妓,触目皆是……避妊问题实大有可以研究之价值也。①

作者有条件地支持避孕节育,反对贪图逸乐的避孕。该文虽然没有论及避孕的技术方法,但在使国人了解现代生育思想和避孕观念等方面,甚有价值。文内还提到山格夫人宣传节制生育的事业。

3. 1920 年 12 月,三无发表《避妊我观》

《避妊我观》②从八个方面分析避妊的原因,认为其实质是"思想的自由、活动的自由、享乐的自由","避妊实在是现代文明一个特色的科学主义(Scienceism)的发挥"。他从经济、政治、社会、道德、生理等方面,阐述推行避妊的理由和意义,认为"'人口的限制'的根本理由,也就是避妊的根本理由","生理上讲起来我也是格外赞成避妊的"。他总结说:"避妊这件事,实在是现代的一种顶好的现象;他能用科学的能力,在性欲生活上面,支配从来不可抗的出生;□用科学的能力,改善人类的实质;更能发挥科学的社会改造精神,去确立世界永久和平的基础。"作者赞成避孕的观点比邵飘萍更为明晰,特别他用"科学主义"来阐述避孕的意义,这符合五四时期颂扬"科学与民主"的主旋律,实际已经道出避孕是能够控制性欲与生育的可靠措施。

4. 1920 年,《通俗医事月刊》刊登《法妇人厉行避妊——急坏总统夫人》

《通俗医事月刊》在国外记事栏内发表此文,报道法国人生育意愿下

---

① 邵飘萍. 避妊问题之研究. 妇女杂志,1920,6(5):7-8.

② 三无. 避妊我观. 妇女杂志,1920,6(12):1-7. 此外在一些文章的作者署名中,可见:"三无"、"三旡""李三无"、"李三旡"等,是否为同一人?,还是"无"与"旡"的印刷之误? 待查.

降,在风行节育后,出生率低引起法国总统夫人的担忧,为此"组织一爱国妇人俱乐部派会员四出劝导"①。即使这样,法国的低生育率也未能够改变。

5. 陈梦坡1913年前提倡节育

据郑逸梅著文,"陈梦坡于数十年前,即提倡节制生育";陈曾说:"中国欲强盛,当自限制生殖始。"②陈梦坡(名范,字蜕安)近代著名报人,1913年5月16日于上海逝世(54岁)。此说如果属实,陈氏提出控制人口蕃衍是国家富强首要之事的思想,不会迟于1913年。但郑逸梅文中没有注明文献出处,亦未见佐证资料,可靠性待查。

6. 张竞生上书陈炯明

据《张竞生传》等记叙,1920年张竞生上书陈炯明,提出控制生育,减少人口出生。③ 在《张竞生文集》中也有类似的论述,但词语不一。张氏上书的原文未见文献刊载。张氏本人虽在《广东经济建设》1937年第1期《人口与经济问题平议》一文中说:"实则我在汕头主张此事乃在山格夫人来华之前已有二年",但没有具体引述其内容,是在广州? 还是在汕头?

在1922年前,公开发表支持避孕、节育的文章和言论还比较少。但前4项有确切的文献可证。节育避孕运动在萌动。

六、节育运动蓄势待发

1. 新文化运动的推动

民国初年是近代思想文化的重要转型期,在政治、经济、思想等多方面充满着矛盾和斗争,统治人民思想的基础发生了动摇;封建主义的意识形态、道德、文化价值取向等的权威性已渐渐减弱。随着西方科学技术和各种思想迅速的传播,各种学说、主义竞相出现,民主与科学口号高扬,孕育着一场思想文化的大革命。1915年由陈独秀等发动的文化改造运动,1917年由胡适、陈独秀所倡导的新文学运动等,呼唤打破封建礼教束缚,实行男女平等、妇女解放、婚姻自主,开展性教育,等等。20世纪20年代初,封建家庭体制开始解体,传统的偶像、权威发生瓦解,而新的人生观、道德行为正在形成,妇女在婚恋自由等方面,不仅可以公开讨论,甚至成为一种潮流

① 通俗医事月刊. 法妇人厉行避妊急坏了总统夫人,1920,2(3):61.

② 郑逸梅. 南社丛谈. 上海:上海人民出版社,1981:299.

③ 杨群. 张竞生传. 广州:花城出版社,1998:25-27.

和时尚。这为女子争取生育自主与节育的推行营造了良好的社会舆论环境。

2. 先进的知识分子已主导妇女解放的舆论阵地

积极投身于新文化运动的知识分子,在社会良知、启蒙责任的驱动下,怀着对西方文化高度的关心与倾心,通过办报刊、著书、组织社团、发表讲演等向旧思想、旧制度发起全面攻击。到20世纪20年代,以《新青年》为代表,以及《东方杂志》、《妇女杂志》、《晨报》及《晨报副镌》、《民国日报》及其《学灯》及《妇女评论》等,集中发表了许多支持、鼓动妇女解放,主张男女平等、婚姻自由,进行性教育、控制人口、宣传节育避孕知识的文章。这为此后控制人口、节制生育的公开推行创造了重要的条件。

3. 国人急于改变人多、贫穷、人口素质低意识的觉醒

历史上对于中国的贫穷,人民受教育水平低、体质差的问题,知识分子的看法较为一致,但对造成的原因以及改变的对策,一直存在分歧,渐渐出现"人口过剩"和"人口过少"相对立的不同观点。前者认为中国人口过多,素质低,是主要的构因;要图强,就必须控制人口,降低出生率,推行节制生育;而后者主张只有增加人口才能国富民强。在两派的争论声中,"人口过剩"的主张,不仅得到近代知识分子的赞同,也激发了其他中上社会阶层人士的思考,体力劳动阶层受多子女之害,也希望少生子女寻求节制生育的方法。客观的需要是节育萌发的又一基础。

4. 节育用品已经在传播和出售

20世纪初,节育用品等已在我国中上层人士间传播。我国有些商人从国外输入节育用品,公开出售。开始尚不为人们普遍知晓,甚至引出一些尴尬。1915年,《小说丛报》刊登的《如意袋》一文:

> 上海洋广货铺,多寄售风流如意袋,为演秘戏时以防梅毒。然购此物者,大都滑头年少。不意日前有一十二三岁之女学生,至某洋广货店,竟指明要购是袋,店伙询其购此何用,女曰购来盛物,店伙笑曰此种袋汝殊无物可盛,若盛物可另购别袋。女曰尔诳谁,岂有物名如意,而不尽人适用者耶。正争执间,又来一中年妇,询得故,附耳语之,女面陡红反身急去。①

从该文能够透析出一些信息:至迟到1915年,上海已经在商店有如意袋(避孕套)出售,"一中年妇"已经知道如意袋的用途,可见当时避孕套这

① 彦华. 如意袋. 小说丛报,1915,(17):8-9.

样的节育用品在社会已有一定的知晓度。许多货铺出售,反映了市场的需求。

从上述数点已经不难看出,到 1920 年前后,节育思潮在涌动,积聚能量,当 1922 年山格夫人来华,蓄积的内在驱动力就顺势而发,标志着中国节制生育从孕育期进入启始期。

中篇

节制生育运动启始期（1922—1929年）

孕育多年的中国节制生育运动，以1922年山格夫人来华为契机，公开推向社会。我国教育、社会、文化出版界的先进知识分子，成为推行节育的先导和中坚力量。他们通过成立节育组织，出版节育专业期刊和著作，著文和演讲等，推动了中国节制生育的第一个高潮。到1929年底，这8年称为近代节制生育运动的启始期。此期间节育运动以宣传发动为主，没有进行有组织的技术指导实践。

第五章 山格夫人首次来华的驱动

1922年4月，山格夫人来到中国，带来了国际节制生育的理论、方法和资料，在北京、上海作公开讲演，并与文化教育等各界学者进行了多次座谈，就中国组织节制生育团体、创办节育刊物、出版节育专著等取得共识。山格夫人为节制生育事业奋斗的经历和经验，鼓舞着我国知识分子积极推行节育的热情。

一、山格夫人来华前的节育事业

1. 生平梗概

山格夫人（Mrs. Margaret Sanger，1879—1966年）[①]，出生在纽约州科宁（Corning），闺名玛格丽特（Margaret），是爱尔兰人米歇尔·希金斯（Michael Hennessey Higgins）与安妮·希金斯（Anne Purcell Higgins）的女儿，在家中11个小孩中排行第六。她对父亲的记忆，既有粗暴、专制的一面，更有崇拜她父亲过人的智慧和敢于探索和冒险的反抗精神。[②] 许多学者在分析玛格丽特的思想形成的影响时，认为她的反抗精神有希金斯家族的特征。她活泼、美丽，自幼富有进取性，喜欢演讲，在寄宿学校学习时，14岁时就组织了一个参政运动团体。[③] 她曾经梦想进康奈尔大学医学院学习，1899年母亲病故，不得不担负管理弟妹的责任，未能如愿。直到家事安排以后，她选择了到克拉弗拉克学院（Claverack College）学习；后来到纽约的怀特普莱恩斯

① 中文亦译为：桑格夫人、山额夫人、姗格尔夫人、珊格夫人、珊格尔夫人、散革挨夫人等，本书除引用原文外，采用夫人在中国的第一次讲演时，胡适翻译时所用的“山格夫人”的译名。

② 伯纳德·阿斯贝尔. 避孕药片——一个改变世界的药物传奇. 何雪，晓明，译. 北京：东方出版社，2000：20-21.

③ 建人. 珊格尔夫人自叙传. 妇女杂志，1922，8(6)：7-9.

医院(White Plains Hospital)学习,并在曼哈顿眼科及耳科学习护理课程①。1900 年毕业,当年与建筑师、画家威廉·山格(William Sanger)结婚。生有长子 Stewart(1903 年生)、次子 Grant(1908 年生)、幼女 Peggy(1912 年生,1916 年死亡)。后来她与山格先生离婚,1922 年与石油巨头史利(Noah H. Slee)结婚。但是仍然使用 Sanger 的姓氏(本书内除引文外,称山格夫人)。史利比她年长 20 岁,崇拜她,抛开妻子,追求她。史利非常富有,热衷于节制生育运动,成为节制生育联盟最大的赞助者,1921—1926 年,共捐助了 5.6 万余美元②。

2. 奋斗历程

山格夫人"从 1900 年开始就积极为妇女呐喊战斗,并提出'自愿做母亲'的革命口号",开始了解弗洛伊德和埃利斯性学理论③。1911 年,她参加社会主义团体的妇女委员会工作,就不满足于仅注意妇女的政治自由,认为还要实现经济自由和精神自由。在担任产科护士工作中,她直接接触到许多穷苦妇女,看到她们连续怀孕,子女多而无力养育的痛苦,特别对多次怀孕的妇女所表现的恐惧,十分同情。1912 年,年轻妇女萨迪·萨科斯因为堕胎,在外租屋中死于她的怀中,引起她心灵的震撼,成为她一生思想的转折点,自此决心要使妇女从非自愿性怀孕的无奈中获得解放。她立志将"我怎样可以防止我所能养育照顾以外的小孩"作为奋斗的目标④,决心尽自己毕生精力,去帮助他们。由于当时英国、荷兰等国家节制生育活动比美国发达,她 1913 年前往欧洲学习。在欧洲学习的这段期间,她酝酿"Birth Control"一词⑤(Birth Control 刚传入我国时,被译为:"生育制裁"、"生育制限"、"产儿限制"、"产儿制限"、"节育"、"节制生育"、"生育节制",等等)。次年她从欧洲回到美国后,于 1914 年 3 月出版了 The Women Rebel 杂志,(见图 5-1)中文译名有《妇女的叛逆》、《女反抗者》。她一人兼编辑、出版、发行等工作。在该刊物中,她明确提出妇女有自行决定是否阻

---

① 建人. 珊格尔夫人自叙传. 妇女杂志,1922,8(6):8.

② 伯纳德·阿斯贝尔. 避孕药片——一个改变世界的药物传奇. 何雪,晓明,译. 北京:东方出版社,2000:55.

③ 伯纳德·阿斯贝尔. 避孕药片——一个改变世界的药物传奇. 何雪,晓明,译. 北京:东方出版社,2000:24.

④ 建人. 珊格尔夫人自叙传. 妇女杂志,1922,8(6):9.

⑤ 光复书局大美百科全书编辑部. 大美百科全书(24 册). 台北:光复书局企业股份有限公司,1991:158-159.

止怀孕的权利，还鼓励妇女拒绝怀孕，列出有8种情况之一者应该节制生育，但是没有专门文章讲述如何避孕。① 她的言论遭到了教会、政府等多方的反对，纽约邮政局局长宣布根据美国刑法211章的规定（该章是康斯托克法的一部分），禁止该刊通过邮政系统传递。当邮局收到禁止邮寄该刊的通知后，The Women Rebel 5—10月刊，除第6期外，发行都受到阻碍。对于她的工作，甚至她的朋友也不理解，对她提出批评，说她有不能说服人及煽动人的偏执。她不在乎别人说"那是不能成功的"②。可正是这6月刊，"成为历史性的里程碑"，她在该刊上首次使用Birth Control一词③。埃利斯在《产儿制限论》中亦提到"Birth Control"，是由山格夫人所创用。④

图5-1 《妇女的叛逆》网络资料照片

同年8月，联邦法院高等陪审官，对山格夫人提出公诉。为避免麻烦，在朋友们的劝告下，于开庭前夜，山格夫人易名，离开美国，经蒙特利尔到英国。这从客观上又为她提供了一次与欧洲同行进行学术交流的机会。在英国，她应邀到英国亲马尔萨斯联盟领导人——查利斯·吉斯道尔家中饮茶（吉斯道尔积极主张采取措施防止人口过剩），诉述在美国因为康斯托克法限制的种种困难。后来她应埃利斯（Havelock Ellis，1859—1939年，他的中文译名还有爱利斯、蔼理斯、蔼里斯等）的邀请饮茶，开始了两人一个阶段的密切交往。在阿斯贝尔的著作中有这样的论述：

高个、长发而须发皆白的埃利思很快便"被这个年轻女子的经历和她的勇气、她为理想而献身的精神、她的热情、聪明和美丽而深深吸引"——埃利思的传者作者写道，"在他一生中，他从来没有在如此短暂的时间里便完全为一个女人所征服"。一席深谈之后，桑吉尔带着一位新朋友的情谊辞别主人，她后来回忆道：

① 伯纳德·阿斯贝尔. 避孕药片——一个改变世界的药物传奇. 何雪，晓明，译. 北京：东方出版社，2000：34.

② 伊凡，译. 山额夫人及其节育运动. 中华医学杂志，1936，22(6)：480-484.

③ 伯纳德·阿斯贝尔. 避孕药片——一个改变世界的药物传奇. 何雪，晓明，译. 北京：东方出版社，2000：35.

④ 乔峰. 产儿制限论. 妇女杂志，1922，8(6)：15.

“那是一种崇敬之情，我感激他、爱戴他，这种感情与日俱增。”这个下午的交谈使她得以在朋友的陪同下“游历了一个做梦都未想过的世界”。

埃利思和吉斯道尔夫妇都认为，玛格丽特在纽约的激进主张的目标太过宽泛、太散漫而缺乏严密的构思。他们建议她确定一个专一的目标，即节制生育。①

此后在埃利斯指导下，山格夫人在英国的大英博物馆，阅读了大量有关节制生育和早期人口论和新人口理论的著作。这一段经历对她坚定以节制生育事业为终身奋斗目标，产生重要影响。山格夫人在她的自传中，用一章专门记述与埃利斯的交往②。后来她的自传节译成中文，其中说：“这时候我开始明白真真伟大的人物，是最容易相处与了解的。不到一会儿，我就觉得非常自在与前所未有的满足”，“快乐不是由物质上的报酬或赋予来决定的。我对任何人从来没有像对霭理斯这样的感觉”③。有作者甚至说：“埃利思的良师益友形象深深打动了玛格丽特，她很快堕入情网。在她一生所经历的上百个爱情故事中……与埃利思的这一段朝夕相处的日子最为浪漫，也令桑吉尔夫人最难以忘怀。关于他们之间的爱情，特别值得一提的是，埃利思是个性无能者。”④

1915 年 1 月，查利斯·吉斯道尔写了一封介绍信，让山格夫人到荷兰海牙拜见约翰尼思·鲁特格尔博士（荷兰政府节育机构的负责人），学习、考察和研究该国的节育工作。鲁特格尔博士批评玛格丽特在一本小册子中的一些提法，并指出避孕是一个医学问题。她接受这一观点，从而修正节制生育活动的发展方向。

1916 年，山格夫人回到美国时，两年前（1914 年）对她的控告，已在 1916 年 2 月 18 日由检察官宣布撤销起诉，虽然没有宣告无罪，但是取消审查。1916 年 10 月 16 日，她在纽约 Brooklyn 市的 Brownsville 地区（贫苦人集中居住地区），开设了美国第一家节育诊所，其胞妹埃塞尔·贝琳（Ether

---

① 伯纳德·阿斯贝尔. 避孕药片——一个改变世界的药物传奇. 何雪，晓明，译. 北京：东方出版社，2000：37.

② Sanger, Margaret. Margaret Sanger——an Autobiography. New York：W. W. Norton & Company Inc, 1938：133-141.

③ 黄嘉音，节译. 山额夫人自传. 上海：西风社，1940：29.

④ 伯纳德·阿斯贝尔. 避孕药片——一个改变世界的药物传奇. 何雪，晓明，译. 北京：东方出版社，2000：38.

Byrne)亦参加该诊所的工作(胞妹为有经验的护士),来求诊者出乎意料的踊跃。但开诊后第10天,诊所就被警察取缔,山格夫人的妹妹等被逮捕,判决为30日禁锢,到Blakwell岛执行。① 贝琳夫人在监狱中绝食,山格夫人以其将有死亡的危险,向州长Whitman提出要求释放,贝琳夫人在入狱11天后获释。这次因为开设节育诊所而被逮捕事件引起社会的关注,许多著名人士纷纷提请当局改变这一做法。在美国,A. Jacobi教授(美国医学会名誉会长)、Hermann Biggs教授(肺结核病专家)等医学界权威,认为纽约州的法律已落后于世界,是"错误而不公允"。Jacobi教授说:"我始终以为对于宣传产儿制限的方法和理论这件事,政府所定的法律,实在太不聪明了,这种法律是应该把它废止的。"②美国法律界著名人士,如民事裁判所所长H . Wadhams等同情、支持节育工作,提出"关于防止受孕的教导,决不应该阻止的,此事是个人自由,决不应该干涉";关于防止受孕的联邦法律(美国联邦法规定:凡是以邮件教授堕胎及避妊者,处以五十元之罚金或五年以下之监禁)"实在应该早行废除"。对山格夫人的妹妹等因为推行节制生育而被捕,在监狱中的绝食事件,不仅纽约报纸进行了大量的报道,还引起了国内和世界的关注。英国一些著名人士,如:Gilberl Murray,Willian Archer,Edward Carpenter,H. G. Wells,Arinold Bcnnett等联合上书美国总统威尔逊(W. Wells)说:"凡事业如珊格尔夫人之彪炳者,除亚美利加合众国外,世界文明诸邦,悉已嘉纳宣传之,而贵国视为刑事犯罪",实为阻碍人类进步,"故同人等敬乞阁下为言论自由、为种族改良计,鼎力斡旋。此不独珊格尔夫人一人之幸,亦即人类全群之幸也"③。美国国内也发生著名女士领百余名妇女参加游行示威,请求撤销此刑事之犯罪。在国内外一片支持山格夫人的舆论中,纽约州州长同意组织调查委员会。此时,美国一些司法、医学、卫生、社会等著名学者纷纷公开表示认同节制生育,尤其医学界的支持,影响更为深远,美国产儿制限运动百人委员会的发刊词中,详细列出他们的姓名和有关的论点。④ 在强大的舆论压力下,当局不得不宣布撤销对山格夫人等人的刑事处理,这是美国节制生育者的一大胜利。纽约州议会通过了允许医生对因为疾病等健康原因,进行有条件的避妊指导的议案法,然而就全美国

---

① 陈海澄. 产儿制限运动. 学灯,1922-04-30增刊.

② 喆生. 产儿制限的各面观. 妇女杂志,1922,8(6):108-109.

③ 陈海澄. 产儿制限运动. 妇女杂志,1922,8(6):135.

④ 陈海澄. 产儿制限运动. 妇女杂志,19222,8(6):136-138.

而言，根据 Constock 法案，仍然禁止邮寄避孕宣传品和用品。

图 5-2 《节育评论》
网络资料照片

山格夫人在 1916 年还筹办 Birth Control Review，（见图 5-2）中文译名有《节育评论》、《产儿制限评论》等。1917 年 1 月 29 日，由合作者布罗森散发了创刊号。不久布罗森退出编辑部，刊物陷入出版的困境。这与 1915 年玛格丽特不在纽约期间有人组织“全国节制生育联盟”（The National Birth Control League）之事可能有关，后人分析布罗森退出“更像是领导权之争”①。1917 年，山格夫人经过妇女参政运动领袖们的帮助，创立了节育联盟，以 Birth Control Review 为其机关报。② 1921 年，山格夫人联合多个组织，正式成立“美国节制生育联盟”（American Birth Control League），并担任主席，直至 1928 年。在筹备 1922 年 7 月于伦敦召开的国际节育联盟大会期间③，她准备到亚洲人口增长最快的日本、中国、印度等访问（印度等国因故未能成行）。她一方面想了解这些国家的人口现状，另一方面想宣传节制生育，并以大会主席身份邀请这些国家派代表参加。我国也正是以山格夫人这次来华为契机，将节制生育公开推向社会。她的到来，催生了中国第一个节育的高潮。

二、来华途中

1922 年，山格夫人准备赴伦敦参加国际节育联盟大会（亦有称世界节育大会），临行前曾收到日本《改造》杂志的邀请，但在申请入境时，被日本政府拒绝。事也有巧，1922 年 2 月 21 日她从旧金山出发，所乘的轮船是日

---

① 伯纳德·阿斯贝尔. 避孕药片——一个改变世界的药物传奇. 何雪，晓明，译. 北京：东方出版社，2000：41.

② 雷洁琼. 山额夫人与节育运动. 北平晨报·人口副刊，1936 年 3 月 8 日，5 版.

③ 光复书局大美百科全书编辑部著. 大美百科全书·24 册. 台北：光复书局企业股份有限公司，1991：159. 但是《大不列颠百科全书·15 卷》33 页记述：“1921 年桑格夫人，创立美国节制生育联盟，并担任主席到 1928 年”. 鉴于 1920 年前后，美国节育团体还有百人委员会等；国人在翻译时，中文名称有别，以及团体的组织变化等，使得提法不一. 可参见《妇女杂志》，8 卷 6 期，134－144 页.

本的“太阳丸”，船上有百余名日本人，其中有许多大学教授、外交官员。日本人请她介绍节育原理和方法，听众有100余人，听后甚为赞赏她的思想。官员们决定与日本政府进行疏通，由外务部次长荻原电告日本政府，说明宣传节制生育的意义，请求政府批准入境，后来日本政府虽然收回登岸的禁令，但不允许公开宣传节育。① 山格夫人到达日本后，由石本宪吉男爵的夫人——石本静枝女士迎接到男爵府邸。由于此前她们在美国就有过交往，双方对节育的看法很一致，故而甚为融洽。当时凭山格夫人的影响，尚不会引起日本社会的广泛关注，而日本政府从反对、禁止到转而同意入境，并且由有相当社会地位的男爵夫人伴同，使得山格夫人在日本活动的影响，反而比原来想象的要大。她在日本共作了15次讲演，讲题为“人口与战争”等（仅最后一次为公开讲演），听众共有6 000余人。使山格夫人感到欣慰的是，这些与会者中有许多是她计划会见的教育家、医生、科学家和编辑等。她讲演的观点得到日本知识阶层和许多有远见的政治家的认同，有些还在报刊发表，有力地推动了日本节制生育的进步（但直到1931年1月17日由石本静枝和马岛先生共同组织的“日本产儿调节联盟”才正式成立）。山格夫人在日短暂停留后，取海路经朝鲜来中国。

三、在北京的活动

1. 到达北京

1922年4月中旬初，山格夫人从朝鲜经奉天（今沈阳）到北京，住北京饭店410房间。4月12日，山格夫人给蔡元培先生一封信，大意是：在北京能够与你会晤甚感欣慰，我将在此逗留到本月21日；非常愿意和对生育节制有兴趣的人士多接触，请在这方面给于帮助。②（见图5-3）山格夫人在自传中对蔡元培有这样的记叙：“Dr. Tsai Yuen-pei, the chancellor of the University and leader of the Anti-Christian movement, had gathered into his fold the nost brilliant students of Young China,

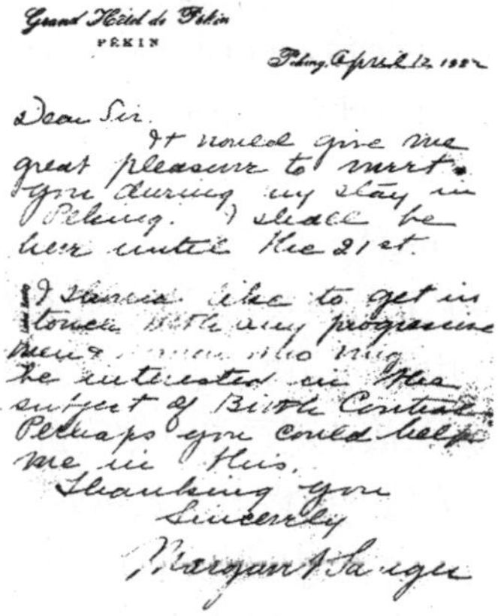
Grand Hôtel de Pékin
PEKIN

Peking, April 12, 1922

Dear Sir.
It would give me great pleasure to meet you during my stay in Peking. I shall be here until the 21st.

I should like to get in touch with any progressive men & women who may be interested in the subject of Birth Control. Perhaps you could help me in this.

Thanking you
Sincerely
Margaret Sanger

图5-3 山格夫人到北京后给蔡元培的信（网络资料）

---

① 陈海澄. 会见山额夫人以后底杂记. 学灯，1922-05-17.

② 高平叔. 蔡元培年谱长编（第一卷）. 北京：人民教育出版社，1998：491.

all of them bubbling over with interest at Western ideas, which were sweeping the globe. A great turmoil was going on in their lives and a revolt against rigid Chinese tradition. ①(蔡元培是大学校长,非基督化的领袖,在他的周围吸收、聚集了中国的年轻优秀人才,他们对于影响全球的西方思想甚有兴趣,反对僵化的中国传统)

4 月 15 日下午,胡适(在为史梯芬讲演译述结束后)到北京饭店访问山格夫人,请她在 4 月 19 日到北京大学演说,她即应允②。山格夫人在她的自传中有关于中国之行的一章,较多地记叙与胡适的多次交谈。其中有一些在我国的中文文献中没有提及,却甚有意义。如:

> Due to the translation difficulties I had encountered in Japan, I had decided I could not afford to speak in Chian unless I went over the subject fiast with my interpreter and knew he understood the spirit as well as the words. Therefore I showed Dr. Hu-shih my Lecture material in advance. He suggested, "These students will want to know everything about contraception as it is practiced."
>
> "But I've never given that except at medical meeting."
>
> China is different fron the West. Here you may discuss contraception as an education fact as well as a social measure. You will be listened to respectfully, laughed at if you do not, and will surely be asked for definite information. I think you should prepare yourself for this. ③

从这段英文可见,山格夫人鉴于在日本讲演时的翻译曾遇到困难,认为在中国的演讲要事先准备,希望译者不仅有外文水平,还要有相应的专业知识,故让胡适先看她的讲稿。胡适看了讲稿后建议她介绍具体实用的避孕方法。山格夫人表示她从未在医学专业会议外演讲过此内容。胡适再进一步说,中国与西方不同,是将此视为教育与社会的措施,人们会恭敬地听她讲;并对夫人说,我认为您应作准备。后来山格夫人在北京、上海的

---

① Sanger, Margaret. Margaret Sanger—an Autobiography. New York: W. W. Norton & Company Inc, 1938: 340-341.

② 中国社会科学院近代史研究所中华民国史研究室. 胡适的日记. 北京:中华书局, 1985: 318.

③ Sanger, Margaret. Margaret Sanger—an Autobiography. New York: W. W. Norton & Company Inc, 1938: 341.

公开讲演中，都具体介绍了避孕节育的方法。胡适的建议促成了节育技术方法和性知识的公开传播。

2. 北京大学的讲演概况

为迎接山格夫人到北京大学为师生作节育的公开讲演，《北京大学日刊》4 月 18 日和 19 日两天的头版头条刊登校长启事：

无限制的生育，使人口之增加超过教养的能力，小之可致一身一家之贫窭，大之实为世界文化与和平之一大危机。西洋自马尔图斯以来，学者多有提倡"生育制裁"(Birth Control)之论者，但社会习于成见，往往认此事为不道德。实质与其生而不能养，与其生而杀之以贫病，何如预为制裁而不生之为愈乎？美国女士山格夫人(Mrs. Margaret Sanger)为提倡"生育制裁"最力之人，八年以来，为此事入狱数次。至最近一年中始能成立"生育制裁协会"(The Birth Control League)，赞成者已有五万人之多。此次山格夫人到日本讲演，便道来中国游历。本校特请夫人于本月十九日(星期三)下午四时在第三院大礼堂讲演"生育制裁的什么与怎样"，由胡适之教授担任译述。此启。

北京《晨报》在 4 月 19 日，全文转载《北京大学日刊》的校长启事，并加了按语："北大校长蔡元充(培)以夫人主张颇适用于'人满为患'之中国，特请夫人于今日午后在该校讲演。"①在当时"万恶淫为首"，视公开谈论性为低俗下流的舆论甚嚣的情况下，在中国最著名的学府公开宣传、谈论节育，又经《晨报》的宣传，产生了巨大的社会震荡。

4 月 19 日下午，许多人早早地就到北京大学三院等候，听讲的人越来越多，讲演开始"四壁有站着的、窗口上有爬着的，北大三院的窗户桌几几乎都给他们挤坏了"②。据胡适在日记中记载，听讲演的有约 2 000 人。③山格夫人的讲演由胡适之教授翻译，张竞生教授陪同。④ 她的讲演轰动一时，许多报刊纷纷作了报道。如《晨报》说："讲演历二小时之久，听众千余

① 美国女士讲演生育制裁. 晨报，1929-04-19(7). 原文将蔡元培误为蔡充培。

② 苏汝江. 中国节育运动史. 女青年月刊，1934，11(9)：11-13.

③ 中国社会科学院近代史研究所中华民国史研究室. 胡适的日记. 北京：中华书局，1985：324.

④ 这里所说张竞生教授陪同，是根据山格夫人、胡适、张竞生 3 人的合影，没有资料记载张竞生是否参加山格夫人的公开讲演会等活动。另外，胡适 1922 年 4 月 20 日的日记中，说到周季梅请胡适、山格夫人、林宗孟等吃饭，主要谈的"仍然是生育制裁问题"，但是没有提到张竞生。

人，后至者不得座位，鹄立无倦容，其注重力可想而知。讲完后，胡适博士宣言，谓有赞成生育裁制者，可到北大校长办公室签名或致函本己亦可，以便组织生育裁制协会。"①4月25日，《晨报副镌》全文刊登了山格夫人讲演的"生育制裁的什么与怎样"的中文记录稿；同时还刊登了山格夫人、胡适之、张竞生三人的合影②。（见图5-4）报告的次日，山格夫人与胡适等人应邀出席周季梅的会餐，讨论"生育制裁的问题"。

图5-4　山格夫人（中）与胡适之（左），张竞生（右）在北京大学合影

上海《申报》4月22日就夫人在北京的住宿、讲演、宴请等活动作了报道。③ 在夫人还没有到上海前，《申报》以《山格夫人之生育限制论》等题，分期刊登她节制生育的论说和活动。④

山格夫人在北京大学的讲演，为中国节制生育、性教育公开推向社会之始。她是第一位来访的国外节育专家。这次活动是我国节制生育方面的第一次国际学术交流活动，在中国节育史上具有里程碑意义。她的讲演内容在报纸上发表后，不仅在北京，而且在上海、广州、苏州等大中城市发生反响，推开了这些地区的节育活动之门。本来她还准备在北京多逗留一段时间，因直奉大战已迫在眉睫，不得不尽快离开北京，经京汉路南下（当时津浦路已中断，4月29日，第二次直奉战争爆发），4月25日到汉口转赴上海。

---

① 晨报，1922-04-25(7).

② 晨报副镌，1922-04-25(1-3).《晨报副镌》2版所刊登照片署名为"保衡"，本处照片系引自于《妇女评论》，署名"P. H. Chu"，这两张照片除签名外完全相同。

③ 申报，1922-04-22(7).

④ 申报，1922-04-25(10、13)；1922-04-27(10、14).

3. 北京大学讲演的主要内容①

（1）论述节育的意义。她在演说一开始就指出，人口问题不是新发生的，早在柏拉图、亚里士多德时代，就“设法对人口的增加加以制裁，但当时的方法是不对的，他们的方法是堕胎和杀婴。现在我们是要以科学的方法来使之不孕，并不是等受孕以后再来堕胎”。在这里她对节制生育的概念作了界定。关于推行生育制裁的意义，她指出：人口过多是贫穷的主要原因，“如果对生育不加制裁，人口增加的速度是很快的，而智识、科学和经济的进步是不能像人口增加的速度那样快；结果人口的增加便超过了人类文化所能教养的能力，而且因此发生了大祸”（举了一次世界大战的例子）。她还列举了欧洲许多国家，一般上层社会对于人口增加有加以限制的意识，常以小家庭为多，如荷兰、丹麦、英国、挪威、德国等有许多人自觉实行限制生育；然而许多生活在中低层社会的人群，常是大家庭，对生育持“顺从自然的冲动，不加抑制，为自然作奴隶”。山格夫人说，我所以“报告给诸位，使东方的智识阶级有所警戒”，其意思是，节制生育如果仅在知识阶层开展，对抑制人口增长就难以有效地发挥作用；节制生育的重点是在中低社会阶层，鼓励他们“为自然的主人，不为自然作奴隶”。她特别指出“生育制裁的问题是新社会哲学中的一个中心问题，是精神和文化的要求的表征，不只是经济上的问题”。她强调节育活动中的人文因素的影响，是节制生育学术思想的一大进步。

（2）批评不重视人类生育的研究。她说，人们对于种花、接枝都有研究，“即对于鸡，也曾有费了许多金钱来研究鸡种的改良……对于猪鸭牛羊等等的选种，也曾有人专门研究……却没有一国肯化一文钱来设立一个人种改良的研究所”。她对不重视人类种族、品质研究的现状，提出尖锐的批评。在此她虽然没有直接用遗传、优生的名词，但提出“人种改良”，实行优胜劣汰的思想已很清晰。她说：“我是一个极主张而且极敬仰自由的人，但对于个人生育的自由我是主张加以限制的”，将来要把生育看作是责任、权利。可见，山格夫人的节育思想，要比以前一些新旧马尔萨斯主义者更为积极、深刻。

（3）指出不宜生育的指征。山格夫人提出“使配生育的人才能生育，而且应有一种严格的制裁”。不配生育者如：

①“凡是身有可以遗传病的父母不许生育，如白痴、神经病”。若对这

① 引号内均引自《晨报副镌》，1922年4月25日1–3版。

些人不限制生育，“数百年后，这种病人便要蔓延到各处了”。

②“暂时有重病的人不应该生育”。有些疾病，如肺结核、心脏病等，虽然并不遗传，但是怀孕、生育可能给母体带来危害。“在医生未证明无病之前，应暂时节制，不能生育”。

③“女子至少到23岁才可生育儿童，不能再小”。她说：“我主张结婚要早，生育要迟。结婚之后用裁制生育的方法，使男女到配做父母的时候才生育。结婚早了可以免除社会许多的罪恶”，如娼妓制度和花柳病等。山格夫人主张不生育的早婚。

④“母亲如在过她苦工的生活”，缺少休息，身体不佳，就是生育，子女常常发育不良，这种现象应该避免。人类生育孩子，不能仅为了增加数目，应重视后代的质量。

(4) 列举生育裁制（节制生育）的方法。

①“断欲或节欲方法”。主张断欲法的人认为男女间关系可限于精神上的爱，即所谓柏拉图式的爱，如能够做到“固然很高尚”，实际上“只有少数人能够做到”，这不符合人的本能需要。“我们讨论的是人人都能做到的节育法”，如根据妇女在每个月经周期内，有几天为排卵期，不在这一时期交媾就不会怀孕。① 但她又说，因为各人的周期不同，根据德国五万退伍军人实行该方法，有效只有1%。“可见此法不甚适用”，可选择其他各法。

②“断种法”。使用断种方法，可以使男或女不能生育，分为：

“X光照射男女性生殖器”（指照射男性睾丸，女性卵巢），“使种子变弱，以后虽有色欲的能力，而无生育的能力。但是这种方法尚在试验的时期，不能十分的保证”。显然她也认识到该方法难于掌握，但是没有提到这一方法的副作用。历史发展证明，正是由于该方法的副作用大，很快就被弃用。

“外科的手术”，一种是男子切断输精管，另一种是女子切断输卵管，使精子与卵子不能结合，而达到不生育。此方法还可防止不适合生育者的绝育。此外“现在西洋有许多女子并非因为遗传而要防止，为了儿女众多的累赘，自己愿意到医生处割”。山格夫人说“我认识的人已经割的有十几位”，可见手术避孕在当时美国已非个别现象。

(3)“机械的方法”。运用机械避孕分为男用、女用，这些方法都可以自己操作（只要医生略指导就可）。如用套子和女用塞子（指避孕套、子宫帽、阴道栓），她还举了拿破仑士兵在德国奸淫，农村妇女为预防被侵害后

---

① 山格夫人对安全期的计算有误。

怀孕的例子。“当时用一块熬过的猪油塞在生殖器内，此可不受娠。当时不知道其中道理，现在经过科学家的研究”，已证实油质有阻止精子和卵子结合的原理。运用机械避孕的原理，可选择的方法很多。

山格夫人介绍避孕的意义、方法，讲解比较具体，是极大部分听众前所未闻未见，带来很大的震动。她的节制生育理论、方法，后来很长一个阶段，被我国节制生育者引为经典。

4. *讲演后的活动*

在北京大学公开讲演后，胡适陪山格夫人经过校园到蔡元培校长家。在山格夫人的自传中有明确的记载：

> Afterwards he and I were escorted across the campus to the home of Dr. Tsai. I have always been interested in foreign foods. I like to try them out, and have brought home dozens of Hawaiian, chinese, Indian, Japanese recipes which can be made at home. ①

当晚蔡先生是否招待晚餐？在此没有明确的记载，但是从山格夫人谈到对外国食品的爱好及各地食谱等推测，在蔡元培处可能有餐饮或者食品招待。但对蔡元培曾宴请山格夫人之事，有人提出疑问，认为在胡适的日记中没有提到过此事，与胡适在这一时期对于公务或者朋友聚餐，日记中不厌其烦地记述的习惯不符合（山格夫人4月20日与胡适一同应邀到周季梅家会餐，胡适的日记中亦有记载②）。但从常理分析，山格夫人到蔡先生家已经是晚餐时间，招待晚餐甚有可能。

在北京期间，山格夫人主观上希望能够接触更多的各界人士，如在自传中说到与胡适参加他的朋友的传统的满族午餐，在她的印象中有教授等。（“One day Dr. Hu-Shih asked me to lunch in old Manchu restaurant where his friends were accustomed to gather and ponder.”③）此外，夫人在北京期间还和协和医校的医学专业人员进行座谈，向他们有针对性的宣讲节制生育的意义、方法，通报国际节育活动的动态等，期望医学专业人员能积极参加并支持节育活动。

---

① Sanger, Margaret. Margaret Sanger—an Autobiography. New York: W. W. Norton & Company Inc, 1938: 341.

② 中国社会科学院近代史研究所中华民国史研究室. 胡适的日记. 北京：中华书局, 1985: 324.

③ Sanger. Margaret. Margaret Sanger—an Autobiography. New York: W. W. Norton & Company Inc, 1938: 342.

四、在上海的活动

1. 上海各界积极准备迎接

上海学者知道山格夫人到北京后，就商量请她到沪讲演，准备在报刊介绍她的节育思想、出版专刊等。当她刚到北京不久(4 月 17 日)，瞿世英在北京接到郑振铎、周建人的快信，要他代表《妇女杂志》去拜访山格夫人。会见过程非常友好，她很高兴接受邀请访沪①。当夫人听到上海新闻出版界的知识分子热心推动节制生育活动，《妇女杂志》准备出节制生育专号时，非常高兴。她当即拿出 4 张照片，请瞿选一张，以准备在期刊发表；同时她将“美国产儿制限会”(American Birth Control League)、“美国产儿制限会的宣言和计划”(Principles and Aims of the American Birth Control League)一并附上，供翻译刊登②。当即瞿世英就将信息传到上海，上海商务印书馆等已准备迎接事宜。上海报纸对山格夫人在沪活动计划先作宣传，“在沪设立生育制限会支部”，28 日下午与“中国各言论家、教育家先开会”，“倡办一种限制生育主义之杂志”等③。

2. 洽谈翻译出版事项

山格夫人 4 月 25 日从武汉乘江轮到南京改乘火车到沪，住礼查饭店。4 月 27 日晚，商务印书馆、时事新报学灯社、妇女杂志社等在一品香茶馆联合举行茶话会，欢迎她的到来，协商在沪活动日程，洽谈翻译出版她的节育著作等事宜。商谈后决定先在《学灯》发行增刊，刊登介绍与节育有关的文章，报道山格夫人部分论著和活动等。4 月 30 日，《学灯》“节育运动号”发行，增刊为 4 开版，版面中央有夫人的大幅照片(见图 5-5)和她的生平简介以及她为《学灯》所写的专文(包括译文及原文，

節育運動號

图 5-5 《学灯》增刊，节育运动号

① 瞿世英. 珊格尔夫人访问记. 妇女杂志，1922，8(6)：4-5.

② 瞿世英. 珊格尔夫人访问记. 妇女杂志，1922，8(6)：4-5.

③ 申报，1922-04-30(8).

见图5-6)。增刊内刊登"节育运动之各面观及其障碍"(作者一岑)、"生育限制之过去现在与将来"(原著山格夫人,译者神)等十篇文章①。进入五月,《学灯》又相继发表了一些有关节育的论述;同时上海许多报刊述评节育的文章也有了明显增加。

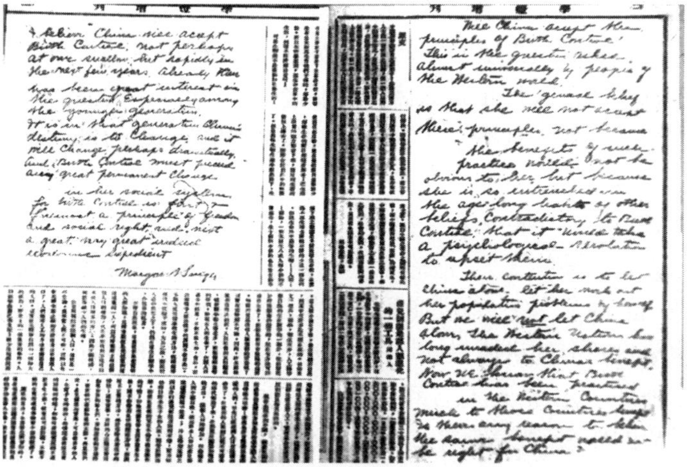

图5-6　山格夫人给《学灯》社的信。英文原文及译文

她来访时还带来许多节制生育的资料和本人部分著作,供中国学者参考,其中如"珊格尔夫人在美国贫民窟散播的传单"②、"美国产儿制限会的宣言和计划"③、"生育限制之过去现在与将来"④以及"Family Limitation(家族制限)"等资料。这些资料一部分先在杂志刊登,后再出单行本,亦有直接翻译成书出版的。山格夫人节育著作最早的译本《生育节制法》,在1922年6月出版⑤。以后她的著作又有多册译本。

3. 家庭日新会的演讲

应江苏省教育会、中华职业教育社、家庭日新会的联合邀请,山格夫人于4月30日在上海职工教育馆作生育节制的讲演。参加讲演会有700多人,会场气氛热烈,虽不如希望的那样严肃,但她对到会人员之多和热情还是很满意。报告由俞庆棠女士翻译,俞女士在美国哥仑比亚大学教育系毕

---

① 学灯,1922-04-30,增刊.

② 周建人.珊格尔夫人自叙传.妇女杂,1922,8(6):9.

③ 瞿世英.珊格尔夫人访问记.妇女杂志,1922,8(6):4.

④ 学灯,1922-04-30,增刊.

⑤ 马格兰忒山额.生育节制法.中华节育研究社,译.上海:中华节育研究社,1922:1-26.

业刚回国，她是中华医学会创始者之一——俞风宾（俞庆恩）的胞妹，无论从英语翻译水平和社会影响，本是合适的人才，可就是这样，翻译到许多性学和生育的术语时，仍显得尴尬，使她羞于启齿，不得不在中途由一位男医师替换，继续进行。① 山格夫人有关节制生育演讲的内容，基本与北京大学的讲演相同。

家庭日新会成员大部分为体力劳动者，文化程度普遍较低，孩子多、经济收入少，贫苦者众，这正是夫人所提倡的节育应首先关注的人群。当夫人了解到家庭日新会有不饮酒、不吸烟、不赌博的三条纪律时，建议再加上一条："以量度母亲的健康与父亲的收入的限制"生育，即她所提倡的根据家庭经济能力决定生育子女之数。

山格夫人讲演的那天，正值家庭日新会成立三周年纪念，她的讲演只是纪念活动的内容之一，她讲演后还有胡宣民医师作卫生讲座以及娱乐节目等。家庭日新会的讲演，是她在上海唯一的一次公开讲演。

在上海期间，山格夫人与商务印书馆、时事新报、妇女杂志等编辑、学者以及各界的作家、教育家等进行了多次座谈，就组织节制生育团体、创办节育刊物、出版节育专著等取得共识。这使山格夫人深深感到他们对中国人口过多的担忧和责任心，敬佩他们积极推行节育的热情，认为他们是"中国国内富于感化力的作者"。后来的发展也证明夫人所希望中国推行节育首先能做好的三件事，当年就已实现。

4. 对中国节育工作的期待

在中国，山格夫人看到大地并不荒芜，但人民生活困苦。在上海期间，她由一传教士陪同到街上察看，到处见到衣不蔽体的乞丐与拖儿带女的乞讨妇女。她问他们，几乎均回答说："小孩太多"、"没有饭吃"②。她指出，这种情况正提醒人们应深刻思考，为何这样贫穷？孩子为什么这样多？如何使之不多？这就需要节制生育，以控制人口过快增长。中国是最需要推行节制生育的国家，希望中国的节育活动能够迅速发展。多年后，她回忆中国之行有许多遗憾，认为在华会见的妇女太少，多处未能如愿。③

---

① 张梓生.珊格尔夫人在上海家庭日新会的讲演.妇女杂志，1922，8(6)：132–134.（杂志目录比正文文题少"上海"两字）.

② 克士.珊格尔夫人的中国观察记.妇女杂志，1922，8(10)：44–45.

③ Sanger, Margaret. Margaret Sanger—an Autobiography. New York：W. W. Norton & Company Inc，1938：347.

五、邀请山格夫人来华的背景

山格夫人 1922 年 4 月首次来华，开中外在节制生育领域内学术交流的先河。她是应谁的邀请或介绍来中国？Ameican Birth Control League 出版的《节育评论》，曾经报道山格夫人远东之行，途中到华一文中说是因为受到出席“华盛顿会议中国代表某某数君底请求”①，但没有具体姓名。目前比较可靠的文字记载是：陈达在 1922 年 1 月 23 日，曾经写过一封信给蔡元培，介绍山格夫人来华。信中说：“兹有沈安夫人（Mrs. Margaret Sanrer）研究生产限制法（Birth Control）十余年，来游东亚，愿与先生晤谈。若荷照拂，不胜感激。”②（见图 5-7）此外，蒋梦麟是否邀请或介绍过山格夫人来华，目前看法不一。肯定者的依据是胡适 1922 年 4 月 15 日的日记，该日日记记载：“下午 4 时为史梯芬译述讲演，讲演完后，到北京饭店访美国山格夫人……此次来东方，携有梦麟的介绍书，蔡先生也收到介绍书，故我去看他。”③对此持疑问者认为，蒋梦麟 1921 年 11 月至 1922 年 2 月在美国参加会议，会后访问欧洲，期间与蔡元培多次通信，没有提到此事。蒋梦麟先生的生平年表等著作，也无相关记载。此外从 Ameican Birth Control League 所述，为出席华盛顿会议中国代表某某数君底请求，这样就是介绍者不止一人。但陈达是沟通山格夫人访华的桥梁，无可置疑。正是因为有了这些卓有见识的活动者，促成了我国第一次节制生育的国际交流活动，将我国的节育公开推向社会，具

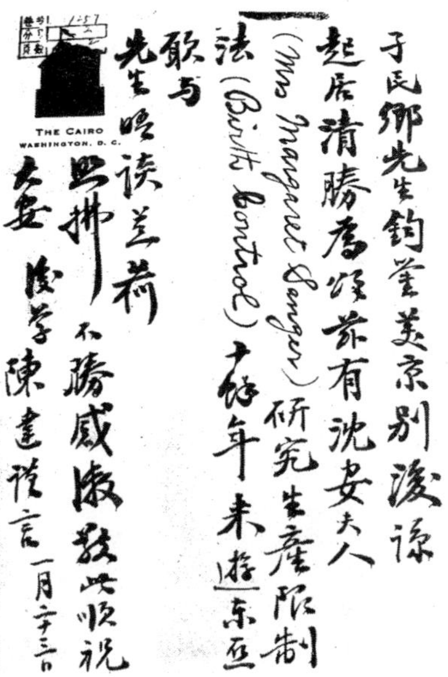
THE CAIRO
WASHINGTON, D. C.

孑民卿先生钧鉴：美京别后，谅起居清胜为颂。兹有沈安夫人（Mrs Margaret Sanger）研究生产限制法（Birth Control）十余年，来游东亚，愿与先生晤谈。若荷照拂，不胜感激。此颂大安。后学陈达谨言 一月二十三

图 5-7　陈达向蔡元培介绍山格夫人的信

---

① 学灯，1922-05-17.

② 耿云志. 胡适遗稿及秘藏书信（35 册）. 合肥：黄山书社，1994：53.

③ 中国社会科学院近代史研究所中华民国史研究室. 胡适的日记. 北京：中华书局，1985：318.

有里程碑意义。

在研究山格夫人来华前，曾经与哪些人员有过交往？有一位学者——陈海澄的活动留下深刻的印痕。陈海澄，当时在苏州农业学校任职。根据他记叙与山格夫人会晤过程说：等她到了北京，我发快信请她到上海，后来得到她的回复。当山格夫人到沪后的次日上午陈就与她会见，“谈了许久，且谈得很畅快”①。可见陈与山格夫人有多次交往。此外《学灯》主编柯一岑说：“海澄先生于生育制限很有研究，他在前曾和山额夫人通讯讨论过好几次。”②从上所见，陈海澄主动与山格夫人联系，积极投入节育活动已无疑，但是否在山格夫人来华前就有联系？尚无证据。此外，作为当时国内最有影响的四大副刊之一的《学灯》主编，在山格夫人刚到上海之时，就对陈作出“于生育制限很有研究”的评价，理应有其依据。但这些还只是推理，尚需史料论证。

① 学灯，1922-05-17(4).

② 学灯，1922-04-30，增刊.

第六章 成立节育组织

山格夫人1922年首次访华，在沪期间与许多热心推进节育的教育、出版、社会学界人士洽谈成立节育组织、出版节育专著。我国许多有识之士也认识到，一个节育组织的形成，将能加快节制生育工作的推行，并很快取得进展。1922年，我国第一个节育组织——中华节育研究社在苏州成立，社址在苏州南阳里。① 同年，北京成立"北京产儿制限研究会"。

一、中华节育研究社

1. 机构建立情况

(1) 中华节育研究社是我国近代建立的第一个节育团体。该社成立的日期无确切的记载。但从它由山格夫人来华所推动，并在1922年6月已经翻译并出版《生育节制法》等来分析，该社成立于1922年5~6月间。中华节育研究社的组织机构和负责人及成员的姓名等至今不详。"中华节育研究社简章"中说："本社社址设于苏州"，"通信部：苏州南阳里陈镜清收转"。根据当时通行的做法，陈镜清应是主要负责人。现有确切文字资料证明陈镜清是陈海澄的化名。②

从中华节育研究社与妇女问题研究会合办《现代妇女》来看，中华节育

① 现代妇女，1922-10-26(4).

② 陈海澄(1884-1961)，苏州人，1908年毕业于东吴大学，获文学士学位。长期从事英语教学、翻译工作，1915-1924年在江苏省立第二农业学校(苏州农校)任英文教员，期间组织中华节育研究社；1922-1923年到上海与妇女问题研究会合作办《现代妇女》等。1925年到东吴大学任英文讲师；1945-4952年，任东吴大学英文副教授；1954年从江苏师范学院退休。在1951年陈海澄亲自填写的登记表中称：曾用名陈肇瀛，化名陈镜清。这一登记表的发现，结束了包括笔者在内关于陈镜清与陈海澄是否同一人的求证(参见《姑苏晚报》2006年6月8日A12版，记者访问笔者的报道)。

研究社及其负责人如果没有一定的社会影响和活动能力，妇女问题研究会是不会愿意与其合作的，也不可能在《现代妇女》上署名为“共同刊物”。因为妇女问题研究会的成员章锡琛、周建人、胡愈之、周作人等（共17人发起组成）①，都已经是上海出版界、学术界颇有影响或甚为活跃的人物。他们早就准备并积极参与山格夫人在上海推广节育的各项活动，如派瞿世英到北京与山格夫人联系，商谈到沪活动事项②，并迅速在《学灯》出版节育运动号增刊（1922年4月30日），《妇女杂志》出版节育专号（1922年6月），等等。妇女问题研究会的成员，完全有可能自行组刊，他们选择与中华节育研究社合作，反映了对该社及其负责人在节育活动方面的尊重和影响的认同。

此外，从《现代妇女》征求投稿的公告看，其联系地址是“上海闸北永兴路华兴里西三弄一五五号收转”③，而妇女问题研究会在其成立的宣言中所说的联系地址是“上海宝山路商务印书馆编译所妇女杂志社章锡琛收转”④；以此分析《现代妇女》的日常工作似不是由妇女问题研究会主持，有可能由合作办刊的另一方——中华节育研究社负责。但是，“上海闸北永兴路华兴里西三弄一五五号”是否为中华节育研究社在上海的办公地址？仍待佐证。

（2）“中华节育研究社简章”。中华节育研究社简章共7条，主要有：“研究并传布关于生育节制之智识，以期一般社会蒙其福利为宗旨”；“已婚之男女由社员之绍介，年纳额定费用，得为会员”，“本社先设三部”；“本社社址设于苏州”等⑤。此后，中华节育研究社和陈海澄在上海的活动等，没有看到社址迁移的报道。现在苏州档案馆、地方志馆，都没有发现当年中华节育研究社或陈海澄（陈镜清）的史料。

陈海澄先生在《现代妇女》著文和参与编辑的活动报道比较多，有文献记载陈海澄是苏州农校教师⑥，早就关心、研究节育事项。当山格夫人到北京，陈海澄即发快信联系，邀请她到上海多停留几天，与学术界多多交流等，并在夫人到上海的第二天早上，“我找到她谈了许久，且谈得很畅

---

① 谢德铣. 周建人评传. 重庆：重庆出版社，1991：85.
② 瞿世英. 珊格尔夫人访问记. 妇女杂志，1922，8(6)：4.
③ 现代妇女，1922-11-06(4).
④ 学灯，1922-07-29.
⑤ 现代妇女，1922-10-26(4).
⑥ 一岑. 节育运动之各面观及其障碍. 学灯，1922-04-30，增刊.

快"①,表明他一开始就积极参加山格夫人在上海的节育活动。《学灯》在山格夫人到沪不到10天就发表陈海澄"节育运动"一文。同一期,柯一岑(从1922年2月起任《学灯》主编)著文介绍陈海澄时说:"海澄先生于生育制限极有研究,他在前曾和山额夫人通信讨论过好几次,这次他听了山格夫人要到上海来,他很欢喜的离了苏州农校的职务。"②陈海澄辞去苏州农校工作,专门从事节育工作,到沪会见山格夫人后,发表"会见山额夫人以后底杂记"③,并与她商量节育在"中国进行的办法"等,这从另一侧面例证是陈海澄在负责中华节育研究社的工作。

2. 主要工作

(1) 创办《现代妇女》(与"妇女问题研究会"合作)。1922年9月6日《现代妇女》正式发刊,由《时事新报》发行,为旬刊。该刊明确说:"本刊为讨论妇女问题、节育问题的公开出版物。"《现代妇女》每期均刊登节育文章,发表读者来信,报道节育动态等,如7期刊登"北京产儿制限研究会"宣言等。中华节育研究社通过办刊物来宣传节制生育,并以《现代妇女》为平台,与读者进行交流、互通。读者来信,包含叙述孩子多之苦,询问、寻求节育指导的途径,求购节育书刊、节育用品,询问参加中华节育研究社事项等。④ 编者从来信中,选择一部分公开刊登解答,给读者以帮助,又起到宣传推广节育的作用。

(2) 著文、翻译、出版节育文论。该社除合作编辑《现代妇女》外,还组织人员迅速翻译山格夫人的节育著作,首册在1922年6月译成并出版,中文译名《生育节制法》⑤,这是我国最早的节育专门译著。该社成员还积极参加著文、译书,传播科学的节育知识和理论,推动节制生育活动的发展。该社成员不仅在《现代妇女》,还在《妇女杂志》、《学灯》等发表节制生育文章,并又翻译山格夫人的Birth Control,中文译名《节育主义》等⑥。

中华节育研究社的组织社务工作结束日期不详,自《现代妇女》34期(1923年8月16日),刊首发表停刊启事(同时有"妇女问题研究会特别启

---

① 陈海澄.会见山额夫人以后底杂记.学灯,1922-05-17(4).

② 一岑.节育运动之各面观及其障碍.学灯,1922-04-30,增刊.

③ 学灯,1922年5月17日起。

④ 现代妇女,1923-04-16(2).

⑤ 马格兰忒山额(M Sanger).生育节制法.中华节育研究社,译.上海:中华节育研究社,1922:1-26.

⑥ 山额尔夫人.节育主义.陈海澄,译述.上海:商务印书馆,1925:1-156.

事”,但没有中华节育研究社相关声明),此后再没有中华节育研究社活动。以此推论,中华节育研究社的组织及工作可能在1923年已结束。陈海澄在1925年翻译出版《节育主义》后,就淡出节制生育活动领域。

陈海澄发起组织了中国第一个节制生育团体——中华节育研究社。该社翻译出版了第一本节育专著、合作出版了第一份节育专刊,这在中国近代节制生育发展史上,有里程碑意义。

二、北京产儿制限研究会

山格夫人来华后,除成立中华节育研究社外,还有一些学人也在探索成立节育组织,北京(1928年改为北平)李去非、周大华等提议组织产儿研究会。1922年10月15日12时,在北京大学成立“北京产儿制限研究会”,到会代表60余人,公推李去非为主席,发表成立宣言,讨论组织机构等。该会采取委员制,分总务(下设文书、会计、庶务、交际4股)、宣传(下设调查、编辑、讲演3股)两部;研究会选举职员:文书干事毕朝震、李去非;交际卢岫口、陈竹漪女士;庶务王凌乔、王懋廷;调查谢楚桢、冯若飞;编辑周长宪、费觉天;讲演何孟雄、黄时杰①。这些成员大部分为北京大学学生,五四运动的积极分子。在成立数日后(10月18日),又发通知召集职员会,“讨论编译关于制限产儿一类书报办法”②。该会宣言中说,“对于产儿制限底学理和方法加以切实的研究,然后前诸实行”。宣言要点③如下:

(1)马尔萨斯学说“其中有很多不合事实的地方”,“食物底增加,其速度纵然赶不上人口的增加,可也不如马尔沙斯所说的那样相殊悬远。但是我们终认为食物底数量是有限界的,而人口的增加,则恰恰与之相反……所以我们为防止全人类底灭亡起见,对于产儿实有制限底必要”。

(2)“如果妇女对于儿童的生产,不能或不愿加以制限,他们固有的地位和天赋的权利,是没有恢复之日的”。“为使妇女问题能得到彻底的圆满的解决起见,对于产儿实有制限的必要”。

(3)“道德底标准,本是随着时代潮流和经济状况而变体的,决没有一成而不可易的道德”。用封建道德标准对待产儿制限是不当的。

---

① 晨报,1922-10-16(3).

② 晨报,1922-10-19(6).

③ 北京产儿制限研究会宣言书。现代妇女,1922-11-06(3-4).

（4）产儿制限方法应用有两个原则："第一是须不违反生理上原则，如忍精等等，第二是须不背公共秩序善良风俗，如堕胎等等。"

该会主张节育的观点鲜明，在舆论宣传上发生过短暂影响，可是没有看到后续具体工作的报道。正如有学者所说"不多时便销声匿迹了"①。

① 苏汝江. 中国的节育运动史. 女青年月刊，1934，13(9)：13.

第七章 节育专著、专刊、专号、专论及节育广告

一个新思想、新学科的活动和发展，通常最先反映在报刊上，当有专著出版，一般说此时该学科已开始形成。当西方科学的节育思想、方法传入我国时，在国外已经过近百年的论争发展过程，许多论述、经验已经趋向成熟。我国学者亦清楚地认识到这一规律，在欢迎山格夫人来华之初，我国出版界就协商出版她的著作，作为推动我国节制生育的理论和技术的依据。1922 年 6 月，山格夫人著，译名为《生育节制法》的书就在上海发行。[①] 同年，山格夫人的另一部著作 Sex Education in the Home，译名《家庭性教育实施法》出版。[②] 就在这一年，还有两部有关节育的译著《产儿制限论》[③]和《生育节制论》[④]出版。在 1922—1929 年期间出版节育专著 22 册（翻译著作 17 册，国人撰著 5 册）。这些著作的翻译出版，有利于国人比较全面地了解节制生育的理论、方法和世界发展动态，有力地支持、推动节育运动的开展。

一、节育专著

（一）翻译著作[⑤]

（1）《生育节制法》，（美）马格兰忒山额著，中华节育研究社译，1922 年 6 月由译者出版。这是我国第一册以生育节制为书名的节育类的著作。全书仅 26 页（36 开），内容少而简单，只能说是一本小册子，是山格夫人作品的第一册译作，其社会意义大于技术层面的意义。

---

① 中华节育研究社译并发行，1922 年 6 月出版。

② 珊格尔夫人. 家庭性教育实施法. 封熙卿，译. 上海：商务印书馆，1922：1-24.

③ 安部矶雄. 产儿制限论. 李达，译. 上海：商务印书馆，1922：1-89.

④ 徐傅霖，译. 生育节制论. 上海：中华书局，1922：1-129.

⑤ 此处指封面或版权页上所署名的翻译或编译的著作。山格夫人的著作均收入节育著作。

（2）《家庭性教育实施法》（Sex Education in the Home），（美）珊格尔夫人著，封熙卿译。1922 年 10 月上海商务印书馆初版。该书内容亦简单（57 页，64 开），主要讲述如何对孩子进行性教育。（书影见图 7-1）

图 7-1

（3）《产儿制限论》，（日）安部矶雄著，李达译。1922 年 10 月上海商务印书馆出版，辑入新时代丛书。该书 13 章，158 页（32 开），其中论及“生活问题与产儿制限”、“劳动问题与产儿制限”等。书末附有山格夫人在北京大学讲演的《生育制裁的什么与怎样》的中文稿（胡适口译）。

译者有约 100 字的“译者绪言”，指出产儿制限问题“反对者究居多数。他们所以反对的原因，大概不外为旧道德、旧习惯所拘束，不懂得产儿制限的真意义。这种人我以为有用文字来唤醒他们的必要”。译者李达（1890—1966 年），还解释马克思派为何不赞成产儿制限，马克思主义为什么比新旧马尔萨斯主义解决社会问题更有效率。但他又说“我是赞成产儿制限的，我承认产儿制限是社会问题的临时补救方法，然而我不承认这是社会问题的根本解决的手段”。他又很现实地认识到“无产阶级往往因生育过多，酿出许多精神的、物质的苦痛……所以我主张随时向贫民宣传产儿制限法,同时更要唤起他们阶级觉悟”。

(4)《生育节制论》,未署原著作者名,徐傅霖译。1922 年 11 月上海中华书局出版。该书 13 章,129 页(32 开),从题录看,与前一册《产儿制限论》的正文相似,可能翻译自同一部原著。

(5)《生育节制论》,桑格尔夫人(M. Sanger)著,戴时熙编译。1923 年上海泰东书局初版。该书 18 章,170 页(32 开),内容与《节育主义》相似(第一章的章名完全相同),可能译自山格夫人的同一本原著。(书影见图 7-1)

(6)《节育主义》(Birth Control),(美)山额尔夫人著,陈海澄译。1925 年 7 月上海商务印书馆初版,1928 年 8 月再版。全书分为 16 章,156 页。该书有霭理斯作的序,其中说:“早一日读之早一日实行之,则斯世亦早一日有改进之机。”这是一本比较有影响的节育译著。(书影见图 7-1)

(7)《女子应有的知识》,(美)珊格夫人(Mrs. M. Sanger)著,赵元任夫人译(原著英文书名 What Every Girl Should Know)。1925 年 8 月上海商务印书馆初版。全书共 8 章,84 页。该书以性教育为主,是山格夫人在美国推行节制生育的重要宣传资料之一,故此处辑入。该书出版后,甚受读者欢迎,到 1939 年已经 5 次再版,抗战中(1944 年)还在重庆又再版。(书影见图 7-1)

(8)《儿童爱》(又名《明智的父母》),(英)司托泼著,潘公展译述。1926 年上海光华书局初版。该书为 M. C. Stopes 著《结婚的爱》(Married Love)的附编,128 页(32 开)。该书宣传节育并介绍避孕的方法,特别强调这本书是为普通已结婚的夫妇们所写。潘公展撰“译者的话”,说到自己妻子怀 5 胎生育 6 个子女,5 个夭折,深感节育之必要。潘还特别指出:“轻薄油滑的少年男女,如果要利用这本书所教的方法,从此肆无忌惮的去干那‘野合’的事情,这实在是著者所不愿见,亦非译者的本心,也可以说他们是节育方法的罪人!”(书影见图 7-1)

《儿童爱》1924 年翻译成中文,译名《结婚的爱》①。其中,一本为胡仲特译,开明书店(上海)出版,周建人作序;另一本为李小峰译,北新书局(北平)出版②。该书论述性的问题,书末附有论节制生育的篇章。1926 年,水宁

① Married Love 的中文译名不同,选择原文篇幅也不一,在《民国时期总书目》收入医学卫生、社会学(总类部分)等不同的分册。

② 北新书局,由李小峰创办,1926 年在上海开分店,1927 年张作霖进北京,北新书局被封,上海分店改为总店。

人将《结婚的爱》的附卷中有关节制生育的部分单独译出，共5章，书名《贤明的父母》。[1] 1933年，张孝述将《结婚的爱》附卷全部翻译，书名《母性的爱》，共20章，以及附录3篇。[2] 1929年，夏乃庚等译《持久的热情》，为续《结婚的爱》，由东方译学社出版。1933年，斯托普斯的Sex and the Young由余家菊翻译，书名《两性与青年》，中华书局出版。初步统计斯托普斯的著作被翻译成中文的约有9册（包括将同一原著以多种译名出版），有的多次再版。在许多性学翻译著作中，该书论述的内容与节制生育甚紧密。

（9）《夫妇良箴》，（英）马利士笃（M. C. Stopes）著，伍连德译。1926年上海英商别发有限公司印行。该书为前一书原著的节译本，全书分5章，仅40页（32开）。在第5章"避孕各法及其实用上的批评"中，认为避孕套除特别使用处之外，要批评。（书影见图7-1）

（10）《妊娠避妊与育儿》，（日）泽田顺次郎著，怀甡叔译述。1926年上海文明书局初版。该书158页（23开），讲生育、节育的知识和避孕的方法。

（11）《美乐之家》，（美）山格夫人著，宋学安编译。原著名《生育节制法》，1927年上海出版协社印行。该书在"赘言"中说，是根据Amerrican Birth Control Leaguesuo所印山格夫人的The Case for Birth Control等及相关著作编译而成。全书分光明伟大的工作等七个部分和附录附图等，正文仅41页。（书影见图7-1）

（12）《两性生殖学》，（日）泽田顺次郎著，吴瑞书编译。1927年上海新文编译社出版，216页（32开）。该书副题是生子方法与不生子方法。

（13）《科学的生育》，（英）霭理斯（H. H. Eliis）著，彭兆良译。1927年上海民新书局初版，编入新文化丛书。该书虽然只有59页（32开），但是讨论了人类生育文化，提倡优生节育，还介绍避孕方法与药物。

（14）《限制生育的理论与实际》，（日）安部矶雄著，周宪文译。1928年上海群众图书公司出版，124页（32开）。从全书13章的题录看，该书与《产儿制限论》是同一原著的不同译本。

（15）《节育实施》，（英）和涅部禄夫人（Hornibrook）著，胡仁夫人译。

① 司托泼.贤明的父母.水宁人，译.上海：北新书局，1926：1–58.

② 斯托泼司.母性的爱.张孝述，译.上海：大东书局，1933：1–216.斯托普斯是国际著名的节制生育活动家，在世界和英国节制生育史上有重要的地位。她的著作，如《结婚的爱》（1918年）、《避孕：它的理论、历史和实践》（1923年）等，曾经被翻译成多种文字。第二次世界大战后，斯托普斯曾经到远东宣传节制生育，未见确切史料记载她到过中国。

1929年上海远东图书公司出版。这是一本简单的普及读物,74页(48开),为家庭知识小丛书之一。

(16)《子女选孕法与自然避孕法》,(英)爱司琼夫人著,关熙和译。1929年人生研究社初版,次年再版。全书18章,124页(32开)。该书主要论述如何"孕男孕女",并非讲各种避孕方法。作者提出"左右定律",说"男胎在子宫右方发育……男性卵子(指发育成男性的卵子)从较大的右卵巢出";又说"右卵巢只藏男性卵子,左卵巢只藏女性卵子";"完全除去右卵巢和右输卵管的妇人决不会再产男孩,完全除去左卵巢和左输卵管的妇人决不会再产女孩",甚至说"想生男孩靠右边睡",等等。综观全书,充斥许多伪科学成分,就是根据当时解剖、生理学的发展水平来衡量,此文的观点也是错误的(是原作者之误,还是译者之错,待考证)。这样的著作出版发行,只会误导读者。

(17)《性教育的示儿编》(What Every Boy and Girl Should Know),桑格夫人著,赵荫棠译。1929年上海北新书局出版。全书64页(36开)。该书以动植物为例,以故事形式分8章讲解从花、动物到人类的发育。译者在小序中说:"本书的理想是儿童被教给生育的过程,而且吸入这样的知识。"

(二) 国人撰著

(1)《实验避妊法》,中外书局编。1923年中外书局出版,252页(42开)。该书名前有"产儿制限"。书中编入大量国外资料,是国人早期署名的自编节育专门著作。

(2)《节育避妊的方法》,陈爽秋编。第一版不详,1925年再版,上海经纬书局出版。全书108页(36开)。该书编入青年必读。

(3)《节制生育问题》,程浩著,上海亚东图书馆1925年初版,212页(32开)。内容包括:什么叫作节制生育、节育问题和民族、节制生育的方法等23讲。该书出版后受到欢迎,并多次重印,至1940年12月已出至9版。(书影见图7-1)

(4)《避孕法》,汪企张著。第一版不详,1928年4版,上海大东书局出版。该书内容简单,仅33页(42开),编入通俗医言第3编。

(5)《产儿制限ABC》,高希圣著,是ABC丛书之一。上海世界书局1929年出版,94页(32开)。在正文前,徐荫南所署的"ABC丛书发刊旨趣"中说:"我们要使中学生到大学生得到一部有系统的优良教科书。"①全

---

① 高希圣.产儿制限ABC.上海:世界书局,1929:封三.

书分六章，介绍：马尔萨斯人口论、新马尔萨斯主要运动、珊格尔夫人的产儿制限论等。该书以山格夫人的理论为基础，表达了作者的观点，如："恋爱的自由和对于母性的选择权，是妇女解放上最最根本的二大要素"，"至于母性的选择权，则依产儿制限的手段可以确保"等①。

（三）著作简评

（1）在节制生育启始阶段，节育著作以翻译为主，各书之间内容重复之处不少。22 册中 17 册是译作（77.27%）。翻译作品中，有时同一本原著有几种译本，有些在译或编译时，刊出原著名，容易辨别，如《生育节制法》与《美乐之家》，都注明是翻译自山格夫人的同一著作。有些未刊原著的书名，只能从章节、内容去判断，如《产儿制限论》、《生育节制论》、《限制生育的理论与实际》这三册，前二册标明原著是同一作者（未刊原书的名称），后一册未署原书名及原作者名，从内容看这三册书都是 13 章，都有"对于生育的迷想"、"国际问题与人口问题"等完全相同的章的名称（有些虽然文字略异，而内容相同），据此判断，甚有可能是译自同一本原著。此外，翻译者对原著简繁取舍不一，严格地说，许多译著只能称为节译或者编译。

（2）一些著者在宣传节育的意义、方法之时，对增进母亲和儿童健康、家庭幸福之意义，展开深入具体的论述，往往得到更多的关注与支持。

（3）这些著作在推动节育指导实践等方面发挥了重要作用。然而也有一些书受当时科学技术发展水平的限制，论述有错误，如关于安全期的认识，而有些书却渗入了许多伪科学的成分，如《最新生育节制不育症疗法合编》中所附的"安特保克氏选孕男女法"，以及《子女选孕法与自然避孕法》等有明显错误的立论。故并非所有的著作，都发挥正面的作用。

（4）除上述 22 册外，有些虽不是专论节育的著作，但书内时有相关节育思想的重要表述，不乏有学术研究的价值，如《美的社会组织法》在该书的第三章（美的政治部分）提出：凡一个美的社会须由下各种机关组成，建立 8 个部。国势部为其一，其部务有四大桩：婚姻的限制与介绍、小孩与母亲的保护及避孕的方法、户口的调制、卫生的管理。②

二、节育专刊、专号

节育专刊、专号的出版，为宣传、研究、发表与节制生育相关的论述提

① 高希圣. 产儿制限 ABC. 上海：世界书局，1929：84-85.

② 张竞生. 美的社会组织法. 北京：北新书局、北京大学出版部，1926：87-104.

供一个良好的平台，使更多的人了解国内外节育发展的动态，并有可能发表自己的论说和观点。它较快地反映了节育研究的信息，并直接与读者进行交流。本处辑入的节制生育专业期刊，是指1922—1929年期间，以专论节育的定期的连续出版物或期刊发行的专刊、专号。

（一）专刊——《现代妇女》

《时事新报·现代妇女》（简称《现代妇女》）①，由《时事新报》发行，随该报发送，但也单独发售，独立编辑期号。《时事新报》曾经将其所办的多种副刊，收录在《学灯》为名的合订本内，故有人将《现代妇女》视为《学灯》的副刊。创刊号书影见图7-2。

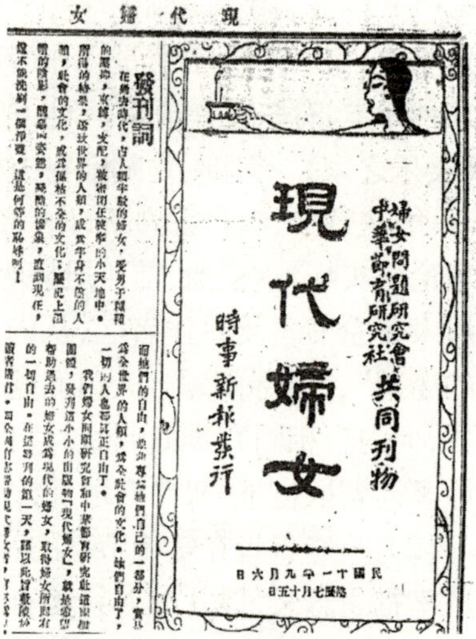
現代婦女

婦女問題研究會、中華節育研究社共同刊物

現代婦女

時事新報發行

民國十一年九月六日

陰曆七月十五日

發刊詞

图7-2 《现代妇女》创刊号
（1922年9月6日）

《现代妇女》创刊于1922年9月6日。是“妇女问题研究会”、“中华节育研究社”共同刊物，每月三期，每期4版，逢六出刊（旬刊），独立连续编期号，至1923年8月16日停刊，共出版34期。该刊编辑部在界定刊物的性质时说：“本刊为讨论妇女问题、节育问题的公开出版物。”②从该刊所刊登的文章来看，许多是以妇女为论题的文章，与节育相关的约占一半。

1. 各期有关节制生育的文章和资料

第一期（1922年9月6日）

《我的希望》（郢）。针对反对节育者认为节育“将使种族衰弱，渐至灭亡”、“将使男女间的道德破坏”之说，著者举例进行驳斥，指出：“简括地说，节育则于养护可以周妥，对于教育可以普及，因而人种强健知能发达”，“于自己有利益，于大众有利益，这就是道德行为”。“只希望反对节育主义的人从自己的方面想一想，希望他们自问要不要节育。”

《产儿制限》（泉）。作者认为有人提倡用禁欲的方法控制生育，“不要说做不到，就是做到了亦是有害的”，“要想制限产儿只有施行避妊的方

① 叶再生.中国近代现代出版通史（第二卷）.北京：华文出版社，2002：1215－1216.

② 现代妇女，1922－11－6（4）.

法”。作者指出“提倡产儿制限不就是提倡断子绝孙,产儿制限的目的是要人类有自由支配产儿数目间各个产儿中间时候距离的能力”。文章还反驳了在宗教、道德、卫生等方面的反对节育的论点,比《我的希望》一文阐理更明晰。

《山额夫人之旅华观察谈》(海澄译)。该文记述了山格夫人从东北、北京、武汉到上海沿途所看到的中国贫苦大众的惨况,夫人指出生育节制为解决将来此种问题之根本的计划也,建议中国学者尽快地建立节育组织,开办节育诊所,出版节育刊物等。山格夫人的这次谈话,另有译文,比此文更详细。①

第二期(1922 年 9 月 16 日)

《节育的本义》(郢)。作者就节育的含义做出解释,节制没有“消极的意思”,并不是“节制什么就是不要做什么。其实节制与‘适当’、‘合宜’有相类的意思”,节制生育绝对不是不要生育。

第三期(1922 年 9 月 26 日)

《关于节制生育的四个问答》(白本)。该文译自美国 Brith Control Review 所刊登的关于节育的 4 个问答。提问者为山格夫人,回答者为克罗宁博士。① 问:“人口过多对于世界和平是否妨害?”答:“有很大的妨害”;“可以以日本为例,日本因为人口众多,不够居住,便想对外发展,以为土地的侵略”。② 问:“依据正当医学上的作用,而用科学方法,去节制生育,如果将这种消息,合法的传布于世界,那么,于人口过多的问题,可否算个合法的解决?”答:“可算为合法的。”③ 问:“知道了节育,男女对于结婚所抱的道德的态度,是否因此而改变? 国中青年的道德的程度是否因此而降低?”答:“我以为二者都非的。”④ 略。

第四期(1922 年 1 月 6 日)

《一个小小的统计》(渠之)。文内记叙一个丈夫代替妻子在家看护小孩半天,为孩子所做 25 项事,共数百次,感受到照顾孩子的事是多么的繁重。文章指出解决这个问题,“最好是操纵儿女的生育,使他不要过量地产出”。我们应该“都知道对于儿女的责任不仅在供给他们日常的饮食居处,维持了他们微弱的生命就算完事! 还有比这个更切要的责任——教育! 永远逼着你呢”! 文章指出人们在生育选择时,不能仅仅根据“温饱”来考虑。

---

① 克士. 珊格尔夫人的中国观察记. 妇女杂志,1922,8(10):44-46.

《生计艰难的原因》(泉)。作者指出分析生计困难的原因,改变其状况,不是某单一措施能行。“然而限制非本愿的生育确是一个最重要的要素。在人口问题上头,我们应该注意的不是‘量’而是‘质’。”解决生计困难,必须限制人口数量,提高人口质量。

第五期(1922 年 10 月 16 日)

《矫伪与节育》(海译)。这是一篇译文,文章主张节制生育,说:“有许多充分理由,觉得自然界之进程既与人类繁殖有关系,那么总要讲一些节制,而且是当然的。”反对节育者指责节育是道德沦丧、杀婴、种族自绝等种种说法与“以道德的口吻来非难的人”,是一种“伪善者的喧哗”。但也必需看到,“关于避妊之智识,有好些不合科学原理,以讹传讹,更有许多方法,或是靠不住,或妨碍卫生的……革除的良策是把安全、可恃的方法去供给人家”。作者指出要改变贫苦阶级不容易得到节育指导和节育药品等状况,“节育者当力攻矫伪”。

《妇女职工与生育》(云)。这是一组德国莱比锡的资料,调查职业妇女与不参加工作妇女在生育方面的情况。其结论是:“妇女职工为生育而感受的痛苦比寻常妇女更加深切……要解决这个问题应从两个方面着眼,一方面要资本家改良设备,改良待遇,以保护母性;一方面是要当事人的自觉,谋这些苦痛的减轻,那么注意卫生,调节生育,当然是解决此事的重要条件了。”

第六期(1922 年 10 月 26 日)

《社评》①(鄢)。文章就《现代妇女》接到读者来信询问纵欲和堕胎的方法等事项,公开发表评论,指出“至于堕胎,确然是一件不道德的事”。节育不是禁欲,也不是纵欲,“我们以为一般人应走的路是这样:在不至放纵的范围以内,任本能之自然,并不加以禁遏”。“防止那不愿意结果时候的结果……这就是‘节育’两字的真解释”。

《日人对于生育节制的见解》(白本译,第七期续完),原文作者是石本静枝(石本男爵夫人),刊于美国《节育评论》。全文分为:生育节制的意义、生育节制之必要、生育节制之结果,分二期刊登。作者指出:“要想增进人类的文明,生育节制是个必要的方法。”针对日本国内许多人认为要强国就要增加人口的主张,她说:“有人以为人口减少,恐于国防的战争有碍,这不是正确的话”,“德国的政府绝对不主张节育运动,然而他们的百姓反为善

① 社评是该刊栏目之一,通常有数篇短文,每篇无题,文末署名用来区别作者。

于节育的人民所打败,其中道理不难令人思索了"①。对于日本人口增加,日益"超脱乎食物的供应",石本夫人认为:"(一) 是向外移殖;(二) 是设法限制生育。关于前者,国内许多大政治家,五六十年中早有此政策……除产生恶劣影响外——例如中日之战、日俄之战、美洲澳洲的殖民,试问究否有何功效……可见要想补救国内人口过多,只有采用第二个方法。"石本夫人抨击了日本人口政策的弊端,主张节制生育解决人口问题;同时她也指出了日本在对外战争、扩张中造成了恶劣的影响。在文章的最后,她又分析了节育给儿童、妇女、社会等带来的益处,特别还提到经济以外的文化生活方面的帮助。②

《中华节育研究社简章》(无署名)。该简章共九条。

第七期(1922 年 11 月 6 日)

《日本人对于生育节制的见解》,是第六期的续登。

《北京产儿制限研究会宣言书》(无署名)。

第八、九期(1922 年 11 月 16 日、1922 年 11 月 26 日)

两期内都是论述妇女问题,未直接论及节育。

第十期(1922 年 12 月 6 日)

《节育之文化的意义》(云)。对于节制生育,作者说"莫如杜绝不适于文明生活的人类之产生"。

《节育与军国主义》(海)。这是一篇译文,原文刊于美国《节育评论》10 月号。文章列举了法国的人口节育情况,虽然有人喧天动地的鼓吹大家族主义,然而国内的产儿率仍是继续下降。法国甚至成立"促成大家族全国协会",但并没有能改变法国人口出生率下降。"主张军国主义者竭力设法提高产儿率,全无效率"。法国的事例证明,"凡属痛感大战苦楚的欧洲各国也在步其后尘,把'生育罢工'(Birth Strike)去抵制军国主义"。

第十一期(1922 年 12 月 16 日)

《海外节育运动近讯》(海)。报道山格夫人于 1922 年 8 月在英国参加国际节制生育联盟会议后,10 月回到纽约,美国节育联盟为她举行欢迎会(30 日晚 8 时),请她讲演在日本、中国和英国等地的活动情况。演讲会入场费分 0.55 美元和 1.5 美元两种,规定要购票入内。

---

① 此处指第一次世界大战,同盟国德、奥等被英法等协约国打败。

② 该文部分内容与《妇女杂志》1922 年 8 卷 6 期 37 页《产儿制限与珊格尔夫人》一文部分内容相似。

该文还报道印度开展节制生育活动的情况。1922 年 1 月 30 日 Gopalji 教授在德里创立印度生育节制会。其宗旨:“推广节育的理论及方法,希望从此可以有意识地节制人口”。Gopalji 教授认为“就全世界各地看来,最需要节育的莫如印度了”。

第十二期(1922 年 12 月 26 日)

《节育与战争》(英国生育节制联合会会长特莱沙著,海译)。文章主要思想是:如果一个国家不控制生育,任其人口极力扩张,必然导致战争。节制生育是控制人口快速增长所必需,是抑制战争的有力措施。

第十三期(1923 年 1 月 6 日)

《妇女需知》,根据山格夫人原著 What Every Girl Should Know 翻译,分期刊登,本期为第一章绪论。

第十四期(1923 年 1 月 16 日)

《节育与战争》,续前,本期为第二章女子时代。

《节育杂问》,有关节育问题的解答。

第十五期(1923 年 1 月 26 日)、第十六期(1923 年 2 月 6 日)

《罗素夫人的中国女权观》(Y D)。罗素 1920 年来华讲学期间,被称为他新夫人的勃拉克女士同行。勃拉克女士后来应日本《女性改造》的约稿,撰写《中国的女权与女性改造运动》一文,本文陈述了她在文中所表述的观点。罗素夫人极力赞扬中国女界许多“革命的举动”,认为除了苏俄以外,中国是提倡女权活动最好的国家。她极力反对基督教对中国女权活动的干涉,认为只有女子权力真正得到保障,节制生育才有可能取得实效。

第十七期(1922 年 2 月 26 日)

无节育文章。

第十八期至二十期资料不详

第二十一期(1923 年 4 月 6 日)

《“常识”的非常识》(慨士)。文章就一些报刊介绍节制生育知识时,科学概念不正确,使得常识问题不能称为常识。文章指出节欲防止怀孕是不现实的,每年那怕只有一次交媾也可能妊娠,山格夫人从来没有主张男女分居。作者还批评了一些荒唐的说法(如有人说按女性某穴位可以阻止精液进入)。

《妇女需知》续前刊登。

第二十二期(1923 年 4 月 16 日)

《英国节制生育会记略》(未署名)。简述该会发展的历史,工作目的是:(甲)依种种可行之方法,于人群间传播关于节育及其可以造人类之智识;(乙)劝勉一般医界,并敦促医院及公共卫生官吏,使深明对于希望之节育之已婚者,有指导合于卫生之避妊法之义务。该会在实际工作方面,一是分发卫生节育法的单张宣传品(非卖品),从 1913 年开始已经发放了35 000张。其次是开设公益事务所,为妇孺服务,指导节育,每周三、四、五下午 2—4 时对外办公。凡是请求节育者必须是自愿和经过医生检查认为合适者。

该期"通讯栏"内刊登两封来信,都是有关节育事项。第一封是上海南洋大学沈君的信,表示看到中华节育研究社翻译的《生育节制法》后,收获很大,并十分赞佩,愿意加入研究,为之宣传,同时求购 Family Limitation。第二封信是长沙贺君来信,提出夫人朱女士拟参加节育研究社,以及求购节育用品等。

第二十三期(1923 年 4 月 26 日)

《生育节制能改良人种吗?》(H. H. Ellis 原著,泉译)。该篇译文比较长,分多期刊登。原著作者指出,优种学并不是新思想,历史上早就提出。我们现在所说的优种之目的,积极的方面是"增加好人种",消极的方面是减少"坏人种"。在这一过程中,遗传与环境的因素同样重要。生育节制能够使人类改良自己种的努力得以有效的进行,它要比"社会合起来直接做一些改良人种的举动效验大得多"。在各种方法措施中,使"优种学收实在效果的方法只有生育节制"。

第二十四期(1923 年 5 月 6 日)、第二十五期(1923 年 5 月 16 日)、第二十六期(1923 年 5 月 26 日)

续前刊登《生育节制能改良人种吗?》,刊毕。

第二十六期(1923 年 5 月 26 日)

刊登介绍《医事》一文。其中说:"《医事》是北京几个专门研究医学的人组织的月刊,出了二期,现改为单张式……改组后的第一期,多载关于节育的文字。"《医事》文章有:《新马尔沙斯主义与中国人口实数之调查》、《人工避妊法》、《对生育制裁之私见》、《产儿制限研究会宣言》、《产儿制限研究会之经过及进行》等。该期还刊登产儿制限研究会联系地址:北京西单牌楼达智营 27 号。

第二十七期(1923 年 6 月 6 日)至第三十二期(1923 年 7 月 26 日)

这几期都没有刊登以节制生育为主题的文章。

第三十四期(1923 年 8 月 16 日)

本期为《现代妇女》的最后一期，在该期的头版头条刊登声明："本刊到本期为止，与妇女评论合并，改组妇女周报。"

在本期"通讯栏"刊登了严与宽给《现代妇女》的一封信，叙述他亲自所见一皮匠之妻子，已经有6个儿女，当再次怀孕，用外力击下腹希望堕胎出血而死的惨况，提出推行节育之必要。编者在信后的按语中说：妇女堕胎虽是无法之举，但不可取，提倡节育以减其害。严君向来关心生育节制，"以实例为例证，总比空论的价值为高"，盼读者据实报告。

在第三十四期4版，还刊登了"妇女问题研究会特别启事"：

> 本会定期刊物《现代妇女》旬刊，向由上海时事新报附送，最近曾决定改为周刊，另行单独发售，嗣忽发生种种窒碍，未能实行。现因本会会员，多数即为妇女评论社社员，为出版上便利起见，特商同将《现代妇女》与《妇女评论》合并，至第34期止，《现代妇女》即宣告停刊。于本年八月二十二日起，由本会与妇女评论社联合创刊《妇女周报》，定每星期三发行。此项周报，除由上海民国日报附送外，并每期添印数千份，商由国内各大书店单独发售，定价每期铜圆三枚。

2.《现代妇女》几点评述

(1)《现代妇女》发刊虽然不到一年，但它是我国期刊中最早明确宣布"为讨论妇女问题、节育问题的公开出版物"，可视为近代第一个节制生育专业出版物。这在节制生育的概念尚没有被许多人了解，视公开谈论生育为伤风败俗之事的时代，该刊的出版为推行节育创建了一个舆论阵地。

(2)《现代妇女》共出34期，每10天1期，除17期从1923年2月16日延期至2月26日出刊外，一直按期出版。所发表节育专题文章，在办刊前期为多，而后期以论述妇女问题为多。

(3) 从《现代妇女》刊登节育文章的内容来看，大部分环绕节制生育的观念、意义和重要性等叙述，几乎没有具体介绍节制生育的方法。它着重于宣传，扩大人们对节育的了解、认同和支持。该刊宣传发动节育运动所起的社会影响要高于节育技术层面上的作用。

(4)《现代妇女》由妇女问题研究会与中华节育研究社合办，但是在最后一期，只有"妇女问题研究会特别启事"说明停刊情况，其中所说的"嗣忽发生种种窒碍"，现在无法知道具体所指，是否与中华节育研究社有分歧所致？难以确定。不过从《现代妇女》停刊后妇女问题研究会等所办的《妇女周报》刊登的文章来看，直接论述节育的文章非常少，反映了新刊编者对节育宣传的弱化。中华节育研究社未对停刊发表任何信息，其原因是何？尚待考证。

（二）《学灯》节育运动号（《学灯》增刊，1922年4月30日）

《节育运动之各面观及其障碍》（一岑）。该文从个人与家庭方面、社会方面、道德方面、国家种族方面等分析节制生育的必要性。文章指出："生育的限制可以维持父母及儿女的适当的生存，即使收入减少也可无虑"，并有利于"母体的康健及孩子的强壮"。"无论法律或宗教，总不能强迫一个女子去受无限制的生育的痛苦"。"国家种族之强盛不在人的量之增加，而在质之改善"。只有霸权主义和家族主义才反对节育，"我们从各方面看来，觉得节育运动实在没有可反对的理由"。"他不但可以解放我们人类经济的束缚，还能打破女子不自由的桎梏，他实在是经济革命，女子解放的基本运动"。

《产儿制限是谋人类进化的一个工具》（周建人）。作者从生物学角度阐述，愈是低等的生物繁殖快而多，愈进化的生物，则生殖数目逐渐减少。人类如果仍然随其自然繁殖，是否有"无穷的食品供给人类无穷的需要呢？这实在为势所不可能"。为此，马尔塞斯主义主张用晚婚、禁欲控制人口，但这"为事实上所不可能"。而"用人工的方法来调节自己的人口，这实在是战胜自然的一个极大的成功"。当避妊的方法传入中国，产儿制限的实施，可以给为母的人生育子女的自由。

《生育限制运动声中的感想》（灵芬女士）。作者说自己在三年前就在《学灯》发表《人口之研究》，提出节制人口之说，但遭到俞潜卢先生、家宜女士等反对，当时因为"自己学力不足，未能折服他们"。仅隔二三年，山格夫人来华后，控制人口过快增加已经得到更多的认同，这是时代的进步。

《山额夫人与社会主义》（紫瑚）。文章说山格夫人与社会主义者的节育观点不同。自己因为同情穷人，被称为社会主义者；而又因为奉行新马尔萨斯主义，被社会主义者所反对。

《生育限制之过去现在与将来》（山额夫人著，神译）。文章主要记叙节制生育运动的发展过程，指出山格夫人自己曾说："我开始做节制的运动，不是根据马尔萨斯人口理论，也不是节制人口之增加"，却是要防止那些妇人和儿童无辜送死。作者承认早期的认识还是感性色彩较浓。

《美国生产限制会的大纲和目的》（孝庵译）。文章列出该会的目标、计划和工作方式等，从该文可以了解美国节育组织的纲领。

《节育运动》（陈海澄译）。该文译自美国节育运动百人委员会发刊词原稿。百人委员会(The Committee of One Hundred)是美国的节育组织之一。该文比较长,约近万字,通过该文能够详细了解美国节育组织的沿革。该文整理后又在《妇女杂志》8卷6号刊登。

《介绍几种研究节育问题的书报》(记者)和《山额夫人重要的著作》(未署作者名)。这两篇列出了有关节制生育的书报或著作名称。

增刊还刊登山格夫人的照片、山格夫人给《学灯》的英文信及信件译文。

(三)《妇女评论》生育节制问题号

1.《妇女评论》(书影见图7-3)39期(1922年5月3日)

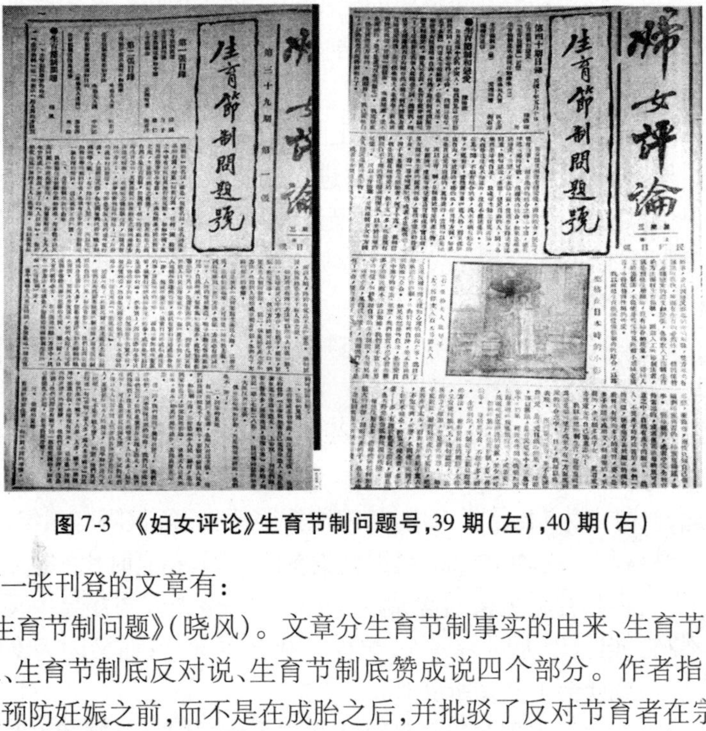
生育節制問題號
婦女評論
生育節制問題號

图7-3 《妇女评论》生育节制问题号,39期(左),40期(右)

第一张刊登的文章有:

《生育节制问题》(晓风)。文章分生育节制事实的由来、生育节制学说的由来、生育节制底反对说、生育节制底赞成说四个部分。作者指出生育节制是预防妊娠之前,而不是在成胎之后,并批驳了反对节育者在宗教、国家主义、伦理等方面的错误观点。

《生育节制释疑》(力子)。此文主要论点有:①“生育节制本非生育废止”。节育不是绝育,“只有患有遗传病的(如花柳病)应该禁止生育”。提出节制生育的科学方法和根据父母经济情况,控制生育密度。② 实行生育节制,不会引起人种的灭亡。③“卑劣的纵欲者,则自有恶社会负其责任,与生育节制说并无关系”。④ 性教育在我国太不讲究,将“原本于自然的性的要求，却反看着猥亵”。⑤“生育节制说输入，将使道德有沦丧之惧”，毫无是处。⑥首先要研究节制生育的理论是否确有价值，其次才是方法。如果有此需要，就是现在没有的方法，将来也一定会有的。“桑格夫人已说过的方法，要从学术上去试验……，所未说过的，也尽可能用科学的工夫去发明呵！”作者主张不必拘泥于现有的理论方法，要积极探索。

第一张内还刊登了《生育节制运动和中国》（聚仁）、《生育节制论》（爱理斯著，衡石译）等。

第二张刊登的文章有：

《生育节制底过去现在和将来》（桑格夫人著，佩韦译）。该文是山格夫人在日本发表的文论，此前已经由祁森焕翻译，从1920年4月20日起，分期在《晨报副镌》发表。

《生育节制运动底感发》（瑰琦）。作者以他的一位同学为例，结婚前言明为了读书婚后暂时不生育，但是因为无法节制而哭泣。作者指出“中国女人听天由命的柔情太浓郁了……明知那是火，却不想法，尽管灯蛾般地盲目彼扑”。现在“借桑格夫人到来之光，或许可以减少一点遗传的死症”。“生育节制运动，在我还太早，在一部分的朋友却太迟了”。

在第二张内还刊登《生育节制底重要和方法》（桑格夫人讲，平沙记）、《生育节制会底原理和目的》（桑格夫人主持，慕翰译）等。

2.《妇女评论》40期（1922年5月10日）

《生育节制与恋爱》（陈德征）。作者从恋爱的角度讨论生育节制，“承认了恋爱自由的人，同时也须尊崇母性自决”！在恋爱中“保持双方间恋爱的浓度和紧张，也得取人工节制生育的方法而行生育节制”。他在文中还说：“我以前把生育节制当做节制肉的结合，以为是违反两性间生理和心理的倾向之事，我目下却承认生育节制是由于母性自决，并不是纯然制限两性交合。”作者从自己认识的变化，以支持节育的立场，分析了当时社会上的一些观点。

《“生育节制”底正价》（冰）。作者评价生育节制的意义，认为有善种学价值，不反对；而社会价值不大，“不能不反对”。

本期尚刊登续前期的文章。

（四）《妇女杂志》产儿制限号（8卷6号，1922年6月）

《迎珊格尔夫人》（记者）。该文写于1922年4月20日，期望夫人的到来“拯救隶属的束缚的母性，革新孱弱颓废的种族，改造腐败纷乱的社会”。

《珊格尔夫人访问记》（瞿世英）。文章记述作者受周建人等委托，到北京饭店请夫人到上海讲演等之经过。

《珊格尔夫人自叙传》(建人译)①。文章介绍了夫人的幼年、就学、成长过程以及家庭情况,未介绍夫人在节制生育方面的活动。

《产儿制限与中国》(瑟卢)。文章介绍中外生育节制发展过程中的一些不同的论点,指出节育对于妇女解放、改良种族、提高文化、消除战争等都是最必要的。

《产儿制限论》(乔峰),原文为英国埃利斯所著。这是埃氏关于节制生育的论述,译文比较长,但也只是原著的一部分。

《妇人之力与产儿制限》(健孟)。原著为山格夫人所著,山格夫人从人口过剩论及在健康、经济等方面产生的问题,特别是对妇女、儿童的伤害,提出:"生产是妇女的问题,所以妇女不可不立于自己能够解决这问题的地位。她必须有对于她自己身体的权利,所以她必须有选择什么时候生产小孩的权利。"

《珊格尔夫人东来的影响》(梓生)。作者批评中国"不孝有三,无后为大"、"多子多福"以及多妻制度的盛行等,造成中国膨大的人口;主张向荷兰等国学习,设立节育指导所,医生在妇女有疾病时,可教以产儿制限的实行方法。

《产儿制限与珊格尔夫人》(无竞)。原作者为日本石本静枝,她论述日本人口与食物增长之间的关系,主张控制人口增长,推行节育。但是她的观点与日本军国主义向外扩张的需要相反,故而在日本推广节育的阻力甚大。

《产儿制限与社会主义》(味辛)。原文为日本山川菊荣所著,文章论述了马尔萨斯主义学派与社会主义学派不同的人口论点。

《产儿制限与道德及宗教》(幼彤)。这是从日本的《家庭杂志》翻译的文章,原作者安部矶雄(早稻田大学教授)。文章指出,人类结婚不是仅仅为了生育子女,否则就如下等动物;人类还有文化、生活的志趣等。"况且所谓产儿制限,不过是对于多产的制限,并不是绝对的不生产,与道德更完全无关的。"作者从母体健康、提高儿女教育水平、解决人口问题等三个方面论述实行产儿制限的理由。

《产儿制限之社会的意义》(薇生)。该文原著为英文,作者为美国特莱

---

① 此产儿制限号目录所署的作者名、译者名、文章名等,有些与正文署名不一,本处引用从目录。

沙，译自日本《性的研究》3 卷 4 号。文章痛斥了反对节育的三种主要势力——军国主义主张、产业主义的主张、宗教的信仰。

《产儿制限之生物学的意义》（世平）。该文译自日文，作者指出“生产率减退是生物进化的通则”，分析了产儿制限的生物学和社会学意义。

《应奇氏产儿制限的道德观》（高山）。应奇氏认为“制限产儿是完全合于道德的，因为人口若生殖过蕃，实足以陷人民于困苦的境地”。应奇氏是一位教士，在采用何种方法方面“与众人的意见的不同处，也以为与其用药物避妊，制限生产，则不如父母自制之为更合于道德”。即主张所谓道德抑制。

《福斯德之产儿制限观》（无竞）。福斯德极力反对节制生育，他的观点在反对者中有一定的代表性。福斯德特别从精神方面立论，反对人工方法避孕，列举了节育许多不良的结果。本文译者无竞，对福斯德的观点作了一些点评。如认为福斯德将“产儿限制当作性欲的享乐来看待”是错误的。

《产儿制限与优生学》（杨贤江）。译自埃利斯原著，这是关于优生学的译著。文章主张“增进并提倡遗传律的知识”，“普及产儿制限的方法的知识”，“依据我们的知识来行事”等。

《产儿制限与新种族》（克士）。该文为译著，叙述美国节育发展过程中的一些现象，从种族健康、种族改良等讨论节制生育的意义和方法。

《婚姻和生育》（陈德征）。全文分为五个部分，叙述了自己的观点。中心思想是主张婚姻自由和生育自主；指出：“中国妇女如不打破‘婚姻的本质是生育’的观念和行动，如不重视恋爱，中国妇女便无超拔于沉沦之域的希望！”作者前二章参考 H. Ellis 的 Studies of Psychology of Sex Vol Ⅳ。

《产儿制限问题》（潘公展）。该文为译著，原作者是美国产儿制限联盟会书记。文章首先纠正三种错误观念（认为产儿制限是一种激烈运动、民族自杀、与堕胎一样的事），再分析讨论节制生育的国际和国内所产生的效应，提出自己的观点。

《产儿制限与道德》（陈海澄）。文章论述节制生育之必要，指出此活动并无道德之不良。

《产儿制限的各面观》（喆生）。美国诺泼夫（S. Adolphus Knopz）著，从医学、社会、经济、道德四个方面论述节制生育的意义，以及美国开展节育遭到法律禁止的情况。作者以恳切的言词请求政府废止以宣传避妊知识为犯罪行为的法律。文章还列出许多美国知名人士支持废除禁止传播节育知识的法律方面的言论。

《医学上的产儿制限观》（胡定安）。作者是一位公共卫生医师，论述妇女有五种情况之一,就应该避妊。并且介绍五种节制生育的方法,简单说明各自的优缺点。他说"决不能因了要限制生育,就勉强禁绝性欲。既然要实行这产儿制限,就不能不用避妊法"。该文是我国近代医生公开专文介绍节育意义、方法比较早的文献。

《产儿制限之史的考察》(无竞)。作者介绍珊格尔夫人的《妇人与新种族》,指出该书开始就说"世界改造最重要之力,要算妇人之母性的自由","然而妇女倘不行产儿制限,使母性的自由和聪明向上,以改造世界过剩的人口,仍然只是像这样的繁殖,那么,此等一切的计划终不过成为一张的废纸罢了"。该书从世界各国的经济社会的现状,论述了节育在种族发展上的重要意义。

《产儿制限运动的由来》(高山)。全文比较短,主要叙述节制生育运动的由来。

《欧美各国产儿制限运动的现状》(梓生)。该文关于现况叙述有限,但是有些观点具有积极意义。如:"没有施充足教育的资力,反增加无教育的人民。这样的渐渐使国民恶化。""所谓性欲,有两种要素,一是属于种族保存的本能,一是属于男女生活的快乐的。而在这两种要素中,男女生活的快乐,比种族保存的本能更为重要。""只有向下层社会宣传产儿制限的方法,才是根本的救济策"。

《美国产儿制限会的宣言和计划》(高山译)。该文是美国产儿制限会的宣言、计划,并附产儿制限的利益。

《生育制裁的什么与怎样》(副题为"珊格尔夫人在北大讲演)(小峯、矛尘记)。该文记录山格夫人在北京大学的讲演内容(胡适之口译),译文已经在《晨报副镌》刊登(1922 年 4 月 25 日)。

《珊格尔夫人在上海家庭日新会的讲演》(张梓生记)。文章记录演讲会的组织、过程、会场盛况等,有关节育方法的讲演内容因为与在北京大学讲演基本相同,该文作者言明从略。

《产儿制限运动》(陈海澄)。该文是美国产儿制限运动百人委员会(由著名妇女所组成)发刊词的译文。文内有许多美国节制生育活动的史料,是研究美国节制生育发展的参考资料。该文首先发表于《学灯》增刊(1922 年 4 月 30 日)。

专号后尚有"补白"一栏,刊登 8 篇短文,有许多信息。

(五)《家庭研究》节育专号(1922 年 2 卷 2 期)

《卷首语:从大炮口径中看出来的产儿制限哲学》(铎之兄)。

《产儿制限在中国的意义》①(罗敦伟)。

《产儿制限与中国社会事业》(罗敦伟)。

《中国思想上之产儿制限反抗运动》(罗敦伟)。

《父亲收入与子之死亡》(伟)。

《小范围的产儿制限问题》(觉余)。

《中国女子参政声中之生育问题》(觉余)。

《生育限制运动声中的感想》(灵芬)。

《十年来各国产儿制限运动述略》(Drysdale . C. V,易家钺)

《中国杀婴的反抗运动》(罗敦伟)。

《生育限制和经济问题》(陶乐勤)。

《家族限制与社会改革〉》(黄卓)。

《一子制度》(黄卓译)。

一子制度这篇译文没有注明原作者以及出处,文章开始说"田地均分联合会(Agarian League)在他的宣言书里面讨论一子制度"②,作者就田地均分联合会的讨论一子制度展开论述,引文与评论交叉。作者认为:"田地均分者所欲望的儿女的较大的数目,可以为军事或资本主义者的利益来服务,但是决不复为卫生的利益来服务。""社会科学已经表明出来,一个民族生殖得越快,他们越是贫苦和不能受教育。"现在"新马尔塞斯主义(New-Malthusianisen)——一子制度的国际名义——乃是文明环境的一种天然的结果,若是要把这种主义铲除,非灭绝文明不可——很明白的,这是不可能的事。""当劳动阶级已经承认'过度的生殖给予他们的子孙以负担',并且学习了节制的方法的时候,决没有什么法律或□□能够使他们回到复兴的过度生殖上面去。"该文提出一个孩子的概念进行讨论,这在近代中文文献中尚未见过。

《产儿制限的过去现在及未来》(Sanger. M,易家钺)

《生育节制和新马尔塞斯主义》(山川均)。

《美国生产限制会的大纲和目的》(孝庵)。

《生育的制裁的什么与怎样》((美)山额夫人,胡适之、小峰)。

---

① 《家庭研究》节育专号中的文章,有些数据库在检索文题前冠"产儿制限与中国",其实这是栏目名称,而专刊每篇文章的正文前并没有冠"产儿制限与中国"。本处略去篇名前"产儿制限与中国",余从上海图书馆电子检索题录。

② 黄卓,译.一子制度.家庭研究,1922,2(2):155-161.

《山额夫人在上海家庭日新会的讲演、产儿制限运动》(张梓生、陈海澄)。

《随感录:墨家哲学与产儿制限》(罗敦伟)。

《随感录:山额夫人的传单问题》(CF)。

《社务室与编辑室:山额夫人的重要著作》。

《社务室与编辑室:研究节育问题的书报》。

该专号持明确支持节制生育的观点。除上列文章外,还刊登山额夫人的肖像、小说。

《孤独者的悲哀》以及罗敦伟拟著文的信息等。该期内的文章,有许多已经在其他刊物发表过。

三、专刊、专号外的报刊节育文章

当山格夫人来华,在北京大学作公开演讲后,社会公开讨论节育,媒体迅速作出反应,如《晨报》及其副刊《晨报副镌》①、《时事新报》的副刊《学灯》、《民国日报》的副刊《妇女评论》、《妇女杂志》、《申报》、《东方杂志》等,都相继发表有关节育的专论、信息或专号。在上海、北京等大城市,节制生育一时成为舆论的热点之一。报刊的信息,使人们能够较快地了解多方面的节育思想、知识。尤其一些知名人士的文章,对节制生育所表达认可、赞同、支持的态度,对大众接受节制生育产生积极的推动力。

1930 年前有关报刊中,除专刊、专号外节育文章举要如下:

(一)《晨报》及《晨报副镌》的节育文章

《晨报》初名《晨钟报》,由梁启超等在 1916 年 8 月 15 日创刊于北京(后曾数度"易主")。1921 年 10 月 12 日《晨报》将副刊扩版,改为《晨报副镌》,发表了许多讨论妇女问题、揭露封建制度的罪恶、提倡男女平等、提高妇女地位等宣传新思想、新文化的文章。《晨报副镌》是当时国内销路广、影响大的四大副刊之一。在山格夫人将到北京大学讲演时,它用大标题作了预告②。此后还报道将要成立生育制裁协会,"赞成生育制裁者可到北大校长办公室签名……"等消息③。在北京大学内成立"产儿制限研究会"

---

① 《晨报副镌》是《晨报》的副刊,但在报眉上却是"晨报附刊",文献引用标注时,应于注意,由于是单独出刊,故常常直接称《晨报副镌》。

② 美国女士讲演生育制裁. 晨报,1922-04-19(7).

③ 将有生育裁制协会出现. 晨报,1922-04-25(7).

后,《晨报》多次报道其组织领导成员、宣言和活动等①。该刊先后组织、刊登多组多篇关于节育的讨论和论述的文章。

(1) 在山格夫人未到北京前,特约祁森焕撰写《产儿制限和日本》,分数期刊登。文章分四个部分,介绍山格夫人在日本宣传节育的情况,分析日本的人口社会情况,认为产儿制限的理论事实都是对的。② 对于日本国土面积的限制,每年增加六七十万人的出路,作者引用罗素的话——"那用生产制限就行了"③。祁的文章发表在山格夫人到北京前月余,是我国首篇报道她在东亚宣传节育的活动,并为山格夫人中国之行作舆论准备。

(2) 该刊在山格夫人于北大演讲后的次日,发表夫人所著《生育制限的过去现在和将来》的译文。全文较长,分节在20—29日刊完。该文原来是山格夫人为日本改造杂志社所著,介绍马尔萨斯主义的起源和发展,各国节育开展的概况和推行节育的历程以及现代节育的意义、节育方法等。④ 这是我国最先翻译的长篇节育专论,是了解节制生育发展等重要文献。

(3) 1922年4月25日,在头版头条发表山格夫人在北京大学的讲演《生育制裁的什么与怎样》的中文稿。⑤ 此文虽然短,但记录了中国近代节育史上里程碑式的活动。通过山格夫人的演讲,将节制生育和性教育公开推向社会,标志着中国节制生育活动的全面启始。胡适——新文化运动代表性人物的公开参与,反映新知识分子对于节育活动的支持,其深刻的影响和推动力,远远超过文字层面的意义。

(4) 1923年由张竞生发起的"爱情定则"的大讨论,环绕北京大学教授谭熙鸿与妻妹陈淑君婚恋道德的各方论辩,均刊登在《晨报副镌》,持续2月余。

1925年,周建人发表《产儿制限与性道德》一文,刘以祥对周的观点表示反对,双方就"试验结婚"的道德问题,多次在《晨报副镌》发表文章,展开辩论。

(5)《生育节制与广嗣》,该文说:上海报纸节育广告盛行,北京广告却

---

① 产儿制限研究会昨日成立. 晨报,1922-10-16(3). 同年10月19日6版,刊登《产儿研究会之进行》。

② 祁森焕. 产儿制限和日本. 晨报,1922-03-09(6).

③ 祁森焕. 产儿制限和日本. 晨报,1922-03-10(6).

④ 山格夫人. 生育制限的过去与将来. 祁森焕,译. 晨报副镌,1922-04-20(1). 以后至29日刊毕(25日未刊登),发表在1版或2版。

⑤ 胡适之,译. 生育制裁的什么与怎样. 矛尘,小峰,合记. 晨报副镌,1922-04-25(1-3).

是"广嗣新书"。作者认为"实际中国人并不需要'制育',也不需要'广嗣'"。针对"中国人都喜欢看这一类的书",提出:"无论成年人或小孩子,性教育是刻不容缓的了。如果再是这样讳莫如深,将来所得的恶果还要不可思议。"①作者针国人对节育和性的兴趣的客观现实,强调性教育的紧迫性。

(6)《五千年之皇帝子孙从此绝矣》,安徽省立第二师范胡校长说:"而又有山额夫人之制育方法,制育药品…… 多普及一人,即灭此一人之种……若真普及于全国,恐五千年之皇帝子孙从此绝矣。此即新潮流最消极结果。"②作者对此提出批评,认为这出于胡适家乡的师范学校的校长之言论,实不应该。师范生中了毒,便还要传给小学生。

(7)《避孕问题之研究及其价值之评判》,是瞿绍衡先生在赤心医学会的讲演记录稿。该文从受孕的原理,介绍 16 种避孕方法,并评价其特点和功效。作者特别指出用 X 线照射避孕的重要缺陷,并认为山格夫人的主张在事实上很有讨论的余地。③

《晨报副镌》陆续刊登了一些与节育、避孕有关的文章。如《节育对于医理上之利益》,从医学方面指出患心肺疾病、传染病、精神病应该节育的依据,医师可以帮助他们保护健康。④《晨报副镌》还就性教育、婚姻、恋爱等方面,发表了许多反对封建婚姻的有影响的论述,并组织相关专题的讨论,鲜明地支持新文化、新思想。

(二)《学灯》的节育文章

《学灯》是《时事新报》的副刊,由"学灯社"出版,是五四时期鼓吹新文化运动的另一支生力军,在传播新思想、新文化方面发挥过重要作用。1922 年 4 月 30 日,《学灯》发行增刊"节育运动号",这是我国报刊第一次发行的节育专号。以后又陆续分期刊登一些宣传节育的文章,如易家钺译《产儿制限的过去现在及未来》⑤、陈海澄《会见山额夫人以后的杂记》⑥、顾仲超著《优生学和教育》⑦、汪亚尘《中国裸体美术不发达的原因》、陶木卿

① 任之. 生育节制与广嗣. 晨报副镌,1924-01-31(4).

② 怀素. 五千年之皇帝子孙从此绝矣. 晨报副镌,1924-05-05(4).

③ 瞿绍衡. 避孕问题之研究及其价值之评判. 晨报副镌,1926-05-23(13).

④ 胡明. 节育对于医理上之利益. 黄云孙,译. 晨报副镌,1925,家庭(6):9.

⑤ 学灯,1922-05-06(3)起.

⑥ 学灯,1922-05-17(3)起.

⑦ 学灯,1922-05-17 起.

《产儿限制和人生的幸福》①等。《学灯》还注意与作者、读者之间的联系，如陈海澄致信主编柯一岑，报告他正在翻译山格夫人的Woman and the New Race（妇人与新种族），不日付印等②，这样既通告了节育著作的出版信息，也可避免重复翻译。

《学灯》除随《时事新报》定期发行外，还将该报各种副刊资料另外编辑，以《学灯》为名，按卷单独发行。《现代妇女》亦编入。《学灯》对于我国早期的节育活动和节育专刊的发行，发挥过显著影响。

（三）《妇女评论》的节育文章

在新文化运动期间，被公认为全国四大副刊的，有上海《时事新报》的《学灯》、北京《晨报》的《晨报副镌》、上海《民国日报》的《觉悟》、北京《京报》的《京报副刊》。③ 在《民国日报》中还有《妇女评论》，亦曾列为该报副刊之一。《妇女评论》1921年8月3日创刊，每周出刊1期，历时两年，共出104期。该刊主要宣传女性解放和新思想、新文化、新道德等。当节制生育活动到来之时，《妇女评论》对于宣传节育的反应十分迅速。如山格夫人还在北京之时，1922年4月19日37期就刊登《母性自决》（署名记者）、《母性自决先驱者桑格夫人底行旌》（作者晓风）两文。这两篇文章简单介绍了山格夫人推行节育，在日本活动的一些情况以及"产儿节制"（Birth Control）的概念、意义等，并说对"产儿节制""不能不表示十分诚意的欢迎"④。1922年4月26日38期，发表《生殖的节制——欢迎山格夫人来华》（作者丏尊）。《学灯》于4月30日发行"节育运动号"后，《妇女评论》于5月3日39期、5月10日40期出版"生育节制问题号"（内容见本章节育专号部分）。此后，还陆续刊登有关节育的文章。如41期（1922年5月17）有《生育节制和新马尔萨斯主义》（作者山川均）、《生育节制和母体》（作者海燕）、《一个临时动议》等。42期（1922年5月24日）有《生育节制》（作者德征，43、45期续完）、《生育节制底过去现在和将来》（续前）。43期（1922年5月31日）有《生育节制底什么与怎样》（系转载自《晨报副镌》，即山格夫人在北京大学的讲演）等。《妇女评论》还编辑《女子地位讨论》、《自由离婚》等专号。

---

① 学灯，1922-06-14.

② 学灯，1922-06-08.

③ 叶再生.中国近代现代出版通史（第二卷）.北京：华文出版社，2002：231.

④ 妇女评论，1922-04-19.

(四)《妇女杂志》的节育文论

该刊是商务印书馆发行的妇女类的期刊,1915年创刊,它明显持支持新文化运动的立场,抨击旧礼教,提倡妇女解放、婚姻自由,但亦有时刊登反对派的观点。其发表的论述和评论包括女权、性教育、生育、节育、遗传、优生和婚姻、恋爱等。该刊对妇女问题观察敏锐,思想前卫,选择编辑的文章有一定的质量和时代性。有关节育的部分(1922—1929年),除"产儿制限号"外,还有:

1.《产儿制限与节欲》①

作者对节制生育基本上持否定的态度,对于山格夫人到中国后出现的节制生育活动,认为是一种病态,是"中国人一通病,只要外国人提倡的不论可不可以做,均认为不可变的定律"。作者指出开展节育后,"上智"者生育减少,"下愚"者生育更显得多,人口质量反而下降。关于宣传节育的方法"只有节欲是正常办法,否则为娇柔造作的宣传肉欲的方法"。该文是早期反对节育的代表性文章之一,《妇女杂志》刊登此文显示尊重不同意见。从该杂志所发表节育类文章总量来看,反对者文章只是少数。

2.《珊格尔夫人的"我子之性教育"》②

这是一篇译文,原著山格夫人,以对自己孩子的教育为例,用讲故事的形式撰写。全文分八章,从植物的雌雄和青蛙等动物生活为例说明生殖、生育过程以及人类的发育等,末章讲性教育的方法事例。该文与1929年出版的《性教育的示儿编》,译自同一原著。

3.《珊格尔夫人的中国观察记》

该文记录山格夫人(以第一人称)到奉天、北京、汉口、南京、上海等地的见闻。在上海时,山格夫人还请了一位通华语的传教士陪同,直接接触普通的中国妇女。她针对中国的节制生育运动说:"我觉得比在中国实行这理想的希望更多的地方再也没有了"③,即中国已经是世界上最需要推行节制生育的国家。

4.《生育节制的实行问题》④

该文以通信形式向编辑章锡琛反映,节制生育宣传中理论性高谈阔论

---

① 王锡珍.产儿制限与节欲.妇女杂志,1922,8(8):117.

② 味辛.珊格尔夫人的"我子之性教育".妇女杂志,1922,8(9):24.这篇文章名中虽然未含节育,因是山格夫人作品,故辑入。

③ 克士.珊格尔夫人的中国观察记.妇女杂志,1922,8(10):46.

④ 东原.生育节制的实行问题.妇女杂志,1923,9(9):125.

多，实际失败的不少，希望介绍实用有效的方法。章回答说：有许多避孕失败，并不是方法的失败，是“不善用方法而失败的”，“偶然的一次失败也不能说方法不可靠”。

5.《女子教育与产儿》

作者就人口、节育在学校中的教育发表了自己的看法，如：“人口过剩是贫困、无智、罪恶及疾病等最有力的原因”；“节育之道，第一为自由之原则及社会的正义，次为经济之善策”；“百二十分地欢迎山额夫人的避妊法宣传”；“不过产儿也同恋爱一样，不必定要在学校内急急于教授方法，年青女生，只须知道我们女子应该自己有管理生殖的能力，依据科学的进步，现在已属可能，就够了”①。

6.《生育限制与优生学》②

该文作者为潘光旦，作于美国求学期间（1925）。作者就陈兼善的《优生学和几个性问题》和周建人《恋爱选择与优生学》两篇文章中“关于生育限制之各节，发表一些意见”。文章较长，包括一些优生学发展的观点，表达了作者对节制生育的观点，是潘氏早期节制生育思想比较全面的反映（另有详述）。

7.《百年来节育运动纷扰的历史观》③

作者介绍了希腊哲学家的人口论、节制生育前驱者们的活动、美国的节育运动、远东与英国的节育组织和节育对于社会的几种贡献等。文章讨论节制生育的演变过程和主要思想、观点的纷争。他说：本文并不是为节育的宣传，而是要使我国的一般人知道节育主义运动的起源、背景、其理论的基础与发展的情形。作者基本持赞成节制生育的态度，在结论中指出：“节育主义在理论上是十分完备的，它有科学的人口论作根基，而历来有这许多热烈的拥护者为它鼓吹宣传，足以见它的势力正在推进发展。”

8.《关于孕妇及产妇的忠告》④

文章指出我国妇女因为难产等死亡率高，是由于产妇缺乏知识和社会产科知识普及之差。欧美妇女从怀孕到分娩均由医生指导，而我国怀孕妇女，很少能这样做。作者就怀孕产妇要寻求医生指导等提出注意要点。

---

① 凤子.女子教育与产儿.妇女杂志，1924，10（11）：1670－1671.

② 潘光旦.生育限制与优生学.妇女杂志，1925，11（10）：1560－1569.

③ 仲华.百年来节育运动纷扰的历史观.妇女杂志，1929，15（11）：16－17.

④ 蔡鸿，戴芳渊.关于孕妇及产妇的忠告.妇女杂志，1929，15（11）：17－19.

《妇女杂志》发表的许多文章，触犯了封建卫道士，如北京大学教授陈大齐在1925年3月14日出版的《现代评论》上撰文向《妇女杂志》发起攻击，以此引起的争论导致《妇女杂志》主编章锡琛离职。可见当时推行一个新的事物实在不易。

（五）《申报》的节育文章

《申报》是近代中国最有影响的日报之一，它所反映的观点，对国内的舆论导向有显著的影响。当山格夫人来华，并以此为契机将节制生育公开推向社会时，《申报》追踪报道了山格夫人在沪的活动，多次发表有关的消息和评论①。此后，还陆续就节制生育刊登相关论述，其中有支持和反对节育的观点，包括一些不科学的叙述。

1.《限制生育之我见》

该文作者为锦江，文章指出，中国"年未三十儿女盈前"，早育多育的现象明显。作者主张迟婚，希望在山格夫人来华的影响下，限制生育，以"提倡迟婚为职责"。②

2.《节育问题》

文章作者为洁声，他以来信形式向《申报》提问说：自从山格夫人来华，宣传节制生育的必要，但方法不详；市售的"停孕金丹"、"永远停孕金丹"、"制育良友"等，不知对人体是否有害。该报同期刊登了署名"渐"的解答说："以药断孕违反生理，幸勿轻于尝试"。③ 解答者不同意用药物避孕。

3.《节制生育一得》

文章作者为养气轩主人，他认为男子独居常常易怒、失眠，女子独居多有郁闷、不眠等，用男女分居来节制生育，是有损健康的，这与纵欲无度一样有害。该作者还说：女子月经初净，阴盛易孕，此时勉自抑制，净后10日不易孕。作者提出此法的动机是选择"安全期"避孕，但方法是错误的，所指正好是易孕期。④

4.《生育与节制》

文章作者为渐，作者从人性、生理、道德等方面指出节制生育之不当，反对推行避孕节育。作者认为：(1)"生育常事也，节制生育反常之事也"，

---

① 申报，影印本179册，445、514、552、556、617等页.

② 申报，影印本180册，330页.

③ 申报.自由谈，1923-03-27(2).

④ 申报.自由谈，1923-03-30(4).影印本189册，634页.

节育违反人的本性。(2)“以药免孕之说,小之妨碍生理,大之害及风化”。(3)指责有些人“乞灵药物以免孕,既不肯牺牲肉欲,又欲倖逃抚养子女之责任是兽道”。(4)指出“大凡西人良好之法一入我国皆为嗜利无耻之小人所假借而流毒无穷”①。

5.《人工绝育》

作者箴,认为“断输精管”、“割精囊”、“断输卵管”,是我国的宫刑。这反映作者将手术结扎输精管、输卵管与切除外生殖器等同,是科学知识的错误,误导读者。作者还指出这种方法在淘汰劣种方面“有精意存在”,支持使用这方法;并说无耻的议员应该受绝育律的制裁②。

虽然《申报》没有如《学灯》、《妇女评论》、《现代妇女》等那样公开强有力地支持节制生育,但该报是当时国内最有影响力的报纸,其公开讨论节制生育这一做法的本身,就已经非常有助于节育推广和深入。《申报》的广告栏还刊登节育用品出售等消息③,在推动节育活动方面有重要影响。

(六)其他相关报刊的节育论述

20世纪20年代,在文化、出版等领域思想已很活跃,每年新创刊物甚多。有报道1921—1923年分别达152种、187种、212种,而1926年有375种。④ 虽然这些报刊中有相当一部分出版持续时间较短,甚至不到一年,但普遍支持、倾向于新文化、新思想。现按文章支持或反对节育的基本立场,举要如下:

1. 支持节制生育的论述

(1)《民国日报·觉悟》:望道著《介绍桑格夫人》(1922年4月21日);恶石著《读诸生育节制论以后》(1922年5月22、23日)。

(2)《中华教育界》:艮著《产儿制限与教育》(1922年11卷10期)。

(3)《青年进步》:沈青来著《节育问题的研究》(1923年61期)、Drysdale,C. V,鹤群著《一百年来之生育节制运动》(1929年127期)。

(4)《教育杂志》:《山额夫人来华后之行踪与言论》,用整页报道山格夫人来华和在北京大学讲演的主要内容以及在上海的活动等(1922年5月12卷5期)。

---

① 申报.自由谈,1923-04-12(2).影印本190册,252页.

② 申报,1923-11-02.影印本197册,39页.

③ 申报,1924-04-29(8).

④ 叶再生.中国近代现代出版通史(第二卷).北京:华文出版社,2002:705-706.

(5)《沪江大学月刊》:集中刊登关于节育的文章,其中许多持支持的态度。如:王鉴贤著《我之所以赞成山额夫人节育底主张》;万灿著《节育运动》;徐松石著《以我国而谈节育主义》;冯树华著《经济提高与节育问题》等(1922 年 11 卷 4—5 期)。此外,该刊 12 卷 1 期还刊登周骥《节育问题与中国》等文。

(6)《中华医学杂志》:朱宪彝译《节育法》(1929 年 15 卷 2 期),主要根据德国 Breslau 妇科学会讨论结果提出:"节制生育之种种方法为妇科医士必具备之知识。医学生课程中亦必不可少之","手术绝孕法及 X 光线照射绝孕法,只能于特殊情境之下行之","节育方法虽多,以橡皮或胶制阴茎套为最佳"等。这是《中华医学杂志》最早从节育技术角度介绍节育方法的文章。权威医学杂志介绍节育技术,会提高人们对节育的科学性的认同度。

(7)《生活》:心水著《我们对于节育应有的态度》(1929 年 4 卷 17 期)。

(8)《星期》:莲觉著《德国式猪油避孕法》(1922 年 19 期)。

(9)《康健杂志》:刘仁达著《不卫生之避孕法》(1929 年 1 卷 2 期)。

(10)《快活》:陆士谔著《节制生育谈》(1922 年 12 期)。

(11)《妇女共鸣》:李辉群著《生育节制的社会意义》(1929 年 15 期)。

(12)《京报副刊》:

① 张竞生译《山格夫人来信》,内容主要是邀请我国参加 1925 年 3 月 26—31 日在纽约召开的"新马尔萨斯及制育的国际会议"(第六次)。"'美国制育社'愿意担任此项会议的费用"①,文章没有注明收信者,发信署名是"玛格烈山格"。张竞生在翻译此信后附"无穷感想",指出孙中山的提倡增加人口是"智者千虑的一失"。他提出 8 点:"希望开了一个'限制人口的国际会议"、"希望每国应有'限制人口局'专门管理制育的事务"、"希望政府如不能管理此事,应当任人民完全自由施行"、"希望各地'制育社'应当从速成立"、"希望各人各当努力做去"、"希望,这是最大的希望,希望人人当看制育是人生最重要的一种'艺术方法'"、"希望人力可以胜天功"、"希望本年纽约城的国际制育大会我国方面应有许多热心家踊跃前往"。该期还刊登山格夫人的照片一张,其实就是 1922 年 4 月 25 日《晨报副镌》2 版上的照片的局部。

---

① 张竞生.山格夫人来信.京报副刊,1925,(50):17-18.

② 张竞生《再谈制育》,作者对磑磑发表在《京报副刊》的文章①表示"多半是赞同的,但尚有些话说一说"②。文章说"制育不是绝育",制育是一种"艺术方法","若要造成一个好社会,尚须把许多事情同时改革才可"。并说自己的希望,表达在《美的社会组织法》一书中。此后,磑磑又发表支持节制生育、希望节育组织复活的文章。③

张竞生在《京报副刊》还发表《情爱与美趣的社会》(7 篇)、《爱与美的信仰和崇拜》(4 篇)、《美的政策》(18 篇)、《美的思想》(7 篇)等系列文章(许多内容包含在张竞生所著的《美的人生观》、《美的社会组织法》中),其中有涉及人口生育的论述。

(13)《国闻周报》:Drysdale, C. V,逸香著《百年来之生育节制运动》(1929 年 6 卷 27 期、29 期)。

(14)《同德医学》:英延龄著《产儿制限与医学》(1923 年 5 卷 2 期)。

(15)《妇女旬刊》:石延汉著《产儿制限问题》(1928 年 276—278 期)。

(16)《南大周刊》:铭:《产儿制限论》(1925 年 23 期)。

(17)《妇女周报》,该刊在发展刊词中说:"是《妇女评论》和《现代妇女》之魂的结晶","我们相信'能力的集中'可使我们的事业容易发展,容易成功,所以毅然停刊《妇女评论》和《现代妇女》,合办这《妇女周报》。至于我们的宗旨仍和以前一样。"④此后,该刊也发表一些节制生育类文章,如 18—21 期,分期刊登《新马尔塞斯主义与产儿限制》(玉深译)等。《妇女周报》还刊登节育用品的消息、广告,如第一、二、四期用大号字分别刊出:"怎样节制生育?""如何能增进家庭幸福?"宣传名为'节育良友'的药锭等。

2. 反对节制生育的论述

山格夫人来华将节育活动公开推向社会后,反对节育的言论从未停止。除前述各项,反对的言词有些还非常激烈,甚至高呼"打倒山额夫人"⑤。

(1)《山额夫人在法之失败》,文内说:"近据留法归来者言,法国境内反对山额之会竟到处皆是。而山额亦因斯道不行于法,将废然有他往之思焉。尤可笑者,山额自己所产子女,至今已有三人,抱山额主义者,以独身

① 硙硙. 制育的理论与实际. 京报副刊,1925,(52):3-4.

② 张竞生. 再谈制育. 京报副刊,1925,(56):71.

③ 硙硙,孙景章. 愿节育社复活. 京报副刊,1925,(61):6-8.

④ 妇女周报第一号,1923-08-22 日(1).

⑤ 廖国芳. 打倒山额夫人. 红玫瑰,1927,3(20):3.

为快乐方法，乃返观山额本人，则儿女固未尝不成群也……亦以见节制生育，终未能得民族之全体赞同也。”①

(2)《山格夫人在纽约被逮》，文中说：“数年前曾来华宣传生育节制之山格夫人(Mrs. Margaret Sanger)，在纽约创一生育节制医院，本周突被警察查抄。捕去山格夫人及医生看护多人，备极蹂躏，院内节制生育器具亦被没收。”②当美国逮捕山格夫人后，反对者认为找到了反对节育的重要“依据”。

(3)《打倒山额夫人》，作者说：“自山额夫人提倡节育法后，一般寡妇闺女之喜偷人者，已不复有私生子之虑。”③作者还以调侃的口吻说：“素以制卖打胎药为生之三姑六婆等，大为恐慌，近已集合多人，拟作打倒山额夫人之运动云。”作者言下之意，社会道德风气日下是山格夫人提倡节育所致，要打倒。

以上仅仅是举例而已，实际刊登有关节育论述的报刊还很多。虽然这些报刊主要在大中城市发行，但还是影响到一些县城和“小地方”。如在福建龙岩，1924年的《岩声报》15期(10月5日)刊登的文章中说，“就现在社会的一般环境而论，已经好多人陷入‘多育’中”，“依我的主张，要有普遍的(实行)生育节制法”④。

四、节育用品广告

在20世纪20年代，大城市中以上海的节育用品广告最发达。这些广告宣传的产品许多是言过其实、夸大功效。但这些广告从客观上促进了节制生育思想的传播，影响人们的生育观念和行为选择。广告也对开展有组织的节育技术指导实践，起到重要的推动作用。

1. 山格夫人来华前，已有出售节育药品的广告

《申报》在1921年3月29日、31日刊登饮和室公司独家创售“外按停孕金丹”，(见图7-4)广告中说：

> 为妇女患下述五种病情者必用之圣品(一)有难产症者、(一)生产已多者、(一)病后尚未复原者、(一)身弱不宜生育者、(一)生育过密者。此丹具有杀菌消毒之功，凡男子偶涉花丛，用此金

① 履冰. 山额夫人在法之失败. 国闻周报，1927，4(43)：3.
② 山格夫人在纽约被逮. 女铎，1929，18(5)：76-77.
③ 廖国芳. 打倒山额夫人. 红玫瑰，1927，3(20)：3.
④ 陈海峰. 中国卫生保健史. 上海：上海科技出版社，1993：181.

丹可免传染花柳毒之患。详细说文,函索即寄。价目每打十元,每合五元,试用一元”。

此广告包涵许多信息:(1)表明在山格夫人来华前我国已经有避孕用品的出售;(2)当时的法律没有禁止该避孕用品的广告及销售,与此时的美国法律禁止公开发放、邮寄节育宣传品相比,我国宣传节育环境相对宽松;(3)所列出的5种使用“外按停孕金丹”的指征,与以后许多节育指导所主张的避孕节育适应症相似。

广告没有说明“外按停孕金丹”的成分。近年有学者说“外按停孕金丹是一种应用传统避孕配方所制的中药”,但没有提供论据。此广告关于“用此金丹可免传染花柳毒之患”有言过其实之嫌。1922年5月,饮和室公司发布的另外一则广告,仍然宣传外按停孕金丹,但广告词有改变,增加“此丹为中西上流女士最信任之品,每年用此丹而得平安避疾者不下数十万人”。(见图7-5)此后还以不同的标题宣传“外按停孕金丹”,内容雷同。(见图7-6)

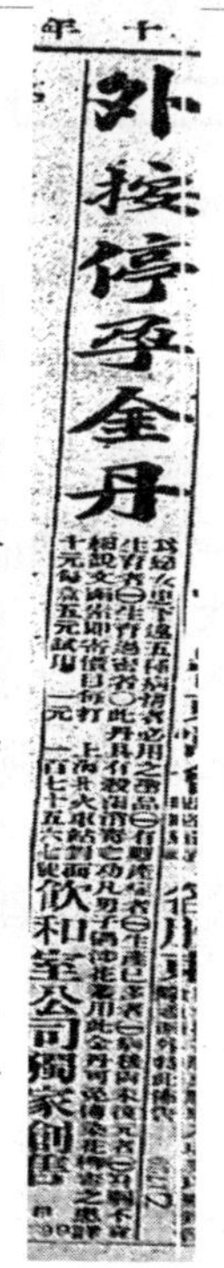

图7-4《申报》1921年3月29日9版

图7-5《申报》1922年5月16日9版

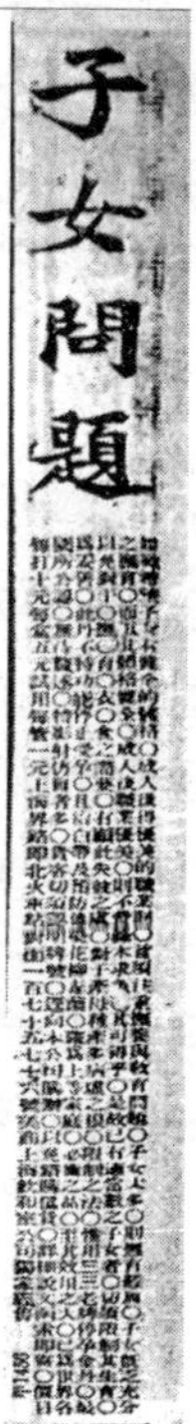

图7-6《申报》1923年3月11日3版(星期增刊)

2. 在山格夫人来华后，进口节育药品广告增加

(1)"制育良友"在上海市场上市。1923 年 2 月起，《现代妇女》、《学灯》、《申报》等报刊，相继刊登"怎样节制生育?"、"制育良友"、"如何能增进家庭幸福?"、"最危险的是什么?"、"人口问题与制育良友"等大字标题的广告，宣传福华西药行向德国订购制育良友的药锭及其节育的作用。《妇女周报》1923 年 8 月 22 日创刊的第一期，亦刊登此广告。环绕节育良友的广告，有时标题不同，内容相同；有时标题和文字有所区别或版式不一；但都是突出宣传用制育良友药锭节育的功效，且在一段时期内反复刊登。(见图 7-7) 广告内容大致如下：

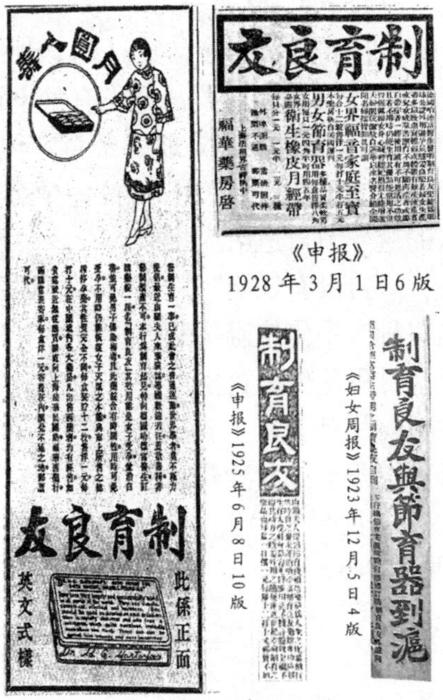

图 7-7 《申报》与《妇女周报》刊登的制育良友广告

> 节制生育一事，已成社会之普通运动。世界学者莫不极力提倡。最近由山额夫人来华演讲，举国欢迎若狂。盖欲善种，非节制滥产不可。本行为制育起见，特向德国哈德富医生订购药锭一种，名制育良友，其效用能免女子受孕兼治白带，并可免男子传染梅毒，且此药锭含有时间性，用时可避免受孕，不用时仍能恢复女子天赋的生育之本能。与市上所售之他种停孕药，其性质完全不同。每匣装贮十二枚，售洋一元，每打十元。在中国境内各大药房，凡出售西药者，均有经售。如贵处就近无从购买，请直向上海法华民国路福华西药行函购，当班寄奉。每盒洋一元，寄费在内。汇兑不通之地，邮票可代。①

从上可见，"制育良友"广告，与当时西药通常强调从国外进口，借助外国医生的名声的做法相同，同时还援引山格夫人在我国宣传节育的影响，

① 申报，1923-03-28(11). 妇女周报，1923-08-22(1).

烘托出应用的意义。经销商非常强调“制育良友”的“时间性”，即用时可避孕，不用时仍然可以受孕，非常稳妥方便。同时可以邮购，这对于不愿意面对面购买避孕用品的夫妇来说，更容易接受，也为小城市、交通不畅的乡镇（主要知识阶层）得到节育用品提供方便。

“制育良友”的经销商，一开始就意识到药锭的出售，除了借助名医、进口品的声势外，如能够得到国内卫生部门的批准，更为有利。1923 年 2 月 20 日，福华西药行（广告中又称福华药房、福华大药房等）经理陈耀华向内政部提出，将“‘制育良友’分解化验”①，这一方面表示经销者对产品的科学性有充足的信心，另一方面申请化验就是最好的宣传。福华西药行通过在多家有影响的报刊反复投放大量经过精心设计的广告，“制育良友”很快成为上海及附近地区畅销的避孕药品。

（2）加布西在上海出售。加布西（Carbozine Tablets）是美国产品，阴道外用药，1923 年上海职工合作商店进口，3 月在市场公开出售。该药广告说：“加布西药片之节育功效，详载于山额夫人名著之《生育节制法》中，系美国圣路易城加布西化学制药厂所制，为节育外用最上良药，兼能治一切目疾、咽痛、溃烂、白带、月经发臭等病，已由中华节育研究社社员试验适用……山额夫人名著之《生育节制法》，由本店代售，每册一角。”（见图 7-8）该广告同样是运用名人——山格夫人及其名著的效应，并借助中华节育研究社的影响，将药品推向市场，如《现代妇女》通过读者来信等形式反映“需要加布西甚急”②等起到广告效应。加布西广告中将其说成——“兼能治一切目疾、咽痛、溃烂、白带、月经发臭等病”，显然非常错误。

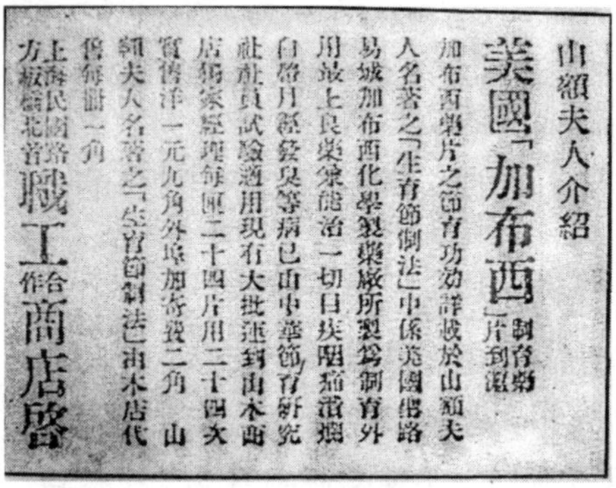

图 7-8　加布西广告

（3）史斑通销售的曲折。史斑通（SPETON）在中国上市，就引起上海市卫生局的注意。据上海市档案馆资料记载，1926 年 6 月，上海市卫生局

---

① 时事新报，1923-02-21.

② 现代妇女，1923-04-16(2).

将史斑通的广告转给美国公共卫生局的官员 Dr. Ransom，将关于该药品问题的意见等送上海美国总领事馆，请求取缔史斑通的广告。后来美国总领事馆劝告美国的生产商，中止史斑通的广告宣传。然而市场仍然在宣传销售，1928 年金山洋行注册史斑通的商标，广告词说：凡是女子不当生产者都可以用之，史斑通女子避孕之圣品也。上海市卫生局 1929 年 4 月制定《上海市取缔淫猥药物宣传品暂行规则》，规定宣传药物有避孕、打胎、壮阳等之效验者，均在取缔之列。史斑通是有明确记载的被取缔的避孕药品，但是其他名目甚多的避孕药品，为何没有被点名禁止？原因不详。不过这没有能够阻止史斑通广告频频在《妇女杂志》、《女子月刊》等刊登，直到三四十年代还在宣传销售。

（4）万应避孕球廉价发售。上海普球西药公司广告称："本公司由美国运到万应避孕球一种，功能节制生育，历试不爽，兼能疗治妇女白带，预防花柳病毒。曾将样品一万盒赠送各界试用，历蒙复函称述，功能联翩不绝，足证此球之确实有效，可无疑义。"（见图 7-9）该药通过试用、打折、可邮寄等进行促销。

3. 国人制造的节育药品广告

1923 年起，多种进口的避孕药品成为避孕药品的主流。为适应日益增长的节育药品需要，许多国产的避孕药品加入了竞争。从《申报》的广告所载，大致可观其概貌。

（1）节育停孕丹与节育避孕丹。这都是上海瑞华制药公司产品，广告称：

> 此丹功能避孕节育，补血强身，虽生产过多之妇女，购服此丹，一料五元，立即停孕。如已受孕者可服千金截孕丹，每月一粒，每粒五元。倘停孕后仍欲受孕者，可服安坤种子丹，一料四元，即能照常生育。外埠函购寄费加一，上海英租界大马路劳合路瑞华制药公司启。[①]（见图 7-10）

此后该公司发布节育避孕丹广告，除名称有一字区别，其内容与节育停孕丹完全相同，可能是前产品的更名。从广告词看是口服药，但没有说明成分。从宣传的功效看，避孕、停孕、复孕等非常方便。从当时条件看，实际无法办到。其价格甚高。

（2）万应通经丸。该药由上海福威药行发行。广告称由广东女医师多年研究发明，使用后"绝无痛苦，通经后身体强健如常"。（见图 7-11）

---

① 申报 1928-03-26(9).

图 7-9 《申报》,1925 年
12 月 5 日 13 版

图 7-10 《申报》,1928 年
3 月 26 日 9 版

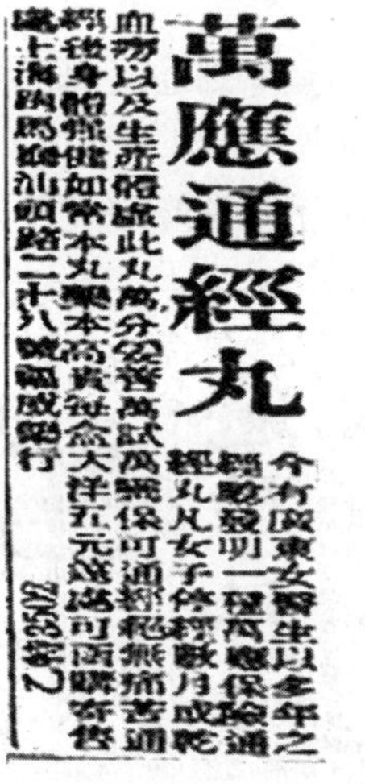

图 7-11 《申报》,1928 年
8 月 1 日 11 版

图 7-12 《申报》,1925 年
11 月 9 日 6 版

(3) 免育仙丹停孕。该药由德法老药房法麟氏医生秘制,称:"本医生秘制免育仙丹,性质和平温而不烈,保无妨碍,连服一粒,立即停孕,万应万灵。每盒二元,每料六盒十元。停孕后如欲使其受孕,速服百补坤道丸三匣,每匣五元。"此亦为口服药,无成分说明。

(4) 防妊新法。广告称:"不用药品、器具、灌洗及其他一切麻烦手续,

可以操纵防妊期限之久。”广告内没有具体说明，推测可能为安全期避孕。有联系地址。（见图 7-12）

（5）节育避孕粉。这是一种口服避孕药，没有成分说明，未署名。广告说：“有节育避孕之功，通经活血之效，虽生产素密之妇，服二料立即停孕而体如常，日后要受孕者服还阳丹，立能复产。每盒二元，一料四元或停经日久者立刻见奇效。”（见图 7-13）

（6）孙氏秘制避孕膏①。该广告称：“此膏系孙氏独家秘制药物，贵重功效神速。如妇女生育口多，有损真元之虞、临产危险甚则性命之忧，备用避孕膏者均能脱离上述危害……常贴此膏渐增健康，大有不可思议之功用。”这是宣传用“贴膏药”能够避孕的唯一用品，同样没有说明成分。

（7）停经、通经类药品。

中国已婚妇女普遍知道，月经停止表示可能已怀孕，若按正常周期行经，则未怀孕。中国古代文学、医学作品中，就有“通经”的记载（主要指对怀孕而停经的妇女用通经药物堕胎）。20 世纪 20 年代，许多药商将“通经”就能够“避孕”，频频用于广告中。如：

《申报》1928 年 8 月 13 日 14 版，同时刊登 6 则通经、避孕的广告（见图 7-16）。如千金通经丸广告说：“今有顾凤岐医生，以多年之经验发明一种万应千金通经丸，凡女子停经数月……此丸万分妥善万试万灵，保可通经，

節育避孕香膏

健身如意粉丸

節育避孕丹

節育避孕粉

千金通經丸

萬應通經丸

女子停經不願生育保證通經

图 7-13 《申报》，1928 年 8 月 13 日 14 版通经、避孕广告

① 申报，1928-03-01（16）.

绝无痛苦。”“女子停经不愿生育保证通经”的广告词中说：“本社德医博士，专治各种女子停经……均可用打针、手术等法，保险迅速通经。”节育避孕香膏的广告说，“此膏功能避毒杀菌，节制生育……如已受孕者服千金摘孕丹……聘请女医师手术通经，能于二十四小时内保险通经”等。

再如《申报》1928 年 8 月 31 日 14 版，刊登通经、避孕、避娠的广告有多份。（见图 7-14）如在“专医女子停经有孕怕育保证通经”、“避娠丸”等广告中，都突出保证通经。再如在“停经敌”、“专治花柳白浊通经避孕”等广告中，都承诺保证通经；后者还说：用电疗通经保险时速稳妥。

图 7-14 《申报》1928 年 8 月 31 日 14 版通经、避孕、避妊广告

从上可见，1930 年前国人制造的避孕药品中，大都是口服药品，亦有外贴的“秘制避孕膏”。广告署名有医院、医师、药厂、药房等。在论及避孕、通经方面，都承诺有非常高的效能（所指的通经，实际上是堕胎终止妊娠，恢复月经）。至于药品原料、成分都没有说明，药品的科学性等已难以查证，但言过其实是显而易见的（包括电疗通经）。

4. 节育器具的广告

节育器具何时在市场开始出售，现在已难确定，但是在 1915 年，上海发行的《小说丛报》就发表以如意袋为篇名的文章①，可见此时，该用品已经在上海传播。山格夫人 1922 年来华宣传节制生育，介绍节育的方法，包括使用避孕套、子宫帽、阴道栓（翻译时中文名有区别）等，前 2 种属于器具，

① 彦华，谐谈：如意袋. 小说丛报. 1915，(17)：8-9.

后者是药品。此后,陆续有药房、公司等进口节育器具、药品,它们通过报刊广告宣传,公开在市场销售。如福华大药房在宣传"制育良友"之时,同时宣传节育器具,其在《妇女周报》连续多期刊登"制育良友与节育器到沪"①、"最危险是什么?"②等。该药房还在《申报》屡屡刊登宣传节育器具的广告,如称"德国制品,质地美软,经久耐用,分男女二种"等。③ 此外,亦在《学灯》刊登"如何能增进家庭幸福?"、"人口问题与制育良友"等广告。④商人甚至不惜工本用大号字连续多期刊登。⑤

《申报》在"节育避毒器"的广告中说:"柔韧舒畅,不易破坏,非市上所售一用即破者可比,凡欲防免染毒者、怕生男育女者,不可缺少之品也。"这可能指避孕套、子宫帽。有关生育的广告,除了宣传节育之外,还有宣传治疗不育和如何求嗣等,其数量多于节育宣传广告。如雄寿丸就说成是节育的剋星、滋阴补阳、种子奇品,等等。

① 妇女周报,1923-12-05,中缝.
② 妇女周报,1923-07-02,中缝.
③ 申报,1925-06-08(10).
④ 学灯,1923-09-05,1923-02-02(3).
⑤ 妇女周报,1923-08-22.

第八章 人口论争中的节育观

近代国人的人口专著，最早出版于1918年，涉及人口理论、人口统计学、生命统计学、人口调查方法、户籍登记、户籍管理、人口地理、人口与节育、人口政策、世界人口，等等。人口问题研究不同观点之间的论争在民国初年已显，进入20年代后，“人口过剩”与“人口过少”的争论的各派之见更趋分明，反对或支持节制生育的立场也相应而见。

一、主要人口著作及其节育思想

1. 主要人口著作

《中国人口论》，1918年初版，作者为陈长蘅，到1928年已发行至8版；各版次的内容都有增删，反映了作者一些观点的改变。如作者1926年7月为再版作“修正再版序”时，对“孙中山先生云共减少人口一万万”、中国“今日之大患：第一患不安，第二患寡，第三始患不均”等提出不同意见，分析说：“不安与贫困与人口问题有密切关系，即不均亦与人口问题有相当关系。”①1928年该书8版，保留1926年“修正再版序”中说“鉴于国人节育知识之幼稚，故对于节育方法亦略为指点一二”；而增加“近世节制生育方法之进步”，“新马尔沙斯主义主张婚姻不宜过迟，而辅以种种预防受孕之方法……至于近世节制生育之方法，则可以分为二类”②。这两种方法：其一是“自然的”，包括安全期、中断法等；其二是“非自然的”，即“用各种器具或药品避妊方法是也”③。虽然此时陈长蘅所述节育方法，早见于其他著作，已无新意，但作为最早的人口论的著者，到第七八版时介绍用人工方法

---

① 陈长蘅.中国人口论.上海：商务印书馆，1928：1-4（7版，修正再版序）.

② 陈长蘅.中国人口论.上海：商务印书馆，1928：21.

③ 陈长蘅.中国人口论.上海：商务印书馆，1928：21-24.

避孕，与初版时相比，表明他此时对控制人口过快增长，推行人工避孕措施节育，已经持更为积极的态度。

该书第8版的补遗一，是“洪亮吉之人口论及物竞论”。他对洪有很高的评价，说千年学术思想史中，“对于人口原理有最大贡献之人物，当首推前清乾嘉间之洪亮吉氏，惜洪氏之学说，竟历百年有余湮没不彰”。还特别指出，马尔萨斯有前人之说可以借鉴，而洪为独创，更为可贵。①

陈长蘅《中国人口论》，十年中多次再版，内容的增删不仅仅反映作者人口生育观的变化，亦是社会人口生育观演变的写照。

2. 相关人口著作

（1）《人口问题》，柯克斯（Harold Cox）著，武堉干译。上海商务印书馆1924年出版，198页（32开），1929年、1933年再版。该书是我国早期的完整翻译的人口专著，收入社会科学小丛书。全书分6章，包括人口问题底经济方面、战争与人口、社会的进步、生育限制的伦理、人种的改良等。原书名The Problen of Population，有一章讨论节制生育。

（2）《人口问题》，吴应图编，上海中华书局1925年初版。全书130页（32开），1929年3版，为常识丛书第11种。内容包括人口问题之重要、世界各国人口之现状、人口增减之原因等9章。该书作者持反对节制生育的立场，认为文明国家生产率减少，种种社会问题、国民问题因之而起，究其原因，“非生产力之弱，实因避妊之盛”。作者还认为“生育子女本能上之自然职务”，并建议从人格思想、舆论、法律、信仰、教育、艺术等六个方面鼓励生育，“禁止传播抑制生育之科学知识”。

（3）《民生主义与人口问题》，王警涛著，上海民智书局1927年初版。全书118页（32开），分为马尔萨斯人口论大意及各家的批评、新马尔萨斯主义的狂飙、人口问题与社会健康、贫困与人口过庶、经济世界中的人口问题、民生主义实现以后等六个部分。

（4）《人口论ABC》，孙文本著，上海ABC丛书社1928年出版。全书124页（32开），分13章，有绪论、人口数量问题概观、人口增加率、生育限制、中国的人口问题等。附有参考书目、中国最近185年间人口总数表等。

（5）《人口政策》，高廷梓著，广州中山大学出版部1928年出版。该书内容比较简单，仅42页（25开），包括人口学说、人口统计、中国人众之原因、人口政策四个部分。

---

① 陈长蘅. 中国人口论. 上海：商务印书馆，1928：1－7（补遗）.

（6）《中国人口与农民教育》，魏重庆著，1928 年出版，未注出版单位。作者提出要改善中国人口的现状，必须重视农民的教育，应该以乡村为中心，开展平民教育。全书内容也较为简单，仅 56 页（32 开）。

（7）《人口食粮问题》，（日）那须皓著，黄枯桐译，上海新学会社 1928 年 12 月出版，92 页（32 开）。内容包括人口食粮的今昔观、食粮生产上一个革命的可能性等四个部分。

（8）《中国人口问题》，文公直编，上海三民书店 1929 年初版，83 页（32 开）。书中包括中国的大陆面积统计、人口统计、人口密度等资料，以及马尔萨斯与中国人口等章，并附图表。

（9）《人口问题批评》，（日）河上肇著，丁振一译，上海南强书局 1929 年出版。该书只有 56 页（32 开），其中心观点是批评马尔萨斯主义，认为将人口过剩绝对化是一谬误。

二、报刊中的人口节育论述

我国期刊发表有关人口的文章 1873 年已见，根据某大型报刊数据库收录资料，到 1949 年有 5 500 多条，数量非常大，难以一一论及。《东方杂志》是讨论人口问题比较有影响的期刊，是了解国内外人口研究动态的重要窗口。现选 1922—1929 年期间该刊发表的文章 17 篇，特别是《对于时论"中国人口问题"的总答辩》一文，对研究中国人口有重要的史料价值。

（1）《马尔萨斯的中国人口论》①。该文在期刊目录上并未说是译文，正文副标题——田中义夫著，丏尊译。文章介绍马尔萨斯人口论，说马氏是继承了亚当斯密斯的人口发展的悲观论。书内有关于马尔萨斯的生平、著作、学术思想的介绍。

（2）《关于我国人口之调查研究》②。作者就我国人口调查列举了多组数据，所列历代人口资料，以清代为多；还报告 1882—1922 年美、英、法、德、日等外国人在华人数，其中 1922 年为 282 491 人。文章说："人口过剩之状态，沿海各省尤觉显著"，表明作者对中国人口的现况是持过剩的观点。但他又说"其实近数年来我国人口正有减无增"。

（3）《法兰西人口问题之现在与将来》③。文章从经济、殖民政策、军

---

① 丏尊，译. 马尔萨斯的中国人口论. 东方杂志，1923，20（10）：80-93.

② 次行. 关于我国人口之调查研究. 东方杂志，1924，21（4）：54-67.

③ 周光煦. 法兰西人口问题之现在与将来. 东方杂志，1924，21（11）：35-59.

事、政治四个方面分析了法国人口减少的原因,介绍了法国政府奖励生育的措施。作者认为:他们学术昌明,物质发达,社会组织也很完善,所以一切事业易兴易革,人口衰替的灾厄或者不足为法国虑。

(4)《美日移民问题》①。文章报道了1924年美国国会两院讨论通过新的移民法,其目的包括“杜绝日本劳动者往美”。作者指出,美国对于日本人“刻苦耐劳”、“不受同化”、强烈保持固有的宗教、风俗,“狡猾自大”、“生殖力非常强大”、向“军国主义”发展等甚有戒心。作者分析美国此举,虽然包含了人种偏见,但日本人利用此点大造中日亲善论,应该警惕。作者列举了日本侵略我国的许多史事,说“以后不知,以前的则可以断言,是假亲善之名,行侵略之实”。“国人决不可以贸然的轻信,免得再上他们的当”。以后的历史证明作者的分析十分正确,直至今日仍不失其警示意义。

(5)《欧战后之人口问题》②。全文比较长,其中提到从哲学、经济等方面观察、研究第一次世界大战后欧洲人口的问题。作者批评马克思忽略人口增加过快的威胁,认为人口“实为所有政治问题中之最大的一个”。

(6)《日本人口过剩与对华政策》③。作者就日本的土地、粮食和资源等与世界一些国家作对比,日本的人口密度居世界前列(每平方公里超过381人),资源贫乏,面临强大的生存压力。人口问题已经迫使其向外扩张。故而“日本人现在差不多都主张确立殖民政策”,并且以“为他们的乐园”。作者提醒国人对此应该高度警觉,研究对策。

(7)《日美移民问题中之黄种联盟论》④。该文述说美国排华、排日之经过。说:日本针对美国这新移民法律,提出“黄种联盟”,日本的《国民新闻》、《大和新闻》、《朝日新闻》、《每日新闻》等,纷纷发表社论,抨击美国政策,其中多次提出“中日联合”保持共同利益等。作者分析日本人的这一动机,认为只要略看日本如何“待吾华人”,就可以知道其外交宣传的目的。并指出“若以种族之基础联盟,将不免尽置人类于死地”。作者“决不忍主张中国参与或赞助此种联盟”。文章还从外交文化等方面进行解析。在日本侵华之势甚嚣之时,作者反对这种联盟,警惕日本的阴谋,观点鲜明,立论有据。

---

① 韦伯.美日移民问题.东方杂志,1924,21(12):37-48.

② 刘秉麟.欧战后之人口问题.东方杂志,1924,(21)14:74-79.

③ 唐轶康.日本人口过剩与对华政策.东方杂志,1924,(21)15:150-152.

④ 周守一.日美移民问题中之黄种联盟论.东方杂志,1924,21(21):17-32.

(8)《世界人口与粮食问题》①。作者分析了世界主要国家的人口与粮食生产与供给情况指出,“各处均有人满之患,就是有几处地方,如俄国、澳洲、坎拿大等现在尚有余力,供给别处人民的粮食”,几年后自身增加的需要,供给能力亦会下降。世界人口的增加与粮食生产存在矛盾,故“人口粮食问题确是现今最重要的问题”。

(9)《中国边地之现况与移民》②。文章列举了移民西北的10项有利之处,分析了东三省、蒙古、新疆、西藏、青海可开发的情况,指出移民可为内地人口之调剂,可以杜绝外人觊觎,保全领土。

(10)《洪亮吉及其人口论》③。该文是近代最早详细介绍洪亮吉人口思想的著述,对洪亮吉在《意言》中的论述作了概述,并给于较高的评价。许多学者是从此文开始注意到洪氏的人口论,这也是此文有重要意义之处。

(11)《民族主义下之人口问题》④。该文就民族主义者担心中国人口增长率低于其他国家,而就主张增加人口观点展开讨论。

(12)《高生殖率的中国人口问题与民族前途》⑤。文章指出中国人口高生殖率的原因,有旧伦理观念、宗教、家族主义、婚姻制度和习惯的政治心理等,分析其构成因素以及在经济、优生、社会安宁多方面的影响。作者明确提倡生育限制。

(13)《世界人口增加之大势》⑥。该书由美国 E. M. Fast 著,原书名 World—Wide Problems of Overpopulation。译文叙述了世界人口增长的趋势,认为“十九世纪人口激增的大势,今日大概缓和一些”。作者分析世界人口分布后,感到除了北美洲外,人口的安置都很困难,并说人口“增加过度往往成为祸根”。

(14)《对于时论“中国人口问题”的总答辩》⑦。作者从反对节制生育、反对人满为患之说的立场上撰文立论,就马尔萨斯、杜威、田中义夫、严复、朱进之、陈长蘅、陶孟和等人关于中国人口过多、实行节制生育的论述,

① 张慰慈.世界人口与粮食问题.东方杂志,1925,22(2):16-23.

② 彭家元.中国边地之现况与移民.东方杂志,1925,22(6):40-45.

③ 张荫麟.洪亮吉及其人口论.东方杂志,1926,23(2):69-73.

④ 许仕廉.民族主义下之人口问题.东方杂志,1926,23(16):31-36.

⑤ 罗宏顺.高生殖率的中国人口问题与民族前途.东方杂志,1926,23(23):39-46.

⑥ 幼雄,译.世界人口增加之大势.东方杂志,1926,23(23):47-53.

⑦ 杨效春.对于时论“中国人口问题”的总答辩.东方杂志,1927,24(22):9-29.

展开驳斥。其内容归纳为下几点：

第一，批评了马尔萨斯、杜威、田中义夫、严复、朱进之、陈长蘅等人认为中国人口过多，主张节制生育等观点的不当。作者认为“中国人口密度并不甚高，论其增加的速率，更是停滞万分，大家从何处见得人口过剩呢?”(17 页，指文中页码，以下同)“说‘中国人口过剩，人满为患’原来是一种无甚证据的臆说”(9 页)。

第二，作者指出，“大家既无确实证据证明中国人口过剩，遂悍然主张国人必须实行生育制裁而后可，此种主张在学理上既是大胆武断之论，在事实上亦为民族自杀之策”(17 页)。作者从人口多寡与国势强弱、经济贫富、文化高下、国防、个人幸福等五个方面，论述不宜主张生育制裁的理由。强调“有此五因，吾人已可证明居今日国中，大胆主张生育制裁，使人民减少者实为谬论”(18 页)。

第三，列举了法、德、日等国家注意人口变动，鼓励人口增殖的情况，指出在“同一时代，同一地球，同为国民繁荣之故，而应付同一人口问题，吾人与他国之主张竟背驰如此。这是不能不请国内学者讨论人口问题时加以反省的”(21 页)。

第四，中国社会贫困、骚乱的原因，“并非由于中国人民自己的生殖力量太强，换句话说，并非由于人满，实另有其他原因……我们深信，减少生育绝不是救济中国人口问题的妥当办法”(22 页)。进而提出，从改进农业、振兴工商、发展交通、奖励移民、保护华侨、挽回权利、社会立法和澄清政治等八个方面解决人口贫穷、社会不安定等问题。作者认为通过这些措施，就能够“排除人口自然增加上的一切障碍”(27 页)。

第五，认为“人种的品质我们也必须设法改良”。提出九点主张，主要有：提高法定结婚年龄、禁止纳妾、保护儿童、保护孕妇、禁止吗啡等毒药、重征烟酒税、宣传淑种学、身染梅毒及遗传恶质者取缔其生育、讲究两性卫生和提高国民教育程度等(28 页)。

该文约 2 万余字，主要从人口数量角度反对节育，是反对节制人口生育学者们观点的综述，也是研究近代人口生育史的重要参考文献。

(15)《中国人口问题》①。该文作者是日本人，他认为“中国在古代已经是世界著名人口繁多的国家”，当天灾减少，杀暴革除，“人口增加率必定一日千里”；“中国人对于乡井和祖先的观念极重”等原因造成中国现在的

---

① 桑原骘藏. 中国人口问题. 何孝怡，译. 东方杂志，1928，25(1)：79-85.

人口现状。作者还引述杜威在《ASIA》发表的《中国不振的原因》一文，说人口过剩是最大的病因。

（16）《中国乡村人口问题之研究》。该文调查农村人口增加之徐速、人口年龄之分配、同居家属之关系等，分析了农村人口情况。该文在结论中说："我国现在人口问题，不在鼓励多生，确在设施教养。我们眼看吾国社会的重重罪恶，什么是兵燹匪患，什么是疾病死亡，这都是因为鼓励多生，不想象到后来的教养的缘故。现在一般人还迷信多生主义的。""实在这种理论只是肤浅之说，若细究内容，实觉根本错误。"①

（17）《日本之人口问题》②。该文用大量的统计数字及图表说明日本的人口问题，如由于"自身供给之不足，势须取之于人"，"粮食问题愈演愈窘"。这种状况，不仅仅是日本的国内问题，将对世界各国都要发生影响。如日本在寻找出路之时，觊觎我国东北，视"满洲广大之肥土，为其过剩人口之尾闾"。我国人民应警惕。

三、环绕孙中山人口观的论辩

（一）谢元范引发的人口论的辩论

（1）谢元范1926年3月在《现代评论》发表《关于中山先生论中国人口问题之我见》，他首先声明"我这篇东西，并非有意对孙中山先生吹毛求疵。我是一个孙中山崇拜者，同时也是一个真理拥护者"③。他对孙中山先生关于中国人口增加慢于列强的论述展开评述，批评中山先生错误的判断与鼓励生育的思想，并引用周建人的论点支持自己的观点。谢氏说："总之，孙先生这个主张有点难相行，为今之计，节育的主张还是要得的。"④谢元范的文章并没有精辟分析之处，但敢于指名批评中山先生的人口观点，此前尚少见有人如此直率，甚需要勇气。

（2）谢文发表月余后，《现代评论》发表罗齐南《中山先生论人口问题之讨论》，作者就中山先生的人口论述进行说明和例证。罗齐南说："我们中国的人口，今日还不见多，地有荒墟之感，似还有增添人口之必要，难道要极力鼓吹节育"，"所以我说马氏桑氏的学说不望其不三不四地流行于中

① 乔启明.中国乡村人口问题之研究.东方杂志，1928，25(21)：24.

② 黄厦千.日本之人口问题.东方杂志，1929，26(9)：39-47.

③ 谢元范.关于中山先生论中国人口问题之我见.现代评论，1926，.3(62)：198.

④ 谢元范.关于中山先生论中国人口问题之我见.现代评论，1926，.3(62)：200.

国,因为它在中国多是生不良的效果"①。作者支持孙中山的人口思想的立场非常明确。该文发表,继续引发进一步的辩论。

(3) 谢元范面对罗齐南挑战,著《人口问题答罗齐南君》一文(见《现代评论》3卷76期),坚持他的观点,重申中国需要马尔萨斯和山格夫人学说。此后,西滢在《现代评论》73、74期著文支持谢元范的观点。6月《现代评论》发表杨礼恭《人口问题的讨论》(81期),基本观点是不同意罗齐南盲从孙中山的观点,但也反对西滢某些极端的结论,似呈折中意见。

(4)《现代评论》关于孙中山先生人口论的辩论,约在1926年3—6月,最后并没有取得共识,亦未刊登综合或"结论性"文章。这一场辩论突出的意义是敢于点名批评孙中山的人口观。但当时许多有影响的刊物并没有提到这次辩论,如1927年杨效春在《东方杂志》发表《对于时论"中国人口问题"的总答辩》一文,亦未论及。

(二) 孙中山晚年人口思想的负面影响

孙中山先生为推翻几千年封建皇朝,建立共和,奋斗了一生,在国人中有崇高的威信,他的思想、言论被尊重为国家纲领、人们行为的准则。他晚年对于国情与人口的分析都表达了对我国物产食品资源的信心,认为不必担心人口增加,中国不会遭到难以承受的压力②,反而担心,由于战争、自然灾害等将导致人口减少,使国势变弱。他极力主张增加人口,这在三民主义中(民族主义)有集中的表述。这一思想在他逝世后的几十年中,还制约着中国人口生育的研究和发展。许多持人口过剩论者"只因孙总理三民主义中不无有反对节制生育之暗示,各级公务人员,个人或赞成节制生育,但均不便公开表示;恐因此受人指摘,谓为违反总理遗教也"③。历史表明,孙中山政治领袖的身份,以及在国人中的崇高威望,使得他在人口思想界的影响强大而深远。他在人口问题方面的判断失误主要有如下几点:

1. 对人口的增长趋势作出了错误的判断

中山先生在20世纪20年代初,对我国人口的估计是四万万,这与当时大部分学者的看法基本相同。然而他说:"在乾隆的时候已经有了四万万……就说是现在还是四万万,以此类推,则百年之后恐怕仍是四万万。"④

---

① 罗齐南.中山先生论人口问题之讨论.现代评论,1926,3(72):399-400.

② 中山大学历史系孙中山研究室,等.孙中山全集.北京:中华书局,1985:368-389.

③ 兰安生.节制生育与中国.中华医学杂志,1936,22(5):354.

④ 孙中山.三民主义建国大纲·民族主义.上海:商务印书馆,1929:18.

他认为两个世纪来中国人口未增加，而且一百年后，我国人口可能仍未增加。同时他对外国的人口作出估计和分析："美国人口一百年前不过九百万，现在一万万以上。他们的增加率极大，这百年之内加多十倍"①，甚至认为日本人口现在有了六千万，百年之后应该有二万万四千万。

在距离中山先生对中外人口的预测80余年后，世界人口发展的现实恰恰与他所作的预测相反。美、英、法、日等国家人口都没有出现如他预见的那样快速的增长，更未出现美国人口超过10亿的状况。他所推测的"如果美国人来征服中国，那么百年之后，十个美国人中只参杂四个中国人，中国人便要被美国人所同化"的情况更没有出现。反而他自己祖国的人口却翻到3倍多，现已经超过13亿。这一结果不但反映孙中山先生在人口数据采集和计算方面缺乏科学性，更从一个侧面反映他对社会发展，经济、人文因素在生育意愿中的重要作用缺少了解和认识。

2. 不适当地肯定人口数量的作用

在漫长的历史长河中，当生产力比较低下之时，物质财富的取得和积累，抵抗外来入侵和自然灾害等，主要是靠人。此时人的数量往往被看作财富和力量的象征，有一定的合理性。孙中山先生举例说："在元朝入主中国以后，蒙古民族不但不能消灭中国人，反被中国人同化；中国不但不亡，并且吸收蒙古人。满洲人征服中国，统治二百六十多年，满洲民族也没有消灭中国人，反为汉族所同化，变成汉人。"②这是因为他们的人太少（几百万）。"如果列强将来征服中国，是用多数征服少数，他们便不要我们做奴隶，我们中国人到那个时候连奴隶也做不成了！"③孙中山先生显然认为中国所以没有被其他民族所"消灭"，就是因为人口众多，故而极力主张增加人口。他忽视了西方工业革命以来，社会经济有了快速的发展，靠简单个体劳动能决定社会财富的时代已不存在。决定国家的强弱，不是简单的人口数量，而是该国的科学技术水平和生产力。其实那时的革命家和学者们只要稍加观察，就不难得到警示，如中日甲午战争、日俄战争、第一次世界大战等，都不是人口多的国家取胜。如果再看当时中国人民受教育水平低，人口素质落后于英、美、德、日等国家，此时孙中山还提出增加人口的政策实是一项大的失误。

① 孙中山. 三民主义建国大纲·民族主义. 上海：商务印书馆，1929：14.
② 孙中山. 三民主义建国大纲·民族主义. 上海：商务印书馆，1929：16.
③ 孙中山. 孙中山选集. 北京：人民出版社，1981：630.

3. 形成的阻力，后续影响较久

在国民政府定都南京后，孙中山先生的三民主义作为建国纲领得到强化。其中人口思想也不例外，实际上被视为官方的人口方针。由于节制生育者是以控制人口过快增长为目标，与他的思想相抵触，故推行节育的阻力就大。就是在他逝世以后，影响还持续存在，制约着官方的人口决策。如1940年秋，在社会部的社会行政计划委员会内设立“人口政策研究委员会”，研究人口政策的基本原则、范围、内容和远期目标等。参加的有在重庆、昆明两地的社会人口学者，先后有陈达、吴泽霖、庞京周、李景汉、潘光旦、李树青等。起草人口政策方案时，经过多次讨论修改，其中关于人口政策就因为涉及“总理遗教”，不得不顺应改变，采用陈达“合理的增加”的提法①。这实际上并不是研究会多数学者的真实观点。陈达对此说过：有些党政人员误解“总理遗教”，但为了总的方案能得到通过，不得不做出此举。可见学者们在推行节制人口生育方面所受到“总理遗教”的压力。

4. 对台湾人口生育的后续影响

孙中山先生的人口生育思想，到20世纪60年代初还主宰着台湾人口生育观。主张节制生育与反对节制生育之间的论战不断，如国民党中常委汤如炎，就竭力反对节制生育，与主张节制生育的柏杨发生激烈的论战②。根据刘克智报道，1945年台湾人口约600万之多，到1962年增加到1 200万，到1964年才全面推行“孕前卫生计划”。摘录刘氏之文一段，有助于了解如何认识以及克服孙中山人口生育思想的后续影响。

> 某政界领导对智利报人表示：“台湾省人口增殖率过高，确为事实，为了解决此一问题，我们一方面使农工生产力的增加可以与人口的增加相适应，以免使生活水准降低；同时设法使人口增加的速率逐渐减缓，这种努力已见成效。”政府含蓄地认可家庭计划实施的声明，对制订控制人口高速成长的人口政策虽有助益，但似不能消除少数民意代表和知识分子坚持孙中山遗教中鼓励当时中国人口增加的主张。一直到台湾一知名人士在1966年公开演说：“从1911年到现在，已经经过了50多年。……在那个时候，大家没有感觉到人口过多的严重，一般都以为人口还是不够，所以在当时提倡增加人口以抵抗帝国主义的侵略，经过半世纪的

① 陈达. 浪迹十年. 上海：商务印书馆，1946：443-445.

② 冯春龙. 国民党中常委的最后归宿. 北京：华文出版社，2005，713.

变迁，我们知道过去的帝国主义现在已不存在了。……前面说到人多可以成灾，假使我们的人口不断的繁殖，没有法子控制，没有办法减低增加率，总有一天我们的粮食不足供应，所有连带的问题都会发生，不但国民生活水准不能提高，经济不能加速发展，还有亡国的可能。所以我们研究人力资源问题，首先要研究怎样减轻人口压力，使我们能把工业经济建设起来，生产发达起来，使这一代的生活好一点，并培养下一代的人继续改善其生活，这是最重大的任务。"反对的意见才得以消除。而孕前卫生计划得于1966年正名并组织"台湾省家庭计划研究所"，负责家庭计划研究、推行及评价工作。①

从上可见，一位领袖人物的判断、决策的闪失，往往给国家民族带来巨大的损害。

① 刘克智.台湾人口政策//常崇煊.海峡两岸中国人口研讨会论文集.北京:中国人口出版社,1992:113-114.

第九章 遗传优生学说传播渐广

1922年节制生育公开推向社会后，科学的遗传优生观的影响在扩大。1924年，我国科学名词审查会制定的遗传学、进化论的分科名词、术语正式颁布①，报刊介绍遗传优生的文章渐多，国人专著的出版以及遗传优生与节育的辩论，客观上促进了节制生育的发展。

一、遗传优生著作出版繁荣

（一）《遗传与优生》②简介

我国1920年代早中期遗传优生的著作，大部分是翻译作品。有一些虽然没有注明为译著，而实际至多只能称为编译。而《遗传与优生》一书，（书影见图9-1）可为我国学人编撰的早期著作之一。作者刘雄通过自己的学习研究，比较科学地介绍了遗传优生的基本内容，行文流畅易读。全书分为遗传学之意义及性质、生殖细胞、遗传与变异、后天获得性之遗传、教育境遇与个体遗传之关系、遗传之统计的研究、孟特尔氏遗传法则、孟氏法则对于人类遗传之适用、结婚注意及血族结

图9-1 《遗传与优生》

① 科学名词审查会.遗传学进化论术语、术语补遗、分类名词补遗、分科名词.科学名词审查会，1924：1-42.

② 刘雄.遗传与优生.上海：商务印书馆，1924版.引文后的括号内，为引文所在页面（根据1934年万有文库再版本）。该书1926年再版，85页（48开），收入百科小丛书。此外还有另一种版本（书名、作者相同），1929年仍然由商务印书馆出初版，1933年国难后再版二次，收入万有文库第一集（490种）。本章所列遗传优生学著述指1922年4月至1930年前。

婚之利害、形质之遗传、疾病与遗传之关系、优生学概说等 12 章。该书可代表当时学界对遗传学、优生学的认识水平。举数点于下：

(1) 遗传"经生殖细胞之媒介，由一代传于次代之谓也。遗传现象，不只限于父子之间，凡属同一系统之祖先皆有关系"（1 页，指引文所在页，以下同）。人体的细胞可分为两种："a、身体细胞，为构成身体各机关细胞，例如皮肤细胞、筋肉细胞、血管细胞等；b、生殖细胞，为雌性之卵细胞与雄性之精虫细胞，个体发生，皆由二者受精始"（3 页），继之"由已有细胞分裂而成"。

(2) 人的"形质一部分由父遗传，一部分由母遗传"。而"遗传的形式种种不同，故有类似遗传、无不类似遗传"（13 页）；这种相似又不完全相同，称为"遗传与变异，严格言之，即类似之完全不完全耳"（13 页）。

(3) "实验的方法证明遗传不因外界影响而变更，从前所谓人系境遇遗传产物之说被之推翻"（21 页）；"公平论之，遗传与境遇（教育包涵在内），对于人之发育俱为必要"（22 页）；"先天的缺陷可由后天补救"（61 页）。作者认识到既要重视遗传优势的选择，又要重视环境因素的作用。

(4) 人类遗传也符合孟氏遗传法则，"如欲预防子孙发生恶质，以不与恶性系统者结婚为唯一要件"（40 页）。"但人类遗传极其复杂，外观虽极健康，无遗传病出现，而体内或受有遗传恶质亦未可知。血族结婚使二人同样缺损之生殖细胞集为一所，增加恶质出现之危险性……不可轻易血族结婚"（42 页）。作者在这里已经非常明白地指出：人类的遗传缺陷不一定在下一代就表现出来，可能在以后的几代出现；同一血缘近亲者携带同样缺陷物质的可能性大，这样容易生育出不良的下一代，故不要近亲结婚。

(5) 遗传缺陷是一些疾病的病因，"血友病为遗传性疾病"；"精神病患者子孙常发生精神病者……两亲皆精神病者子女全部为精神病者"（54 页）。作者已经认识到遗传与一些疾病的相关性，并指出"结婚当选择比较的健康者为配偶，不然则其优良种质被恶化"（62 页）。

(6) 优生学推行的目的，"不只限于选择适当配偶问题，更所以压制不良种族，扶助优良者，使之发达也"（63 页）。在人类进化的过程中，寻求"人种改良方法可分为二种：（Ⅰ）改良先天的遗传质，即选择优良配偶。（Ⅱ）改良后天的环境，如宗教、教育、境遇等。前者属于优生学范围内，后者属于优境学（euthenics）范围内，二者互相携助，始可达到理想目的"（66 页）。作者对于人品质（素质）的提高，必须从遗传和环境两个方面结合的观点已经十分明确。

(7) 关于优生的手段可分为两种:消极的优生学(negative eugenics)、积极的优生学(positive eugenics)。前者的主要方法是对"劣种","男子施以输精管切断法,女子施以输卵管切断法使之不能生殖;手术极简,且对于性交无防(妨),就人道而言并无非难之点(67—68 页);后者的核心思想"是选择优良者配偶",避免"与同样缺陷系统者结婚"。这些方法的实行,辅助条件"最重要者为遗传智识之普及"。

该书出版,表明在 1924 年,我国学者对世界遗传优生学的学科思想和基本理论,已经能够比较科学地把握。书中亦有一些缺乏依据,甚至是错误的判断。

(二) 遗传优生著作选介

(1)《遗传论》,(英)唐凯司德(L. Doncaster)著,周建人译,上海商务印书馆 1922 年初版。147 页,有图。该书叙述遗传物质之基础和遗传学史。英文书名 Heredity in the Light of Recent Research。

(2)《遗传学》,李积新编,上海商务印书馆 1923 年初版,1926 年再版,112 页(25 开),有图表。

(3)《优生问题》,(美)H. Ellis 著,王新命译,上海商务印书馆 1924 年初版,1926 年再版,编入新知识丛书。Ellis 这一部分论述的内容在《妇女杂志》1922 年"产儿制限号"内已经有介绍,以后也有多人再翻译,译名有区别。

(4)《遗传学进化论术语、术语补遗、分类名词补遗、分科名词》,科学名词审查会编,科学名词审查会 1924 年出版,列入动物学名词审查本(二)。该书的出版,对于促进遗传学等名词的规范化有重要作用。

(5)《遗传学》,(英)瓦特孙(J. A. S Watson)著,佘小宋译,上海中华书局 1926 年初版,102 页,1930 年再版,编入新文化丛书。

(6)《遗传学浅说》,陈兼善编,上海中华书局 1926 年初版,1936 年 4 版,151 页。编入常识丛书 20。1947 年中华书局又将该书编入中华文库第 1 集(初中)。

(7)《遗传学概论》,王其澍著,上海中华学艺社 1926 年初版,1933 年国难后 1 版,196 页,1936 年再版。该书附有遗传学家资料,编入学艺丛书。

(8)《人类性源论》,费鸿年著,上海商务印书馆 1927 年初版,92 页,编入百科小丛书。该书 1933 年商务印书馆又出同名书,编入万有文库第 1 集。书内讲述人及动物的性与遗传。

(9)《优生学与婚姻》,(美)威廉·鲁滨生(W. Robinson)著,高方译。

上海亚东图书馆 1928 年初版，1929 年再版，156 页。该书从优生学方面讨论婚姻问题，原著 1916 年在纽约出版。

（10）《人文生物学论丛》，潘光旦著，上海新月书店 1928 年出版，308 页。该书包括中国人口问题、今日之性教育与性教育者、读"读中国之优生问题"等 10 篇文章，大部分已经在其他刊物发表过。根据潘光旦生平年表，该书再版改名《优生学概论》（内容有变动）。①

（11）《性与遗传》，（英）凯尔（J. G. Kerr）等著，周建人译，上海开明书店 1928 年初版，122 页。该书讲动植物性起源、生殖过程以及人的遗传等，编入妇女问题研究会丛书。

（12）《自然淘汰与中华民族性》，潘光旦编译，上海新月书店 1928 年出版。该书是译者从英国 E. Huntington 所著的《种族的品性》（The Character of Races）一书论及中华民族部分的节译。内容包括中国历史中的回环、北中国与南中国、饥馑荐臻的夏楚、中华民族的选择与淘汰等部分。书内的主要论点为：中国人口过剩；南方人求智欲望深切，北方人情愿困守家园；灾荒最初总是把身体孱弱的人先淘汰；等等。其中心思想认为中国南北方人的思想、智力、身体等有较大的差别，对中国社会现象往往从一种悲观的角度描述。

（13）《优生学 ABC》，华汝成著，上海 ABC 丛书社 1929 年初版，1930 年再版，119 页。② 该书是 ABC 丛书之一。

（14）《心理与遗传》，郭任远著，上海商务印书馆 1929 初版。全书分遗传在现代生物学中的位置等十章，正文 300 页，另外有英文索引等。书中主要论点为：① 一般人有所谓"胎教"的迷信，现代生物学还没有找出胎教的实验证据③。② 许多人相信传染病和所谓精神病是可以遗传的，这是不对的。所以精神病完全是一种社会事实，和遗传细胞没有关系④。③ 心理遗传是不存在的⑤。要消灭心理学上尤其是行为学上的遗传观念。显然该书作者所论有许多错误。

（三）报刊遗传优生论述

当节制生育公开推向社会后，报刊发表遗传优生文章亦增多，除一些

① 潘乃穆，潘乃和. 潘光旦文集（第十一卷）. 北京：北京大学出版社，2000：681－682.

② ABC 丛书涉及自然科学、社会科学的许多学科，以普及科学知识为目的，可视为科学普及丛书。

③ 郭任远. 心理与遗传. 商务印书馆，1929：3.

④ 郭任远. 心理与遗传. 商务印书馆，1929：3－4.

⑤ 郭任远. 心理与遗传. 商务印书馆，1929：131.

刊登在节育专刊、专号外(如1922年《妇女杂志》6月号),举数篇如下:

(1)《恋爱选择与优生学》,周建人著,《妇女杂志》1925年11卷4号。

(2)《生育限制与优生学》,潘光旦著①,《妇女杂志》1925年11卷10号。

(3)《第三种水与卵珠及生机的电和优生的关系》②。作者提出"第三种水"的概念,并从发生机理、现象等进行详细的说明。认为在妇人出第三种水的情况下,胎孩格外强壮。还说我国人种的衰弱固然由于后天的种种关系,而于结胎时的不讲求女子应出第三种水,又是一种先天衰弱的根源。作者张竞生在文内导出这样的结论:"故讲优生学,不能不从结胎时入手。而结胎的关键,又不能不从女子的第三种水入手。"还大肆论说性活动过程中的"电化"问题,描述其现象等。该文章一发表立即遭到普遍的谴责,认为这不仅在医学生理、优生学等方面是错误的,而行文的格调也媚俗低下。加上作者前已发表的《性史》,责骂之声日上。

(4)《优生学与婚姻》,潘光旦著,《新月》1928年1卷9号。

(5)《优生与文化——与孙文本先生商榷的文字》,潘光旦著,《社会学刊》1929年1卷2期。

二、陈兼善、潘光旦、章锡琛、周建人关于优生与节育的论辩

1. 陈、潘、章、周论辩经过

陈兼善③、潘光旦等4人之间的论争,是从陈兼善1924年6月在《民铎》发表《优生学和几个性的问题》而开始。

(1)陈兼善《优生学和几个性的问题》的主要观点。

① 反对自由恋爱。他说,从优生学上论之,"自由恋爱之所谓爱,盲目者居多"、"自由恋爱之主义愈唱得高,彻底的优生主义就愈难实现"(2页)④。

---

① 本段内,关于潘光旦作品的署名,是根据《潘光旦文集》所署,有些与作品发表时未署名或笔名不同。

② 张竞生. 第三种水与卵珠及生机的电和优生的关系. 新文化,1927,1(2):15-65.

③ 陈兼善(1898-1988),字达夫. 浙江诸暨人。1912年入浙江第一师范,1921年毕业于北京高等师范博物部。先后任商务印书馆编辑(1924),第一中山大学等多所大学教授、生物系主任等,1945年9月到台湾接管台湾博物馆后任馆长。他是研究生物学(动物学、鱼类学)的专家。约20世纪80年代初定居上海。

④ 陈兼善. 优生学和几个性的问题. 民铎,1924,5(4):1-10. 引号后括号内的页码指引文所在页。

② 主张父母为子女择偶。作者认为"古来的结婚法,这种方法虽则为主张自由恋爱主义的所唾弃,却比较自由恋爱合乎优生主义的道理"(3页)。他颂扬父母之命的婚姻制度,"其为子女择配之苦心,家系与身心之考察,不必论矣;即其子女之个性与生理状态亦在顾虑之中,所以无论从优生学或家族主义,以及为子女个人看起来,比之于放浪的自由恋爱之结婚,优良万万"(4页)。

③ 认为避孕节育不符合优生学的目的。"实行产儿制限的并不是下流社会,而为上流社会","照这样看起来,产儿制限,决不合乎优生学之主义"(7页)。作者还指出节育在社会风纪、卫生等方面的弊端,认为"自优生学上言之,恰与其善种增多,恶种铲除之目的相冲突,反使恶种增加,而有招致人种全体衰减之虞"(8页)。

④ 避妊奖励与妊娠奖励相辅,期望强制执行。"如只就新马尔塞斯主义者所担忧的人口增加过速一层而言,或者并无不妥,可是救治之法,单讲避妊,想来并非得计。应该想一种力矫避妊之弊的方法。一方固奖励避妊,而一方对于善良之种,更须奖励其必产。如其无论恶种善种一概避妊,那就是根叶全去。故避妊之奖励,必须与妊娠之奖励相辅而行。在没有弊害的范围内,要使其必产,一方又得使其避妊。避妊如随各个人底意志行之,将使人口衰减,而减少后之人间,并不是预期的善种,而为善恶混交杂然不一之状态。又从国家与民族之政策言之,理应规定各个人或家族,使这里或那里的几位必产,其他使之避妊,强制执行。"(8页)

⑤ 认为"新马尔塞斯主义,较之以前之马尔塞斯,易于实行而收效较多","其言确有真理","我们当然赞同这种主义,而且要尽力宣传"(6页)。

(2) 1924年11月,潘光旦在《东方杂志》发表《中国之优生问题》,文中表述他对优生学的信仰,推行优生强种强国之道(这时他在美国修学优生学)。他认为节育的结果与优生学的理想背道而驰等。① 这些观点与陈兼善相似,但并没有对陈的观点进行评论。

(3) 1925年2月,章锡琛在《民铎》发表《读陈兼善先生的"优生学和几个性的问题"》,批评陈的观点。他指出:不能够为优生学的目的而忽视甚至牺牲个人的恋爱幸福;恋爱自由是比父母主婚更进步的、更近代的,也是更科学、更优生学的方法。② 章氏对于"优良人种减少而劣等人种增多"

---

① 潘光旦.中国之优生问题.东方杂志,1924,21(22):15-32.

② 章锡琛.读陈兼善先生的"优生学和几个性的问题".民铎,1925,5(4):1-11.

的提法，认为在推行节育的初期难免，经过普遍推广，人人高尚的社会责任义务观建立后，可以避免。

(4) 1925 年 4 月，周建人在《东方杂志》发表《读中国之优生问题》，作为对潘文的应答。他主张重视社会生活环境对于人素质的影响，注重反封建的婚恋观念变革，反对以传统的门第、血统观念作为优生的选择。反对潘氏所强调的从父母、家系判断优劣的做法，认为父母包办婚姻是难以符合优生学的法则。①

(5) 1925 年 4 月，周建人在《妇女杂志》发表《恋爱选择与优生学》，对陈兼善的观点进行驳斥。他不同意陈的"产儿制限违反优生目的"的说法，指出所以出现优者减少、劣者蔓延的状况，是宣传、措施的不当，而不是产儿制限的本身；求种族生存的欲望是生物的极大的根本欲望……近来有人以少数人不欲结婚生子为忧，其实是过虑。② 周建人坚定支持恋爱自由，与章锡琛的基本观点相同。

(6) 1925 年 10 月，潘光旦在《妇女杂志》发表《生育限制与优生学》。文章开始就说明，该文是根据陈兼善《优生学和几个性的问题》与周建人《恋爱选择与优生学》所提出的关于生育限制发表一些意见。③

① 支持人口过剩的观点。指出："我们完全承认人口问题的重大，欧亚两洲人口过剩已久，以致发生种种社会的病理问题，是无可讳言的。"(1561 页)

② 认为节制生育发动者感情色彩太浓，这可能发生种种不良影响。"至今就生育限制运动之全体而论，他的感情的成分依然远过于理性的成分"(1561 页)；并引用山格夫人话："我们发起运动的时候，果然一大半为感情所移，不能自制"(1561 页)。

③ 忧虑性活动与生育分离产生的弊端。他说："人类的性欲是有两种作用的，一是娱乐，一是生育；以前生育限制不发达，所以要求个人的自娱，即不能不随着负种族的责任……这两种作用是分不开的；好像自然界对人说：你享着权利，就得尽一些义务似的。今后却不同了，生育限制方法的效用，教人们可以任意分开这两种作用。"(1562—1563 页) 这样，"上流社会

---

① 周建人. 读中国之优生问题. 东方杂志，1925，22(8)：15-22.

② 周建人. 恋爱选择与优生学. 妇女杂志，1925，11(4)：597-603.

③ 潘光旦. 生育限制与优生学. 妇女杂志，1925，11(10)：1560. 引号后括号内的页码指引文所在页。

的生育量一落千丈”(1562页),而其他阶级生育有增无减,人口质量下降。虽然“优生学者并不反对生育限制本身,特其目下之宣传方法,及流行后在西方已然之结果之显然为反选择的,则百喙莫辩”(1560页)。

④ 主张加强节育的普及教育。作者了解到山格夫人到中国后,“生育限制论风起云涌,极形热闹。至今节育器已完全在市上公开买卖”,对此“所得感触至为复杂”(1565页)。他认为“以目下的教育及医学程度而论,我怕除居住城市中的少数知识阶级及官商阶级外,人口之极大部分沾不了甚么实惠……所以在此刻而作不分皂白的宣传,我以为是很危险的”,“最理想的办法,生育限制运动应该和教育普及运动及社会卫生运动协力并进”(1565页)。

⑤ 主张根据遗传学法则,选择生育。这是因为:“大凡一个人的智慧才能是遗传的,先天的,如同体质上的品性一样;环境的能力,生活的经验,只能助其发展,而不能予以根本上之损益。此说果确,则公民价值与优秀程度之预先确定,是很可能的。我们真能抛开了贫富贵贱种种阶级,却根据遗传学及行为学来确定一人一家之优秀程度,我们手边的问题便已解决过半了。”(1567页)

⑥ 认为生育限制是一双刃剑,利弊如何看其使用。“优生学家有将生产限制与一柄两条刀口的刀相比的(A. E. Wiggam),则比载舟覆舟之水还要凶险”(1565页)。若有不当,就如童子超刀,其伤实多。“生育限制运动不宜过于操切”(1568页)。

(7) 1927年,潘氏再撰《读“读中国之优生问题”——答周建人先生》,对周《读中国之优生问题》文中的论点进行一一反驳。从此文看出,潘光旦更重视生物遗传学因素对人素质的影响,而周建人更强调社会环境因素的影响。以后的发展也说明他们的观点不是在靠近,而是在扩大,社会政治色彩似乎更浓。

2. 陈、章、潘、周论战的简评

(1) 4人都认识到优生学为提高人口素质、增进民族健康等有重要的的意义和价值,主张积极推广。

(2) 陈、潘都认为中国人口过多,是社会种种问题的首要构因,应该推行节育。而潘多次表述“优生学者并不反对生育限制的本身”。陈甚至认为新马尔萨斯主义“易于实行而收效甚多”。可见对于限制生育,他们有共同研究讨论的基础。

(3) 陈、潘认为,从推行节育的结果来看,“上层社会”的生育减少,而

"低层社会"的生育没有下降,人口中"优秀分子"的比例下降,使人口质量降低,这与优生学的宗旨背道而驰,故反对生育限制。周、章认为这是推行节育优生过程中的方法问题,而不是节育理论的错误。

(4) 优生学者强调,关注人口数量,更要提高人口质量,这与积极主张推广节育学者的节制人口、提高人口素质的基本目标并没有矛盾。

如果再略作思考,要实现优生学的目标,其中节制生育的技术和措施是必不可少的保证;没有节育技术为基础,优生学许多目标难以实现。同时,优生学的推行使节育在减少人口出生与提高出生人口质量等方面取得有效的成果。客观地说,优生学与节育在立论、科学性等方面不存在本质的对立。至于在实行节育过程中出现的"上层社会"的生育减少,而"低层社会"的生育没有下降,这是实践过程中的不足,应该设法去避免,积极寻求对策。若以此为理由,简单地反对,显然亦是"根叶全去"。

(5) 潘光旦对于节育基本立场是有条件的支持,认为在推行节育的过程中,不能够操之过急,要根据社会、经济等情况而定,"至少宜与社会卫生教育普及等事业合力并进",这是非常有见解的策略。历史也证明:要降低一个国家地区的生育率,关键在降低低收入、低文化人群的生育率。能否实现往往又取决于改变多子嗣的生育观和提高全民受教育水平方面的成效。

(6) 4 人的论辩发生在 1924—1927 年期间,此后他们在所撰的文章中,多处表达了自己的观点,但是没有再展开"指名"的辩论。他们中有些人渐渐发生某些观点的淡化或改变,如潘、陈不再提自由恋爱是违反优生学的原则等。后来优生学、遗传学的发展,加入了政治的纷争,超出学术研究的范畴,这是我国早期的遗传优生学者始料未及的。

这 4 位学者的论争,是不同观点的代表,1936 年《人言周刊》就人口展开的有关遗传优生与节育观点的论争,基本亦在上述 4 人的讨论范围内。4 位学人论战突出的亮点,在于将优生、节育从个人、家庭,扩展到民族存亡、国家富强的高度。

第十章
封建道德观裂变加速

清末民初,在新一代知识分子带领下,反对封建伦理道德,提倡男女平等,追求婚姻自主,自由恋爱等思潮涌动。进入20世纪20年代后,继续深入发展,进一步动摇着封建思想的社会基础。妇女权利、男女平等得到广泛的认同,反传统渐渐成为时尚,从大城市到城镇,从呼吁转为实际行动,推动道德观的变革。

一、传统婚姻制度的崩解

随着旧思想、旧传统被抨击,反叛封建家庭的束缚,婚恋自由呼声日隆,如1922年厦门大学的学生组织婚姻改革同盟,发表同盟宣言,提出:未订婚约的决不承认家庭代庖,绝对自由婚配;已订婚约的而未婚,不求妇人面貌如何,惟缠足者需解放,未受教育者要入学;已结婚的若夫妇感情太恶,势必酿成种种痛苦,可离婚。① 妇女解放、男女平等及婚姻自由遭到了封建遗老遗少的反对、抵制,新一代的知识分子与封建卫道士展开了激烈的辩论。冲破封建婚姻樊篱的力量,已经势不可挡,传统婚姻制度的崩解之征已显。从以下数例,可了解20世纪20年代社会对爱情、婚姻的态度及演变规迹。

(一)谭熙鸿与陈淑君婚姻以及爱情定则的讨论

谭熙鸿,北京大学教授。元配夫人陈纬君因为生病,胞妹陈淑君从广东到北京照顾姐姐生活。月余,陈纬君病故,陈淑君与谭熙鸿相恋同居。谭陈同居遭到多方的反对、指责和谩骂。因为陈淑君在原籍已与沈厚培订婚,用传统道德标准来看,订婚就是订下终身,若毁婚约再择偶是大逆不道。沈厚培在报刊著文抨击陈的行为,引起舆论的关注,社会舆论普遍认

① 民国日报,1922-04-28(觉悟,一).

为"陈淑君负义"、"谭熙鸿无行"，甚至有人提出要将谭熙鸿清除出北京大学。1923年4月29日，张竞生在《晨报副镌》发表《爱情的定则与陈淑君女士事的研究》，发起了关于"爱情定则"的讨论。① 张在文中提出"爱情四定则"，即爱情是有条件的、可比较的、可变迁的、夫妻为朋友的一种。张竞生对这四定则，逐一作了论述：① 爱情是有条件的，这些条件举其要点："为感情、人格、状貌、才能、名誉、财产等项。凡用爱或被爱的人，都是对于这些条件……愈完全的，爱情愈浓厚。条件全无的，断不能得多少爱情的发生。"② 爱情是可比较的，由于"爱情既是有条件的，所以同时就是可比较的东西"，"例如甲乙丙三人同爱一女，以谁有最优胜的条件为中选"，"所以把爱情条件来比较，做为选择的标准，这是人类心理中的必然定则"。③ 爱情是可变迁的，"因为有比较，自然有选择，有选择自然时时有希望善益求善的念头，所以爱情是变迁的，不是固定的"；"已订婚的则至解约，成夫妻的或至离婚"。④ 基于"爱情既是有条件的、可比较的、可变迁的，那么，夫妻的关系，自然与朋友的交合有相似的性质"，因而夫妻为朋友的一种，"夫妻是比密切的朋友更密切"。张竞生针对许多人以旧礼教来要求陈淑君履行与沈厚培已定的婚约进行批驳："现在我们应当明白的，陈沈定交，全是新式，主婚既凭自己，解约安待他人！""无论陈与沈的定约，仅是口头文字上的表示，即使为夫妇，也可离婚从别人，于情于理原无违背。"②张支持谭陈结合，为谭陈婚恋辩护，认为"我们对于陈女士不独要大大原谅她，并且要赞许她"。

张竞生的文章发表后，在社会上引起强烈的反响。《晨报副镌》就此组织讨论，收到60多篇来稿，从中选择刊登的文章有24篇，从5月18日起至6月13日陆续发表，此后又刊登的信函有11件。大致可以反映舆论对谭陈婚恋的看法，总体是反对、批评者多，极个别无条件支持。但是在许多批评者中，也并非都主张包办婚姻，从一而终，而是认为：婚姻的选择在未订婚或未结婚前，是有条件、可比较、可变迁的，有了婚约就应该遵守。至于解除婚姻或婚约，只有在对方犯罪、堕落等情况下，方合乎道德。而财产、地位、名誉、状貌等改变，不应该是婚姻改变再选择的理由。还有多位指出，陈淑君看到谭熙鸿在名誉、地位等方面比沈厚培优越时作了变迁，以后

---

① 晨报副镌，1923-04-29. 另见：张竞生. 张竞生文集上册. 广州：广州出版社，1998：277-280. 本段引号内的内容均引自该文。

② 晨报副镌，1923-04-29. 另见：张竞生. 张竞生文集上册. 广州：广州出版社，1998：277-280.

遇到优于谭熙鸿者如何办？难道无止境下去。

关于“爱情定则”，普遍认为婚前（包括定婚）与婚后是有根本区别的。值得注意的是，《晨报副镌》在5月18日发表第一篇讨论稿，此时以“记者”为名，在按语中说：“本刊登载张竞生君《爱情的定则与陈淑君女士事的研究》一文以后，本希望青年读者出来讨论，直至今日为止，已收到以下这许多篇，不过很使我们失望，里面有大半是代表旧礼教说话，可见现在青年并不用功读书，也不用心思想……”这不难看出该报在暗示支持张竞生的观点，但是读者来信并没有如他们所期望的那样。后来钟孟公（6月12日）提出停止讨论，当日鲁迅先生写信给孙伏园，说到“先前登过二十来篇文章，诚然是古怪的居多，和爱情定则的讨论无甚关系……而‘足为中国人没有讨论的资格的左证’，也就是这些文章的价值所在了”①。鲁迅在信末对于讨论“就是希望不截止”。对于鲁迅的信，《晨报副镌》在第八封来信的按语中说“我们须仔细玩味”。但到6月20、22日，分次刊登张竞生《答复“爱情定则的讨论”》作为答辩，表示讨论提前结束。

这场由张竞生发起的辩论，还参入错综复杂的人际关系，故更引人注目。这是由于张是谭留学法国的同学，又是北大的同事和朋友；与陈淑君有婚约的沈厚培，是张竞生广东的同乡和挚友；陈纬君、陈淑君是汪精卫夫人陈璧君的胞妹；张竞生与汪精卫夫妇也有交往。这样的一场争论，在社会产生的震动超过了一般议论的影响。当张竞生发表《答复“爱情定则的讨论”》（上、下篇）后②，《晨报副镌》还再发表了三封来信，但并没有发表结论性的评论。从这场争论可以看出，婚姻自主、自由恋爱已经被认同，尽管有附加的条件，但已经没有人公开鼓吹父母包办的封建婚姻制度。讨论所引起的社会对爱情、婚姻的广泛关注，提高了人们的参与意识，客观上推动了男女平等、婚姻自主、妇女解放活动的深入。这也为在推行节制生育运动中，强调女性有自主选择生育的权利，形成有利的舆论氛围。

（二）张謇出席离婚大会

1923年9月2日，江苏南通俱乐部召开一个特别的会议，宣布撤销罗、保两姓婚约③。这种通过召开会议，由名人主持，公开解除婚约的做法，是空前的，在南通尚无前例，震动了地方。离婚的两家都是当地的望族，男方

① 晨报副镌，1923-06-16（3）.

② 分别发表于《晨报副镌》1923年6月20、22日。

③ 妇女周报，1923-09-12（4）.

保君建与女方罗鸿璇早有婚约,立婚约前相互都见过面,相识。后来保去美国留学,罗在南通师范任教。在保君建留美回国后,两人面洽结婚之事时,罗鸿璇发现保在美国已经结婚,甚怒;后虽然经过旁人调解,甚至提出一夫二妻,罗均不同意,决定亲自提出撤销婚约。于是就发生了这一通过召开公开大会而离婚的"创举"。出席会议的有张謇以及南通大部分教育界的名人。仅在会上发表演说的就有十余人。张謇在大会上斥保君建是"轻薄少年……是受了自由思潮的毒,也就是自由恋爱的弊害";但是他却"赞成罗女士的自愿解除婚约"①。张謇是中国著名的教育家、实业家,在南通有极高的威望,他的言行对社会舆论有着很重要的影响,许多人视他为楷模。张謇出席撤销婚约的大会,公开赞成撤销婚约的发言,客观上支持了婚姻自主。

民国成立后,在大中城市及周边地区包办婚姻、买卖婚姻趋向减少,自由恋爱被更多的人认可,甚至还被看作是时尚。离婚或解除婚约成为可能,通过登报声明离婚,一度盛行。如上海《新闻报》1923 年 8 月 19 日一天就刊登离婚声明 8 起,其中有男女联合,亦有分别具名。

(三) 周建人与刘以祥关于试婚制的论争

1. 争论的缘起

封建社会公认的准则,视婚姻的唯一目的是生育,除生育目的以外的性交往都是兽行。至于婚姻外的性活动与追求性的愉悦功能,更是不道德,并竭力谴责。对此,反传统主义者全面批评父母之命、媒妁之言、从一而终、终身守节等封建的婚姻习俗和观念,宣扬自由恋爱、自由离婚、婚姻自主、生育自主。这些有关性、生育、婚姻道德的论争,特别在节制生育、避孕方法的公开推行后,成为 20 世纪 20 年代非常热门的话题,甚至提出"试婚制"等激进的口号,引起非常大的争论。如康有为倡导合约婚姻,"男女婚姻皆由本人自择,情志相合,乃立合约,名曰交好之约,不得有夫妇旧名"。甚至说男女合约当有期限,"婚姻期限久者不许过一年,短者必满一月,欢好者许其续约"②。再如张竞生在多篇文章中主张实行试验婚姻,叙述其推行的必要性和理论依据等(持此观点者并非个别,从许多文章可见③)。对此,封建卫道士们予以强烈的反对,双方笔战频频。1925 年,周

① 妇女周报,1923-09-12(4).
② 康有为. 大同书. 李似珍,评注. 郑州:中州古籍出版社,1998:207-209.
③ 章锡琛. 新性道德讨论集. 上海:妇女问题研究会,1929:1-106.

建人于《晨报六周纪念增刊》发表《产儿制限与性道德》一文，引起与刘以祥在《晨报副镌》历时近4个月的笔战。

2. 主要论点

周建人主张结婚前进行试婚，在试婚期间用产儿制限的方法避免怀孕。他指出：产儿制限的方法，可以使夫妇间的性爱和父母性完全分为两事，可以不忧虑小孩的产生。① 其深层次的意思，主张婚姻与性活动分离、婚姻与生育分离、性活动与生育分离。而节制生育的推行，为此提供可靠的方法，使男女双方的性爱活动从生育的压力中解脱。

刘以祥著文反对周建人的观点，对他"主张应用避妊法行试验的结婚，以除一切性的烦闷……殊有不能赞同之点"，并列举了6点理由，如"试验的结婚若行之于今日中国之社会，则危险殊多"，"避妊效果至今尚不确实，若谓恃此可横行无忌，是大误也" ②，"试验结婚"现在尚早。

此后两人互有应答。周建人说试婚"不过是时间与方法的问题，不是试验结婚根本可否施行的问题"③。刘以祥对此再述"试验的结婚所以不宜于今日者有二因：(1)性的知识未普及，(2)性的道德太缺乏是也"，"产儿制限的确为救济贫困社会之要具，然应用于试验的结婚，则不能赞成"。④ 争论在周建人发表《再论性道德答刘以祥先生》后，没有延续。

纵观周、刘所论，有共同点，如都认同产儿制限是救济贫困的方法，并都存在科学原理认识上的错误（如关于"精虫混入女性血液中"的解释）。且刘并没有正面否定试验结婚，分歧在于时机。因此，周与刘的争论并非直接的新婚恋道德与传统婚恋道德的交锋。

冷静分析，周建人的观点不仅在当时是过激，而且此后80多年也还没有学者主张将试验婚姻作为制度推行。但是这一争论，客观上提高了人们对于婚姻、性、生育节育等的关注度，加深人们对性活动的愉悦功能的认识，对于节制生育的发展是利大于弊。

（四）伸张生育自主

20世纪20年代，妇女解放运动日益高涨，争取女权在多方面展开。各家强调的重点不一，如1922年梁启超在南京女子师范学校演讲，主张分阶

① 周建人. 产儿制限与性道德. 晨报六周年纪念增刊. 1925-01-15:56.

② 刘以祥. 读"产儿制限与性道德". 晨报副镌，1925-03-24(2).

③ 周建人. 再讲"产儿制限与性道德". 晨报副镌，1925-04-11(3).

④ 刘以祥. 答"再讲产儿制限与性道德". 晨报副镌，1925-05-07(4-5).

段实现“教育上平等权,职业上平等权、政治上平等权”①。他特别强调女权运动在于“看女子切实自觉自动的程度如何”,即“女权运动的真意义,是要女子有痛切的自觉,从智识能力上力争上游,务求与男子立于同等地位”②。亦有人认为婚恋自由最重要,要提高女性争取女权的主动性。从节育活动方面看,女子生育自主权是最关键,如果做不到就难有妇女的解放和男女平等。有关观点归举数点:

1. 女子的价值不是专门生儿育女

陈望道曾说:“对于让几个人来做自己底儿女的事,女性也必然可以自己底意志决定。”③ 健孟在译山格夫人的文中指出:“生产是妇女的问题,所以妇女不可不立于自己能够解决这问题的地位,她必须有对于她自己身体的权利,所以她必须有选择什么时候生产小孩的权利。”④妇女只有按自己的意志,自主选择生育,才能避免多产所致的繁重家务,以及子女抚育的负担和频繁生育对于健康的损伤。若没有生育自由、婚恋自由,妇女就称不上真正的解放。

2. 生育自主符合道德规范

在封建道德规范中,将婚姻的目的限于生育,凡是超出这一目的以外的行为都是不道德的。生育是妇女的天职,“是自然底法则,用人为的方法节制生育,便是背叛‘自然’的罪人”⑤。这样的封建法则,否定人的性活动中的愉悦功能,其本质上就是不道德的。从社会公德来看,人的生育,应该根据自己的健康、经济以及对社会所承担义务的能力等,择定生育间隔及子女数,是负责任极道德的行为;反之是不道德的行为。

3. 生育自主与节育互为促进

当妇女有权利决定是否生育,何时生育,就要考虑“我怎样可以防止我所能养育照顾以外的小孩”⑥。在作出这方面的选择时,个人受到生育观、经济、健康等多因素的影响,选择有所差别。但其必须有可靠、可行的方法

---

① 梁启超. 人权与女权. 晨报副镌,1922-11-16(1).

② 梁启超. 人权与女权. 晨报副镌,1922-11-16(2).

③ 复旦大学语言研究室. 陈望道文集第一卷. 上海:上海人民出版社,1979:137. 原文刊《民国日报·妇女评论》37 期,1922 年 4 月 19 日,署名记者。

④ 健孟. 妇人之力与产儿制限. 妇女杂志,1922,8(6):33.

⑤ 复旦大学语言研究室. 陈望道文集(第一卷). 上海:. 上海人民出版社,1979:148. 原文刊《民国日报·妇女评论》39 期,1922 年 5 月 3 日,署名晓风。

⑥ 建人. 珊格尔夫人自叙传. 妇女杂志,1922,8(6):9.

保证,这样避孕节育技术为此提供了保障,使之可能有生育之自由。因此,要实现生育的自主选择,必须依靠节育技术的支持,而生育自主思潮的高涨,又推动节制生育的发展。

二、性著作出版增加

(一)以性教育为书名的著作

随着新学制的推行,性教育在教育中的必要性得到更多的重视,有关性教育的著作也渐渐增多,1922—1929年,此类书籍择要介绍如下:

(1)《家庭性教育实施法》,(美)珊格尔夫人(Mrs. M. Sanrer)著,封熙卿译。这是我国书名中较早使用(或含有)"性教育"一词的著作①。该书是一本译作,原书名 Sex Education in the Home,主要是讲述如何对孩子进行性教育。1922年上海商务印书馆初版,1923年再版,57页(64开)。此书为山格夫人节育著作的介绍。

(2)《性教育的理论》,教育杂志社编。收录《性教育之真谛及欧美各国之性教育运动》(作者陈兆衡)、《性教育的几条原理》(作者周建人)、《两性生活的性教育》(作者潘公展)3篇文章。1925年上海商务印书馆初版,列入教育丛著第38种,89页(50开)。②

(3)《性教育概论》,教育杂志社编。收录常道直、市川源三(日本)、黄公觉3人的性教育论文各一篇,全书89页(50开)。1925年上海商务印书馆初版,列为教育丛著第37种。

(4)《性教育与学校课程》,教育杂志社编。收录《性教育与中学校》(作者廖世承)、《性教育在新学制课程上的位置》(作者盛朗西)、《美国中学校性欲教育大纲》(作者常导之)、《同性爱与教育》(沈泽民译)共4篇文章。1925年上海商务印书馆初版,列为教育丛著第39种,100页(50开)。

(5)《巴哥罗底两性教育观》,潘公展述,实际是编译,原著为美国 M. A. Bigelow 所著 Sex Education。该书原著的第一次译文于1920年分3期刊登在《教育杂志》。全书分为:发端,两性教育底意义、需要、论据、目的、范围、教员、少年时期以前的两性教训、少年时期早期的两性教训、成年

① 珊格尔.家庭性教育实施法.封熙卿,译.上海:商务印书馆,1922:1-57.

② 教育丛著,1925年商务印书馆出版。在每册的封面都印"教育杂志社编辑",内收录教育类著作约100册。该丛著的开本较小,为50开。其中大部分著作此前已经以论文形式在报刊发表过(在丛著出版时有些略加修改),但作为丛书,更能集中反映某一学科领域内的研究动态和水平。

的青年妇女所应受的两性教训、美国过去的两性教育运动、广意的两性教育底将来等14节。① 1925年上海商务印书馆初版,76页(50开),列入教育丛著第42种。

(6)《性教育》,W. L. Stowell 著,Y D 译,北京北新书局1926年出版,203页(32开)。内容比较多,主要介绍性生理知识。

(7)《现代青年性教育》,拉哀勃撒西(Leipzig)著,戈乐天译,1926年国风书店出版,86页(32开)。内容包括性教育的目的、范围,学校性教育等4篇。

(8)《性教育》,柴福源著,1927年世界书局出版,79页(32开)。

(二)性知识著作

1922年4月至1930年前,除以性教育为书名的著作外,性知识著作(不包括性医学专业、婚恋、家庭类著作②)数量也很大,选择部分书目予以简介。

(1)《女子之性的知识》,(美)维廉·鲁滨孙(W. J. Robinson,)著,味辛译。上海商务印书馆1923年初版,1931年5版。1934年国难后1版,次年再版,97页(32开)。该书讲述未成年和成年女性应该掌握的性知识,出版后甚受欢迎,故多次再版。原著名 Sex Knowledge for Women and Girls。

(2)《性之研究》,吹影庐编。上海民智书局1925年初版,次年再版,123页(32开)。内容有性欲之真义、性欲与恋爱等8章。

(3)《男女性之分析》,林昭音著。上海商务印书馆1925年初版,72页(50开)。该书共收入4篇文章,编入教育丛著第40种。

(4)《性欲通论》,(日)羽太锐治著,唐铁康译。上海卿云图书公司1925年初版;1927年4版,136页(32开)。该书讲述性卫生知识。

(5)《人类的性生活》,程浩著。上海亚东图书馆1925年初版,1941年12版,186页(25开)。

(6)《性欲卫生篇》,俞风宾编著。上海商务印书馆1925年初版,1926年再版,81页(25开)。

(7)《性欲卫生》,胡定安等编。上海商务印书馆1925年初版,1931年

① 教育杂志社.巴哥罗底两性教育观.上海:商务印书馆,1925:1-76.(与《教育杂志》刊文有变动)。

② 不包括妊娠、分娩、性病、妇女病等与性相关的临床医学著作。本处书目,主要参考《民国时期总书目》的自然科学·医药卫生,及社会学分册。在1922—1929年期间,婚恋、家庭类著作初步统计分别有17、10册,比1922年前有所增加,大部分是国人的编著,书名、内容从略。

3 版,1934 年国难后 1 版,同年再版,36 页(32 开)。内容主要讲述两性青春期卫生知识,包括纵欲的危害及自疗法等。该书编入医学小丛书。

(8)《青年期之性的卫生及道德》,任白涛、易家钺著(教育杂志社编)。上海商务印书馆 1925 年初版,114 页(50 开)。该书是论文集,文章已经在期刊发表,编入教育丛著第 41 种。

(9)《性欲讨论集》,许啸天等著。上海大仁书店 1926 年初版,219 页(32 开)。该书讨论性、婚姻、恋爱等问题。

(10)《性的知识》,(美)鲁滨孙(W. J. Robinson,)著,方可译。上海开明书店 1926 年初版,1939 年 6 版,171 页(32 开)。编入妇女问题研究会丛书。

(11)《幸福之花》,丁惠康编。上海医学书局出版,初版不详,1926 年再版,125 页(25 开)。该书前编介绍婚姻、生育及性知识,后编介绍精神卫生及医药卫生常识等。

(12)《健康性生活》,(美)朗夫人著,Y D 译。上海博济医学会 1926 年初版,1931 年再版,181 页(32 开)。

(13)《完璞巽言》,(美)昊尔博士著,谢洪赉译。上海青年协会书局 1926 年出版。该书注明"性教育用书第一种",指出"本书为十岁至十四岁之童子而说明生殖之正理使之人生之珍贵"。内容分为生物之发育、鱼虫花卉之生育、成人之奥秘等。该书原著的同名中译本(署名霍尔著)1935 年由谢庐隐译,仍然由青年协会书局出版。但是内容简单(26 页,40 开)。

(14)《初夜权》,(日)二阶堂招久著,汪馥泉译。上海北新书局 1929 年初版,206 页(32 开)。该书分序论、本论、结论 3 个部分,论及初夜权的起源、名称、意义、史实和初夜权的解放等 10 章。

(15)《性的生理与卫生》(Sexual Physiology and Hygiene),R. T. Trall 著,任厂译。上海北新书局 1927 年出版,239 页(32 开)。

(16)《性与人生》,周建人译著。上海开明书店 1927 年出版,129 页(32 开)。该书是一本论文集,包括性的进化、女性的社会遗传等 8 篇。

(17)《夫妻间之性智识》,(日)田中香涯著,吴瑞书译。上海性学研究社 1927 年出版,96 页(32 开)。该书为性学丛书 4。另有同名著作,上海大通书局 1937 年出版。

(18)《性的故事》(Sex Love),(英)赫勃脱夫人(Mrs. S. Herbert)著,松涛译。上海开明书店 1927 年初版,1929 年再版,145 页(32 开)。该书包括求爱、婚姻等 6 章,有图 100 余幅。

(19)《性书与淫书》,张竞生著。上海美的书店1927年出版,82页(50开)。编入性育小丛书1。作者在书中,说明性书与淫书的区别,针对他人的批评进行辩驳,申述他的性学观。

(20)《性之生理》,S. Hebert著,朱建霞译。上海商务印书馆1928年初版,1930年再版;国难后1934年1版,次年再版,134页。该书编入医学小丛书。

(21)《性论》,中华学艺社编。上海商务印书馆1928年出版,136页(27开)。该书由《两性的本性及其作用》、《两性生活与内分泌》、《两性决定论之批判》、《性择》等4篇文章组成,是一本论文集。

(22)《青春的烈火》,济阳破衲编译。上海咖啡书店1928年出版,96页(32开)。该书包括性欲发生与性卫生等,为咖啡丛书之一。

(23)《性学ABC》,柴福沅著。上海ABC丛书社1928年初版,1929年再版,117页(32开)。另外有同名《性学ABC》(上、下册),由(日)福田著,陈世澄译述。1948年由菁菁出版社出版,分别为128页、127页(32开)。两书同名,但是完全不同的书。

(24)《美的世界》,小江平编。上海自由书店1928年初版,231页(25开)。该书以科学小品文形式介绍性知识及医疗卫生常识。

(三)报刊讨论性的文章

山格夫人在北京大学的节育讲演,实际上也是一场公开的性教育,促进了有关性的话题讨论的公开化。报刊通过小说、专题讨论、通讯、答读者问、专论和译文等,刊登涉性的文章和报道迅速增加,女性杂志最多的时候有十几种,性亦是重要的主题。发行地除北京、上海(约占半壁江山)、重庆、广州等大城市外,如苏州、桂林等中等城市也遍及。女性期刊一时成为人民争相阅读的刊物。女性出版物的增加,极大地推动了妇女解放的进程,包括性观念的变革和节制生育运动的扩展。

《妇女杂志》是这方面甚有影响的期刊之一。以该刊为例,自从1915年创刊后,几乎每期都刊登有关婚姻、恋爱、性道德、性卫生知识等文章,进入20年代,性、妇女、婚姻、恋爱、家庭等是《妇女杂志》的中心论题。1922年4月山格夫人来华后,6月就出版"产儿制限号",曾经轰动一时。此外发表《性的进化》、《女子之性知识》、《束胸习惯与性知识》、《爱情与健康》、《男女同学与恋爱指导》、《性的平等》、《冯小青考》等文章,涉及妇女问题的各个方面。如《爱情与健康》(Letters to a Young Man on Love and Health)一文,是英国格里康(W. M. Gallichan)以通信形式回答他侄子Leonard关于性的提问,全文万余言(共 12 封信),阐述性生理、性心理、性行为、性道德等许多青年容易遇到的问题。[①] 格里康对于青年性的各种问题有极深入的观察和分析,说理清晰、简明,词语文明,就是今日审视,极大部分也符合科学的性概念。《妇女杂志》1924 年 11 期,发表潘光旦著《冯小青考》,这是描写变态性心理的著述;此期间正值欧美精神分析学派兴起,并引起心理学、医学、文学、社会学等领域内研究兴趣。有些学者(如罗素)认为"中国历史中无足供精神分析之研究资料",而《冯小青考》是供性医学心理分析的好资料,表明性分析学派已被我国学者所认识、引入。《妇女杂志》还出许多专号,集中报道、讨论某一问题,如"新道德号"、"配偶选择号"等,仅仅从所刊登文章的题目就可以看出与性甚为相关,如《同性恋在女子教育上的新意义》、《妊娠中性交危害》、《配偶选择与疾病》等。

除《妇女杂志》以外,其他一些期刊也积极传播性学知识。以时论为主的大型综合性刊物《东方杂志》,在 20 世纪 20 年代后期起也开辟医药专栏,请医学专家回答读者的问病求医,其中也包括性疾病、生育。《曙光》1 卷 5 号编辑 7 篇论两性的文章;1923 年《青年进步》出"两性问题号";《教育杂志》早已开始刊登性教育的文章,1923 年编辑"性教育专号";等等。社会上以性为热点话题,如 1927 年张竞生以宣传性学为名所办《新文化》曾引起一场大辩论,成为上海文化讨论的热点。至于一些小型刊物以"性"来吸引读者,在大中城市甚为常见,负面影响不可否认。

1926 年 1 月创刊的《新女性》[②],在创刊号发表了鲁迅《坚壁清野主义》、周建人《二重道德》等文章。该刊坚持批判现实问题,伸张女权;在 20 世纪 20 年代后期女性刊物中,宣传妇女解放与新性道德的观点十分鲜明。

报纸(如《申报》、《大公报》)亦刊登许多婚恋、家庭类文章,发表的婚恋新闻评论也较多。在传播性知识、推动性观念的进步方面,影响面大,主导舆论力强,对问题的观察比较敏锐,反应迅速。而社会、文化、娱乐等类的刊物,几乎都离不开这方面的论题。但报纸对一些问题的论述常常不如杂志那样深入、具体。有些报刊开、停变化频繁,其中良莠混杂,不乏一些以营利为主要目标的低俗小报刊,打着反对封建禁锢,传播科学性知识的大旗,大肆出版媚俗、淫秽出版物。

---

① 格里康. 爱情与健康. 许敬卢,译. 妇女杂志,1924,10(1):112-119. 此后分期刊登至第 5 期。

② 由上海妇女问题研究会主办,实际是章锡琛主编,至 1929 年停刊。

三、性教育纳入新学制

20 世纪初期，具有先进思想的知识阶层和上层人士力主推行性教育，提高全民的性知识水平。1922 年新学制颁布，为学校性教育提供了良好机遇。

（一）发展中的学校性教育观

1922 年 11 月，新学制公布，正值农历壬戌年，故称壬戌学制，但常被称为新学制。史学研究通常认为该学制的产生，确定了我国现代学制的基础，并“基本上反映了学者、专家的意志，而不是长官意志”①。新学制体现了中国知识分子在学习西方思想的过程中，更倾向个性解放、人格独立以及自由民主的教育思想和制度。在新学制中纳入性教育的要求，继而要研究如何确立性教育在新学制课程上的位置。许多报刊纷纷发表各家之见，当性教育课程设置进入具体论定阶段，讨论更为热烈。1923 年，《教育杂志》在 15 卷 8 期发行“性教育专号”，刊登了 13 位作者撰写的关于学校性教育的论述，（书影见图 10-1）内容涉及开展学校性教育的意义、必要性、范围、实施方案、推行方法、课程科目等。关于节制生育，有作者在论述新学制性教育课程的目标时，就明确列出“关于已婚后生育及节育知识”一项②，此时，距山格夫人在北京大学举行第一次公开节育讲演仅年余，反映了我国教育界对学校性教育课程中的节育内容已经有相当的思考。

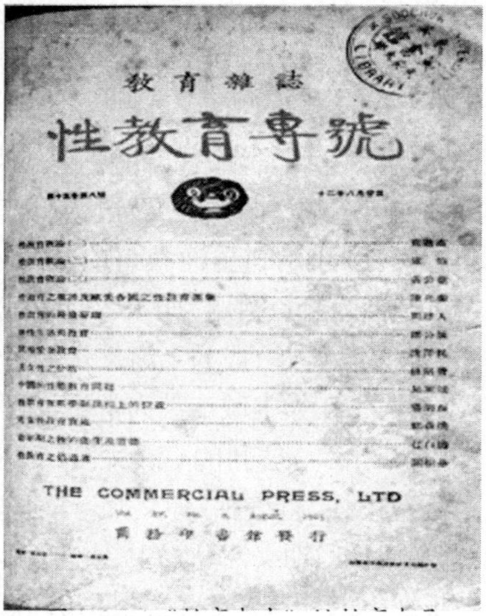

图 10-1 《教育杂志》性教育专号

（1）批判传统的性禁锢。在《教育杂志》性教育专号上，有十余位作者

① 李华兴. 民国教育史. 上海：上海教育出版社，1997：151.

② 盛朗西. 性教育在新学制课程上的位置. 教育杂志，1923，15(8)：13-14. 该期按每篇文章编页码，下同。

著文几乎都反对传统的性禁锢，如盛朗西说："数千年来，把性欲两个字掩蔽在不识不知的黑幕中，要想用他为维持纯洁的道德与羞耻的感情的唯一利器……而性教育的最大阻力，也就在对于这个问题的沿袭的异性间含羞规避的态度。这规避的态度，在两性间的精神结合上，完全不适宜的。"①而易家钺更简洁地说："我们古人对于性欲问题既不加以合理指导，又不予以相当的训练，只知极端的压制，极端的秘密。"②

（2）肯定性教育为教育的一个门类，包括"各种科学的、伦理的、社会的、美学的教训与陶冶，要求可以直接或间接帮助青年男女去解决性的问题的一种教育"③。性教育不能与性卫生等同，故而"性的卫生教育决不能把它来概括性教育意义的全体"。显然作者们（许多作者持相同观点）认识到性不仅是医学卫生问题，而且具有自然和社会的多重属性，是需要通过教育才可能与生理、心理、道德、社会相适应。"若是性教育不注意性欲之伦理的、社会的及其他方面，那末，性教育运动并不完满。"④

（3）教育不仅是科学文化知识的传授，还应该包含道德、人生、品德、健康等多方面的教育，性教育也是教育的一个部分。在应该承担性教育责任的家庭、社会、学校的三个方面，学校是最重要的。这是因为儿童青少年期是身体、道德、人格和知识等形成阶段，可塑性大，这个阶段的教育容易取得比较好的效果。学校教育可以分阶段、按计划通过课程设置等来实施，最为有保证。

（4）性教育应有丰富的内容。盛朗西提出了 26 个方面，包括：关于植物界性的现象和知识、关于动物界性的现象和知识、人类生殖器官构造及生理知识、人类生殖器官卫生及疾病知识、两性道德观念的知识、关于婚姻及家庭生活方面的知识、对于生命的美有相当的欣赏、关于已婚后生育及节育的知识、改良人种的思想等。⑤ 然而各家所论简繁不一，在具体内容的选择上有所差别。

（5）性教育作为一门课程，其内容包括：性的卫生学（个人及社会）、生殖的生物学（包括生理学）、遗传与优生学、人生哲学和性社会学、性心理

---

① 盛朗西. 性教育在新学制课程上的位置. 教育杂志，1923，15（8）：2.

② 易家钺. 中国的性教育问题. 教育杂志，1923，15（8）：18.

③ 盛朗西. 性教育在新学制课程上的位置. 教育杂志，1923，15（8）：3.

④ 黄公觉. 性教育概论. 教育杂志，1923，15（8）：2.

⑤ 盛朗西. 性教育在新学制课程上的位置. 教育杂志，1923，15（8）：13-14.

学、性的审美学等。① 然而在不同的年龄段教学的内容、方法应该有所区别。虽然教育家们普遍认同这一原则,但在具体内容确定时争论较多,从他们所编的教学用书的内容就可看出许多不一致。

(6) 挑选性教育的教师是重要并应慎重之事。什么样的人适合?常道直②引用了国外学者的论述,结合国情作了分析,归纳为"性教育的实施当以父母与教育者为主,而以医生为辅"③,指出学校性教育与其他方面的教育,有不可分割的关系。黄公觉认为性教育的教师须与学生同属一性,并提出有"不为学生所信仰、所敬重的教师"等五种情况之一者,不适合担任④。学者们在选择学识和品德合格的老师方面看法甚为一致。

(7) 性教育在正式的课程之外,还要注意与其他的课相结合。"尤以卫生、生物学、体育、伦理各科中有许多材料天然可供性教育之用",更要发挥其作用。常道直指出施行性教育时应注意:"第一,要顾到公共感情";"第二,要顾到个性";"第三,不宜单立一科";第四,"初步的教导,虽然可以男女合班,但进一步的教授,则必需分别男女,慎选同性的教员分教";"第五,要极端慎重,关于性事的事实常守卑怯的缄墨(默),固然有许多弊病,如前所屡言;但是太放言高论,也有不是处。"⑤他主张在开展性教育时,应注意场合、对象、性别,以及在内容把握、言辞表达等方面都应得当。

(二) 提出性教育在课程建设中的位置

学制的变革必然引起课程改革。如小学的卫生课,开始属于常识一门,后来成为独立一门,以后又并入自然等。这些课程变化,虽然都包含性教育的内容,但性教育从未成为独立的一门课程。关于性教育课程设置,学者们建议甚多,如盛朗西说:

> "在小学方面可纳入自然、卫生、体育各科中;在中学方面可纳入植物、动物、生理卫生、体育、心理、人生哲学、社会问题各科中;至于大学方面,可另设性欲学、性欲教育学及性欲卫生教育等学程,以作专门的研究。但在师范学校及其他具有师范学校性质的学校,不可不授性欲学、性欲教育学及性欲卫生教育,以为毕业

① 盛朗西.性教育在新学制课程上的位置.教育杂志,1923,15(8):3.

② 常道直又名常导之,是我国近代有影响的教育家;据1936年统计,他仅在《教育杂志》发表文章已近90篇。

③ 常道直.性教育概论.教育杂志,1923,15(8):19.

④ 黄公觉.性教育概论.教育杂志,1923,15(8):5.

⑤ 常道直.性教育概论.教育杂志,1923,15(8):28-29.

后实施性教育的预备。”①

盛氏认为，大学和师范学校要开设独立的性教育课程，师范学校应为必修课，其他学校融合于相关的课程之中。这也是主张学校性教育者的普遍看法。

反对在学校开展性教育的人认为在学校进行性教育，一些“淫词淫语”将使道德沦落，世风日下。他们不但通过报刊攻击性教育，还组织封建社团，运用宗族势力反对性教育活动。他们抓住所谓“叛逆者”的一些过激或失当的言论大做文章，制造阻力。同时一些主张性教育的人士，在课程内容、教学方式等方面的分歧也多，故而在确定具体内容时，往往争论难定。因此，在早期与性有关的内容真正能落实到课程中的十分有限，仅仅在“卫生”、“生理”、“生理卫生之大要”等课程之内，有极为简单的生殖器官知识。即使这些涉及“性”很少的内容，在教学过程中也常常被教师略去。20世纪20年代中期出现封建复辟的逆流，教育领域内也出现复古的思潮，阻碍着性教育的推行。同时全国的课程、课时亦屡屡改变，如1923年新学制课程标准纲要，小学设独立的卫生课。1928年，小学卫生课不再单独开设，有关内容被分到自然及社会课中。1932年又改为单独开设，1936年又被撤销②。

（三）政府规定学校开展性教育

1927年，南京国民政府成立，在新学制的基础上制定《中华民国学校系统》，学校课程又相应作了调整。1929年5月24日，教育部以训令（726号）转发卫生部《学校卫生实施方案》，指出：“学校卫生为民族自强之根本办法，惟须由教育及卫生机关双方协力合作，方能一致推行”，并要求“体察地方情形切实遵办”。③ 这是我国学校卫生方面的第一个部颁的专门法规。同年10月26日，教育部又以训令（1337号）转发卫生部《学校卫生教育实施方案》，要求各地“切实遵办，并转饬所属遵办”。该方案就学校卫生中的卫生教育分项列出，第一项中有“养成儿童对于性的正当观念及行为”；在第二项活动及课程中有“加入性教育教材”④。这是目前见到的最早的政府明确规定学校开展性教育的文件，自此，以法规形式确立了性教育在学

① 盛朗西.性教育在新学制课程上的位置.教育杂志，1923，15（8）：13.

② 课程教材研究所.20世纪中小学课程标准·教学大纲汇编：自然·社会·常识·卫生卷.北京：人民教育出版社，2001：1-3（本卷编者的话）.

③ 教育部公报，1929，1（6）：45-46。

④ 教育部公报，1929，1（11）：102-109.

校教育中的位置。

性教育纳入官方的法定的教育体制，这与新学制改革时学者们所呼吁性教育相比，有了实质性的进展。不仅能依法施教，并且有了课时的保证，更可以学校为基地，从教育领域扩展于社会各阶层，有利于推动全社会形成科学的性观念，以此来对待婚恋、生育和节育。如果从节制生育方面分析，节育的推行相当程度上依赖性知识的基础，而推进节育活动的过程实际又是性教育的实践之一。

四、性学传播中的风暴

（一）《性史》出版的震荡

张竞生1921年冬到北京大学后，1924年撰写《美的人生观》，该书曾经7次重印，1925年又出版《美的社会组织法》，这两册都是他的得意之作。他所阐述的思想和主张，如性教育的意义和重要性、性美育等，得到许多人的赞赏和引用，并被当时一些知名学者所认同。书内多处有悖科学原理和社会公认的法则之处，受到的批评也多，但是总的说是赞许大于批评。如周作人针对《美的人生观》撰文说："张先生的著作上所最可佩服的是他的大胆，在中国这病理的道学社会里高揭美的衣食住以至娱乐等的旗帜，大声叱咤，这是何等痛快的事。但是有些地方未免太玄学的……"①周作人批评张竞生的"内食法"、"情玩"、"神交"是非科学的，总结性地说："总之张先生这部书很值得一读，里面含有不少很好的意思，文章上又时时看出著者的诗人的天分，使我们读了觉得痛快，但因此也不免生出小毛病来，如上面所说的那几点大约就因此而起。"②

其实，早在1923年5月，张竞生任"北京大学风俗调查会"主席（成员都是教授），主张积极进行社会调查。他所拟定的30多个调查项目中有"性史"一项，在到会会员们讨论时"觉得性史的调查，恐怕生出许多误会，遂表决另出专项"③。不难看出，出席会议的教授们对调查性史是持排除的态度。但张仍认为性风俗也应公开研究。1925年寒假，《京报》副刊刊登"一个寒假的最好消遣法"启事，广泛征求个人"性史"。张竞生在征集到的

① 开明. 沟沿通讯之二. 晨报副镌，1924-08-27//钟叔河. 周作人文类编·5·上下身. 长沙：湖南文艺出版社，1998：173-174.

② 开明. 沟沿通讯之二. 晨报副镌，1924-08-27. 此文编入《周作人文类编·5·上下身》，文章标题改为《"神交"与"情玩"》（湖南文艺出版社，1998：172-175）。

③ 张竞生. 张竞生文集上卷. 广州：广州出版社，1998：4-5.

200多件来稿中挑选了7篇，于1926年4月编成《性史》第一集，由“性育社”发行（预告要出4集）。该书记叙了个人在婚内及婚外性活动过程和性心理变化等。《性史》一开始发行立即遭到全国一片咒骂，张从此被称为“淫虫”、“大流氓”、“性博士”等，骂名满天下。张竞生的做法，不但受到封建传统势力的强烈攻击，而且一些主张新文化运动以及原来支持、赞同他“美育”研究的学者也纷纷反对他的做法。张竞生除了自己进行辩解外，几乎没有人敢公开、直率地支持他。同年8月，南开大学校长张伯苓向学生宣布《性史》污浊社会、毒害青年，为淫书，禁止学生阅读。天津警察局也在该市查禁该书。上海孙传芳下命令警察厅严禁。在张竞生的家乡广东，舆论也关注《性史》的发行和影响。1926年8月3日至9月7日，仅《广州民国日报》就刊登来稿7篇。如说：“现在广州市内的《性史》，统计已有五千余册”，“一班青年男女，弄得好像饮了狂药一般”；“这种狎亵的侮（诲）淫的出版物万不可拿他来作正常的研究”①，“我希望把这‘性史’一类的禁止出售”。但是也有一位认为对《性史》批评，反而引起人们的好奇，有推波助澜之嫌；“如果《性史》有性教育上的价值……不当一概禁卖”。

一些利欲熏心的书商文人，以张竞生的名字出版《性史》续集，内容媚俗，格调低下，影响更坏。张竞生面对强大的舆论压力，不得不公开宣布停止出版以后的3集，收回原稿并退出已预收的稿费。此时张竞生已难以继续在北京大学任教，不久（1926年夏）南下到沪，曾短期任上海中华艺术大学教务长，后与友人合开“美的书店”，又在上海引起“性”的另一场风波。

（二）美的书店和《新文化》风波

张竞生离开北京并没有改变他的观点，到上海与友人合作开办“美的书店”，任总经理。“美的书店”主要出版、经营与性有关的书籍，如节译埃利斯的性心理，以丛书形式出版，内容都是埃利斯论述的各种性问题，每册不过一二万字；有些也几篇编辑成册发售，如《爱的丛书》等②。“书店开张门庭若市，在一年之间出书数十种，门市卖出了几十万册。”③书店还聘用了年轻女店员，很快吸引了一些猎奇的读者，甚至有流氓、小混混向女售货员“求第三种水”。同时有些书商趁机以张竞生的名义出版内容淫秽不堪的书籍，一时舆论又大哗，谴责声四起，张竞生被称为“大淫棍”，名声扫地，成

① 杨荫. 我也说《性史》. 广州民国日报，1926-08-20(4).

② 该书由蔼理斯著，金镜华译，张竞生编，上海美化出版社出版，出版日期不详。

③ 杨群. 张竞生传. 广州：花城出版社，1999:385.

为众矢之的。警方出面干涉，书店遭到当局罚款、查禁，仅开了年余，不得不关闭。张所主张的婚姻、恋爱、性行为准则，在上海又遭到沉重的打击。

张竞生在上海期间还创办《新文化》月刊。在 1927 年 1 月《新文化》的创刊号上，吴稚晖、蔡元培、张继等名人为该刊物"社会建设栏——妇女继承权"撰文，支持妇女应该与男子有同等的继承权利等。① 可是以后各期再也见不到名人为该刊撰文，而从该刊发表的文章、评论等看，基本是以性作为中心展开，其中包括遭到普遍反对的"情人制"、"性交自由"、"试婚制"、"第三种水"、"神交"等。下面略举《新文化》第 1 卷 1—6 期中部分文章题目可大致了解张竞生宣扬的性学倾向。

第一期：《视觉与性美的关系》（译自霭利思《性心理》，彭兆良）、《怎样使性育最发展》（张竞生）、《如何得到新娘美妙的鉴赏与其欢心》（张竞生）、《性育通讯》（林乔甘等）、《裸体研究》（张竞生）等。

第二期：《第三种水与卵珠及生机的电和优生的关系》（张竞生）、《性的教育法》（碧波译）、《视觉与性美的关系》（霭理思原著，彭兆良译）、《性育通讯》等。

第三期：《视觉与性美的关系》（法国裴赛特著，碧波译）、《神交法底新论》（成芙萍）、《美的情感》（张竞生）、《性育通讯》等。

第四期：《性部呼吸》（张竞生）、《触觉与性美的关系》（霭理思原著，彭兆良译）、《性的教育法》（裴赛特著，碧波译）、《性育通讯》等。

第五期：《大奶复兴》（张竞生）、《我对于提倡大奶的意见》（徐徐）、《性部与丹田呼吸》（张竞生）②、《触觉与性美的关系》（霭理思原著，彭兆良译）、《嗅觉与性美的关系》（霭理思原著，彭兆良译）等。

第六期：《新文化断不是淫书》（梦韶）、《新文化与现代诸杂志刊物》（谢景仁）、《新文化是为"救淫"非诲淫!》（王蕴玉）、《介绍"浪漫派"》（竞生、华林）、《与晶报论淫书而倡性学方法》（竞生）、《女学生的同性爱》（霭理斯，谢瑟）、《性美》（张竞生）、《女子缠足与生殖器之关系》（武平）等。

在张竞生 20 年代的活动中，自《新文化》的出版，被认为是对他社会评价的又一分界线。周作人说：

---

① 《新文化》由张竞生主编，创刊号封面出版日期为 1926 年 12 月，而目录上为 1927 年 1 月。吴稚晖、蔡元培、张继等题词在扉页。此外由周建人主编的《新文化》于 1945 年 10 月 20 日创刊，1947 年 4 月停刊。两刊无接续关系。

② 是上一期"性部呼吸的继续，但文章题目有别.

何以张竞生博士的性学会在民国十六年元旦就要倒霉起头了。这个原因实在很简单。因为张博士的《新文化》第一期是十六年一月一日出版的，而这里边充满着乌烟瘴气的思想，所以这个日子是张博士的性学运动上的一个关门，划分他作两个时期。第一个时期——民国十六年以前，他的运动是多少有破坏性的，这就是他的价值之所在。张博士的神交与情玩的学说，我也不敢赞成，但这只是浪漫一点罢了，还不至于荒谬，而其反礼教的大胆则是很可佩服的。《美的人生观》不能说是怎么好书，但是这一点反礼教的精神，打破古来对于性的禁忌——这两个字我是想拿来译"达步"(Tabu)这术语的，——于性道德的解放上不无影响。就是《性史》我也以为不可厚非，他使人觉得性的事实也可以公然写出，并不是如前人所想的那样污秽东西，不能收入正经书的里边去的。虽然《性史》的那种小说的写法容易杂入虚构，并缺少必要的庄重，实在是个大缺点，也会有许多流弊。总之这第一时期的工作是颇有意义的，即使有些毛病，也还是瑕不掩瑜。社会上的非难并不十分重要，因为除了几个根据学术加以纠正外，大都是神经质的禁忌家之抗议，不足挂齿。可是到了民国十六年，从一月一日起，张竞生博士自己也变了禁忌家、道教的采补家了。他在《新文化》的第一期上大提倡什么性部呼吸，引道士的静座，丹田……①

从上可见，当张竞生在《新文化》上发表此论后，就如周作人对《性史》还持一定宽容态度者，也持明确否定的态度。张竞生遭到全国的声讨，也就可想而知了。

张竞生所以在全国遭到责骂，众多原因之中，还与自身的婚恋行为有密切关系。他在1910年已经在广东结婚，1924年在北京认识了有夫之妇褚松雪，从暗中来往到公开同居，闹得北京满城风雨。后来褚义离开他，据说张竞生写了一篇《恨》，刊登在《新文化》上公开责骂褚②，宣泄其仇恨。

① 岂明.时运的说明.世界日报，1927-02-26//钟叔河.周作人文类编·5·上下身.长沙：湖南文艺出版社，1998：176-177.

② 张竞生.张竞生文集下卷.广州：广州出版社，1998：117-118.笔者查阅《新文化》1-5期，未见以《恨》为题的文章；而见到张竞生说明与褚的关系以及责骂等内容，在《新文化》第一卷第二期(106-170页)中的"张竞生特别启示一"、"张竞生特别启示二"、"广告一"、"广告二"等文内有集中的叙述。

后来张褚又和好，再分离。他在婚恋、家庭方面的做法，必然影响其声誉。叶正亚著文于《语丝》，其中说到“先前的张竞生，还从法国带得一道隐身符来，我们所见的不是他本人，自从《新文化》刊后，我们才瞭然于他的思想、行为，其实美的人生观与美的社会组织法是靠不住的，未必是他自己的思想，恐怕是东凑西合的法国舶来货呢”①。该文还就张竞生对其妻褚女士的打骂进行揭露。周作人为叶正亚文作了按语，其中说到张“在《新文化》上所讲的什么丹田之类的妖妄话”，“大登其启事与广告，而其态度又很恶劣”。在国内声势甚大的谴责声中，潘光旦给予过严厉的批判②。章锡琛对于《性史》也进行了批判，认为与《素女经》、《玉蒲团》、《金瓶梅》之类没有什么差别，是新的淫秽之书③。周燁昭还对“第三种水”从医学原理进行分析批判④，指出张竞生错误地解释生理现象。

到 1928 年，张竞生在上海已难以立足，再度到法国。1932 年回国后在家乡办实业，参与经济建设，远离了性学领域。但在 1933 年 10 月，广东政府还通电“严缉专著性史流毒社会杂剧戕害青年之张竞生归案”，可见此时《性史》等影响的后续效应仍在。然而必须看到，张竞生的性学和节育著述并非都是错误的，在历史上的作用有许多是应该给予肯定的。

---

① 叶正亚.《新文化》上的广告.语丝，1927，(124)：75-79.

② 新文化与假科学——驳张竞生.学灯，1927-05-05.

③ 章锡琛.新女性与性的研究.新女性，1927，2(3)6-10.

④ 周燁昭.评张竞生美的性欲.新女性，1927，2(5)：543-552.正文题目与目录文题不一，本处从目录。

第十一章 先进知识分子的节育思想及活动

中国近代节制生育是通过先进知识分子的活动而展开，以人物为项，简叙他们与节育相关的思想和活动，有利于从更广的视角，了解他们对节制生育发展的影响与贡献，但不涉及各人在其他领域的活动与评价。

一、人物

（一）胡适、张竞生

1. 胡适

胡适（1891—1962 年），安徽绩溪人，字适之。著名教育家、思想家。1910 年赴美国留学，先后就读于康奈尔大学、哥伦比亚大学。于美国期间就关注美国节制生育发展情况，在他所写的一组《纽约杂诗》中有“生育当裁制，家庭要自由”①，表达了他支持节育的态度。1917 年回国后，8 月任北京大学教授。胡适与陈独秀等人发起了具有划时代意义的新文化运动，提出“吾以为今日而言文学改良，须从八事入手”②，反对文言文，推广白话文。胡适另一重要贡献是创导自由主义思想，支持妇女解放，个性自由，宣传科学与民主等思想，成为新文化运动的领袖人物之一。胡适有坚实的旧学基础，又受过良好的西方教育，在当时学术界有很大的影响。1919 年 3 月，杜威到中国讲学，历时二年余，主要由胡适翻译，胡适的影响也日增。他的代表作主要有：《中国哲学史大纲》、《白话文学史》、《胡适文存》（四集）等。在近代节制生育发展过程中，胡适明确支持推行节制生育。他直接参与节育活动的事例有：

（1）1922 年，山格夫人从日本经朝鲜到我国访问，到北京后，胡适亲自

① 人民政协报·春秋周刊，2005-05-24.

② 洪治纲. 胡适经典文存. 上海：上海大学出版社，2004：99.

到山格夫人下榻的北京饭店，代表蔡元培邀请她到北京大学作公开演讲，在看过夫人的讲稿后，建议增加讲解具体的避孕方法。这是山格夫人在医学会议以外从未讲过的内容，胡适说明避孕在中国是作为教育措施，请她准备。胡适此举，反映其思想比山格夫人还要“解放”，在一定程度上加速了我国推行节制生育的进程。

(2) 为蔡元培校长起草“校长启事”，公告山格夫人作节制生育的公开讲演，欢迎师生参加。①

(3) 担任19日山格夫人讲演的翻译。表面看这仅是普通的一场学术报告，但在大学男女同校还有激烈争论之时，公开在一所最受人尊重的大学里讲性与生育、介绍避孕方法等，无疑是发向封建防线的重炮。胡适作为一名知名教授，亲自担任翻译，非常鲜明地表明他对节育是持赞同的态度，产生较大的号召力。

(4) 在演讲结束后，他亲自宣布，凡是赞成节制生育者可与北京大学校长室或他本人联系②，这对节育的推动之力，非普通宣传者可比。

(5) 关心节育方法的研究。1922年4月，陈长蘅、许传音来拜访胡适。交谈中陈长蘅说到节制生育一个新方法——Coitus reservatus最好(可能是指交媾不射精的方法)。胡适与他讨论，请他把这方法写出来便于传播。③

在胡适所收藏的书信中，保存了陆书臣向他索取节育问题书籍的信，以及家庭日新会启事中有“山额夫人所著节育问题书籍可向北京大学胡适之君函索”之语④。

(6) 支持杨步伟开办节育诊所。1925年，杨随丈夫赵元任到清华园，当时学校规定夫妇不得在同一学校内任职，她就赋闲在家，根据在美就计划从事“生育限制”之事，筹办节育诊所。此时杨与胡适、蒋梦麟等商量，“他们都赞成，并且说我们都做你的后盾，只不明说出来就是了”⑤。胡适的意见，对杨的决定有很大的影响。后来该诊所在1926年“三一八”惨案后被损，杨也是听了胡适的劝告，才关闭了诊所⑥。也许当时杨步伟和胡适

---

① 中国社会科学院近代史研究所中华民国史研究室. 胡适的日记. 北京：中华书局，1985：318、324.

② 晨报，1922-04-25(7).

③ 中国社会科学院近代史研究所中华民国史研究室. 胡适的日记. 北京：中华书局，1985：345.

④ 耿云志. 胡适遗稿及秘藏书信·34册. 合肥：黄山书社，1994，653-654.

⑤ 杨步伟. 杂记赵家. 北京：中国文联出版社，1999：238.

⑥ 杨步伟. 杂记赵家. 北京：中国文联出版社，1999：247-248.

都没有意识到,就是这一开办不到一年的小诊所,成为我国专门节育诊所之嚆矢。

2. 张竞生

张竞生(1888—1970年),广东饶平人,曾名张公室。1909年到新加坡谒见孙中山,1910年参加陈璧君等营救汪精卫的活动。辛亥年为南北议和团成员,1912年为中华民国第一批25名公派留学生之一。他留学法国,先后获得文学硕士、哲学博士学位。据《张竞生传》记载,他1920年回国,到达广州时看到有一妇女带着6个孩子的惨状后,在原来已经准备好给陈炯明的条陈上"又添上了一条:节制生育,控制人口"①。1921年10月,他到北京大学任教授,著有《美的人生观》、《美的社会组织法》等,其中有关节育的论述,包含了一些具有开创性的卓有见识的观点。

他主张婚恋自由,发表激进的性学观。1926年因为出版《性史》,遭到广泛的谴责,在北京难以再继,被迫离开北京大学。当年到上海后,短期在大学任职,不久开书店,出版和销售性学书籍,办《新文化》等,继续宣传他的性学思想,推崇性自由和试婚制等,为此又遭到普遍的批评和责骂。他在国内已甚难立足,1928年再到法国。1932年回国后,在家乡主持修公路、办林场等,几乎不再撰写有关性学的文章,实际已从这些领域淡出。此后除了在《人口与经济问题平议》一文中论述人口、节育外,至1949年少见相关文章。

对张竞生在20世纪20年代的所为,学界普遍持否定的态度,甚至斥骂他为:"卖春博士"、"下流文人"、"淫虫"。但到90年代前后,渐渐出现另一种几乎完全肯定的意见,认为他是"中国计划生育第一人"、"中国性学第一人"等②。对张竞生在性学方面的著述和言行,从全面否定到全面肯定,何是何非?下面仅就他人口节育的论述略作评述。

(1)张竞生是否为中国计划生育第一人?

在《张竞生传》、《张竞生文集》等著述中,都有记叙张竞生从法回国途中准备了一份报告(条陈)给陈炯明,提出建设家乡的一些设想,但有关记叙不一。如《张竞生传》中说:"张竞生给了那妇人一些钱……便铺开那在轮船上写下的条陈,又添上了一条:……"该书作者还说:"陈炯明看过张竞生的条陈之后,对力保张竞生任金山中学校长的省潮属议员兼财政厅长邹

---

① 杨群.张竞生传.广州:花城出版社,1999:26.

② 见《张竞生文集》(上、下卷)封底,广州出版社,1998年。

鲁说：'严格实行一夫一妻制；每对夫妇只准生两个孩子，超过处罚。简直是笑话！'"①此外在《张竞生文集·上卷》序一中，有这样的叙述："1920 年他以哲学博士学成回国。一上岸就找到广东'省长'兼督军陈炯明，递上一份他在归途中写成在他看来十分重要的报告。报告建议中国限制人口发展，实行避孕节育，提高人口素质，并首先从广东实行。"②就这两本书，写到张竞生的条陈中的内容，所用的词语相差很大，且都没有注明出处。笔者曾经设法寻找20 世纪二三十年代张竞生给陈炯明"上书"内容的明确及具体的记载，或者当时的评论等，均未果。后来与张竞生的后裔直接联系探讨，亦未能够发现民国时期有关张竞生给陈炯明报告(条陈)的原文或当时评论的记载。目前发现张竞生本人著作中，提到此事有两处：

第一，在 1925 年出版的《美的人生观》中说：

> 我于三年前看见我国人猪狗似的繁育，为父母者仅知射精受孕，无教无养，以致孩子(美的人生观第一版为"儿子")男成为盗，女变为娼。那时尝极力提倡生育限制法，大受社会咒骂。不一年间美国山格夫人来华提倡同一的论调，前时骂我的报纸者竟一变而为欢迎山格夫人的主张了。实质我的学理比山格夫人的高深得多。但我被侮辱，伊享盛名，所以不同的缘故，因为伊是美国女子，我是中国的男人！③

第二，在他主编的《广东经济建设》于 1937 年第一期发表的《人口与经济问题平议》中有这样的论述：

> 先说我素主张减少人口的。十余年前山格夫人到北平讲演时，我便是最赞成"节育"之一人。实则我在汕头主张此事乃在山格夫人来华之前已有二年。④

在这两段文字中，亦无当时"条陈"内容的具体文字引述。纵观《张竞生文集》、《张竞生传》中所述，都难以判断张竞生在这份报告(条陈)中实际所用词语，而恰恰需要这些，才能有根据地评论张竞生此事所反映的思想和水平。特别张竞生在自己的著文中，提到"实质我的学理比山格夫人的高深得多"、"那时尝极力提倡生育限制法，大受社会咒骂"等，理应在有

---

① 杨群. 张竞生传. 广州：花城出版社，1999：26.
② 张竞生. 张竞生文集·上卷. 广州：广州出版社，1998：2.
③ 张竞生. 张竞生文集·上卷. 广州：广州出版社，1998：81.
④ 张竞生. 张竞生文集·下卷. 广州：广州出版社，1998：314.

关报刊等有相关的记载。从学术研究来考虑,在没有发现互为印证史料之前,不宜断论。

了解上述概况后,评价其是否为计划生育第一人,再回顾历史上一些相关人物关于人口生育的论述,也有助于判别。前辈中如:① 王梵志提出"生儿不用多,了事一个足"[①]; ② 冯梦龙提出"若人生一男一女,永无增减,可以长久";③ 洪亮吉认为人口剧增是社会动乱的原因,提出用"天地调节之法"和"君相调节之法"控制人口过快增长;④ 汪士铎主张晚婚、独身、广设清洁堂等使一些人少生育或无婚姻、不生育,还提出给妇人"送断胎冷药"使妇女不怀孕而节育;⑤ 1918 年陈长蘅所著《中国人口论》中主张用"道德制裁"和"自然节育法",来节制人口过快增长;⑥ 邵飘萍 1920 年发表《避妊问题之研究》,报道各国研究避孕节育的动态,介绍山格夫人推行节育的活动,表明自己支持避孕的立场。这些都在张竞生给陈炯明的"条陈"之前。从上所述,不难判断张竞生是否为"中国计划生育第一人"。

计划生育是医学的一个分支学科,若要称得上某学科的第一人,则此人应在该学科的启始、形成、理论奠基、科学实践等方面有突出的事迹。依此对照也不宜称张竞生为"中国计划生育第一人"。

(2) 张竞生在近代人口生育发展史上的贡献。

张竞生在 20 世纪 20 年代引起学界和媒体的广泛关注,是因《爱情定则与陈淑君女士事的研究》发表和《性史》(第一集)的出版。学界讨论突出在婚姻、爱情和性学领域,围绕此引发的辩论留有大量的文献史料。虽然他有关人口节育的论述没有出版专著,但在《美的社会组织法》一书中有集中的表述。其中,既有反映他与这一时代自由知识分子所主张控制人口、节制生育的普遍价值取向一致之处,亦有一些早于或高于他人的卓见。后者正是评价张竞生在近代中国节制生育史上贡献的立论基础。举要如下:

① 直接参与近代中国首次公开推行节育和性教育活动。

1922 年 4 月 19 日下午,山格夫人应蔡元培之邀,在北大三院作"生育制裁的什么与怎样"的报告。胡适为翻译,张竞生陪同,并 3 人合影留念。自此,中国近代的节育、性教育活动以此为契机,公开推向社会,标志着具有近现代意义的节育活动的启始。这也是近代我国节育活动从孕育期进入启始期的分水岭。张竞生参与并见证了这次活动。

---

① 关于王梵志、冯梦龙等论述的出处,参见第一章相关的页下注。

② 提出控制人口，降低人口总量。

他指出“饿鬼的力量最大无一物能抵御它的”，应该“限制一国户口于一个最高的数目”。认为中国人口“能永久保持四万万就好了，如不得已时就减少为三万万也够了”①。这不仅与孙中山先生为代表的“人口过少论”学者的观点相悖，就是与许多持“人口过剩论”的学者们所主张降低人口增长率的构想亦有一定区别。张氏在20世纪20年代中期，就主张中国要降低人口总量，是需要勇气的。半个多世纪后，世界人口理论中才逐渐出现人口总量过大的国家、地区不仅要降低或保持低增长率，最好要经过一阶段的人口负增长的论点，可见张竞生的观点有远见。

③ 率先明确提出“超生”纳税。

张竞生在《美的社会组织法》中说：“我想人们应限制一对夫妇仅能生三个小孩，过此则课其教养的税金，为之储蓄以备将来他们子女长成后使用。”②社会对儿童的养育责任是有限度的，而夫妇对后代的抚养、教育责任应与其子女数密切相关。他的这一论点，明确地将子女数与纳税相联系，在中国人口节育史上实为独特的创见，有重要的学术价值。纵观近十几年，我国计划生育，才从简单的超生罚款发展到依法交纳社会抚养费，更可以看出八十多年前张竞生该论点之价值。

④ 详述政府成立人口节育管理机构的意义与任务。

张氏在《美的社会组织法》中提出：美的社会由“国势部”、“工程部”、“教育与艺术”等八个部组成。其中国势部的任务：“(1) 婚姻的限制与介绍。(2) 小孩与母亲的保护及避孕的方法。(3) 户口的调制。(4) 卫生的管理。”各地应设地方的“国势部”做好各项工作，设立专门机构：“官媒局”、“避孕局”、“医院”等，完成各项任务。张竞生此文之前，还没有人详细指出政府在人口生育管理方面的责任、方法等，这实可认为是中国近代节制生育管理学思想的萌芽。

⑤ 八十多年前就支持避孕失败后的堕胎。

堕胎(用人工方法终止妊娠)，在封建社会受到广泛的谴责，认为这是在扼杀生命，是不道德，是犯罪的行为。直到1922年节制生育活动公开推向社会之时，还没有人敢于正面、直率地公开主张用堕胎作为节制生育的

---

① 张竞生.美的社会组织法.北京:北新书局,北京大学出版部,1926:98.

② 张竞生.美的社会组织法.北京:北新书局,北京大学出版部,1926:99.

方法。许多早期主张推行节育活动者,都极力表明“节育不是堕胎”①,“避孕是阻止成胎,而不是打胎”。都回避了堕胎是否残害生命,以及能否作为节制生育的手段等讨论。一些支持节育的学者中,也公开反对堕胎,以免公众对避孕节育的误解,以减少阻力。而张竞生在1925年就说“胎儿不成人形,不过是妇女的一个肉块,伊们应有处置伊的权力”,避孕失败者“准许于受孕一个月内到避孕局打胎”等。他的这一论述非常清楚的表达了这样的观点——早孕的终止不等同于残害生命,避孕失败可以堕胎。这是20世纪20年代最早公开直率地支持堕胎可用于避孕失败后节育的学者,比周建人在1933年所说“设法取下未成熟的胎儿和残杀个人的生命,应有很大的区别”的提法②要早近十年。

张竞生支持堕胎是有“条件”的,即是在避孕失败且在怀孕一个月内,并经过避孕局批准。同时他还指出“打胎甚危险”,“不能由个人去举行”,需“到避孕局打胎”等。这表明张氏已经注意到人工终止妊娠存在风险,应有适应症的选择等。20世纪70年代前后,我国计划生育过于放宽人工流产的适应症,不适当地使用人工终止妊娠方法来控制生育率等,造成一些负面影响。我们应该突出人工流产是在避孕失败后的“补救”措施,而不是节育的主要手段。

(3)张竞生在节育认识方面的偏误和不足。

张竞生在《美的社会组织法》等论著中,发表了许多甚有学术价值的论点,同时亦提出过遭到普遍反对的论述,如主张推行情人制,鼓吹男女共浴等。这些言论非但无助于节育的推行,反而授予反对者“把柄”,实际是增加节育推广的阻力。此外,对“去势”的理解、应用等亦有学理上的错误。

他在自己的生育行为方面说:“就我个人说,当时与一女子同居数年(说不上是爱人),幸而仅生了一个小孩。及我四十岁后再娶,因在乡间学农,一连生了五个孩子,始觉得多了。”③张竞生共生育6个子女,这与他倡导节育的理念不相称,言行不符也影响对他节育思想的评价。

20世纪20年代中后期起,舆论对张竞生展开全面的抨击,声势甚大,全国几乎没有人敢于公开支持他。社会对张竞生普遍持完全否定态度。而对他主张公开性教育、妇女婚姻自由、重视女权、宣扬美育等方面的贡献

① 节育与堕胎.北平晨报,1932-06-05(8).

② 建人.从男女的争斗说到生育节制.东方杂志,1933,30(5):4(妇).

③ 张竞生.张竞生文集·下卷.广州:广州出版社,1998:95.

和价值于不顾；特别他在节育、避孕方面的创见也没有引起足够的关注，实为憾事。中华人民共和国成立后，张竞生的一些作品在海外出版，引起反响。1988 年是他百年诞辰，于家乡举行纪念大会，此后全面肯定声甚众，冠以"中国性学第一人"、"中国计划生育第一人"等，甚至将一些错误或不当的思想、理论、方法也加以褒奖。笔者认为应该改变以往对张竞生全面否定与偏面的评价，但也不能将错误和不当作为成就肯定。在充分肯定他在历史中的作用和贡献的同时，也应该承认其不足和错误。笔者虽然不主张称他为"中国计划生育第一人"，但他在人口节育领域内，许多早于他人或高于前人的卓越之见，足可以奠定他在中国近代节制生育史上先驱者之地位。

（二）鲁迅、周作人、周建人

1. 鲁迅

鲁迅，浙江绍兴人。原名周树人，字豫才。著名文学家、思想家。1918 年在《新青年》用白话文发表《狂人日记》，首次用鲁迅的笔名。在五四新文化运动中，站在反帝反封建的最前列。他在教育中，对性持一种坦荡、开明的态度，在绍兴任教时，敢于向学生讲生殖生理知识，这与当时许多老师回避教材中这一部分内容的讲解，形成鲜明的对比。他在作品中，也体现主张性教育的观点。如在《坚壁清野主义》一文中说："要风化好，是在解放人性，普及教育，尤其是性教育，这正是教育者所当为之事，'收起来'却是管牢监的禁卒哥哥的专门。"①比喻虽尖刻一些，但观点鲜明。鲁迅痛斥虚伪的封建道德观，如男子可以娶妾不限，而女子必须从一而终，这种荒谬的贞洁观，是对妇女的不平等，这是极端的不公。② 鲁迅又说："食欲是保存自己，保存现在生命的事；性欲是保存后裔，保存永久生命的事。饮食并非罪恶，并非不净；性交也就并非罪恶，并非不净。"③

鲁迅非常尖锐地抨击不孝有三、无后为大的思想，痛斥"娶妻早是福气，儿子多也是福气"等封建陈腐的子嗣观念，并说"我不信人死而魂存，亦无求于后嗣，虽无子女，素不介怀"④。他指出"中国的孩子只要生，不管他

---

① 鲁迅. 坚壁清野主义//鲁迅. 鲁迅全集(第一卷). 北京：人民文学出版社，1981：258.

② 鲁迅. 我之节烈观//鲁迅. 鲁迅全集(第一卷). 北京：人民文学出版社，1981：123.

③ 鲁迅. 我们现在怎样做父亲//鲁迅. 鲁迅全集(第一卷). 北京：人民文学出版社，1981：131.

④ 鲁迅. 鲁迅全集(第九卷). 北京：人民文学出版，1958：320.

好不好，只要多，不管他才不才。生他的人，不负教他的责任”①。这样“小的时候，不把他当人，大了以后，也做不了人”。他主张少生少育，实行节制生育，在给友人的信中说“兄之孩子，虽倍于我，但倘不更有增益，似尚力有可为，所必要者，此后当行节育法也”②。他还认为实行节育要持之以恒，方有可靠效果；不能怕麻烦，不要疏忽大意。如1931年4月15日给友人李秉中③的信内说：“此后当选节育法也。惟须不懈，乃有成效，因此事繁琐，易致疏失，一不注意，便又往往怀孕矣。”④信内他还对当时缺少有效控制生育的方法而感叹：“求子者日夜祝祷而无功，不欲者稍不经意而辄妊，此人间之所以多苦恼欤。”更为突出的，鲁迅先生本来无意生育后代，用他自己的话说，这样“后顾无忧，反以为快”。但后来育一儿，还是意外，在给友人的信中说“而偶失注意，遂有婴儿”⑤。此外在《鲁迅大家庭相册》一书中，周海婴说：“母亲告诉我，我是她和父亲避孕失败的产物。”⑥这可佐证鲁迅先生支持节制生育，其言论和行为的统一。

2. 周作人

周作人(1885—1968年)，浙江绍兴人。原名遐寿，字启明，号起孟、知堂。他早年留学日本，新文化运动时期在北京大学任教授；积极参与新文化运动和新文学创作，是著名散文学家。周作人在抗日战争期间任伪职，严重损害其品格。抗战胜利后在文坛沉寂。《周作人文类编》10册，其中第五册有关“性学”90篇，“妇女”105篇。⑦ 前者包括：性心理，性教育，蔼理斯学说，性知识和评论；后者包括：妇女问题评论，家庭、婚姻、恋爱问题，娼妓问题。在195篇中除了33篇发表或成稿在1949年10月以后，162篇均为此前所作。该书是对周作人有关性学作品比较全面的辑录。

周作人是周氏三弟兄中较早就性和妇女问题立著者，撰文也最多。他在这些方面的核心思想是：打破封建的性禁锢，传播现代性科学知识，反对

---

① 于干，等. 鲁迅选集(第一卷). 成都：四川人民出版社，1983：24.

② 鲁迅. 鲁迅全集(第九卷). 北京：人民文学出版社，1958：321.

③ 李秉中(?－1940年)，字庸倩，四川彭山人，1924年在北京大学求学，该年冬入黄埔军校，1926年春去苏联，继到日本学习军事。在鲁迅全集中，收录鲁迅1924年5月26日至1932年5月3日期间，给李的信15封。

④ 鲁迅. 鲁迅全集(第九卷). 北京：人民文学出版社，1958：321.

⑤ 鲁迅. 鲁迅全集(第九卷). 北京：人民文学出版社，1958：321.

⑥ 扬子晚报，2005－12－30(B14).

⑦ 钟叔河. 周作人文类编·5·上下身. 长沙：湖南文艺出版社，1998：1－580.(以下简称“周文类编5”)

传统性道德的束缚，倡导妇女解放和人性自由。他是1922年成立的妇女问题研究会的发起人之一。鉴于节制生育工作与性学、妇女问题紧密相关，了解他的相关论点，对研究近代节育活动很有帮助。

(1) 他在性学研究和论述中，保持科学的态度。针对张竞生在《新文化》第一期上"提倡什么性部呼吸，引道士的静坐、丹田，以及其友某君能用阳具喝烧酒为证"等言论，批评张竞生"由性学家改业为术士了么"？这样"他忽然摇身一变，成了一个道士……与看相算命的差不多"①。周作人评论自己"道德恐怕还应当说是儒家的……外面又加了些现代科学常识，如生物学以及性的心理，而这末一点为更为重要"。显然，他强调科学知识的重要。

周作人认为中国传统性观念中有许多糟粕。他说："中国历史可以说是充满着道教的邪说，直到民国以后这才发生一点改革运动。但是这已经根深蒂固的迷信要想拔除，实在不是容易的事，须得先有健全的智识，加上高尚的趣味，养成纯净的思想，才能改变过来。"②同时在他从事创作的早期，就注意向国人介绍科学的性著作，传播科学的性观念。如1918年著文介绍英国凯本德(Edward Carpenter)所著Love's Coming of Age(《爱的成年》)，该书论及性欲、女子的自由、自由社会等；向人们宣示的观点如："承认人类的身体和一切本能欲求，无一不美善洁净"，"人的欲求，如方向正时，以满足为佳"，"对于人身那种不洁的思想，如不去掉，难望世间有自由优美的公共生活"等③。此后他相继翻译、介绍和评论国外性学著作，如《猥亵论》(1923)、《蔼理斯的话》(1924)、《蔼理斯'感想录'抄》(1925)、《蔼理斯的诗》(1927)、《性的心理》(1934)、《关于读圣书》(1934)、《蔼理斯的时代》(1935)、《我的杂学之十一》(1944)、《我的杂学之十二》(1944)等，都比较注意科学的性概念。

(2) 周作人认为性不是禁能够消灭的，主张在表述和讨论性问题时既不保守，也不急进。除非性"异常的行为要损害他自已的健康，那么他需要医药和精神治疗的处置，其次假如这要损及对方的健康或权利，那么法律就应加以干涉"，其余"都无责难或干涉的必要"④。周作人行文比较认真，

---

① 岂明.时运的说明.世界日报,1927-02-26.又见:"周文类编5":176-178.

② 岂明.时运的说明.世界日报,1927-02-26.又见:"周文类编5":178.

③ 作人.随感三十四.新青年,1918,5(4):1.又见:"周文类编5":6-9.

④ 知堂.我的杂学之十一.华北新报,1944-07-16.

无轻浮媚俗之词语。

（3）周作人专门论述节制生育的文章较少，但是在他论及妇女解放、性教育、婚恋自由等问题时，都体现支持女子在生育方面也应该能自主。早在1918年，他就著文说："女子解放问题，久经世界识者讨论，认为必要；实行这事，必须以女子经济独立为基础，也是一定的道理。但有一件根本上的难题，能妨害女子经济的独立，把这个问题完全推翻：那就是生产。"①他将女子能否从旧的生育制度中解放出来，看得比经济独立还要重要。

在山格夫人来华后，翻译她的著作，成为许多热心节育人士的重要活动之一。赵荫棠译《性教育的示儿编》（上海北新书局，1929年初版），周作人特地为该书作序，表明对山格夫人节育活动的赞同。他在序文中说："山格夫人所著，赵憩之君所译的这本小书，就是这一类的册子，原名《母亲对小孩说的话》，由我代为改成这个古旧的名字了。山格夫人是有名的性教育者，她特别注意于节制生育，曾来中国讲演，社会上还没有忘记她。"②周作人在反封建，推动女权运动、妇女解放和性教育等新文化运动方面有过显著的影响，为形成有利于节制生育的认识和营造舆论环境，起到较大的促进作用。

3. 周建人

周建人，浙江绍兴人，在周氏兄弟中排行第三。发表文章时曾用名有乔峰、高山、克士等。著名的生物学家、教育家、社会活动家。早年在家乡中小学任教，1921年10月，由鲁迅介绍到商务印书馆工作，后在章锡琛主编的《妇女杂志》任助编，从此积极投入妇女运动，为争取妇女解放而呼唤。周建人一生著作甚为丰富，有关节制生育的论述也甚多。据《周建人评传》作者谢德铣说："从1920年至1930年的十年中，周建人先后发表了有关妇女问题的的文章近百篇，在当时《妇女杂志》第八卷第七至十二号上，就发表了三十三篇之多。"③他还写了许多科学普及短文，如"从1934年9月20日创刊，至1935年9月5日，《太白》共发表了克士（周建人）的科学小品20多篇"④。他的论述，涉及生物进化、恋爱、结婚、离婚、家庭、节育、优生、性教育、性道德、性文明等。他的行文和立论，注意从生物等科学原理展开，常常能以自然科学的思维方式，论述妇女社会问题。从推动节制生育活动

① 作人．随感三十四．新青年，1918，5（4）：1．又见："周文类编5"：6．

② 钟叔河．周作人文类编·5·上下身．长沙：湖南文艺出版社，1998：109-110．该文首次发表于《北新》3卷17号，1929年。

③ 谢德铣．周建人评传．重庆：重庆出版社，1991：85．

④ 谢德铣．周建人评传．重庆：重庆出版社，1991：121．

方面看,他是周氏三弟兄中最为突出者。就是从全国来说,他也是我国近代节育运动先行者之一。

(1) 1922年4月山格夫人到北京之时,周建人与郑振铎等派瞿世英代表妇女杂志社,到北京请夫人来上海讲演。① 当山格夫人到沪后,就积极落实出版节育专号、翻译她的节育著作事项。很快,在6月《妇女杂志》就出版"产儿制限号",正文24篇,附录4篇,周的译文或撰文不少于6篇。其中包括介绍埃利斯在《产儿制限论》所述:"产儿制限能使妇女得极大的自由","科学的同时又是人道的方法只有一种,那便是产儿的制限";以及应奇氏从六个方面论述"制限产儿是完全合于道德的"②。

周建人撰文介绍山格夫人传略③,以及她在中国所见:"外国人居住的一部分都清洁……小孩并不很多",而所见中国"大部分只是卑贱、贫乏与不幸者的苦痛罢了",总是听到说"小孩太多、没有饭吃"④。这有利于中国读者了解山格夫人和推行节育的紧迫感。

(2) 周建人与章锡琛、沈雁冰、夏丏尊、张梓生、陈德征、杨贤江、胡愈之、周作人、蒋凤子等17人发起组织"妇女问题研究会"。《晨报副镌》1922年8月1日刊登"妇女问题研究会宣言"(宣言署名按姓氏笔画为序),宣布从事三种事业:一、为增进知识,研究关于妇女问题的学说。二、为改革的预备,调查国内外妇女的状况。三、为发表或宣传、编译关于妇女问题的书籍及发刊会报等⑤。而在此前,"妇女问题研究会宣言"1922年7月29日已经在《学灯》刊登⑥。据此可见,该会成立于1922年8月1日之前。该会成立后的重要工作是与"中华节育研究社"合办《现代妇女》。该刊1922年9月6日创刊,这是我国第一份宣传妇女问题和节制生育的专业刊物。到1923年8月《现代妇女》停刊后,"妇女问题研究会"又与"妇女评论社"联合办《妇女周报》,继续推动妇女运动。周建人是该会日常工作的主持人之一。

(3) 周建人著作中,与性教育相关的占有较大比重,并在论述中注意科学依据。在讲两性关系方面主张:必须十分科学的、人道的、不应含有宗教的

---

① 瞿世英. 珊格尔夫人访问记. 妇女杂志,1922,8(6):4.

② 妇女杂志,1922,8(6):63-64.

③ 妇女杂志,1922,8(6):6-9.

④ 妇女杂志,1922,8(10):44-46.

⑤ 晨报副镌,1922-08-01(4).

⑥ 学灯,1922-07-29(4).

禁欲思想和偏见,但同时也不得有导淫的色彩。① 周建人对张竞生《性史》发行持批评态度,说:“今张君借讨论性知识之名,不纠正道教(方士)的可恶的思想,还要对青年们提出(丹田呼吸)以及‘性部呼吸’来,且说怎样有效,实在不应该!”“今张先生声声口口自称为哲学家,艺术家,常识家,而不肯想一想对于青年的利害关系,却还要戴了这种面具……现在他要把这等谬误的思想灌注给一般青年,这实在使我忍不住又要提出抗议了。”②

周建人对性教育研究比较深刻,阐述了性的生理、心理、道德、伦理等理论和社会基础,内容涉及学校、家庭、民族等方面,许多论点富有卓见。

(4) 通过办刊,使许多倡导节育的文章得以发表,这在宣传节育和传播节育知识方面,发挥过极重要的影响。这些出版物为节育指导者与寻求节育帮助者之间建立了互通的桥梁。他本人也亲自撰写和翻译一些节制生育的作品,数量多,观点鲜明。如:提出产儿制限是谋人类进化的一个工具;指出“愈进化的生物,则生殖的数目逐渐减少”;人类已经不得不为土地、食品等能否满足人口增加的需要而担忧;等等。他不同意马尔萨斯提出用“晚婚、制欲”控制人口过快增长的方法,明确地说:“用制欲来限制人口,这只是一种空论,为事实上所不可能。”他认为“人们能用人工的方法,来调节自己的人口,这实在是战胜自然的一个极大成功”③。他支持用人工避孕的方法控制人口增长的观点十分鲜明,但又提醒不能“以为只要用生育节制的方法就可以解决各种重要的社会问题了”④。他不同意将节育看作解救社会问题的唯一方法,客观看待节制生育的作用。

周建人有一句名言——“空言的反对,结果敌不过实际上的需要”,富有哲理,可用于许多新生事物发展趋势的评析。

(5) 周建人在节育及堕胎的道德和法律的争论中,主张:“从人道主义的立场说,设法取下未成熟的胎儿和残杀个人的生命,应有很大的区别。”⑤指出“真正要节制生育,单靠避孕还是不够的……有时候还会有‘打胎的必要’”⑥。这里明确表示堕胎是节育的方法之一。这反映了我国学者已将节

① 周建人.性教育运动的危机.新女性,1927,2(2):135.

② 周建人的这一段原文刊登在《一般》1927 年新年号,后来张竞生引入他的文章,作辩驳之用。见:竞生.一个抗议.新文化,1927,1(2):158-159.

③ 周建人.产儿制限是谋人类进化的一个工具.学灯(增刊节育运动号),1922-04-30(2-3).

④ 东方杂志,1935,32(5):92.

⑤ 东方杂志,1933,30(5):3-4.

⑥ 东方杂志,1934,31(21):73-75.

制生育的概念从预防怀孕向防止出生方面延伸。

周建人一生没有出版过节制生育的专著,但大量的文章以及参与节制生育公开活动的组织筹备等工作,充分表明他是我国节育运动的先驱者之一。

(三) 陈望道、邵力子、潘光旦

1. 陈望道

陈望道(1891—1977 年),浙江义乌人,教育家。中国共产党的创始人之一,是《共产党宣言》第一个中文全译者①。陈望道于 1920—1923 年在《民国日报》的副刊《觉悟》、《妇女评论》任编辑。1920 年 4 月应陈独秀邀请参与《新青年》编辑。② 他也是一位新文化运动的积极推行者。他早就研究妇女问题,倡导妇女解放、婚恋自由和新道德。他认为解决妇女问题,只要将"婚姻和经济两个问题妥当地解决了,虽不能说就可以完全解决,但总可以由这两个问题而解决了一大半"③。在节制生育推行的早期,他著文指出,妇女要得到真正解放,应取得母性自决和产儿节制,也就是由女性自己的意志决定生育。他的思想在社会上产生过相当影响。有关节育的主要文章如下:

(1)《母性自决》(署名记者)。作者认为"恋爱自由"和"母性自决"是女性幸福解放的基础。"对于让几个人来做自己底儿女的事,女性也必然可以自己底意志决定,这便是'母性自决'";当"母性自决的曙光所到,必有'产儿节制'的问题发生。而绝叫产儿节制的人们,必便是祝福母性自决的人们"④。作者指出,支持妇女解放者就应该支持"产儿节制"。他在文中又说:"因这关系,我们对于产儿节制论名家玛格莱忒·桑格(Margret Sanger)的来中国,不能不表示十分诚意的欢迎。"⑤

(2)《母性自决先驱者桑格夫人底行旌》(署名晓风)。该文介绍山格夫人的简况和 5 本著作的书名,以及在日本宣传节育活动和将要从北京来沪的动态等。⑥

(3)《介绍桑格夫人》(署名望道)。该文叙述夫人在美国推行节育遭

---

① 邓明以. 陈望道传. 上海:复旦大学出版社,2005:38.

② 叶再生. 中国近代现代出版通史(第二卷). 北京:华文出版社,2002:126.

③ 邓明以. 陈望道传. 上海:复旦大学出版社,2005:81.

④ 民国日报·妇女评论,37 期,1922-04-19//复旦大学语言研究室. 陈望道文集·第一卷. 上海:上海人民出版社,1979:137.

⑤ 民国日报·妇女评论 37 期,1922-04-19//复旦大学语言研究室. 陈望道文集(第一卷). 上海:上海人民出版社,1979:137.

⑥ 民国日报·妇女评论 37 期,1922-04-19. //复旦大学语言研究室. 陈望道文集(第一卷). 上海:上海人民出版社,1979:139-140.

受的困难和她奋斗取得的成绩，并表示“我们很乐意介绍这位产儿节制实际运动的健将桑格夫人给我们中国人”①。

(4)《生育节制问题》(署名晓风)。该文分“生育节制事实的由来”、“生育节制学说的由来”、“生育节制底反对说”、“生育节制底赞成说”四部分。这是作者论述节育文章中比较长的一篇，主要表达的观点有：“我们根本的见解，便是第三十七期上记者所说的：承认母性自决和恋爱自由，为女子解放的两大基础。”在分娩前执行的堕胎，在分娩后执行的杀婴，“这都是背叛人道的感情底行为”等②。

(5)《生育节制运动的感发》(署名瑰琦)。这是一篇短文，以同学、朋友之例，说明妇女在生育方面仍存在听天由命的苦况；呼吁应该觉醒，进行生育节制。

除前述外，陈望道还有一些文章论及节育，如《婚姻问题与人口问题》一文，就有“限制婚姻派——马尔塞斯主义”、“限制生殖派——新马尔塞斯主义”两节，其中列出了各方的主要观点，甚至还举出“预防受胎”的六种方法等。③

2. 邵力子

邵力子(1882—1967年)浙江绍兴人，原名闻泰，字仲辉，笔名力子。1906年留学日本，1912年与于右任创办《民立日报》，1916年与叶楚伧等主持《民国日报》。《民国日报》于1919年6月16日创办《觉悟》副刊，由邵力子主编，陈望道协助。④ 邵力子在《民国日报·觉悟》、《民国日报·妇女评论》、《合作》等发表大量有关婚姻制度、恋爱、离婚、女权等文章，其中亦有数篇有关节育、堕胎的论述。《生育节制释疑》一文，主要表达了他的节育观，提出了三个“毫无是处”⑤：

其一，“生育节制本非生育废止”。根据山格夫人在家庭日新会讲演，邵力子指出夫人在“善种”上注意三点，在节制生育之科学方法上注意四

---

① 民国日报·觉悟，1922-04-21(1)//复旦大学语言研究室. 陈望道文集(第一卷). 上海：上海人民出版社，1979：141-142.

② 民国日报·妇女评论39期，1922-05-03//复旦大学语言研究室. 陈望道文集(第一卷). 上海：上海人民出版社，1979：145-150.

③ 复旦大学语言研究室. 陈望道文集(第一卷). 上海：上海人民出版社，1979：99-101.

④ 傅学文. 邵力子文集(下册). 北京：中华书局，1985：16. 傅学文(1903-1992)，江苏宜兴人，1931年与邵力子结婚.

⑤ 力子. 生育节制释疑. 民国日报·妇女评论，1922，(39)：1-2//傅学文. 邵力子文集·下册. 北京：中华书局，1985：697-699.

种，认为“所以怕‘生育节制说盛行，将使人类有灭绝之忧’，毫无是处”。

其二，“生育节制的原理和方法，目的正大”，至于“卑劣的纵欲者，则自有恶社会负其责任，与生育节制说并无关系”。“所以怕‘生育节制说输入，将使道德有沦丧之惧’，更毫无是处”。

其三，“生育节制的理论，无可反对了，生育节制的方法究竟怎样呢?”如果“真有这个需要，决不怕没有适合需要的方法。就使现在没有，在最近的将来也一定会有的”。“所以怕‘生育节制的方法未足应用而以为不值得提倡’也毫无是处”。

在1949年前，邵力子是推行节制生育的坚定的支持者，利用他所主持的刊物，发表节育、反对封建婚姻制度、争取女权等文章，为近代节育运动的发展作出贡献。1949年后，于50年代初，他在报刊、人代会等多次提出节育，为此作出不懈的努力。他的夫人傅学文在《邵力子生平简史》一文中有专门的记叙。① 至于近年有学人称邵力子先生为中国计划生育的第一人，只要对近代节育历史略有研读，就会认识这提法的偏误。

3. 潘光旦

潘光旦(1899—1967年)，生于江苏宝山(现上海市宝山)，字仲昂，原名潘光亶，后来将亶改为旦。② 他是我国著名的社会学、优生学、教育学家。1913年入清华预备班，在校期间是校园内最有才华的通才少年之一，并勤奋敬业。1922年到美国留学，入Dartmouth College学习。1924年毕业，后来到纽约长岛冷泉港优生学记录馆研究人类学与优生学一年。在美国广涉博览，曾修生物学(主修)、动物学、遗传学、优生学等。1926年回国，在上海光华大学等高校任职，并到复旦大学、厦门大学等兼职授课，还短期担任过《学灯》编辑(1927.5—1928.1)、《华年》主编、《新月》编辑等。1934年到清华大学任教，任社会学系主任等职，一直到1952年末离开清华(包括西南联大期间)。他幼年在良好的家学环境中成长，有深厚的中国传统文化基础，接受西方科学思想后，保持既先进又不激进的风格。他一生对自己的事业孜孜不倦，著(译)作甚勤，仅《潘光旦文集》就有14集近700万字，涉及社会学、遗传学、优生学、性学等许多学科。有关节制生育活动择要归

① 傅学文.邵力子文集(下册).北京:中华书局,1985:40-41.

② 潘氏1920年4月24日在《清华周刊》发表“学生与仆役”，署名潘光亶，而成文于1920年10月的《校事杂评》，开始将“亶”改为“旦”(该文发表于《清华周刊》193期)，在以后发表文章的署名中未再使用“亶”字。

纳数点于下①。

(1) 潘光旦在20世纪20年代初就关心生育节制的问题。当他还在美国求学时,就撰写《合众国绝育律的现状》,向国内读者介绍美国在推行优生学方面的动态及措施,指出积极优生和消极优生之分,以及美国有些州实行的绝育法律等。② 1925年,他撰写《生育限制与优生学》在《妇女杂志》发表(1925年,11卷10号),集中表达了他在节制生育与优生方面早期的观点。该文是了解他早期节育观,以及分析他节育优生思想演变的重要资料。他30年代初就参加上海节育研究社,并撰写了《上海节育研究社缘起与宣言》;在主编《优生》、《华年》、《北平晨报·人口副刊》的期间,刊登了多篇自撰或他人所著的有关节制生育和优生的文章。

(2) 潘光旦对节制生育所持的观点,早期大致可以归纳为:人口过多过少均有害,数量与质量同样重要;欧亚两洲人口过剩已久;节育运动多年来看,似乎弊窦多而实惠少等。③ 潘光旦节育的基本观点是有条件支持节制生育。后来他在节育与优生的研究中,一些观点还有所调整。

(3) 20世纪30年代中期,潘光旦进一步从六个方面阐述节育推行的标准:① 母亲体格,② 子女教养,③ 遗传好坏,④ 经济能力,⑤ 个人方便,⑥ 社会道德④。这是潘氏这一时期节育观点的集中表述。其中,除强调遗传在节育中的重要性,特别说到节育中出现的某些缺陷不是节育的本身,而在于应用方法的得当与否。

(4) 抗战期间,潘光旦的人口生育思想发生变化,对于控制人口,推行节育的观念渐趋弱化。这可以从1943年他的著作中的一段论述有所反映:"我在抗战以前也主张过中国人口应当受相当的限制,对于生育节制的需要也曾有条件的表示赞成,但从没有承认只要数量一减少,便什么都有办法,都有出路。如今我更觉得我们应有的原则是一个既不鼓励亦不限制的原则。"⑤这种听之任之的观点,非常消极,与潘氏本人以前的人口生育观相比,也是倒退。

(5) 潘光旦在青少年时期,就对性学有兴趣。1920年在清华高等科学习时,已经读了当时尚未公开出借的埃利斯所著 Studies in Psychology of

---

① 潘光旦的文章在本书多章中论及,本段有些引文,未注出处,请参阅相关章节。

② 申报星期增刊,1923-10-21.

③ 潘光旦.生育限制与优生学.妇女杂志,1925,11(10):1560-1569.

④ 生育节制与几个标准.北平晨报,1935-06-02(5).华年 1935-06-08:433.(未署名)

⑤ 潘光旦.优生与抗战.重庆:商务印书馆,1943:125-127.

Sex。以后在美国主修生物学，研究优生学等，使之有较深的性学理论修养，一生在性学方面的著作甚丰富。他为打破性禁锢，提高国人的性知识水平和性文化修养，发挥了重要影响，并在性教育方面有许多卓见。如：① 强调性知识的科学性，认为不科学知识的传播，只会误导读者，比不学还要坏。指出中国报刊等出版物中涉及性的内容甚多，但在倡导性教育中，不乏一些格调低下的印刷品；有些知识分子虽然打着各种旗号，实质上是借此沽名牟利。潘光旦对张竞生和他所出版的《性史》、《新文化》等展开尖锐的抨击。[①] ② 对一些作者由于自身科学知识基础的不足，而发生论述方面的错误，也一一指出。如对柴福沅所著的《性学 ABC》一书的评论，指出七处与科学概念不符，四处没有注明出处，另外四处"我们却不必向著者请教出处，因为明知他们是在乱说"。[②] 与此类似的书评在《华年》、《北平晨报·人口副刊》等屡屡可见。③ 重视以教育为基础。他的著述大部分是从教育的视角展开，这与他长期在教育界工作有关。他认为性包含着生物、心理、社会、文化等层面上的许多问题，如何了解、认识、适应、处理好，最重要的是教育。如在《性教育者资格问题》一文内就如何选择性教育者阐述其观点：性教育者应该有健全的精神生活；适合担任性教育的是医生和生物学家；性教育者应当有良好的社会道德的动机，为牟利或低俗者不可担任，等等。[③]

（6）他在性学研究和性教育方面，能以科学理论为基础，密切结合中国的实际而展开，既向中国人民介绍了埃利斯国际性学权威的理论，引进了西方科学的性理念，又注意中国传统的文化基础和思维方式。他没有将"情人制"、"性自由"这样的观念视为先进而推荐给国人，比较好地把握进步与激进的区别。他的文章中无格调低下之词语，传统文化底蕴深厚。

（7）他是我国早期优生学的开拓者，为优生学的发展作出显著贡献。他从优生学的角度支持节制生育，主张通过节育达到优胜劣汰，强国强种。

如果要用简洁的话语概括他的思想和终身的追求，费孝通在《性心理学》1997 年再版中所言甚为精辟："他的志趣是在探索中华民族强种优生之道，为此准备结实的科学基础。他返国后在各大学讲授的课程和所有的著

---

① 潘光旦《新文化》与假科学——驳张竞生博士. 学灯，1927-05-05.

② 古公. 性学 ABC. 华年，1933，2(26)：515-517.

③ 潘光旦. 性教育者资格问题. 学灯，1927-06-24.

作也可以说百变不离‘提高民族素质’这个宗。”①同样，他在节制生育方面的核心观点是：凡节育涉及遗传、优生的积极支持，而其他则有条件的赞同。

二、燃起公开节育技术指导的星星之火

（一）杨步伟的节育活动

杨步伟（1889—1981年），祖籍安徽石埭，出生在南京，幼名韵卿，小名传弟；辛亥革命后不久，在南京由朋友林贯虹提出，改名“步伟”。杨步伟家庭富裕，她1914年到日本留学，后来取得官费学医。按中国政府的规定，女留学生习医的必须学产科（前4年不分科），虽然她自己对内科比较感兴趣，但也只能服从。1919年毕业于东京帝国大学，当年回国后，与林贯虹、李贯中合作开“森仁医院”，几位留学生的名声使医院业务兴旺。1920年9月，在冯织文家里与赵元任②初次遇见，1921年6月1日结婚。同年秋，随丈夫到美国，赋闲在家。丈夫建议她可以翻译些书，她对节制生育事项发生兴趣，并准备在回国后从事节育工作，于是在美先阅读、翻译节育著作。她在《杂记赵家》中有这样的记述：了解到“有一个山格夫人（Margaret Sanger），她是专研究生产限制的，她写了一本What Every Woman Should Know，我译叫‘女子应有的知识’”③。这可谓她参与节制生育活动的开始。

1924年，杨步伟随赵元任离美回国，途经英、美、法、瑞士等国考察。他们在德国停留了40天，会见了许多朋友（傅斯年、徐志摩、张幼仪、陈寅恪等）。杨步伟特地调查德国的节育开展情况，向德国医生学习并进行了交流，她在一诊所亲眼见到有三个妇女来放套子（指放置子宫帽）；并且医生要的钱很少，目的是社会服务。④ 她看到当时德国医生用铝做的套子放置于子宫口进行避孕，认为这方法虽然可靠，但当时中国在经济、医疗条件比较差的地方，特别是农村难以推广，故必须寻求简单易行的方法。她看到

---

① 霭理士. 性心理学. 潘光旦，译. 北京：商务印书馆，1997：775.

② 赵元任（1892－1982年），1918年获得美国哈佛大学哲学博士，1925年应聘到清华国学院，为“四大导师”之一。他有非凡的语言天赋，一生的研究、著作，极大部分都在语言学、文字学领域内。他很早就主张汉语拼音化改革，1925年参加刘半农（刘复）发起的“数人会”，会员还有钱玄同、黎锦熙、林语堂等共7人；共同研究创造罗马字拼音法式。赵元任还是一位著名的作曲家，抗日战争前后谱写了一些爱国歌曲。许多人是从他音乐方面的成就。进而了解他语言学方面的成就。1973年以后多次回国探亲. 1982年逝世。

③ 杨步伟. 杂记赵家. 北京：中国文联出版社，1999：203－204.

④ 杨步伟. 杂记赵家. 北京：中国文联出版社，1999：219－220.

德国同行用海绵浸glycerine（甘油）塞在子宫口，可以产生避孕效果①，虽然不能保证百分之百的效果，但价廉、方便易行，适合中国使用。她在德国简短的经历，考察国外节育的实践，与国外医生的交流等，对于她决心回到北京开设节育诊所甚有促进。

1925年5月，杨步伟回到上海，立即将在美完成的翻译书稿交商务印书馆出版。该书书名《女子应有的知识》，1925年8月出版，译者署名是"赵元任夫人"，后多次再版。② 这样署名是因为男尊女卑，还是因为要借助于赵元任的声望？根据杨步伟夫妇的性格和处事作风，这不应该是他们本人的意愿，可能顺从于当时的通例。

（二）节育"诊查所"的开设

1925年5月，赵氏夫妇回国后在沪未久留，迅速就到北京，赵到清华大学任职，杨在家空闲。此时，"偶然给同事的太太们看点小毛病等等，也不过做做顾问而已"。据杨本人回忆："我这个人家居是不能安稳的"，决定开办"诊查所"，"专做些生产限制之事"③。开办"诊查所"这一设想与胡适之、蒋梦麟讨论，得到他们的支持，愿意做其后盾，但"只不明说出来就是了"。很快就选中景山大街一处房子，第一进为诊所，第二进供赵元任"数人会"讨论国语统一活动。"数人会"成员有：钱玄同、汪一庵、黎锦熙、刘半农、林语堂等，胡适也偶然来到；王国维想加入未及办正式手续，就自沉了昆明湖。④ 诊所开办后，生意不太好，但还是坚持了下来。考虑到中国穷人多，为让穷人也能得到节育指导，提出在她的诊所凡每一个能够交得起钱的人（20元），可以带三个穷人来。林语堂夫人也非常赞成办这些事（指节育），提议到厦门讲演。⑤

1926年3月18日，北京5 000多人在天安门集会，反动当局向请愿人群开枪，40多人被打死，150多人被打伤，有些受伤者（少数是她家的朋友，如钱端升等）血淋淋地逃到她的诊所中，拿起药棉、纱布就用，护士无法控制局面；第二天杨步伟到诊所，"屋内乱的一塌糊涂，血布一地"，诊所被破坏。同时警察接二连三地调查为何要组织"数人会"，认为"办生产限制是

① 杨步伟. 杂记赵家. 北京：中国文联出版社，1999：219.

② 珊格夫人. 女子应有的知识. 赵元任夫人，译. 国难后5版. 上海：商务印书馆，1939：1－38.

③ 黄延复. 水木清华二三十年代清华校园文化. 桂林：广西师范大学出版社，2001：296－299.

④ 缪名春，刘巍. 老清华的故事. 南京：江苏文艺出版社，1998：177－178.

⑤ 杨步伟. 杂记赵家. 北京：中国文联出版社，1999：237－243.

暗暗减少人口，那是大逆不道的事（没想到之后三十五年才起头知道这个是重要的问题）”[①]。诊所面临种种麻烦，为此胡适借请赵元任夫妇、蒋梦麟夫妇吃饭之时，劝杨“诊所关了吧”。自此她再也没有开过诊所、医院。不过她并没有因为这些挫折，停止参与节制生育活动。她仍给学校、妇女会、教职员会、母亲会等做节育讲演；北京城里的女青年会、妇女会也曾请她去作节制生育演讲。在宣传节育中，她听到传言，说她“不会再生小孩了，所以觉得避孕得法”，对此，她来了一个赌气的做法，再次怀孕，表示以前避孕是有效和必要的。

杨步伟所办的节育诊所的正式名称不详（泛称“诊查所”），即使在她的自传式的《杂记赵家》一书中亦未有记载。[②] 诊所的成立日期也未说明，但赵元任从美国经欧洲1925年5月28日方到达上海，虽很快就到清华，但诊所开诊，最早也要在其后，而停诊是在1926年3月18日后不久。[③] 可见杨所办的节育诊所时间很短，不足一年。

杨的诊所开办要早于北平节育指导所和上海节育指导所，它是我国第一个个人公开服务于社会的专门指导节育的诊所，开办时间虽短，业务有限[④]，但在当时社会上留下一定的影响。杨步伟是清华名教授赵元任的夫人，又在日本名牌大学学医五年，并与政界（如黎元洪）、学术界（如胡适、蒋梦麟）著名人物私交甚深，她举办的节制生育诊所，其社会影响非一般人士或普通诊所可比。这短暂闪烁的星星之火，还不具备节育专业指导所的功能，但是中国近代节制生育发展史上重要进展的标志。

---

① 杨步伟. 杂记赵家. 北京：中国文联出版社，1999：247-248.

② 杨步伟回忆4年清华园的生活鲜明生动，但亦有一些错误，如说：“其时山格夫人也正到了中国，胡适之先生大请客联络一大些人，自然我们是主要人物……”（杂记赵家. 北京：中国文联出版社，1999：243）这显然有错。因为山格夫人1922年在北京大学演讲时，杨在美国，不可能此时相会. 近年来有些文章中以杨步伟的这一段回忆为依据，其引论必然亦误。

③ 杨步伟. 杂记赵家. 北京：中国文联出版社，1999：246-248.

④ 杨步伟. 杂记赵家. 北京：中国文联出版社，1999：239.

下　篇

节制生育运动发展期（1930–1949年）

1930年，北平妇婴保健会及所属北平节育指导所成立，开展有组织的节育避孕技术指导，标志着节制生育运动从宣传倡导为主进入技术指导实践的新阶段，我国的节育运动进入发展期。1935年，医学界将节制生育正式纳入其专业的分支后，技术支持力量增加，到抗日战争前夕，在北平、上海等大城市，已形成推行节育较好的舆论环境和基础，是节育运动发展的高峰期。自抗战爆发到胜利后的数年，节育运动经历了新的消长。

第十二章 发展期节育组织及其专业指导实践

1922年成立的中华节育研究社,历一年余活动就停止。进入30年代,北平妇婴保健会、上海节育研究社等相继成立,推动了节育运动的另一高潮。1930年北平节育指导所成立,开创了有组织节育技术指导的范例,标志我国节制生育运动有了实质性的进展。

一、北平妇婴保健会及所设节育指导所

(一)组织机构概况

北平妇婴保健会(又有文献记载为"北平妇幼保健会"、"北平产妇健康委员会"、"北平母亲保健委员会"等)成立于1930年2月①,但有许多文章将该会成立说成于1932年,欠妥②。会员主要有医生、护士、社会学教员、公共卫生和社会服务者。北平妇婴保健会发起人为燕京大学社会学系司徒先生(Maxwell Stewart),其他成员有:助产学校校长杨崇瑞女士、平民教育促进会晏阳初先生、协和医校蒲爱德(Pruitt)女士③、燕京大学许仕廉和张鸿均先生④。1932年1月新会员加入,有协和医院兰安生(J. B. Grant)博

---

① 严仁英. 杨崇瑞博士一百年诞辰纪念. 北京:北京医科大学,中国协和医科大学联合出版社,1990:130.

② 关于北平妇婴保健会的成立日期,在该会所办的人口副刊中,多处均说成立于1932年(人口副刊2期、14期等),甚至在同一期同一作者同一文章中(人口副刊29期苏汝江"中国的节育运动"一文),说法也不一,如说"成立于民国十九年二月",另一处说"该会于民国二十一年正月成立"。这些矛盾的提法,可能与北平妇婴保健会成立后,第一年工作规模很小,事后停顿,1932年新会员加入,工作继续进行,以及1932年在北平社会局立案等有关。但北平妇婴保健会的最初成立日期,大量资料都能相互印证成立于1930年2月。

③ 蒲爱德(Ida Pruitt)童年在中国度过,后去美国学习,毕业于哥伦比亚大学。1920年(约30岁)受美国洛克菲勒基金会派遣到协和医院。1921年,协和医院经过一年多筹备,社会部正式成立,这是医院与病人之间的联系机构。

④ 苏汝江. 中国的节育运动. 北平晨报,1934-08-05(5).

士，以及李廷安、方颐积、袁贻瑾医师，陈达教授，雷洁琼和于汝祺女士等。①

随着成员陆续发生一些变动，会内职务也时有调整。如根据《北平妇婴保健会第二次报告》（1935 年 7 月发表）附录所列该届职员构成：名誉主席张伯苓先生，主席潘光旦教授，书记雷洁琼女士，会计于汝祺女士，医药股沈骥英医师、杨崇瑞女士、杨光华女士，教育股蒲爱德女士、吴景超教授，财务股张鸿均教授，以及顾问委员会：周寄梅博士、王锡帜医师、林行规先生等 14 人。② 除职员外，同期又列出妇婴保健会会员名单：张鸿均（硕士），燕京大学社会学副教授；张伯苓，天津南开大学校长；赵永信（博士），燕京大学社会学教员；陈达（博士），清华大学社会学教授；周励秋女士（硕士），北平精神病医院社会服务员；方颐积医师，北平市卫生局局长；兰安生博士（Dr J. B. Grant），北平协和医院；许仕廉（博士），前燕京大学社会学教授，南京实业部参事；高君哲女士（学士），北平第一卫生区；雷洁琼女士（硕士），燕京大学社会学讲师；李廷安医师，上海市卫生局局长；梅贻宝夫人（硕士），燕京大学；潘光旦（硕士），清华大学社会学教授；沈骥英女士（医师），前北平保婴事务所所长；田贵銮女士（学士），北平协和医院社会部；周寄梅（博士），北平华洋义赈会；吴景超（博士），清华大学社会学教授；杨崇瑞女士（医师），北平第一助产学校校长；于汝祺女士（学士），北平协和医院社会部；袁贻瑾医师，北平协和医院等。③

北平妇婴保健会的办公地点曾经四度易址，后来在北京东四钱粮胡同甲 2 号保婴事务所内办公。由于两个单位在一起办公，有些文献将北平节育指导所的工作误为保婴事务所的节育指导。其实北平保婴事务所，是由国立第一助产学校与北平市卫生局联合举办，管理和推行妇婴卫生，具有“准官方”机构的性质。杨崇瑞在北平保婴事务所也担任许多工作，但是杨崇瑞在 1941 年关于妇婴工作的总结中，没有提到保婴事务所参与节育指导事项④，原因不详。

（二）设立北平节育指导所

（1）北平节育指导所是北平妇婴保健会下设的进行具体节育技术指导的机构，1930 年 2 月，北平妇婴保健会成立之时就建立该所，作为该会的

① 苏汝江．中国的节育运动．北平晨报，1934-08-05（5）．

② 北平晨报，1935-07-07（5）．

③ 北平晨报，1935-07-07（5）．所列职员会员的职务、学历、称呼等前后不一，引文未作变动，按原文。

④ 杨崇瑞．中国妇婴卫生工作之过去与现在．中华医学杂志，1941，27（5）：280-291．

主要工作之一。北平节育指导所是一所民间的非营利性组织，系由社会、教育、医学等各界的热心于研究妇女健康、节制生育的人士组成，经费由北平妇婴保健会提供。① 节育指导所工作一开始就得到北平第一区卫生事务所、北平保婴事务所、国立第一助产学校等帮助。② 起初指导所规模很小，每周只门诊一次，由杨崇瑞医师承担节育技术指导工作。1933 年，沈骥英加入，并聘社会服务员 1 人负责所内日常工作，其余各事项均由北平妇婴保健会会员兼任；除一位社会服务员领取半薪外，其余人员均为义务。③ 北平节育指导所是我国开办最早的专业节育指导机构，它的活动虽然仅在北平及附近地区，最初 5 年指导案例约 900 例④，但它的工作，毕竟是节育由理论宣传向实践迈出了坚实的一步，并推动了上海等地节育指导所的建立，以及在一些医院设立节育门诊，开展避孕指导。北平节育指导所的成立和工作，在我国节制生育史上，以及对 20 世纪 30 年代的节制生育活动的发展，有标志性的意义。

（2）指导所工作程序：凡是申请节育者，可通过信函向节育指导所或《人口副刊》提出，或者由相关的机构介绍（如北平第一区卫生事务所、医院、保婴事务所和各药房等）；指导所接到申请后，由社会服务员预约面谈，认为合乎条件后进行登记，建立一个档案，一人一号；预约在门诊日会见医师，作体格检查后，再视个人健康、体格及文化水平等选用适当方法，使节育者能应用自如。⑤ 要求节育者定期来所复诊，报告试用情况，如有困难或发现不当由医师指导改正。节育者各项情况由医师记载、保存，以作研究的依据。

（3）重视家庭访问（家访），这是该所工作的另一特点。当时妇女文化水平普遍较低，节育方法虽经过医师反复说明，但常常难以全部理解，有些妇女怕麻烦，往往中途而废弃，因此该所工作人员进行家访，及时了解节育者情况，有针对地细致地做好工作。这种工作方法易与节育者建立感情和取得信任，容易处理好节育过程中发生的问题，提高节育的信心和效果。这样的服务，对于当时社会普遍缺乏避孕知识，羞于公开谈论节育方法，显

---

① 田贵銮. 北平节育指导所实况. 女青年月刊，13(9)：45.

② 田贵銮. 北平节育指导所实况. 女青年月刊，1934，13(9)：47-48.

③ 严仁英. 杨崇瑞博士诞辰百年纪念. 北京：北京医科大学，中国协和医科大学联合出版社，1990：131.

④ 沈骥英. 北平节育诊所八百五十二例案之研究. 中华医学杂志，1936，22(5)：358-360.

⑤ 田贵銮. 北平节育指导所实况. 女青年月刊，1934，13(9)：45-46.

得更有实际意义。然而在实施的过程中，还是遇到困难，如1933年初，巴云泉夫人因病辞职，节育指导所家访工作曾停止数月①，为此，1933年5月起先后请李恩芙、高君哲、田贵銮为社会服务员，加强家庭访问和社会服务工作。

(4) 节育指导开始每周三上午9—12时，为面谈和具体指导时间。从1933年5月起，由于沈骥英医师加入，节育指导时间增加到每周二次（以后还增加办公时间），以适应渐渐增加的门诊人次。指导所对所有的节育指导、家访和面谈均免费；有关药品及用品由指导所集中购买，以最低价给节育者，如果遇到经济困难者可减免部分或全部。后来与上海医药界联系，自制泡沫粉等避孕用品，价格比进口的大幅度下降。这有利于在多子女而又贫困的人群中推行节育。1934年，因请求节育者渐多，特地在西城第二卫生事务所内设立出售节育药物的分所，每周三下午2:00—5:00时办公；同时，节育指导所增加每周三下午3:30—6:30办公。②

(5) 节育指导所在审理要求节育的申请时，只接受已结婚者，具体要求为：① 受经济之压迫者；② 身体欠康健者；③ 遗传欠康健者。③

(6) 节育指导采用面谈方式，个别讲解节育方法，不在报刊作具体公开介绍。考虑到请求节育指导者可能是男性或女性，所内聘请男、女医师各一人，方便工作。④ 但至今未能发现男性医师参加具体指导者的姓名。

(7) 注重工农阶级的节育，计划把节制生育工作推行到北平四郊，组织旅行队按期下乡，传授节育方法。⑤ 同时，重视节育在外地的推广，与重要市县的医师、医院建立联系，如1934年8月已得到南京鼓楼医院妇科主任李士伟医师应允，有节育需求者可前往⑥。

(8) 节育指导所除了通过复信、面谈对要求节育者进行指导外，还选择一些有代表性的问题在《人口副刊》解答。如在11期《人口副刊》的刊首，刊登《化胎》一文，对要求"化胎者进行劝解："劝你们不要上当，成胎之后哪里还可以化胎，化胎的药大概是骗钱的，我们没有化胎药，我们也没有

① 北平晨报，1933-04-02(8).
② 北平晨报，1934-08-05(5).
③ 敬告通讯员.北平晨报，1932-10-02(8).
④ 北平晨报，1932-10-02(8).
⑤ 苏汝江.中国的节育运动(续).北平晨报，1934-08-05(5).
⑥ 苏汝江.中国的节育运动(续).北平晨报，1934-08-05(5).

化胎方法。"①该文多处强调"打胎是反人道"的行为,以减少宣传和推行节育的阻力,争取更多的支持。

(三)日常主要工作

北平妇婴保健会成立时公告其宗旨:"研究讨论并宣传生育节制,面授节育方法,以增进个人健康、家庭快乐及社会幸福。"②北平妇婴保健会除下设北平节育指导所外,其他工作有:

(1)创办《北平晨报·人口副刊》(以下简称《人口副刊》)。

1932年1月,北平妇婴保健会组织扩充和调整,甚感需要有一刊物来研究、宣传人口和节育,经过与《北平晨报》洽谈,决定由保健会编稿,每月的第一个星期日出版《人口副刊》,占《北平晨报》的一个版面(开始在第八版,22期起在第五版),独立编期号。1932年4月3日出版第一期,每期约8 000字,此后4年余未间断。《人口副刊》发起人有:女医师杨崇瑞,社会服务者周励秋女士、巴云泉夫人,公共卫生专家兰安生、李定(廷)安、袁贻瑾,社会学教授陈达、许仕廉、张鸿均、雷洁琼等。③ 陈达为第一期书写导言,并公告与读者通讯联系的地址,注明清华大学陈达收,他是编辑《人口副刊》的实际主持人。1934年陈达休假,从同年8月起由潘光旦教授、吴景超教授负责,并在《人口副刊》刊登启事告读者。④ 该刊虽然名为《人口副刊》,但从所发表文章的篇幅看,节制生育类约占2/3以上。该刊所发表的文章、通信、评论等另述。

(2)创办《节育讯》和《节育须知》。

北平妇婴保健会开展工作后,考虑到平民、低收入人群阅读、了解节育知识及寻求节育指导方面的实际需要,编写了通俗的节育宣传资料。首先编写《节育讯》,每期400字,从1933年2月起每月18日在北平《实报》发表。内容常以问答形式表达,如:问:节育是劝人不生孩子吗?答:不是……;再问:妇婴保健会怎样去法?答:你先写信,由北平清华大学陈达教授转交等等。⑤ 此外,随着节育活动的深入,为进一步扩大在较低文化程度的人群中的影响,再编辑《节育须知》,每期约200字,比《节育讯》更为简单。从1934年2月起,《节育须知》在《全民报》每月25日刊登,

---

① 化胎.北平晨报,1933-02-05(8).

② 苏汝江.中国的节育运动.北平晨报,1934-08-05(5).

③ 北平晨报,1932-04-03(8).

④ 北平晨报,1934-07-01(5).

⑤ 实报,1933-02-18.

以初识字的工农、手工业者等为主要读者对象。这两专栏的刊行,表明保健会已经意识到中、低阶层人群是推行节育工作的重点,并开始重视这一方面的工作。

(3) 印发节育宣传品,组织节育工作交流。

北平妇婴保健会还不定期发放一些宣传资料。如在《中国妇幼卫生事业的开拓者》一书中,有当年一份宣传资料的书影。宣传资料标题为《节制生育》,副题为《限制人口数量》、《提高人口品质》。在宣传资料中有:北平妇婴保健会的北平节育指导所的地址(东四北钱粮胡同甲二号妇婴事务所内)、电话、工作情况(聘请女医师……)、接受节育指导的标准、费用、如何办理手续以及节育注意事项,等等。① 这是一份研究北平妇婴保健会及其节育指导所历史的宝贵资料。

(4) 北平妇婴保健会注意与其他节育组织进行交流。

在上海节育研究社准备恢复工作时,在《人口副刊》刊登上海的活动动态,并拟向上海节育研究社赠送每期《人口副刊》100 份,发放给上海的节育者。② 这既扩大了北平妇婴保健会的影响,又促进了两地节育工作的交流。

(5) 经费的筹集及平衡。

北平妇婴保健会完全是一民间组织,开展节制生育指导除了收药物、器具的成本费外,全部免费。办公用房、日常用品、宣传资料和一名社会服务人员的薪水等,必须靠募集才能维持。保健会曾多次在《人口副刊》公布账目。举 1934 年度(1 月 1 日—12 月 31 日)收支,可见梗概③。

收入(元)		支出(元)	
上年余款	0.91	薪金	815.00
由周寄梅先生捐得	493.00	公事房费用	95.62
由陈达先生捐得	404.00	办公桌	5.00
由于汝祺女士捐得	108.00	文具柜	35.00
由雷女士捐得	50.00	药物入口税	87.16
由沈医师捐得	35.00	余款	173.55

① 左奇,严仁英.杨崇瑞博士:中国妇幼卫生事业的开拓者.北京:北京医科大学出版社,2002:40-42.

② 北平晨报,1933-04-02(8 版).

③ 北平晨报,1935-07-07(5 版).

由杨医师捐得	26.50	
由高女士捐得	26.00	
由田女士捐得	15.00	
药品	40.00	
利息	7.92	
	共 1 211.33	共 1 211.33
给余	173.55	

从上可见,该会的经费几乎都是会员所提供。支出主要是社会服务人员的薪水(其他人员都是义务)。许多主要成员(如陈达)承担繁忙的编辑工作,非但不取报酬,而且还是该年经费的主要捐助者之一。可见他们为事业、为信仰贡献的崇高精神。

(四) 促成中华医学会成立节育委员会

北平妇婴保健会通过多年的工作,深深感到节育工作要取得实效,必需要医务界的广泛参与和支持,而当时中国医学组织还没有公开承认节制生育为医学的一个分支,有些医生还反对节育。为此,该会在1935年秋,向在广州召开的中华医学会年会递交了一份《中国医学界应公开承认生育节制为公共卫生事业之一种而予以适当之提倡案》。该提案在“缘起”中说:

> 美国山额夫人来华,作公开演讲,以为欲救人口过庶之弊,生育节制实为最有效之一法。彼时有识之士固已深韪其说。自兹以后,于此方面作文字宣传者有之,作实地试用者有之,风气渐开,流播日广;至最近四五年间,平、沪等较大之都市,更进而有节育诊所之设置。惟是影响所及,似犹未能逾越智识与中产阶级之范围,去普及之境界尚远;而一部分忧时爱国之士,犹或不免怀疑观望,以为推广之结果,于民族前途,不尽有裨。推原其故,实因前此之努力,大半出诸研究人口问题之社会学家与从事于福利事业之社会服务家,而始终未能邀取医学界之通力合作。节育工作之理论与实施,属诸社会范围者固半,属诸卫生与医学范围者亦半,有其前半而遗其后半,其取信与号召之力量斯不能无遗憾矣。①

该提案希望中国医学界公开承认节育为公共卫生事业的一部分,全文

① 北平晨报,1935-11-03(5).

词语极恳切，既肯定人口、社会学者的先导作用，又指出一部分人对节育持观望、怀疑的态度与医学界没有公开正式参与有关。该提案在1935年中华医学会第十一次大会上顺利获得通过，并在公共卫生学科内成立节育委员会，标志中国节育跨入一个新的里程。这是北平妇婴保健会一项非常有见识的举措，也是对中国节育发展重要的贡献之一。

（五）组织国际学术交流活动

1936年，北平妇婴保健会获悉山格夫人和马丁夫人来华，在《人口副刊》发行"欢迎山额夫人专号"，由雷洁琼等著文介绍山格夫人与节育运动，欢迎山格夫人二度来华。① 后来山格夫人因为健康原因乘轮船回国，途中经过上海，停留不足24小时就返美，未能到北平。② 但马丁夫人经广州、上海、南京、天津，1936年4月21日到北平，协和医院杨崇瑞、沈骥英，燕京大学雷洁琼，北平妇女社会服务促进会刘吴卓生和到火车站迎接。③ 马丁夫人在北平的活动主要由北平妇婴保健会安排④，包括出席北平妇女社会服务促进会茶话会（23日）、协和医院社会部讲演（29日上午）、协和医院大礼堂公开讲演（29日下午5时）、参观燕京大学和清华大学（30日）等。

二、上海节育研究社及上海节育指导所

（一）上海节育研究社

1. 成立早期活动

上海节育研究社成立于1930年5月⑤，与1922年建立的中华节育研究社不是同一组织，亦无衔接关系，发起人为颜福庆等。该社所宣扬的宗旨及观点，在"上海节育研究社缘起与宣言"一文中有清楚的表达：

> 我们不相信任何单独的方法可以救国！节育的一个方法，自然也不例外。以前相信节育可以救国、可以直接间接解决一切问题的人，深信节育有两大功效：一、解决人口数量问题，二、解决人口品质问题，我们不敢这样深信不疑。
>
> ……
>
> 一方面我们承认节育是很有种族意义和社会意义的一件利

① 雷洁琼. 山格夫人与节育运动. 北平晨报，1936-03-08(5).
② 申报，1936-03-09.（影印本338册220页）
③ 世界日报，1936-04-22(6).
④ 世界日报，1936-04-29(6).
⑤ 苏汝江. 中国的节育运动. 北平晨报，1934-07-01(5).

器，但是一方面我们又不敢承认他的效用是尽善尽美的……所以我们组织就叫做“节育研究社”。我们的宗旨也很单纯，我们研究的结果只指望着：一家人家有节育的必要时，可以借重我们的工作，得到相当的准备；一经节育之后，因为生产减少，可以相对的多几个健全的儿童。①

从上述可见，上海节育研究社早期并不认为单纯节育活动就可以救国，与积极、“无条件的支持节育”的观点还有一定的距离，但认识到节育很有意义，关系到个人、家庭、民族的健康，应该为此提供帮助，开展工作。

1931年，上海节育研究社曾经与中华慈善协会商洽开展节育指导工作未果，后多年亦未能开展工作。造成这种状况有多种原因，如认为我国“与美国不同，政治无碍，是人力、财力的不济”②；也有认为由于委员们工作太忙；等等。刘王立明评论说：工作未能如期望的那样，“成了一个未葬的活人”③。

1934年，上海节育研究社进行组织调整，中华妇女节制协会参与，推选颜福庆为会长（当时颜任中央大学医学院及红十字医院院长④，在上海医学界很有影响），刘王立明为副会长，吴维德为书记，王素贞为会计，潘光旦、骆传华等为委员⑤。研究社活动再兴起，并制定“上海节育研究社简章”，共九条，“第二条　宗旨　本社以改善儿童品质，保全母亲健康，增进家庭幸福为宗旨”；“第三条　急需进行之任务：（一）创导节育舆论。（二）传播科学方法之节育要识。（三）择上海扼要之处设立节育诊所。（四）谋各种节育必需品供给之便利”⑥。简章还就工作原则、社员、社费、组织、选举等作出规定。如入社费每人2元，常年费每人1元；设社长1人，副社长2人，书记2人；下设立宣传、医务、财务委员会等。从其简章可见，急需的任务是推行节制生育。重组后的上海节育研究社与中华妇女节制协会合

① 未署名. 上海节育研究社缘起与宣言. 青年进步，1931（114册）：115-117. 此外，《优生》1931年1卷2期24页亦刊登。从《潘光旦文集（第八卷）》出版时说明，为潘所作，见该集353-354页。

② 潘光旦. 节育研究社最近工作. 优生，1931，1（5）：4.

③ 刘王立明. 妇女与节制生育. 东方杂志，1935，32（1）：6（社）.

④ 苏汝江. 中国的节育运动. 北平晨报，1934-07-01（5）.

⑤ 刘王立明. 妇女与节制生育. 东方杂志，1935，32（1）：6（社）.

⑥ 周钟慧卿. 为什么要办节育指导所//凌集熙. 中华妇女节制会年刊. 上海：中华妇女节制会，1935：35-36.

办上海节育指导所(费用由上海节育研究社负责①),自此上海的节育指导从宣传为主,进入有组织的具体实践的指导阶段(上海节育指导所工作见下述)。

2. 抗日战争期间的活动

由于抗战爆发,战火燃烧到沪,上海节育研究社的工作停止。1939 年 11 月 14 日,该社在沪的委员开会,因原来委员已有部分离沪,故需推举补充新委员,重新选举新的执行委员会。新产生的上海节育研究社领导成员为:"主席王淑贞医师,副主席王逸慧医师,中文秘书沈骥英医师,英文秘书周钟慧卿夫人,司库施思明医师,诊务委员会主席陶卫尔医师,宣传委员会主席朱君,征求委员会主席王侃如君。"②会议还就发起节育宣传等进行讨论,"并议决在沪设立指导所二处,一与中华医学会合作,一与上海产科医院合作"③。当年就在上海池浜路 41 号中华医学会内合办节育门诊(诊所设在 29 号)④,开展节育咨询、指导,制作廉价节育用品,供应平民等。诊所每星期三下午 2:00—4:00 时、每星期六上午 10:00—12:00 时工作。由于免费,就诊者甚多。《西风》1941 年刊登记者访问上海节育研究社的特写:报道该社的历史、组织、工作,还在门诊采访多位接受节育技术指导的妇女。被采访的妇女以自己的亲身经历诉述了多育的困苦,迫切希望得到节育指导,认为"上海节育研究社这样的机关实在不可多得,值得我们的赞助"⑤。

上海节育研究社还派代表出席 1940 年 7 月 1 日中华健康协会的成立大会。⑥ 中华医学会、上海节育研究社在已经开展节育指导的工作基础上与中华健康协会进行合作,中华健康协会"负担经济责任",中华医学会等负责"供给技术指导"。合作工作中有"节育门诊,由专家指导最经济的节

---

① 凌集熙. 中华妇女节制会年刊. 上海:中华妇女节制会,1935:63-66.

② 上海节育会近讯. 上海医事周刊,1939,5(48):1.

③ 上海节育会近讯. 上海医事周刊,1939,5(48):1.

④ 中华节育研究社是在 1939 年 11 月决定与中华医学会合作办节育诊所,而此前,中华医学会模范卫生处节育指导所已经恢复每星期六上午的节制生育指导工作(见:《上海医事周刊》5 卷 40 期,1939 年 10 月 2 日,2 页)。中华医学会模范卫生处节育指导所的工作恢复,略早于中华节育研究社。许多文献中有"卫生实验区"、"模范卫生区"、"公共卫生实验区"等提法,从涉及的内容分析,所描述的可能是同一对象。

⑤ 颂芳. 上海节育研究社访问记. 西风,1941,(63):247.

⑥ 黄嘉德. 中华健康协会的工作. 中华健康杂志,1941,3(4):1.

育方法，如采用“泡沫粉之类”①。因王淑贞医师、王逸慧医师、沈骥英医师、周钟慧卿夫人等都是中华节育研究社的成员，故节育技术指导实际为该社承担。

上海节育研究社1939年再度开展工作后，制定该社工作目标，有：“唤起医界同仁对于节育问题多加注意，盖指导一般人节育方法为医师天职也”；“研究改良节育方法及物品，尤在研究发明手续简单之节育方法及价格低廉之节育物品，适合一般平民之用”；“在平民及病人间传播节育之福音”；“计划在各地建立分社，使全国人民均知节育之益”等②。在社务活动中，通过执行委员会制定工作规划，审查预算等。如1941年3月28日的执委会上有：“报告二十九年份会务及通过三十年度预算”、“中华医学会经售之各种节育药物用具，概照成本出售”、“四月及五月内举行征求社员运动，以征得会员二百名为目标”等③。

1940年9月，上海节育研究社出版《节育季刊》，在第一卷第一期刊登“中国节育运动之史略”、“上海节育研究社成立之经过”等内容，其中有该社发展的历史，以及节育诊所推广的主要节育方法和节育用品出售等信息④。《节育季刊》后续的出版情况不详。

3. 迎接国际节育专家到沪活动

1936年3月8日，山格夫人乘皇后号轮船经过上海（停留一晚，同行的有秘书费立泼小姐）。上海节育研究社和上海节育指导所派颜福庆、周钟慧卿到码头迎接（颜福庆女儿同往）。⑤（见图12-1）由于夫人在上海时间很短，上海节育界未请她作公开讲演。山格夫人到王逸慧医师寓所出席茶话会，交流国际节育发展动态和近十余年我国节育发展情况。⑥ 参加的有：颜福庆、骆传华（代表青年会）、周钟慧卿、周自培夫人、梁福莲女士、胡竹君、吴景奇夫人等，都是上海研究、推行节制生育的社会活动家或医生。上海节育研究社主持这次简短的交流。1936年4月5日，国际节育联盟名誉干事马丁夫人（Mrs. Edith How Martyn）到上海，海港检疫处处长伍连德博

① 黄嘉德. 中华健康协会的工作. 中华健康杂志，1941，3(4)：2.
② 上海节育研究社之目的. 上海医事周刊，1941，7(11)：2.
③ 上海节育研究社执委会开会记略. 上海医事周刊. 1941，7(14)：4.
④ 上海节育研究社. 上海医事周刊. 1940，6(41)：2.
⑤ 申报，1936-03-09，8版.
⑥ 申报，1936-03-09，8版.

士、上海节育指导所主任周钟慧卿女士登上海轮迎接。[①] 马丁夫人在上海期间的活动由中华妇女节制协会、上海节育研究社安排组织。4 月 7 日，马丁夫人在上海女青年会作“人口问题与节制生育”的讲演，时正下大雨，到会的仍有 100 多人，并约定再作一次关于妇女问题的政治讲演。[②]

(二) 上海节育指导所

(1) 上海节育指导所由上海节育研究社与中华妇女节制协会合办，成立于 1934 年。中华妇女节制协会在讨论联合办所事项的会议记录中说“工作本会予以相当协助，经济上不负责任”[③]，可见实际上是上海节育研究社承担节育所的主要工作。而中华妇女节制协会在全国甚有影响，以组织名义参加节育推广工作，其社会推动力远远要大于技术层面上的作用。

图 12-1 山格夫人(中)与周钟慧卿(右)和费立泼女士(左，山格夫人秘书)在轮船的客舱内合影

现今没有发现指导所制定的章程，工作主要按“上海节育研究社简章”办事。如第四条工作原则：“一切节育专门知识，限由本社所设之诊所供给，并根据医务委员所规定之条件施行。”

(2) 上海节育指导所“它的宗旨是提倡生育节制运动，指导一般人节育的方法，以为个人、家庭、社会及国家谋幸福”[④]。

(3) 上海节育指导所的中心工作是提倡节制生育，指导大众掌握节育方法。周钟慧卿著文宣传“请大家赞助这节育运动”的理由[⑤]：

第一，“生育节制可以保护母亲健康，并可以防止产妇的死亡”。“生

---

① 申报，1936-04-06(9).

② 申报，1936-04-08(10).

③ 凌集熙. 中华妇女节制协会年刊. 上海：中华妇女节制协会，1935：63-66.

④ 周钟慧卿. 为什么要办节育指导所//凌集卿. 中华妇女节制协会年刊. 上海：中华妇女节制协会，1935：34.

⑤ 周钟慧卿. 为什么要办节育指导所//凌集熙. 中华妇女节制协会年刊. 上海：中华妇女节制协会，1935：34-35.

育节制运动便是主张用科学安全的方法，依照妇女各人的健康情形节制生育”。

第二，“生育节制可以防止疾病的遗传，达到改良人种的目的”。

第三，“生育节制能够减轻劳苦家庭的负担，使儿童能有良好的生存机会”。

第四，“生育节制可以防止打胎、私生子，并消灭娼妓制度”。

第五，“生育节制能防止人口过剩，使社会安宁，国家强盛，世界和平”。

(4) 上海节育指导所聘周钟慧卿担任主任（周明蘅夫人，当时留美回国），寻址设立节育指导门诊。到 1936 年 4 月，已经在沪设立节育指导诊所三处：爱文义路广仁医院、西门妇孺医院、海格路中国红十字会医院。① 其指导的对象包括许多低收入、低文化、体力劳动者。周钟慧卿亲自与“人力车夫互助会及沪东公社等团体商洽，指导平民阶级夫妇节育”②。刘王立明在欢迎马丁夫人的集会上说：“过去节制生育几为上中社会所特享，现会中已向各平民新村及人力车夫公会等平民社会宣传指导。”③这表明上海节育活动已经向节制生育的难点、重点人群发展。后来节育指导诊所改为两处，一处在中华医学会新闸卫生实验区，另一处在上海平民妇孺医院，两处工作对象和时间不同。新闸卫生实验区节育服务对象为一般社会民众，凡是来诊者只要条件符合（标准与北平节育指导所相似），均给以指导，时间为每周六上午。平民妇孺医院节育指导服务对象为产后的妇女，时间为每周三下午。④ 后来，因为抗日战事，这两处也一度中断工作。

(5) 上海节育指导所设立在医疗机构内，易于通过医院的影响推行节育活动。这与北平节育指导所独立门诊有所区别。上海节育指导所在节育技术指导实践中注意使避孕物品供给方便，降低成本，如与中华医学会、上海医学院药学系共同研制节育泡沫粉，使得价格比进口泡沫粉大幅度降低。

(6) 在抗日战争时期，上海节育研究社和中华妇女节制会的一些成员已经离开上海，为整合节制生育的力量，1939 年，原来上海节育研究社的在沪成员开会调整组织，选举新的执行委员会，决定与中华医学会等合作（包

① 申报，1936-04-08(10).
② 大晚. 上海节育指导所鼓吹平民节育. 妇女月报，1936，2(4)：34.
③ 申报，1936-04-08(10).
④ 沈骥英. 节育事工之检讨. 中华医学杂志，1942，28(5)：158-163.

括后来中华健康协会成为合作单位），举办节育指导诊所。这些活动，没有再用“上海节育指导所”的专门名称。1941 年 3 月 28 日，上海节育研究社的执委会纪略中记载：“未议决与基督教妇女节制会重新合作云”①，由此可见，1939 年上海节育研究社恢复工作后没有再与中华妇女节制协会进行合作，故而可认为 1934 年成立的“上海节育指导所”，最迟在 1939 年前已经结束。

抗日战争时期及胜利后，上海节育研究社恢复工作，可视为该社节育指导工作的延续。其间与中华医学会、中华健康协会等合作开办节育指导所。由于多组织之间的合作时有变动，时间跨度不同，以及各组织自己的提法不一（如中华医学会称“上海节制生育指导所”等），有时看到的组织名称有别，实际可能是指同一指导所。

三、中华医学会节育委员会

（一）节育委员会的产生及工作

中华医学会 1910 年在上海发起，1915 年在上海正式成立，是我国西医界成立最早、规模最大、最有权威的医学专业组织。直到 1935 年初，中华医学会尚未将节制生育纳入学会的专业范围。这在相当程度上影响人们对节育技术的可靠性、安全性的信任，也妨碍节育指导在各地医院、诊所的开展。1935 年，北平妇婴保健会感到急需改变这一情况，向当年在广州召开的中华医学会年会提出“中国医学界应公开承认生育节制为公共事业之一种，而予以适当之提倡案”②。经过讨论，此提案获得通过，正式承认生育节制为公共卫生之一③，并指定王逸慧、颜福庆、王国栋、牛惠生、沈骥英等为节育委员会委员。至此，节制生育正式纳入医学学科，成为其一个分支，为研究、推行节育的机构之一。1936 年，节育委员会就提交会务报告，汇报中说，节育委员会制造有效廉价节育粉剂取得显著成绩。④ 在 1937 年的中华医学会第四届大会上，王逸慧代表节育委员会作工作报告，内容包括：① 上届会议选举牛惠生、朱恒壁、王国栋、杨崇瑞、沈诗（可能是骥字之误）英、翟淑慧、王逸慧等为委员；② 与上海节育研究社及上海节育指导所协作，设立

---

① 上海节育研究社执委会开会记略. 上海医事周刊. 1941，7（14）：4.

② 北平晨报，1935-11-03（5）.

③ 中华医学杂志，1936，22（5）：354.

④ 中华医学杂志，1936，22（10）：999.

节育诊所，派医师提供节育咨询等事项；③ 接待山格夫人、马丁夫人在沪访问的情况；④ 向医生发放节育宣传资料，盼望医师们加入节育工作及调查研究；⑤ 根据山格夫人的节育泡沫粉配方，请上海医学院药学系代配，改变依靠进口的状况，并使价格明显降低；等等。[①]

中华医学会节育委员会成立后一年余，做了许多富有实效的工作，以权威医学组织积极支持节制生育的态势，影响推动了医学界积极参与节育活动。抗日战争期间以及胜利后，上海中华医学会成员就恢复节育指导工作，做了许多探索和实践。

中华医学会没有独立开设过节育指导所，但与上海节育研究社等组织以及相关卫生实验区合作开办节育指导所，其活动等见合作机构的记叙。

（二）《中华医学杂志》的支持

中华医学会1932年与博医会合并，中文名称沿用中华医学会。其创办的《中华医学杂志》发行至今，即使在抗战期间亦未停刊，是反映近代西医发展的最权威刊物。《中华医学杂志》发表节育文章较晚，直到1929年才刊登朱宪彝《节育法》一文，文内指出"节制生育之种种方法为妇科医士必具之知识，医学生课程中亦必不可少之"，"节育方法虽多，以橡皮或胶制阴茎套为最佳"[②]；1934年《中华医学杂志》发表王逸慧等《避妊法》一文。[③]这两文分别比《妇女杂志》发表的"避妊问题之研究"等迟8与14年。

在中华医学会建立节育委员会后，《中华医学杂志》作出积极的反应，在1936年第5期，开辟"生育节制"专栏，刊登《节制生育与中国》、《一个教会医师对于节制生育的意见》、《北平节育诊所八百五十二例案之研究》三篇文章。这在该刊发行中从无前例，表明了对节育的重视和支持。该杂志还在多期的消息栏内，刊登节育活动的动态。《中华医学杂志》正面积极参与节制生育活动，不仅能改变一部分人对节育不信任或反对的态度，还能促使医务人员更公开支持和进行节育指导。

四、中国优生节育协进会及所办节育指导所

该会成立确切日期待查。根据《申报》1948年7月12日报道：本市近出现一个提倡节育运动之中国优生节育协进会，该会之主旨，现已获得本

---

① 中华医学杂志，1937，23(1)：634-636.

② 朱宪彝. 节育法. 中华医学杂志，1929，15(2)：204-205.

③ 中华医学杂志，1934，20(8)：1025.

市卫生局及医学界热烈赞助等，可认为该会的成立大约在1948年7月。中国优生节育协进会总干事为卢洪，其他成员不详。但从其出版的著作、开办节育指导所、组织电台讲座、到各地讲演等，都是由孙严予医师承担，可以推论她为实际领导。现在尚未发现该会的章程、宣言等。综合报刊等资料，其活动择要如下：

1. 主要工作①

(1)“出版优生节育书籍杂志”。如：《最新避孕法》、《今日避孕法与节育谈》、《今日避孕法与性心理》、《今日节育图解》(丛书之三)、《最新避孕法与性问题》、《节育以优生》等。

(2)“研究优生节育学识”。“征求优生节育论文及普通有关优生节育文字”。

(3)“创办优生节育指导所”。具体开办日期不详，但从1948年7月12日报道中所说“计划先在本市市区内创办优生节育指导站”分析，节育指导所开办不会在1948年7月前；另外，在1948年底至1949年初已见节育指导所的开诊广告，故成立至迟不会晚于这一阶段，大约在1948年夏秋。

(4)“采办供应避孕用品”。 公开向全国大城市有意从事优生节育业务的医师提供书籍和避孕用品，并征求各地医师及药房代理。

(5) 通过演讲、电台广播、发放宣传品等宣传节制生育。组织成立中国节育用品制造厂，出品子宫颈帽等8种节育用品。

2. 宣扬节育理念

中国优生节育协进会在推行节制生育活动中，将协进会所崇扬的节育思想整理成简单明了、易读易懂的“标语”②，便于传播，如：

(1) 主动生育儿女之父母，才是真正神圣之父母！

(2) 偶然无意之生育是罪孽！

(3) 宣传节育方法，是消灭罪恶打胎之唯一办法！

(4) 节制生育是建设幸福家庭之基楚(础)！

(5) 节制生育是安定社会之措施！

(6) 优生节育始可强国！

(7) 节制生育是世界永久和平之途径！

---

① 孙严予.最新避孕法.5版.上海:中国优生协进会,1948:封底.

② 孙严予.最新避孕法.5版.上海:中国优生协进会,1948:封底.中国优生节育协进会的具体活动，主要反映在孙严予的节育活动中。

3. 中国优生节育协进会节育指导所

1948年夏秋,中国优生节育协进会在上海主办节育指导所。第一节育指导所在南京西路587号,上午10:00—12:00时应诊;第二节育指导所在南京西路1609号,下午2:00—4:00时应诊,均由孙严予医师主持。该会的服务项目主要有:(1)提供最新美式节育用品,指导使用方法。(2)开展节育手术,对绝对不能够生育者施节育术。(3)检查男女不孕原因。(5)施行堕胎手术。(6)化验妇女小便确定是否受孕。

该所开设电话咨询,还设立市邮政信箱(5056),接受通信预约、咨询等。

五、医院等节育指导活动

节制生育渐渐被更多的人所认识、接受后,进入30年代,医院、诊所或个体开业医务人员从事避孕指导的活动,也由不公开逐渐转向半公开或公开。尤其是从事妇产科专业者(如上海王逸慧医师)更多地开展这些业务。当北平节育指导所、上海节育指导所公开进行避孕指导后,一些医院也在探索或筹备开设节育专科门诊。但鉴于反对避孕的舆论甚嚣,顾虑甚多,设立节育专科的进程缓慢。尤以在通过手术堕胎、终止妊娠方面,十分小心,更不敢"挂牌"。1933年,南京中央医院妇科主任李士伟医师在报纸上公开表示接待"有志节育者"。[①] 这种官办的著名医院专科主任的态度,能在很大程度上影响一批反对节育或持观望态度者。1934年,南京鼓楼医院在院内增设节育指导一科,并在中华医学杂志等发布信息,欢迎前往。[②] 鼓楼医院是当时首都南京最大的医院之一,其"榜样"作用很重要。当各医院,特别是一些规模较大、有影响的医院参与节育指导后,对医务界起到鼓励和示范作用。

(一)南京鼓楼医院节育指导科

1934年,南京鼓楼医院在医院内增设节育指导科,填补了当时首都医院没有专门节育指导部门的空白。"该院为谋已婚妇女之便利起见,特聘经验丰富之女医师指导有节育需要之妇女","接洽时间每日上午八时至十一时半"[③]。适合节育指导的人群是:(1)身体欠健康,如患肺结核、心脏

① 北平晨报,1933-10-08(8).

② 中华医学杂志,1935,21(2):218.

③ 鼓楼医院开设节育指导所.中央日报,1936-02-09(3).

病;(2) 遗传欠缺;(3) 生产过繁或过密;(4) 受经济限制等。

鼓楼医院节育指导科对适合节育的人群掌握可能比较严(对"生产过繁或过密"的界定),有人在《中央日报》著文说:"鼓楼医院拒绝在结婚不到三年,而已有二个孩子受孕期这样近的妇女去请求指导节育方法","至少有四个孩子的妇女,才可去请求指导"①。作者认为这样的规定太严厉,"所以节制生育的对象和规定真值得我们详细考虑和商讨"。

鼓楼医院节育指导案例没有见到医院方面的报道,但1936年1月《社会学刊》刊登金陵女子文理学院社会学系的一份调查报告,该报告是1936年前在鼓楼医院妇科门诊75例的调查分析,报告第三部分是有关生育节制的内容,其中有24人知道生育节制方法,9人试用过,附6人谈采取节育的方法及体会。②

(二) 定县实验区内的节育指导活动

1. 探索在农村开展节育指导工作

20世纪20年代启动的节制生育宣传,主要在城市和知识阶层中展开,对农村和低文化人群的影响较薄弱,后者恰恰是高生育群体,最需要推行节制生育。北平妇婴保健会成立后,通过其所属的北平节育指导所,在开展节育技术指导的活动中,注意向体力劳动和低文化人群扩展,如在《实报》等开辟通俗节育知识宣传专栏,在体力劳动者较集中居住的地区,增设节育指导门诊等。同时探索在农村展开节育活动的途径,如北平妇婴保健会与中华平民教育促进总会(简称"平教总会")合作,在后者所办的河北定县实验区内,开展节育指导活动。

平民教育工作是20世纪初晏阳初、陶行知、梁漱溟、黄炎培等在乡村进行教育的探索和实践之一。其中,晏阳初先生在河北定县实验区的工作,持续时间最长,取得显著成绩,并受到国内和国际普遍的赞扬。1923年8月26日,"平教总会"在北京成立,熊朱其慧任会长,晏阳初任总干事。1926年,选择河北定县(以东亭镇为中心的52个村)为实验区,聘请许多博士、学者主持实验区工作,设立文艺、生计、卫生、公民四个部开展教育工作。1929年10月,聘请协和医学院优秀毕业生姚寻源主持卫生部工作。建立起村保健员、区保健所、县保健院的三级保健制度。这也是以后宣传

---

① 明.《节制生育》访问了鼓楼医院以后的感想.中央日报·妇女周刊,1936-02-19(2).

② 金陵女子文理学院社会学系.鼓楼医院中75位妇人之调查//李文海.民国社会调查丛编·婚姻卷.福州:福建教育出版社,2005:437-438.

推动节制生育的组织基础。1933 年 11 月,“平教总会”决定在定县乡村宣传推行节制生育。[①] 在 1934 年,该会向国内外参观者分发的“定县实验工作提要”中的卫生教育部分,有“试验推行节制生育之方法”的内容。同年在晏阳初用英文所写的“定县的乡村建设实验”一文中,所述实验研究项目,卫生保健部有 9 项,包括生育节制(尚有生命统计、学校卫生、传染病控制等)[②]。这些表明节制生育在 1933 年已经成为定县实验区的卫生工作之一。

2. 实验区内的节育指导工作

“平教总会”在定县实验区的工作得到全国各界的支援,还包括官方和国外的支持。其中,节制生育工作经过与北平妇婴保健会多次协商,杨崇瑞博士就到过实验区指导节育工作。协和医学院公共卫生科,在人力和技术方面给予很多的支持。如著名公共卫生、健康教育专家陈志潜教授,从协和毕业,再到美、德学习公共卫生和健康教育,1931 年回国后,在协和兰安生先生的促动下,到定县工作(陈直至抗日战争实验区工作停止后离开)。上海、北京医学院公共卫生专业的学生也到定县实习。叶恭绍教授、苏德隆教授等著名的公共卫生专家,都曾经在定县实验区实习。定县的节制生育工作主要有[③]:

(1) 1933 年,平教总会开始“向平校毕业同学会讲说节育工作”,指出“‘多子多孙’的观念普遍于民间”,强调“农村经济困竭人口众多”是愚弱穷私的根本原因。拟通过宣传教育,提高认识节制生育的意义和必要性。

(2) 1933 年 11 月,在“县保健院设立一生育节制特别展览室”,陈列节育药品、器材和其应用方法,并用图片辅助说明。

(3) 除展览室外,另外设一专室,供讨论和指导节育相关实际问题。

(4) 1933 年冬,向各村农民宣传推行晚婚节育,有“五十村农民愿意迟婚且积极节育”。

(5) 1934 年,该会的卫生、教育部组织专人,到 15 个乡村访问 835 户农家,调查生育情况,宣传节育的意义和重要性。其中,有 108 家需要实行节制生育(按当时的标准),并劝告他们节育,可是只有“34 家表示接受”。

---

① 吴相湘. 晏阳初传·为全球乡村改造奋斗六十年. 台北:台湾时报出版有限公司,2001:288.

② 晏阳初. 晏阳初文集. 詹一之,编. 四川教育出版社,1990:174.

③ 吴相湘. 晏阳初传·为全球乡村改造奋斗六十年. 台北:台湾时报出版有限公司,2001:288.

(6) 定县推广节育活动遇到许多困难。其中,农民传统的多子多福的观念和“节育器材药品的安全性”以及“药品器材的价格甚高”,是农村推行节制生育的最大的障碍。

我国乡村开展节育活动比城市有更多的困难。遗憾的是定县的节制生育工作至今没有发现其效果评价的详细原始文献资料。

(三) 相关医院诊所的节育指导

20 世纪三四十年代,除上述外,参加节育指导的机构和个人,举要如下①:

(1) 30 年代:

• 上海节制生育指导所,每周三下午门诊,但未注明指导医师。从标明诊所地点看,在上海池浜路 41 号,此地为中华医学会总会所在地。此外,在 1937 年的中华医学会第十二次大会(即合并后第四届大会)上,王逸慧代表中华医学会节育委员会所作的工作报告中有:与上海节育研究社及上海节育指导所协作,设立节育诊所,派医师提供节育咨询等内容。② 此诊所是否就是与上海节育研究社等合作之诊所? 尚待查。至目前还没有发现以“上海节制生育指导所”为名的其他报道。

• 上海第一红十字会医院王逸慧医师,每周二下午门诊。后来他还兼任中华医学会节育委员会委员。该医院尚有梁福莲医师,每周四下午门诊。

• 上海妇孺医院(西门妇孺医院)王淑贞医师,每周二、四、六上午门诊。此外沈骥英医师,亦曾参加节育指导。

• 上海广仁医院知素师沩(翟淑惠 L. M. Disosway),每周一至周六下午门诊。她是一位教会医师,在节育违反上帝旨意的舆论甚嚣的环境中,她公开支持、亲自参加节育指导,有力地争取基督教教徒支持节育工作。

• 上海伯利特医院梅国珍医师,每日上、下午门诊。

• 上海的个人诊所(医院),有一些医生的服务项目中包括节育指导门诊,如王淑珍医生(南京路 392 号每日下午门诊)、苏守真医生(北四川路

① 此处除注明外,主要根据《现代父母》(1937 年,5 卷 3 期 34 页)《上海节制生育指导所》一文和《女青年》(1936 年,15 卷 6 期 32 页)《上海节制生育指导所》一文,以及《申报》广告等归纳。但各机构、个人开始服务以及持续的时间等资料不详细,难以确切注明。各组资料之间亦有略异,有些人名书写特别,如知素师沩,即翟淑慧. 到 40 年代,在一些大中城市,妇科医生开展避孕指导已经普遍。

② 中华医学杂志,1937,23(1):634-636.

五洲大药房，每日上午门诊）、杨素兰医生（南京西路 49 号，每日下午门诊）、郭太华（白克路 738 号 5 号，每日下午门诊）、胡竹君医生（西摩路 12 号，每日下午门诊）等。

• 北平博爱医院（北新华街 8 号），通过医院所办《医学卫生旬刊》宣传节制生育，并自制“避孕片”出售。1934 年 1 月 1 日起，几乎连续一个月在《北平晨报》刊登广告：“生育节育及治一切疾病请到北新华街 8 号博爱医院。”

• 北平协和医院马士敦医生、林巧稚医生。

• 南京中央医院，1933 年该院妇科开展节育指导，并在报刊公开联系人为李士伟医师。①

• 南京鼓楼医院倪熊医生、杨葆华医生。

• 广州华西大学医学院 Dr. Gladvs Cunningham。

• 广州□保罗医院俞□瑶辉医生。

（2）四十年代：

• 上海冯俊英女医师（静安寺路 64 号），广告中说：精医妇女不孕、避孕等，用美国 BCR 厂“节育环一次戴上即可避孕不碍经期”。（见图 12-2）

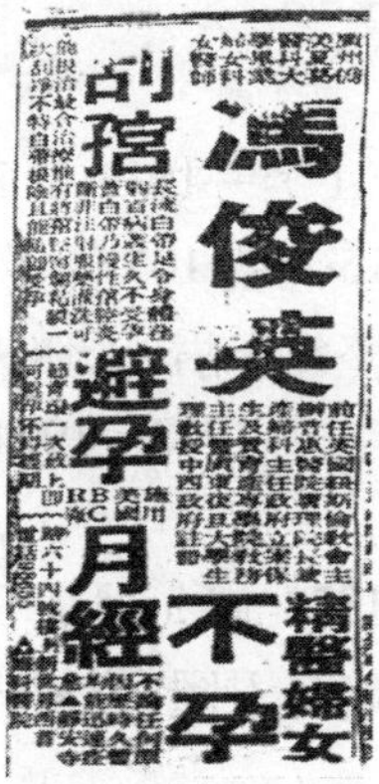

图 12-2 《申报》
1942 年 1 月 5 日 4 版

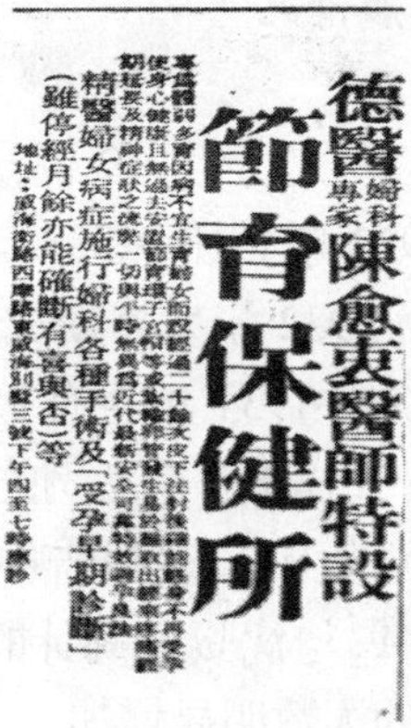

图 12-3 《申报》
1942 年 6 月 10 日 5 版

图 12-4 《申报》
1942 年 1 月 19 日 3 版

• 上海陈愈衷医师节育保健所（威海卫路），每日下午门诊。（见图 12-3）另外的广告中说陈愈衷医院设“节育与求孕指导部”。

• 上海黄爱女医师（南京路大新公司对面），宣传 WF 节育器，说此器

① 北平晨报，1933-10-08(8).

之构造基于不违背妇女生殖系统之一切生理中，而使之绝对不能受孕。（见图 12-4）

• 上海妇科病医院（白克路 572 号），宣传节育解决多产痛苦。手术无痛、安全，不碍健康，无须住院（《申报》，1945 年 5 月 15 日 1 版）。

• 上海慎文诊所（塘沽路 861 号）（见《叛逆女人》7 页）。

• 上海中国妇科诊所（南京西路 749 号），每日下午 2—5 时应诊（见《叛逆女人》7 页）。

• 上海何琴莲医师诊所（中正南二路 198 弄 19 号）（见《叛逆女人》7 页）。

• 上海益民诊所（永嘉路 616 号）（见《叛逆女人》7 页）。

六、节育指导案例简况

节育案例报告能反映接受节育的人数、方法、效果、人群结构以及接受节育观念变化等，含有丰富的信息，是研究节制生育史的重要参考依据。但由于大样本的报道有限，一些报告的统计口径不一，有些数据重复使用，给对比分析带来一些困难，现选择几组有影响的资料简析。

（一）接受节育指导的一般情况

1. 接受节育指导的人数

北平节育指导所 1930 年 3—12 月共 49 例，1931 年 1 月—1933 年 2 月 110 例。[①] 另一文报道该所 1932 年 1 月—1933 年 2 月 15 日为 105 例（除去 1932 年及以前的案例）。该所 1932 年发展新成员，调整组织后，工作进展较快。据沈骥英报道该所 1930—1934 年共有 852 例，其中 1932—1934 年为 774 例。[②] 这是近代我国最大样本节育案例的报告。

1935 年，北平妇婴保健会的第二次报告中统计 1933 年 3 月 1 日—1935 年 2 月 28 日，共 617 例[③]，与沈骥英统计的时段略有不同，但都表明 1933—1935 年期间要求节育的人数明显增加。

1942 年，中华医学杂志发表《节育事工之检讨》，其中关于上海节育指导所的工作，曾报告收集了 1 800 个家庭妊娠、生产活胎、流产等资料，但是

① 杨崇瑞. 北平母亲保健委员会第一次报告//严仁英. 杨崇瑞博士诞辰百年纪念. 北京：北京医科大学，中国协和医科大学联合出版社，1990：131-132.

② 沈骥英. 北平节育诊所八百五十二例案之研究. 中华医学杂志，1936，22(5)：360.

③ 北平晨报，1935-07-07(5).

未有接受节育指导人数的统计。①

2. 要求节育的原因

目前已见到两组500例以上关于要求节育原因的报道，但统计项目不一，不能逐一对应分析。第一组852例除失考外，764例中，经济困难385例(50.39%)，儿女过多197例(25.79%)，为母亲之健康128例(16.75%)，其他原因54例(7.07%)。② 第二组617例中，儿女太多、经济压迫221例(35.82%)，经济压迫88例(14.26%)，母体欠健46例(7.45%)，母亲在求学期32例(5.13%)，怀孕次数太多31例(5.04%)，遗传欠缺25例(4.05%)，难产14例(2.27%)，母亲工作7例(1.13%)，小产太多7例(1.13%)，原因不明146例(23.66%)。③

第一组资料发表日期虽迟于第二组资料，但为1930—1934年的资料(跨度约5年)；而第二组是1933年3月—1935年11月的资料，包含节育经过最初活动发展后的变化因素。两组资料相比后，第二组的分析项目更具体，特别将"遗传欠缺"作为一项原因单列，表明要求和指导节育者对于优生比以前有所重视。在第二组要求节育的原因中，"儿女太多和经济困难"与"经济困难"分为不同的两个原因统计，反映著文者认为经济困难者，不一定因儿女太多也要节育。这也是当时许多学者主张根据家庭经济水平决定生育儿女数的反映。

3. 取得节育指导的途径

北平妇婴保健会第二次报告，总结1933年3月1日—1935年2月28日期间的工作，统计了617例节育者来指导所的途径：先通信后来节育所128(20.75%)，直接亲自到本会146(23.66%)，其余343(55.59%)。要求节育者通过13种不同途径来所，如由公共卫生职员、医院、大学、药房等介绍。④

沈骥英曾对852例来所的途径作了分类：由医生介绍319例(37.44%)，根据报纸广告420例(49.29%)，病人(此处指已经接受过节育指导者)介绍46例(5.40%)，其他机关介绍4例(0.47%)，其他个人介绍54例(6.34%)，

① 沈骥英. 节育事工之检讨. 中华医学杂志，1942，28(5)：158.

② 沈骥英. 北平节育诊所八百五十二例案之研究. 中华医学杂志，1936，22(5)：362. 原文数据有偏差，按有具体原因人数分析。

③ 北平妇婴保健会第二次报告. 北平晨报，1935-07-07(5). 此原文数据有误差，本处未作修正。

④ 北平妇婴保健会第二次报告. 北平晨报，1935-07-07(5).

失考9例(1.06%)。[①] 她的这一部分资料包括北平妇婴保健会第二次报告的案例,初步对比,传媒、医生、医院和诊所在节育的推广中起到重要的作用。

4. 接受节育指导者的职业

(1) 最早发表对百例以上接受节育指导者进行职业等分析的报道,刊登在《北平晨报·人口副刊》14期(1933年5月7日8版)。该组按职业,将丈夫、妻子分组统计(分别各124例)。

丈夫职业:教育、学术界36人(29.03%),党政公务人员35人(28.23%),银行及经商人员13人(10.48%),学生10人(8.06%),作家及报馆编辑等自由职业者4人(3.23%),工人3人(2.42%),家庭服务人员4人(3.23%),教士3人(2.42%),军界2人(1.61%),书记(文员)2人(1.61%),其他职业5人(4.03%),无职业7人(5.65%)。

妻子职业:主妇101人(81.45%),学生10人(8.06%),教员6人(4.84%),公务人员2人(1.61%),教士2人(1.61%),其他3人(2.42%)。

(2) 1936年,沈骥英发表852例节育个案研究,仅统计妻子的职业构成:主妇613人(71.95%),教员10人(1.17%),学生14人(1.64%),公务人员7人(0.82%),其他91人(10.68%),失考者117人(13.74%)。[②]

以上两组资料,后一组中可能包括前一组的部分资料,但仍可看到要求节育的妇女中,未就业分别占81.45%、71.95%,表明当时妇女外出工作者很少。

5. 接受节育指导者的年龄

北平节育指导所统计了1932年1月—1933年2月15日共153份记录年龄的案例:有丈夫年龄记载的127例,丈夫年龄平均32.9岁,其中25~40岁占84.9%;有妻子年龄记载的129例,妻子平均30.1岁(25~40岁占78.1%)。该组中年龄≤25岁的妻子人数比丈夫人数多,而年龄≥40岁的妻子人数要比丈夫人数少,表明夫妇间年龄一般男大于女。[③] 另一组852例的报告只有完整的妻子年龄资料:不足20岁10人(1.18%),20~29岁417人(48.94%),30~39岁357人(41.90%),40~49岁68人(7.98%),

---

① 沈骥英. 北平节育诊所八百五十二例案之研究. 中华医学杂志,1936,22(5):359.

② 沈骥英. 北平节育诊所八百五十二例案之研究. 中华医学杂志,1936,22(5):360.

③ 北平晨报,1933-05-07(8).

该组中20~39岁占90.84%。①

6. 接受节育指导者的受教育程度

1933年5月一组资料,有明确记载受教育程度的,丈夫组100例:高等教育55人(55.00%),中等教育22人(22.00%),职业教育9人(9.00%),军事及程度不明教育10人(10.00%),略受教育和不识字4人(4.00%);妻子组98例:高等教育16人(16.32%),中等教育27人(27.55%),职业教育4人(4.08%),小学教育15人(15.31%),略受教育等15人(15.31%),未受教育21人(21.43%)。②

852例一组资料的受教育程度,丈夫:高等教育374人(43.90%),中等教育252人(29.58%),初等教育167人(19.60%),未受过教育27人(3.16%),失考32人(3.76%);妻子:高等教育85人(9.97%),中等教育222人(26.06%),初等教育222人(26.06%),未受过教育273人(32.04%),失考者50人(5.87%)。③

从这两组受教育程度分析,女性受教育程度低(妻子有约30%未受过教育),丈夫受过中、高等教育的占70%以上。不难看出当时接受节育指导者中,以知识阶层为主(有3名留学生)。知识阶层较易接受节育,而低文化阶层接受节育指导的比例低。

另有一组1933年3月—1935年2月的资料,共有节育案例617例,受过高等教育的丈夫有273人(44.25%)④;从此例又可佐证,在接受节育指导者中,丈夫受教育程度比较高。

7. 接受节育指导者的家庭收入

在一组分别统计丈夫和妻子收入的报道中,丈夫97例月薪平均135.3元,妻子9例平均月薪27.89元。⑤ 另一组报道有家庭收入记载的702例,其中月收入:不满15元94家(13.39%),16~50元256家(36.47%),51~100元195家(27.78%),101~200元93家(13.25%),200元以上64家(9.11%)。⑥

---

① 沈骥英.北平节育诊所八百五十二例案之研究.中华医学杂志,1936,22(5):360.

② 北平晨报,1933-05-07(8).

③ 沈骥英.北平节育诊所八百五十二例案之研究.中华医学杂志,1936,22(5):361.

④ 北平妇婴保健会第二次报告.北平晨报,1935-07-07(8).

⑤ 北平晨报,1933-05-07(8).

⑥ 沈骥英.北平节育诊所八百五十二例案之研究.中华医学杂志,1936,22(5):361.

8. 接受节育指导者的怀孕次数

根据1933年108例个案，平均每人怀孕次数为4.26①；另一组852例，受孕3 587次，平均每人怀孕次数为4.21②。1942年，沈骥英报道1 800个家庭的资料，妊娠者9 730人次，平均每人怀孕5.41。③ 1 800例中每个妇女的怀孕次数：1次4人，2次98人，3次226人，4次307人，5次456人，6次234人，7次197人，8次119人，9次68人，10次54人，10次以上37人。④ 从以上不难看出，20世纪三四十年代中国妇女每人生育怀孕次数以4～5胎为多；怀1胎仅4人，怀10胎及以上有81人，多胎妊娠十分明显⑤，国情呼唤推广节制生育。

（二）节育方法的应用指导

我国历史上堕胎、杀婴是减少人口最常用的方法。这在医学著作、文学作品中记载甚丰，事例甚多。但所说方法的科学性、可靠性均较差。随着西方医学的传入，科学节制生育的概念和方法逐渐被认识。1920年，《妇女杂志》发表邵飘萍《避妊问题之研究》，论述避妊的必要性和利弊，报道各国的节育动态，其中特别提到山格夫人（原文"散革挨夫人"）推广节育的活动，但未涉及避孕方法。⑥ 邵飘萍并非医学专业人员，是当时报业界著名人物，仅就他公开著文谈论避孕这一点，可见推行节制生育已在我国新闻界引起了重视。1922年4月，山格夫人在北京大学作"生育制裁的什么与怎样"的讲演，打开了具体将科学的节育理论、方法向公众传播之门。

1. 山格夫人所讲的节育方法

我国宣传节育方法，最初均以山格夫人"生育制裁的什么与怎样"讲演的内容为依据⑦，她讲的方法大致有：

（1）断欲或节欲法，指"所谓柏拉图式的爱"，"这些只有少数人能够做到，而我们推行的应该是大多数人能够做到的方法"。如根据妇女每月有

---

① 北平晨报，1933-05-07（8）.

② 沈骥英.北平节育诊所八百五十二例案之研究.中华医学杂志，1936，22（5）：362.

③ 沈骥英.节育事工之检讨.中华医学杂志，1942，28（5）：158.

④ 沈骥英.节育事工之检讨.中华医学杂志，1942，28（5）：159.

⑤ 这里没有排除不同婚龄间的差别。

⑥ 邵飘萍.避妊问题之研究.妇女杂志，1920，22（5）：1（通论）.

⑦ 胡适之教授口译，矛尘、小峰合记；刊登在《晨报副镌》1922年4月25日。《晨报》附刊，1921年10月12日起单独发刊，用《晨报副镌》之名，每日出版。但《晨报副镌》每页的报眉上印有："晨报附刊"，被许多人说成"晨报副刊"。现在有单独的影印本。

一个安全期,即在月经止后两周到下次月经前3天。①

（2）断种法,目的使男女不能生育。用X光照男女生殖器(指睾丸、卵巢);或外科手术——男子切断输精管,女子切断输卵管,以阻止精子与卵子成熟或结合,达到不孕。

（3）机械方法,分男子用、女子用。男子用阴茎套;女子用橡皮塞子(子宫帽)塞住子宫口。其原理是阻止精子与卵子结合。根据这一原理,用海绵或棉花浸泡醋、药品等塞入阴道内子宫口等亦属于此类。

山格夫人在讲演中,说明各种避孕方法的原理、效果、优缺点,但她有些论述存在偏误,除前述安全期的错误外,还说阴茎套"常用了容易使男子发生神经衰弱"等。

2. 书刊中介绍的节育方法

在杂志上,医生以整篇文章论述节制生育指针及方法的,以胡定安为先②。他说"实行产儿制限就不能不用避孕法";介绍的方法有:输卵管或卵巢除去法,喇叭管切断法,X光线照射法,用袋法,药水洗涤法等。对这些方法仅作简单的介绍和评论,内容并不比山格夫人深透,其中提出切除卵巢,是错误而极端的。

自1922年5月起,在报纸、期刊、书籍等出版物上,公开进行节育的理论和方法的讨论,著述逐渐增多(1922—1948年,有关节育的专著不完全统计达30余册)。③ 大部分著作在节育技术方法介绍时都比较"原则",但亦有比较详细的讲述,如《生育制限法》,从生殖细胞、生殖器解剖(并有精细的图)、交接、妊娠、分娩一直讲到避孕方法等④。该书讲述安全期、子宫帽与药物合用等避孕技术较为正确。作者还对外用药和器具作了比较详细的介绍,如子宫内节育器(原文称避孕针)用黄金、象牙制成。此外,王逸慧医师等1934年在中华医学杂志发表《避妊法》一文,次年又正式以著作形式出版。这是我国在节育第一线的临床医生撰写的具有较高学术水平和实用性强的著作。此后,史济本译《节育原理及方法》(M. J. Malleson 原著),该书为开业之医生及未毕业之医学生详论节制生育原理及方法。⑤ 这

① 山格夫人演讲中所说的方法有误。

② 胡定安. 医学上的产儿制限观. 妇女杂志,1922,8(6):111-112.

③ 北京图书馆编. 民国时期总书目·医药卫生自然科学. 北京:书目文献出版社,1995:380-382. 北京图书馆编. 民国时期总书目·社会科学. 北京:书目文献出版社,1995:263.

④ 大川浩. 生育制限法. 沈石顽,译. 上海:昌明书局,1933:1-114.

⑤ 马雷孙. 节育原理及方法. 史本济,译. 南京:正中书局,1937:1-73.

一阶段我国学者编著的书名中含有“避孕法”、“避妊法”词语的书籍近10册。到40年代,如郭泉清著《实用避孕法》(1948年上海家杂志社出版)、孙严予编著《今日节育图解》(中国优生节育协进会1949年初版)等,对于节育方法及选择,讲述详细、实用,书籍配图精致,通俗易懂。

3. 节育指导所采用的方法

山格夫人所讲的节育原理和方法,成了中国节育工作者奉行的经典。虽然在当时代表了世界科学避孕最新的理念及技术,但在我国推行的实践中,更要考虑本国传统的文化价值观和国民受教育程度等因素,节制生育机构选择节育方法时,比较慎重。节育指导所的报告或发表在医学杂志上的文章,大致能反映当时实际所使用的方法。

(1) 北平节育指导所在1930年3—12月期间,使用的节育方法只有两种:子宫帽、子宫塞(浸醋酸的塞子)。接受具体节育指导并有明确记录的有22人,其中使用子宫帽15人,用子宫塞7人。后来使用子宫塞的7人中,有6人改用子宫帽。①

该所在1932年1月—1933年2月期间,接受具体节育指导并有明确方法记录的有74人,其中60人使用子宫帽,14人使用子宫塞。与1930年的使用方法相比,用子宫帽的比例明显增大,可能与实践中子宫帽避孕可靠性较高有关。

(2) 北平节育指导所在1933年5月—1935年2月期间,到指导所接受节育指导的有476例,采用的节育方法:4%乳酸加棉花239例(50.21%)、金鸡钠霜片146例(30.67%)、子宫帽与乳酸油75例(15.76%)、如意袋(安全套)16例(3.36%)。② 可见80.88%是阴道内外用药物栓塞,比较方便,费用低;后两种方法费用相对比较贵,使用也不如前两种方便。节育者还有小部分中途更改方法,本组主要指开始并连续时间较长的方法。

(3) 沈骥英1942年在中华医学杂志著文,将各诊所中最通用的节育方法列举如下③:

① 永久节育法——绝育法:输精管截除术;输卵管截除术。

② 长时期之避孕法:有杆子宫托;睾丸加热法;照射睾丸或卵巢法;可

① 北平晨报,1934-01-07(7).

② 北平妇婴保健会第二次报告.北平晨报,1935-07-07(5).

③ 沈骥英.节育事工之检讨.中华医学杂志,1942,28(5):160-162.

复原之手术;内泌素;精子毒素。

③ 暂时避孕法:禁欲;哺乳;安全时期;交接中断;阴茎套;洗涤法;药物(坐药、胶胨、泡沫片);棉球、栓塞;栓塞与药物合用。

沈骥英此处所介绍的方法,并非当时国内都已普遍应用,而实际上,子宫托(帽)、阴茎套、泡沫片(粉)使用最多。

(三) 避孕效果分析

20世纪前叶的节育指导,除节育指导机构外,常常在个体诊所接受避孕技术指导,甚至直接从药房购买药具,根据说明书使用,很难有完整连续的记录。自北平节育指导所开展工作后,建立个人节育档案,进行家庭访问,积累了相关数据,是我们分析当时节育活动比较可信的依据。

在节育指导效果的分析方面,1933年杨崇瑞博士的《北平母亲保健委员会第一次报告》①、《妇婴保健会工作报告》②以及潘光旦的《北平妇婴保健会成绩》③等均有记载。这些文章对节育效果都有统计分析,但各文统计起迄时间不一,项目不同,难以组合分析。如北平节育指导所,第一期(1930年2—12月)接受节育指导共22人,其中有12人在接受指导后仍然怀孕,尚有10人不详;第二期(1932年1月—1933年2月)接受节育指导共74人,到1933年2月底有26人未怀孕,其余不详。从上不难看出,这一阶段节育的成功率比较低。妇婴保健会工作报告还对失败的原因做过分析,主要是"指导所4次迁移",其次有"家庭及心理方面的背景"、诊治时间匆促、诊治时间不便、对指导所不信任、所教的方法不能够照样实行、丈夫反对、工具脱落,等等。

另一组1936年报道的852例的个案研究中,有357例记录节育效果的分析,其中:用鸡纳弹剂,佳良31例,不佳31例;用乳酸溶液,佳良33例,不佳66例;用子宫托,佳良44例,不佳35例;丈夫用橡皮套(安全套),佳良11例,不佳1例;用输精管截断术,佳良5例,不佳0例。④ 该组还对35例用子宫托失败的原因进行分析,其中:子宫托不合规定15例,上子宫托后不舒适2例,子宫托断5例,上子宫托时不细心6例,其他7例。这组资料显示,随着节育指导实践经验的积累,节育用品和技术都有了改进,各种方

① 原文为英文,译文见:严仁英.杨崇瑞博士诞辰百年纪念.北京:北京医科大学,协和医科大学联合出版社,1990:125-135.

② 北平晨报,1934-01-07(7).

③ 潘光旦.北平妇婴保健会成绩.华年,2(49):1933,963.

④ 沈骥英.北平节育诊所八百五十二例报告.中华医学杂志,1936,22(5):364-365.

法中以用输精管截断术最可靠，用乳酸溶液效果比较差。

1942 年，沈骥英对使用子宫托、阴茎套、泡沫粉避孕 1 000 例的效果进行分析（未说明资料的起止日期）。其中用子宫托 234 例，成功 208 例（88.9%），失败 26 例（11.1%）；用阴茎套 180 例，成功 103 例（57.2%），失败 77 例（42.8%）；用泡沫粉 586 例，成功 531 例（90.6%），失败 55 例（9.4%）。总避孕成功 842 例（84.2%），失败 158 例（15.8%）。① 该文还进一步分析 158 例失败的原因，其中，中断 75 例（47.5%），妄用 56 例（35.4%），其他（误用、破裂、原因不明）27 例（17.1%）。沈骥英说，使用 X 线照射避孕实例甚少，有报道去年的一年中，"用高弗打（伏特）X 光线照射男子及女人，使之无生殖能（力），现时已属可能……在年青的女人，此法尤佳。因其所需要之无生殖能（力）原为暂时的也。用各种剂量的 X 光线照射，可得各种不同之免疫期间。此法比较的无害，且效力亦持久，实为节育方法中之最佳良者"②。作者同时又说："此种照射法之生物学上的反应，在现时尚不能断定其仅有有益的结果。在受过 X 光线照射者之子孙中，有所谓'龙根性骤变'（reentgen mutation），至今尚为争论未决之一问题。"高弗打 X 光机器非专门诊所无力购买，"此为行施 X 光线于一般社会之重大的制限"。沈氏文中认为用 X 光线照射方法是节育方法中之最佳良者，显然有误。科技发展，人们对 X 线生物学作用的了解更深入，大剂量照射或累积剂量过高，都会对人体造成伤害，甚至是不可逆或致命。20 世纪中叶起，国外 X 线照射节育渐渐弃用。我国应用 X 线照射节育的案例很少，该方法在我国节育技术发展过程中影响甚小。

在分析避孕失败的原因时，除了有节育技术、节育用品、节育者领会和应用水平等因素外，更有复杂的社会环境条件影响节育的开展。如市售节育用品不良，使用失败后，节育者往往认为节育方法不好；有些不法商贩，出售假冒节育用品，更增加对节育有效性的怀疑。这些制约因素被一些反对节育人士借题发挥，攻击节制生育活动，成为推行节育的阻力之一。

---

① 沈骥英. 节育事工之检讨. 中华医学杂志，1942，28(5)：161.

② 沈骥英. 北平节育诊所八百五十二例报告. 中华医学杂志，1936，22(5)：366.

第十三章 发展期节育专著及报刊节育文章

节育运动进入发展期，节育专著出版增加，国人自撰的比例加大，避孕节育的内容趋向具体实用。报刊宣传节育，经过20年代后期相对平静后，随着节育指导所的成立又渐活跃。有关报刊还发行专刊、专号，开辟专栏，成为推行节育的重要舆论阵地。

一、发展期节育专著

（一）译著

（1）《避妊要领》，（日）羽太锐治著，式隐译。1932年上海妇女问题改造社出版（3版）。（书影见图13-1）

图13-1 《避妊要领》

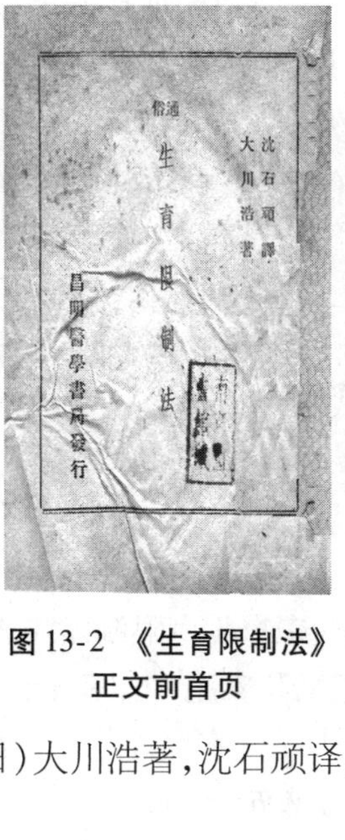

图13-2 《生育限制法》正文前首页

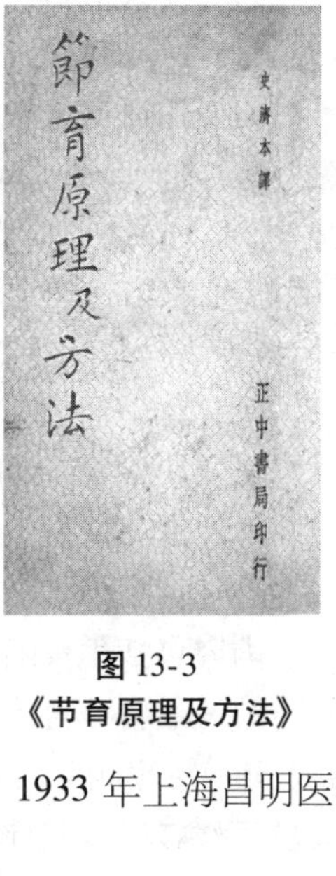

图13-3 《节育原理及方法》

（2）《生育限制法》，（日）大川浩著，沈石顽译。1933年上海昌明医学书局初版,114 页(32 开)。(书影见图 13-2)李棻为中文版作序说:中国“地位之低落,经济之杌陧,社会之纷乱,民生之贫困……人口过剩实一大端也”。全书分为十个部分,讲述产儿之调节为生物学自然之理法、男女生殖器图解、妊娠、分娩、避妊之方法等。该书关于避孕方法讲述比较详细,分为不用器具药品等之避妊法、用药品之避妊法、用器具之避妊法、生物学的避妊法、用手术永久之避妊法和 X 光线之学理的避妊法等六项。该书对安全期的描述比较正确,对生物学避孕的设想(通过内分泌、精液免疫等)虽然当时还在试验阶段,但是具有一定的先导意识。

(3)《避孕新术》,王君纲编译,未注原著出处。1935 年上海良友图书公司出版,145 页(32 开)。列入妇人丛书。

(4)《节育原理及方法》(The Principles of Contraception),(英)马雷孙(M. J. Malleson)著,史济本译。1937 年南京正中书局出版,73 页(32 开)。原著者为女医师,该书是应英国节育联合会之邀,“专为已开业之医生及未毕业之医学生,详论节制生育之原理及方法,浅显明白尽人可解”。该书分为:医生应当有节制生育之知识、节制生育的原理、最通行的节育方法、结婚前的准备、掩帽的原理等六章。在第四章“结婚前的准备”中,用数页讲破处女膜的方法,在其他节育著作中很少见,观点不妥。最后一章介绍用多种子宫帽避孕的方法。(书影见图 13-3)

(5)《现代节育法》,(英)玛丽斯托泼著,中国健康学会编。1937 年上海健康生活社出版。该书 146 页(32 开),为健康文库之三。

(6)《山额夫人自传》,黄嘉音节译。1940 年上海西风社出版,41 页。该书译自 Margaret Sanger——An Autobiography,原著 39 章,正文 396 页。黄嘉音节译的仅是很小的一部分,主要是山格夫人出生、早期的活动。原著第 27 章有山格夫人在中国活动的长篇幅记叙,是反映外国人看中国人口生育等情况的参考资料,该章未能译出。(原著书影见图 13-4)

(7)《科学的生育法》,(瑞士)盖司脱(H. J. Gerster)著,邵森棣译。重庆文信书局 1942 年初版。该书 78 页(32 开),主要介绍生殖器解剖等。

(二)国人撰著

(1)《生活与生育》,方晓菴著,北平文化学社 1931 年出版,156 页(32 开)。内容包括生育限制、未有生育限制以前的生活等 7 个部分。

(2)《最新节育的精义和实施》,作者不详。1933 年上海新文化编译社出版,36 页(27 开)。该书是一本宣传节育的普及读物,书中还简述了中国礼教与节育关系和节育方法等。

图 13-4　山格夫人自传原著，第一版

（3）《节育的理论与方法》，严与宽编著。初版不详，1933 年 6 月再版，上海大东书局出版，120 页（32 开）。（书影见图 13-5）全书分：总论、各学者的节育主张、人口过剩的危险、节育主义的历史、避妊方法等 8 章。作者是复旦大学经济研究会成员。他以人口论为基础，讨论节制生育。他分析中国人口形势，与各国相比“可以得到一个结果，就是中国实在大有人满之患。不要救中国则已，如要救中国的贫弱，那就这节育主义的宣传，刻不容缓了”。他指出中国人口过剩的原因是：“荣宗耀祖的见解”、“虚伪道德的束缚”、“粗鲁者无法制限”、“早婚制流行太广”，并从政治、经济等多方面指出人口过剩的危险。作者介绍了世界节制生育发展的历史和众多学者的节育主张和经验，认为中国也要推行节育，以解决人口过剩的威胁。书中还介绍了避孕的方法，但甚简。作者认定中国人口已经过剩，分析了构成原因，指出其危险、提倡节育。

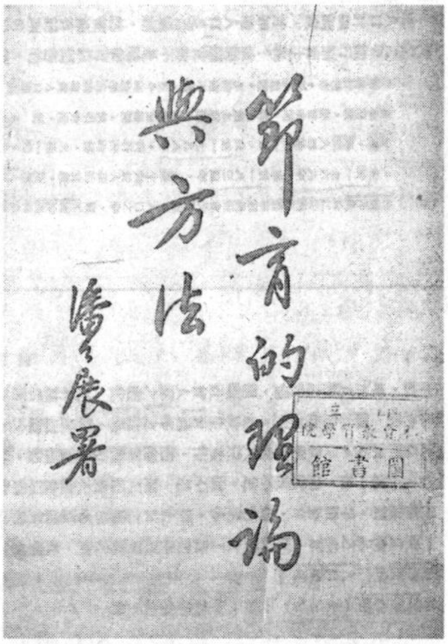

图 13-5　《节育的理论与方法》

（4）《节育的实施》，蛮石著。1933 年上海新文化编译社初版，75 页

(32 开)。书分为 8 章,介绍各国节育开展的情况和一些使用的方法。作者提倡节制生育和优生。发行后不到 2 年,再版 3 次。

(5)《产儿调节之理论与实际》,缪端生撰。1933 年上海新亚书店出版,是科学普及丛书之一,46 页(32 开)。书分:理论、解剖生理学的基础、方法论等三章。书中介绍 16 种产儿调节的方法,叙述简明,还附有短短的古诗,为书增色。有评论称该书为“忙碌的夫妇必备的节育秘典”①。

(6)《(最新实验)求孕与避孕》,朱振声编著,上海幸福书局 1933 年初版,1935 年 3 版,114 页(32 开)。另一册同名的书,上海国光书店 1938 年初版(后再版书名有变化)。

(7)《求孕与避孕续集》,朱振声编著,上海幸福书局 1933 年初版。

(8)《避妊法》,王逸慧、刘宗蕴编著。1935 年上海中华医学杂志编辑部出版,71 页(23 开)。该书内容已经先行在 1934 年《中华医学杂志》发表,整理成书后出版,这是我国医学专业人员第一本专论避孕实用技术的专著。

(9)《实验避妊术》,黎振寰编。1935 年上海四明书店出版,180 页(32 开)。书名前有“产儿限制”。

(10)《节育问题》,瓒璋编。1937 年北平传信书局出版,44 页(64 开)。该书内容很简单,为宣传节育意义的资料。

(11)《(最新实验)男女避孕法》,许晚成著,傅积仁校订。1938 年上海国光书店出版,68 页(32 开)。

(12)《(产儿制限)实验避妊术》,卫生研究社编,苏海若编辑。1941 年上海大文书局、春明书店出版,180 页(32 开)。

(13)《实用避孕法》,郭泉清著。1948 年上海家杂志社出版,82 页(32 开)。(书影见图 13-6)该书出版时医学知识包括节育技术的传播已经有较大的发展,书内介绍的避孕方法更为具体,便于个人学习使用。

(14)《最新避孕法与性问题》,版权页

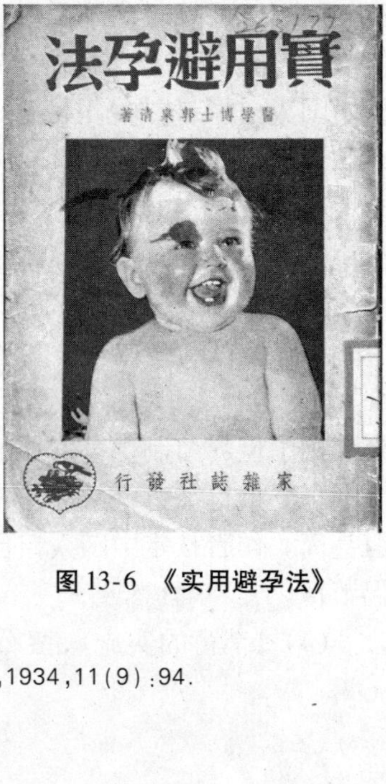

图 13-6 《实用避孕法》

---

① 我天. 介绍几本可靠有用的节育书. 女青年月刊,1934,11(9):94.

为中国优生节育协进会编著，人生社出版。封面署：孙严予医师著。1948年5月初版，8月再版。内容分2章，插图10余幅。（书影见图13-7）

图13-7 《最新避孕法与性问题》

(15)《最新避孕法》，孙严予医师著。出版者不详，1948年5月初版，46页(32开)，中国优生节育协进会丛书之一。内容仅分二章：第一章男女生殖器与受孕原理；第二章各种避孕方法（分12节），介绍节育方法和用品，并配有精致的图。该书第5版有编者启事，包括：著者应诊时间地点、购买节育用品书籍可向中国优生节育协进会接洽（上海邮政信箱5056号）、中国优生节育协进会已开展京沪杭沿线各大城市之特约节育指导医院医师、拟创办《新女性》月刊等6项。① 在封底，有中国优生节育协进会的标语、工作目标、《新女性》月刊出版订阅方法等。（书影见图13-8）

(16)《今日避孕法与性心理》，孙严予医师著。1949年上海第一版，出版者不详。（书影见图13-9）

(17)《最新生育节制不育症疗法合编》，黄裕纶编著。1949年上海春申诊所出版，36页(36开)。其中讲如何在怀孕时选择胎儿性别，无科学依据。

① 孙严予. 最新避孕法. 上海：出版者不详，1948：1-2.

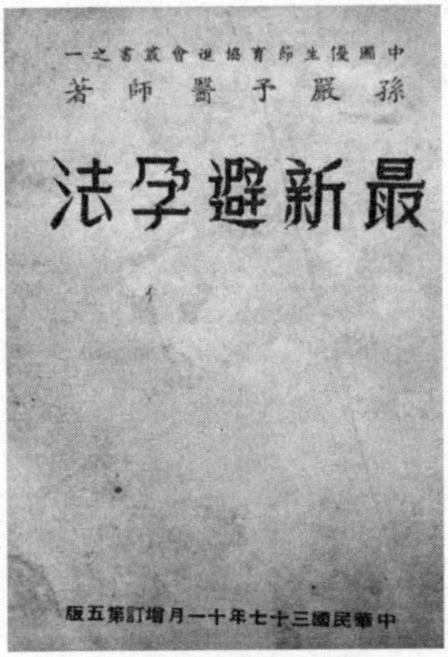

图 13-8 《最新避孕法》

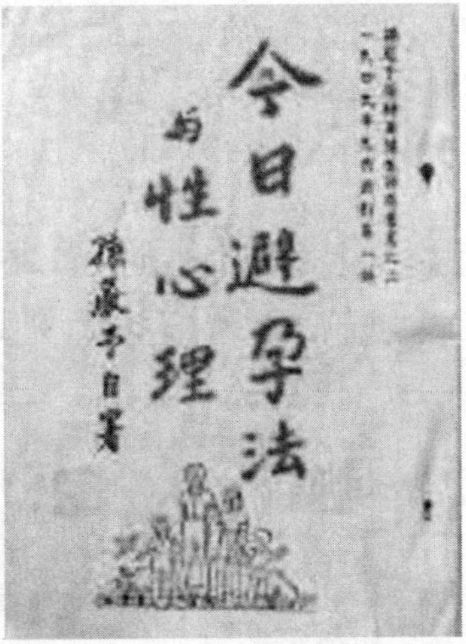

图 13-9 《今日避孕法与性心理》

(18)《今日节育图解》,孙严予医师编著。出版者不详,1949 年初版。封面有"中国优生节育协进会丛书之三",全书为铜版纸印刷,有插图 12 页,图绘制质量较佳。(书影见图 13-10)封底有中国优生节育协进会主办节育指导所和发行书籍广告等。

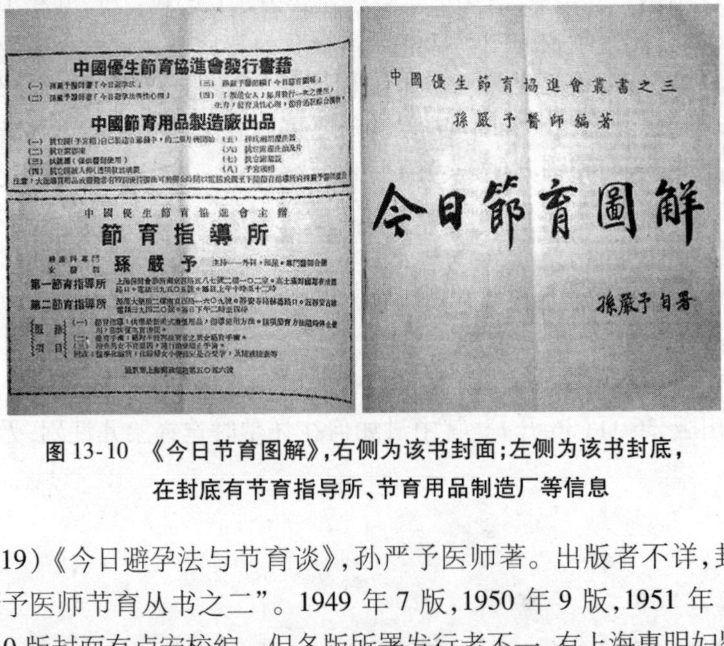

图 13-10 《今日节育图解》,右侧为该书封面;左侧为该书封底,在封底有节育指导所、节育用品制造厂等信息

(19)《今日避孕法与节育谈》,孙严予医师著。出版者不详,封面有"孙严予医师节育丛书之二"。1949 年 7 版,1950 年 9 版,1951 年 10 版。在 9、10 版封面有卢宏校编。但各版所署发行者不一,有上海惠明妇婴用品

社、北京孙记妇女用品社、忠明社等。(书影见图 13-11)

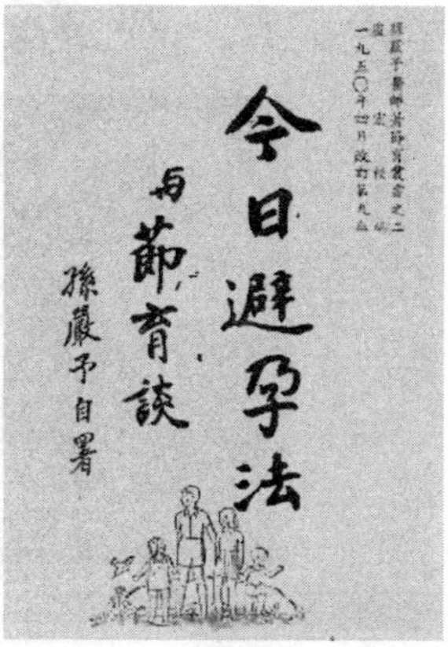

图 13-11 《今日避孕法与节育谈》

图 13-12 《节育以优生》,右为目录局部

(20)《节育以优生》,孙严予医师编著。1949 年初版,出版者不详。封面有“医师孙严予著优生节育丛书之五”。该书的自序中说此书是《优生节育面面观》的第一章的单行本。全书论述的核心观点——节育是优生的手段。“著者认为节育是人类了解自然法则,以科学手段控制自然,而创造更近理想之世界的一个手段。这本小书虽然很小,却已足够说明这一点意思。”①(书影见图 13-12)

该书还将《优生节育面面观》目录列出。其中第三章第二节“中国优生政策刍议”中,有“计划生育政策之准备”一小节。这是近代节制生育著作中,首先使用“计划生育”一词,十分值得研究。

(21)《叛逆女人》,这是一本不足 20 页的“小册子”,在该册的编者序中对出版作了说明。原来准备编辑发行大型的家庭类综合性杂志——新女性月刊,后来因为战事,成立的新女性月刊社随之停止。但该社曾经派员记录孙严予在上海、南京、杭州等城市推行节育的讲演,感到如不出版颇觉可惜,故拟出版她的演讲集(根据孙严予的意见,名《叛逆女人》),1949 年 3 月 1 日出版第 1 册,并准备以后每月出版 1 册(计划至 4 册)。在时局安定时,出版新女性月刊。但到目前为止,笔者仅见到《叛逆女人》第一册,没有发现他们计划中的出版物。该书没有能成为连续、定期的出版物,故视为论文集,归于著作类。近几年有作者将《叛逆女人》视为新女性月刊中

① 孙严予. 节育以优生. 上海:出版者不详,1949:1.

的文章，值得商榷。《叛逆女人》第一册主要收集孙严予在上世纪40年代后期有关节制生育的活动与讲演稿。（书影见图13-13）《叛逆女人》第一册包括节育文章及相关信息两个部分。

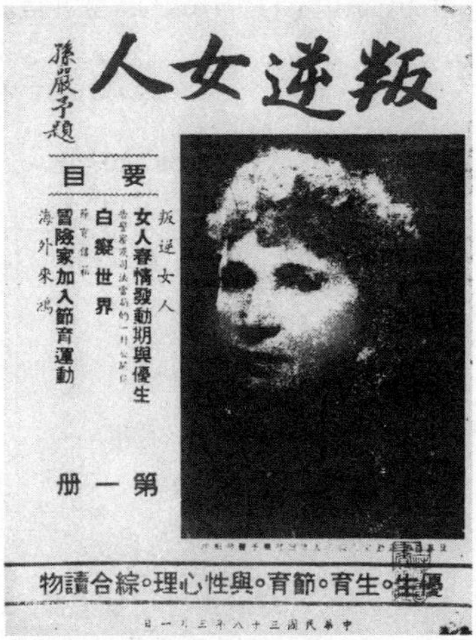

图13-13 《叛逆女人》封面

（三）著作简评

（1）在20世纪20年代早中期，节育著作多数是翻译作品，少数署名为“著”，实际也只能称为编译作品。随着我国学者对节育理论、方法的了解和相关知识的积累，特别是人口学、性教育、婚姻、家庭教育、妇女解放运动等发展的推动，学者们结合中国的国情来著书立说。进入30年代出版的节育专著以国人自撰为主。在1930—1949年期间，28册节育专著中，国人著撰21册（75%），表明我国学者的成长。

（2）这些著作都是由我国学人所编写，行文大部分依照中文的书写、词语习惯，易于阅读和理解，显然要比从外文直译的效果好。其中《避妊法》是一册详细介绍节育技术的专业著作，有较高的学术水平。

（3）非节育专业著作也有许多论及节育问题，其中不乏卓有见识，或有后续影响。举两册如下：

①《中国农村社会经济学》，该书由乔启明[①]在金陵大学农学院讲课的讲稿整理出版[②]。1945年4月在重庆初版，次年在上海再版（称上海初版），全书分为：总论、人口基础、经济基础、文化基础、农民生活和农村组织等六编，有关人口生育在第二编2—5章。该书核心观点是中国农村人口已经过剩，治本的方法唯有推行迟婚节育。其观点如下：

- “我国农村人口现渐达过剩阶段，可无容疑。今日农村人口的中心，在于数量过多……因此形成严重的社会问题”。
- “考我国人口过剩，与古代学者对于人口方面的思想不为无因”。“晚近复有少数昧于实情的学者，以为我国决无人口问题……所以极端主

① 乔启明（1897—1970），山西猗氏（临猗）人，字映东，金陵大学教授，曾任民国政府经济部农产促进委员会主席，著有《中国土地利用》等。

② 乔启明. 中国农村社会经济学. 上海：商务印书馆，1946：41-42，126-128.

张采用国粹主义，奖励生育”。这使“人口问题更难有根本解决之方”。

- 解决我国人口过剩有治标和治本两个方法。“在治本方面，惟有效法英美各国调节与统制生育，如倡行迟婚节育等……不能抱定我国地大物博的观念，无限孳生，增多人口数量，增高人口密度，而降低生活程度，造成社会乱源，影响民族之气”。

- “我国无疑为高生育率国，自然不能逃避生育率高，死亡率亦高，而自然增加率则小的天演公例”。“而我国普通死亡率则列居世界首席，中国的生育率与死亡率如此之高，欲期国强民富，睥睨世界，自属理想矣”。

- 高生育率高死亡率与低生育率低死亡率，“此中一消一长，对于人口品质、社会经济，大有关系。况多生多死与少生少死所得的自然增加率不相上下，则与其多生多死，糟蹋无量数生命，消耗至宝贵财产，更从而断伤产母健康，促短产母寿命，孰若厉行节育少生少死，增进人口品质”。

- “一般人以为节育即是减少人口数量，实非确论。节育意在降低生育率，不独足以改良人口品质，减少人口压力，减轻父母经济责任，更足以降低死亡率，而增长人寿”。“可知我国多生人口，实为耗费。今若复主张提倡生育，实无异鼓励耗费生命，其愚孰甚”。

- “我国人口数量不谓不多，似无须再事多生，以求人口的增加，故今后当务之急，厥为节育。”欲改进人口品质，建设国民经济，惟有迟婚节育。

②《生育制度》，作者费孝通①，初版于 1947 年②。该书主要是从家庭制度的角度讨论社会现象和社会问题，在第十一章“社会继替”的社会容量和人口一节内，集中反映了他的人口生育思想。他认为：“社会结构是有一定的人口容量”，马尔萨斯“忽略了人类社会所依赖的社会结构”，而“人口的消长并不是自然的生物现象，也不是食料的多寡，而是决定于社会结构的性质”。并说：“在中国和印度却始终保持着庞大人口，虽则他们的生活程度已近于死亡线”；然而“若是一个结构里需要的人数多，物资少，这结构中的人甚至可以在半蛰的状态中过着不得饱食的生活；相反的，若是一个结构只需少数人口就能维持，尽管食料丰富，也不会依几何级数的速率去生孩子的”。“我在这里固然不能用数字来说明每种社会结构的容量有多

---

① 费孝通（1910－2005 年），江苏吴江人，著名的社会学家、人类学家、民族学家、社会活动家。1933 年毕业于燕京大学，1935 年毕业于清华大学研究院，1938 年获伦敦大学博士；同年回国，在云南大学等任教。主要著作有：《江村经济》（1939）年、《生育制度》（1947 年 ）等。

② 费孝通．生育制度．上海：商务印书馆，1947：1－200．

少，但是若从这个观点去研究这问题是可以有结果的”。

关于节育，“我以前也是主张推广生育节制的。中国人口太多，资源不足是事实……但是现在我觉得单单推广生育节制的知识并不见得能减少人口。人口众多是症候，而不是病源。除非中国农业里能采取别的动力，不依靠体力劳动，人口才能逐渐减少。多设几个节育指导所是舍本求末的办法。”①特别明确不支持多设节育指导机构。

该书名虽然有“生育”，但实际有关节育的内容在全书中比例甚小（不足10页）。1998年，北京大学出版社以《乡土中国　生育制度》为书名再出版。此版将1947年版《生育制度》的第十七章删除，第十一章“交代参差”改为“世代参差”；将“派与汇”（代序），放到附录内，再增加“个人·群体·社会”。作者对过去节育观点作了修正。将1947年版中“我以前也是主张推广生育节制的”，改为“我是一向主张推广生育节制的”；1947年版“多设几个节育指导所是舍本求末”，1998年版全删②。其变化十分明显。

费孝通曾说：“我觉得可以用《生育制度》一书来作为我前半生学术经历的结束”③，足可见作者对该书的重视，更反映关于节育观点改变的意义。

二、发展期节育专业期刊、专号及报刊文章

（一）《北平晨报·人口副刊》

1. 发刊概况

《北平晨报·人口副刊》（简称《人口副刊》），是北平妇婴保健会与《北平晨报》联合举办的副刊。1932年4月3日创刊，（书影见图13-14）每月一期（第一个星期日，极少数推迟到第二个星期日），每期约8 000字；1—21期刊登在8版，22期在7版，23—47期在5版。从创刊至1936年3月8日，实际出刊48期（由于有两个42期，后续出版又未为改正，故

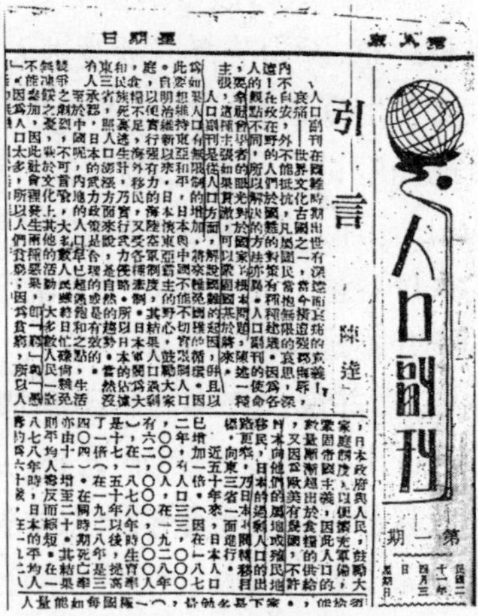
人口副刊

引言

陳達

第一期

图13-14 《北平晨报·人口副刊》第一期

① 费孝通. 生育制度. 上海：商务印书馆，1947：135-146.

② 费孝通. 乡土中国 生育制度. 北京：北京大学出版社，1998：228.

③ 费孝通. 乡土中国 生育制度. 北京：北京大学出版社，1998：340.

1936年3月8日的一期,刊面为47期)。《人口副刊》是近代连续发行时间最长的人口节育专业出版物。笔者统计1932年4月—1936年3月,该刊发表论文约150余篇,其中有关节制生育的超过2/3(所占版面超过80%)。刊登节制生育类文章明显多于人口类文章。而且人口类的文章很多又与节育紧密相关。可以认为,刊登人口文章为宣传节育作铺垫。因此可认为《人口副刊》实质是论述节制生育为主题的专业刊物。

《人口副刊》的发起时,东三省已沦陷,国难当头,救亡运动高涨。该刊的第一篇文章就说:"从人口方面解说国难的起因,并且以为如果人口有无限制的增加,将来难免国难的循环。"在控制人口过快增长方面,"人口副刊的主张是一种稳固可靠的办法,但不是求速成的办法,这就是'生育节制'"。在该刊的创刊号《引言》中,对推行节育作了明确的阐述:

> 生育节制是稳固的、徐缓的方法,是解决我国人口问题根本办法之一,这是人口副刊的一贯的主张。我们希望对于中国社会奠立稳固的基础。我们的标准是:减少数量,增进品质!如此人民的经济状况可以改善,教育可以普及,社会可以进步。内乱当然要减少,外患恐不致于发生了。①

《人口副刊》的发起人有社会学者、教授、临床医师、公共卫生专家。他们的职业与经历不同,但在"贫与愚是社会罪恶的渊源;贫与愚的主因在人数过多"上的看法是基本一致的。他们计划在办刊中"一面讨论人口的普遍问题,一面宣传生育节制","务使以理智限制人口的方法,由中上阶级传到下层社会"。在以后多年办刊中,《人口副刊》始终坚持这一宗旨。

2. 刊登的节育文章及信息选要

第一期(1932.4.3)②

- 《引言》(陈达)。叙述办刊的背景、目的、方针等。
- 《世界节育运动沿革及反对与赞成两方面论调》(许仕廉)。文章讲述世界节育发展的概况,国外节制生育名人活动及专业刊物等,许多翻译名称都附原文。文中针对反对节育的五种论调进行驳斥,立论清晰。
- 《启事》③。

第二期(1932.5.1)

---

① 北平晨报,1932-04-03(8).

② 指《北平晨报》刊登日期,略去年、月、日,以下同。文章名后()内为作者。

③ 各期内的启事、节育者通信、读者来信等,除有重要内容外,一般亦从略。以下同。

• 《五一节》（未署名）。文章介绍荷兰、英国、美国等工人节育的动态，并说："我们对于五一节表示钦佩工人们的奋斗精神，同时敬劝社会改良者注意到限制劳力的供给与节育的关系。"

• 《贫穷问题与节育运动》（张鸿均）。作者指出贫、弱、愚等社会五大问题，以贫、弱为最严重。在解决这些问题的办法之中，"生育节制不但可以治穷，尚可强种"。

• 《生育节制消息》，报道中国、英国、美国等国家近期节育开展的情况，并举北平妇婴保健会进行节育指导个案100余例，以其部分实例佐证了节育之意义。

• 《通信》。刊登读者请求指导节育的来信，这是该刊与读者互通之开始。

第三期（1932.6.5）

• 《什么人应该节育》（未署名）。文章提出：受经济压迫者、身体欠康健者、遗传有欠缺者，三种人应该节育。

• 《节育与堕胎》（未署名）。文章指出："节育是一事，堕胎又是一事。节育指导者大概反对堕胎，因堕胎是违背人道的行为。""对于堕胎我们不敢赞成，我们主张介绍生育节制，因节育是科学的避孕方法，不伤生命，不反人道。"

• 《生育革命为实行全国总动员之一必要条件》（陈长蘅）。作者痛斥"过去受过我们中国文化许多恩惠的东邻"的侵略行为。国难当前，为反抗侵略者，全国应该进行精神和物质两个方面的总动员。为此"实现生育革命来减少我们人力物力的消耗，和增加我们自卫御侮的力量。实在是我们态（对）付国难的一个必要条件"。作者把生育革命作为一种爱国运动。

• 《各种职业之差别生育率》（陈华寅）。文章统计了工人、农民、企业家、公务员、自由职业等不同职业不同年龄组的生育情况。资料取自北平、上海、南京、汉口、无锡等城市及其周围农村的抽样调查。样本约12 000例，甚有参考价值。全文在第四期刊完。

第四期（1932.7.3）

• 《节育方法》（未署名）。这篇短文主要说明节育指导所为什么在节育指导中采取当面教授，而不是通信传授的原因，指出"用文字解释节育方法是不透彻的"，以专人当面传授更适合。

• 《节育与产妇婴儿之健康》（瑾）。文章指出生育无节制乃我国女子健康的最大威胁。婴儿养育，少则易强，节育亦是优生之一良法。

第五期(1932.8.7)

•《我国家庭制度与生育率》(未署名)。该文指出,中国旧式大家庭数世同堂,成员财产不分,特别是中上等家庭的青少年,许多缺乏奋斗精神。采用小家庭制,能降低生育率,有利于改变多种弊端。

•《山额夫人最近的努力》(杨步伟)。这是一封杨从美国寄给《人口副刊》编辑部的信,报道在华盛顿参加美国上议院修改 Constock 法相关条款听证会的情况。

第六期(1932.9.4)

•《小家庭与节育》(未署名)。文章报道中国社会学社的第 2 次年会,关于小家庭制度圆桌讨论的要点。作者认为中国人口的一小部分已经逐渐采用小家庭制(如受过现代教育者等),这在经济、健康、教育、人口数量和质量控制等方面都非常有益。“节育宣传是促成小家庭的前身运动”。

第七期(1932.10.2)

•《谁应该提倡节育?》(未署名)。文章指出:“节育宣传要从知识阶级入手,但不以知识阶级为终点。”虽然向工农阶级宣传节育是很难的,但是必需努力地做。“我们以为节育应由知识阶级传到工农阶级,应由城市及于乡村。”该文章刊于该期之首,表明编辑着重指出节制生育的重点人群。

•《劳工家庭的节育需要》(未署名)。从读者的两封来信,反映了劳工阶层的避孕要求及取得成果的事例。

•《农村经验与节育》(李景汉)。这是一份河北定县农村经济、社会、人口、生育、节育等详细的调查资料。由于有定县实验区工作基础,数据的可信度高。对于研究农村的节制生育甚有价值,全文分别在七、八、九、十一、二十六等期刊登。

•《敬告通信员》。以答复通信员的提问的方式,使读者了解该会的信息。兹择(一)、(三)、(四)于下:

> (一)妇幼保健会是一个私人团体,以小规模宣传节育为目的。会务不涉及政治或宗教。会员男女兼有,其职业为医师、公众卫生事务员、护士、社会服务者及社会学教员等。各人均出些空闲工夫,从事宣传节育,因为我们相信节育可以增加个人的幸福,家庭的快乐;我们并且打算利用这种方法企图社会的改良。除干事一人常川办事略受报酬外,其余会员多尽义务;并对于本会的维持,负相当的经济责任。
>
> ……

(三) 节育方法暂不公开讨论,亦暂不公开介绍……本会传授节育方法除略收医药费外,并无他项费用。

(四) 本会有男女医师各一人,对于传授节育方法富有经验,但只当面传授,不采用通信手续。

第八期(1932.11.6)

•《救穷》(未署名)。作者将贫穷分为三个原因,其中第三是"个人的"原因,就是"减轻贫穷与避免贫穷"。应避免发生经济能力与承担子女家庭的责任不相适应的情况。"节育的好处在用理智的方法,限制家庭的人数,使得一家的生活程度不致因儿女太多而降低,因此可以减轻或避免贫穷。"

第九期(1932.12.4)

•《父亲对于节育的意见》(未署名)。编者选择了1932年9—11月间,17封读者来信(父亲)发表,内容大多是这些读者因子女过多、家庭经济困难请求指导节育方法。编者在17封信前的按语中说:"我们如果能够以理智和实际方面妥切指导,逐渐可以达到缩小家庭、限制人口、增进快乐的目标。"

第十期(1933.1.1)

•《元旦立誓》(未署名)。"元旦立誓:减少儿女的数目,增进儿女的教养!"

•《欧美的节育指导所》(未署名)。报道美、英、德等国30年代初节育指导的情况。估计接受节育指导的人数,英国5万人,美国7.5万人。

•《苏俄的节育概况》(未署名)。文章叙述苏俄的节育思想是以妇女需要为本,与美、英等视为经济、社会问题的观点不同。许多做法的差别是共产制度与资本制度不相容的表现。作者赞赏苏俄设立中央节育方法研究委员会。

•《节育指导》。指出本刊可以介绍"有志节育者"到医生处接受节育指导。

•《节育者注意》。再次说明《人口副刊》宣传节育的宗旨与办法。

•《英国一个凄惨的家庭》。报道一个14个子女的家庭所遭遇的不幸。

第十一期(1933.2.5)

•《化胎》(未署名)。这是不足200字的短文,针对许多通信员要求化胎的方法,简洁明确地说:"劝你们不要上当,成胎之后那里还可以化胎?

化胎的药大概是骗钱的。我们没有化胎药,我们也没有化胎方法。”

第十二期(1933.3.5)①

• 《晚婚与节育》(未署名)。该文主要为国外资料,指出女子结婚推迟可以减少生育数。为控制人口,要提倡晚婚。“同时我们以为节育比较容易达到缩小家庭的目标”。

• 《美国母亲的信》(未署名)。该文是一篇译文,原文刊登在 Birth Control Review(美国《节育评论》)1933 年 1 月号。报道 1931 年 1 月—1932 年 3 月,美国节育协会和山格夫人共接到有关节制生育的来信 7 309 封。其中六分之一来自父亲,六分之五来自母亲。来信者经济社会地位“中间阶级”及以上占 84%,贫困等占 16%。按来信地区分,58% 来自市镇,42% 由乡村来。从此文可了解 20 世纪 30 年代美国节育活动状况,也表明我国学者对国际节育发展的关注。

• 《英国一位可怜的母亲》(未署名)。报道英国一位生了 22 个孩子的母亲的不幸遭遇。

• 《关于节育指导所的声明》(未署名)。因为担任节育指导的医师南行,征询节育事宜暂停。

第十三期(1933.4.2)

• 《关于节育指导所》(未署名)。再次公布杨崇瑞女医师接谈指导时间,并增加沈骥英女医师参加节育指导。

• 《上海的节育宣传》(未署名)。报道“上海节育研究社”计划进行节育指导的活动,并分发北平妇婴保健会所赠《人口副刊》。本期内“节育者通信”栏目,刊登来信多而详细,约占版面三分之二。

• 《节育讯》。报道将于《实报》开辟节育宣传专栏。

第十四期(1933.5.7)

• 《北平的节育运动》(未署名)。文章对该会成立至 1932 年 2 月期间,到北平节育指导所来诊的 153 份案例进行分析。内容包括夫妇各方的年龄、教育水平、结婚时年龄、家庭人数、胎儿性别等。全文约 8 000 字,几乎占据整个正文版面。

• 《节育指导所启事》(未署名),报道人员及工作时间调整。

第十五期(1933.6.4)

• 《积极的节育》(未署名)。文章指出节育不是消极的减少人口,“实

① 该期在刊题下注明 1933 年 3 月 5 日,实际刊登在《北平晨报》1933 年 3 月 12 日。

在改良人口的品质”，是积极的方法。

•《清河试验区与节育》（金鸟）。该文介绍试验区经济、社会、教育、卫生多方面的基本情况。其中有医师、护士、助产士参与试验区工作，是开展节制生育工作的好条件，建议清河试验区应该将节育指导纳入试验区计划。

•《女子晚婚与节育的我见》（君哲）。文章支持女子晚婚，希望科学的进步，给人类生育自主的自由。

第十六期(1933.7.2)

•《美国的社会趋势与节育》（未署名）。报道美国总统指定一个委员会所做的社会调查报告，内容十分广泛。其中关于节育说：“生育率也降低了，其降低的主因不是晚婚或婚姻率的减低，实因节育的普遍。凡是节育方法得不到的区域，堕胎亦是生育率减低的一个重要原素。”可见节育活动已为官方所重视。

•《北平妇婴保健会》（未署名）。公布会址以及通信注意事项。

第十七期(1933.8.6)

•《关于几种节育刊物的介绍》（未署名）。文末注，该文已刊登在清华学报，作者可能是陈达。文章介绍节育运动、婚姻、遗传与优生、人口等6个方面的国外有影响的著作。文章较长，分在17—19期刊登。

•《赠送人口副刊》（未署名）。凡是向妇婴保健会征求节育方法者均可以免费获得《人口副刊》一份，并通报每月18日在《实报》刊登节育者讯。

第十八期(1933.9.10)

•《生育节制》（未署名）。介绍世界各国节制生育的起源等。在第十九期续登。

第十九期(1933.10.8)

•《亚洲的节育》（未署名）。报道1933年11月在伦敦召开国际会议讨论亚洲节育问题。

•《南京节育者》（未署名）。公告南京中央医院开展节育指导。

•《北平节育者》（未署名）。希望到过北平妇婴保健会的节育者与该会联系。

第二十期(1933.11.5)

•《农村节育问题》（杨开道）。作者从多角度分析农村劳动生产率低下，农民生活贫苦，无法承受人口增加的现实，认为农村有推行节育的必要。该文在二十一期刊毕。

•《节育方法的失效?》(未署名)。这是对节育失败原因分析的短文。文章指出常见无效的原因,其中有许多是药品失效或方法不当等。希望节育者到指导所面谈以解决。

第二十一期(1933.12.3)

•《节育理论》(未署名)。文章叙述了人口学者对节育提高人口品质的不同认识。作者从人口的数量、品质、伦理、卫生、国际等五个方面分析节制生育在降低生育率、提高人口品质方面的重要影响。

•《社会服务与节育运动》(雷洁琼)。作者从社会工作者角度,讨论社会服务在推动节制生育活动方面的作用,指出社会服务工作目的为"社会缺憾之减轻,社会福利之增进,社会生活整个的改良,增进人民快乐幸福"。"节育运动虽然不是改良社会唯一的路,但是一条很根本而重要的路。"

第二十二期(1934.1.7)

•《节育的回顾与前瞻》(未署名)。文章简单回顾北平妇婴保健会的活动以及正在开展的工作,并列出该会的宗旨、刊物、指导所、经费等相关规定。报道该会 1933 年 12 月已在北平市社会局立案等。

•《节育谈话》(田贵銮)。该文记录作者在节育指导过程中,与来访或家庭访问的节育者的谈话记录(举 7 例),指出节育必须在可靠的指导下才能有效,家访能及时排除节育过程中遇到的困难。文章报告当时每月门诊约三四十人次,连同家访,每月不下百余人次。

•《一个有趣的估计》(未署名)。文章报道一位"节制生育运动的忠实信徒"寄给保健会的"贺年刊物",列出他对中等家庭中每一个小孩从出生到大学的费用的估计:到小学毕业要二千元,到中学毕业要五千元,到大学毕业要一万余。强调要节制人口,使人口增长与经济能力相适应。

•《妇婴保健会工作报告》(未署名)。该文记载《北平妇婴保健会》1930 年 3 月至 1933 年 2 月期间该会的工作。文内有初期节育指导案例分析和出版宣传刊物、经费收支等。该期刊登资料对于研究北平节育指导早期活动很有参考价值,被视为北平妇婴保健会第一次的工作报告(中文版)。

•《北平妇婴保健会》(未署名)。文章从宗旨等 7 个方面,介绍北平妇婴保健会的情况。

第二十三期(1934.2.4)

•《节育与家庭》(杨堃)。作者指出中国是"主张多育的一个国家"。多子女使妇女终日被束缚在家庭的事务之中,在经济、精神等许多方面难以做到独立、自尊。孩子的养育,夫妇的情感都不能良好地发展。"总而言之,多育之结果,无论对于夫妇或子女,全是有弊而无利。若想使家庭圆满,夫妇爱情能继续维持,则惟有提倡节育之一法”。

• 《生育率降低的原因》(吴景超)。作者列举英、法等13个国家的生育率变动情况,分析这些国家生育率下降的原因。在许多因素中,“是由于生育制裁的流行”。在讨论为何流行时,作者引用劳司所说的10个原因,其中包括:科学的发达、儿童养育费用的增加、工作竞争的激烈、遗传学发达、宗教权威的减弱、生育制裁方法发展等。全文在23—26期刊毕。

第二十四期(1934.3.4)

• 《我国对于节育的需要》(未署名)。文章从父母、儿女、健康、贫穷、人口品质等5个方面分析节育的急迫需要。

• 《北平妇婴保健会》(未署名)。文章列出了北平妇婴保健会的宗旨、办法、刊物、节育指导所、征求方法、手续、立案、经费来源、会员权利等8项内容,与22期相比增加会员权利一项。第25期续登。

第二十五期(1934.4.1)

• 《节育与生活程度》(未署名)。文章认为人类的主要活动是求生存与生活的提高。“所以仅将人数减少,我们就能提高生活程度”。

• 《节育指导所》,通知由医师指导节育的日期,改为每星期二。

第二十六期(1934.5.6)

• 主要文章系续前刊登。

第二十七期(1934.6.3)

• 《社会个案工作与节育指导所》(高君哲)。该文叙述协和医院社会部首先尝试在中国开始社会个案工作。尔后,北平市卫生处第一卫生事务所、北平妇婴保健会、北平市女青年会等开展多种社会问题的社会个案调查工作。作者对北平妇婴保健会的社会个案工作者的任务做了归纳:首先,对要求节育的人,判断是否符合指导要求,并了解智力、经济、家庭等情况,以帮助医师采用适合的方法;其次,“社会个案工作员与每个节育者之间要建设一种友谊与连络的关系,使节育者试行所得的方法后,将其感觉、经验、困难、效果报告于节育指导所”。这样做一方面可以补充医生不能作详细解释和文字宣传的不足,另一方面可以了解节育的效果,纠正方法应用的不当,还能够积累一些科学数据。其中上门家访,使工作深入,取得的资料更详细、可靠。故作者认为社会个案工作是节育指导所不可缺少的一部分。

第二十八期(1934.7.1)

• 《中国的节育运动》(苏汝江)。作者是清华大学社会学系的学生,该文是他毕业论文的一部分。全文约23 000字，将中国的节育运动分为：发端及宣传时期和发展时期，分别记叙了这些时期内节制生育开展的情况。该文资料丰富，可认为是1934年前我国节育活动的综述。凡是要研究近代中国节育，不可不读此文。全文分三期连续刊登，几乎占了这三期正文的全部版面。

第二十九期(1934.8.5)、第三十期(1934.9.2)

续前刊登《中国的节育运动》。第三十期内公告陈达出国，编辑由吴景超、潘光旦两先生代理。

第三十一期(1934.10.7)

未刊登节育文章。

第三十二期(1934.11.4)

• 《读〈节育与中国已婚知识妇女〉》(允)。该文介绍《节育与中国已婚知识妇女》的原文是用英文书写，由张折桂译。原作者是沪江大学社会学系Lamson教授；他还撰写《中国名人录》等有关中国人口的研究文章。本文评论者指出，此组资料虽只包含120位知识女性，“但是在年龄上、结婚的经验上、教育的造诣上，她们却有相当的代表性”。Lamson教授还是上海节育研究社的积极赞助人。

• 《节育与中国已婚知识妇女》(张折桂译，原著Lamson教授)。这是关于中国知识妇女婚姻生育、避孕等第一次无记名的问卷调查，由沪江大学女生将设计好的问卷通过邮局寄给已婚的朋友或亲戚(知识人群)，受信人填写时不必署名。发出后共收到寄回的表格120份，作者对收到的问卷逐项进行统计分析。

第三十三期(1934.12.2)至第三十五期(1935.2.3)

未刊登节育文章。

第三十六期(1935.3.3)

• 《优生与民族健康》(潘光旦)。该文是作者在天津青年会讲演内容的摘要，主要以优生为中心，讨论遗传、环境对生育健康的影响，以增进民族健康。

第三十七期(1935.4.7)

• 《中国谚语中的优生见解》(洪为溥)。文章通过谚语反映民间对优生节育的认识，其中有部分内容具有一定的科学意义，亦有错误的提法。

第三十八期(1935.5.5)

未刊登节育文章。

第三十九期(1935.6.2)

•《生育节制与几个标准》(潘光旦)。作者认为生育节制是一个利器,运用得当可以收益,若不得当反而有害。提出6个方面的标准可以衡量:① 母亲体格,"一个体格健全的女子,每生产一次,至少应当有两足年的休息,这两年内最好不要怀孕……凡是已婚女子,谁都用得着节制的方法"。② 子女教养,"又可以分做三种方式",即胎养、哺乳、幼儿家庭教育三个阶段。首先,最基本的是保证"胎期以内的营养"。其次,"最圆满的哺乳方法自然是自乳,不假手乳媪,也不利用种种代乳的物品"。再次,在幼儿教育方面"假若生产太频数,健康一受磨折,这种教育也就谈不上了"。③ 遗传好坏,在"人口中遗传品性极坏而根本不配生育的人,大约占到十分之一,而这十分之一既无采用节育方法的眼光,更无运用节育方法的能力,责成他们采用节育方法,便无异向和尚推销蓖子和梳子",难以收效。而有"利用节育方法的眼光和能力的人,其运用之迟早和疏密和他们的遗传良好程度往往成正比例"。优生学者希望"节育智识比较普及以后,这种轩轾的局面可以逐渐扯平就是了"。④ 经济能力,"许多提倡节育的人喜欢把这个标准看得最关重要……但我们知道,穷人未必就是坏人,就是智能薄弱的人,一定要请穷人节育……不公平"。许多已经在社会里有相当地位的人,出生清寒,"可见穷苦未必是人生发展的障碍,并且是一种教人奋发的刺戟"。不赞成以经济能力作为节制生育最重要的标准。⑤ 个人方面,生育是会影响到社会、民族和后代的大事,不能以个人方便为标准。"无论生或不生,多生或少生,个人的好恶应当裁抑到最低的限度"。⑥ 社会道德,指出"节育的道德不道德,初不系乎节育方法的本身,而系乎公开不公开,系乎社会能不能加以监督指导……水可以载舟,亦可以覆舟"。关键在正确使用。

•《北平妇婴保健会节育指导所启事》(无署名)。发布办公、门诊等变更情况。

第四十期(1935.7.7)

•《北平妇婴保健会第二次报告》(未署名)。这是第一次报告的继续(见22期),报告1933年3月—1935年2月期间的工作。报道617例节育案例分析。其中关于节育物品的名称、各种方法的使用、人数比例等,比以前的资料更为具体。报告最后列出该会1933、1934两年收支情况。附录还刊登了该会组织人员名单。这也是一份研究近代节制生育的非常重要的史料。

第四十一期(1935.8.4)、第四十二期(1935.9.1)

未刊登节育文章。

第四十二期(1935.10.6)①

•《生育生业与节育》(赵永信)。此处生业是泛指“一切经济与文化事业”,文章讨论与节育之相关性,指出中国人重视生人,不重视育人;“在生人方面过分消耗精力,则在生业方面必无余力再事活动了”。“要节省人的精力,自然在减缩生育量,缩减生育量最妙的方法,就是近人所谓的节制生育”。

第四十三期(1935.11.3)

•《一个提案》(无署名)。报道北平妇婴保健会向1935年在广州召开的中华医学会年会提交关于节制生育的提案的事项。提案名为“中国医学界应公开承认生育节制为公共卫生事业之一种而予以适当之提倡案”。

第四十四期(1935.12.1)

未刊登节育文章。

第四十五期(1936.1.5)

•《北平妇婴保健会启》。公告在西城增设节育咨询处。

第四十六期(1936.2.2)

•《海外节育消息》(未署名)。刊登杨举光译,陈达先生自德国的来函。报告了陈达在苏俄和德国考察节制生育的制度、方法和普及等情况,以及对这两个国家的一些节育措施的点评。

•《山格尔夫人行将来华》(未署名)。报道山格夫人将来华的消息。

第四十七期(1936.3.8)

•《欢迎山额夫人二度来华》(编者)。介绍她节育活动的事迹,1922年第一次来华的重要活动等。

•《山额夫人与节育运动》(雷洁琼)。与上一篇文章叙述的范围相似,内容有所不同。

•《山额夫人著述介绍》(贵銮,君哲)。介绍山格夫人的《我的节育运动奋斗史》、《妇女与民族》、《文化的枢纽》、《母性的桎梏》、《母亲须知》、《结婚的幸福》等著作,并作内容简介。

该期是作为“欢迎山额夫人专号”出版,唤起人们对节制生育更多的关

① 《人口副刊》有两个42期,显然是编辑、印刷方面的错误,但是后来几期,并未纠正,本章仍照原刊的期号标引,但注明两个42期的不同日期。

注，为推动新的节育运动高潮作舆论准备。

3．简评

（1）《人口副刊》的刊名中，虽然未含“节育”，但是4年刊登的文章以及刊物各栏目内容，都是以节育类论述为主，并始终贯彻在办刊的全过程之中。故而可认为该刊是节制生育类的专业刊物之一。

（2）《人口副刊》与《现代妇女》以宣传节育为主相比，有所不同。《人口副刊》发表了许多很有学术价值的文章和调查资料，而且是在开展节育技术指导的基础上推行节制生育。它连续办刊4年，与节育者之间建立了有效互通渠道。《人口副刊》无论从节育专业技术和社会影响等看，都远远超过《现代妇女》。

（3）该刊刊登的一些综述类文章，是研究中国近代节育活动的重要的参考文献。如《中国的节育运动》（第28—30期），对1922—1934年我国的节育活动进行全面的概述，并附参考文献。文内引用了许多原著的内容，为节育的研究和论证提供了重要的导引。

（4）《人口副刊》是北平妇婴保健会宣传节制生育的主要阵地，除发表支持节育的各类文章外，还报道许多国内外节育活动的动态。如：杨步伟在美应山格夫人之邀参加美国上议院关于节育的听证会（第5期）；陈达在苏俄、德国等考察节制生育（46期）；上海节育研究社恢复工作（13期）；我国代表参加伦敦国际节育会议，讨论亚洲节育问题（第19期）；南京中央医院妇科主任与节育者洽谈（第19期）；等等。该刊在当时国内没有其他节育专业刊物的情况下，影响明显。

（5）该刊的“节育者通信”专栏（开始称为“通信”，有几期称为“节育者通讯”等），从第二期起就刊登读者来信，与要求节育者之间开展互动。专栏开始时大部分来信是叙述孩子多的苦楚，请求节制生育的指导，后来刊登寻求购买节育用品、遇到的困难、失败的困惑以及实行节育后的好处等，是与请求节育者交流的重要窗口，也是研究当时生育思想、生育态度、社会经济、文化价值观等的重要史料。

“节育者通信”专栏虽不定期，但一般隔1—2期或数期连续，有时甚至作为头条内容，可见编者对这个栏目的重视。“节育者通信”每期占有版面大小不等，多者达1/2版以上。从《人口副刊》1—47期估计，“节育者通信”专栏的总字数约有4万，与《现代妇女》、《生活周刊》、《妇女杂志》、《西风》、《健康生活》、《性科学》等相关节育专栏相比，《人口副刊》的节育者通信栏目的持续时间久，容量大，来信的人数更多。

（二）《女青年月刊》的节育专号及文章

《女青年月刊》①是甚有影响的女性刊物之一，它有基督教教会的出版背景，以妇女为主要读者对象，主张妇女解放，婚姻自由，女子自主选择生育和进行性教育等。该刊刊登的文章观点都很鲜明，每期常有中心论题，进入30年代，仅在1934年，第6—10期专号分别为："妇女体育与女性卫生"、"恋爱与婚姻"、"妇女领袖与高等教育"、"节育与优生"、"新妇女与新社会"等②。

图13-15 《女青年月刊》节育与优生专号

1. 发行"节育与优生专号"③

《女青年月刊》节育与优生专号（书影见图13-15）刊登文章中，苏汝江《中国的节育运动史》与田贵銮《北平节育指导所实况》两文，分别概述了中国节育运动的沿革和北平节育指导所成立前三年的活动概况，有如节制生育发展的"综述"，对于研究中国近代节制生育史也很有参考价值。"专号"上的主要文章有：

（1）《世界节育运动之现况及其趋势》（刘鸿钧）。作者从美国、德国、意大利等国家的生育情况分析节制生育运动，认为"生育是人类之自然本能，本来是无需遏抑也不能遏抑的。现在发生着许多人不愿生儿养女，发生着节育运动，这根本上就是现社会的畸形状态"。节育与否应该从社会经济关系中去找它的原因。作者婉转地表达对于推行节育运动的保留态度，指出"节育运动即使在将来有部分成立的理由，但其趋势一定是不在抑制人类生育之自然本能的发挥，而是变成纯粹优生学上的自然节育主义"。作者显然是不赞成用人工方法节制生育，仅仅支持因优生而节育。

① 该刊1922年创刊，原名《女青年报》，由上海基督教女青年会全国协会主办。1926年5卷2期起改名为《女青年》，1929年3月又改名为《女青年月刊》；其封面和正文页眉上为"女青年月刊"，而目录页和版权页，仍为"女青年"。本书从杂志封面《女青年月刊》。这种类似现象，在近代出版物中并非个例，常常会导致参考文献标引的不同。该刊1937年7月停刊。

② 女青年月刊，1934，13(9)：15.

③ 女青年月刊，1934，13(9).

(2)《中国的节育运动史》(苏汝江)。该文叙述从山格夫人来华,节育在我国发展的大致过程,包括成立节育组织、发行节育专刊,以及自1930年北平妇婴保健会成立后,节育活动所取得的进展等。许多内容已经在《人口副刊》发表。

(3)《妇女与节育》(陈薇)。文章指出“节育是女子自己本身的事,她必定要可以左右它”,即妇女要有选择生育与否的自由。为此就需要可靠的、无害的、简单的、价钱公道的、以女子为主的节育方法。作者还希望公开节育知识,开设妇人医院,设立节育顾问等。

(4)《优境与节育》(姚贤惠)。文章从环境与节育的相互关系分析,指出从广义的角度推行教育,不限于学校,不限于书本,“它包括个人与环境接触后而得的一切的新经验”。当父母能够给以孩子相当教育的时候,才可以生育。

(5)《什么情形之下应该节育和怎样节育》(冰生)。全文以问答形式,讨论节育知识,约有30题。如问:“节育有那些方法?”“听说安全期是不会受孕的,真的吗?”等。问与答都通俗、口语化,便于了解和选择。

(6)《简易节育法》(畹香)。文章介绍三种简单的避孕方法,即男性制欲法(Male Continence)、中断法(Coitus Interruptus)、安全期法(Tempus Ageneseos),并列举了这三种方法的要点。文章对安全期的计算叙述很详细,但同时指出:女子的生理各有不同,所以受胎期的测定非常困难,提醒读者注意。新婚夫妇,最简单而有效的方法是使用“如意袋”(Condom)。

(7)《北平节育指导所实况》(田贵銮)。作者对该所成立至1934年4月的工作作了概述,包括参加指导所家访工作的实践事例。

(8)《三种不同动机的节育》(蕴素)。文章分析当时节育者的动机大致可以分为三个方面,一是为了保持年轻美貌,二是受经济条件限制,三是因为生病或体质虚弱,生育引起健康伤害,甚至夺去生命。第一种是少数,后二种是大多数,需要节育。

(9)《基督教的节育观》(徐宝谦)。文章指出在基督教的经典旧约创世纪里上帝说:“‘要生养众多,遍满地面’,是上帝交给人类的使命”。故天主教就是根据这条经训,反对节制生育。认为“基督教处在现在这个科学昌明(遗传学、优生学)及社会问题异常严重(如无产阶级因不知节育,生活越感痛苦)的时代,对于节育问题,实有改变传统思想的必要”。

现在纵观历史的发展,天主教关于婚育的教律也在发生变化,如允许不担任圣职者的教徒可以结婚(终身不能离婚);而东正教,在主教以下的神职人员亦可以娶妻；新教的教规对结婚更无禁止。教会的戒律不断被历史的车轮碾破。

（10）《稳婆手下的牺牲者》（心声）。文章列举了稳婆（接生婆）由于缺乏科学知识和愚昧、野蛮的做法造成种种惨状的事例，提出社会要“扑灭”这种落后、残害妇女的制度，“根本上是从提高一般人的文化水准上着手”，普及教育，通过一年、二年、数十年的努力，“推动社会走上合理的道路”。

（11）《优生之社会观》（狱生）。作者批判了一些列强（如德、意、日）积极向外扩张，发动战争，鼓励“良种”生育，推行所谓的优生的政策，对“劣种”强制绝育，转移了造成不良状况的社会原因。“要‘优生’必须‘优境’”，“只有从改良整个社会生活出发以打破制造‘劣种’的社会”，优生才有真正的意义。“欲求优生，欲求达改良人种的‘质’，在纯学理上说，只有在整个社会的人们业已生活改善的环境”才有可能。

（12）《优生和人类的遗传》（亦敏）。作者指出先天的遗传，实在是能影响人类的知能和品性。列举了 J. Edwards“良性家系”：到 1900 年时，1 394人中有 13 位大学校长、60 位名医、75 位将军、65 位教授、1 位副总统以及法官、议员、银行家、工业家等，无一人犯罪。另举一“恶系”家族，先祖 M. Kallikak，1776 年先与一低能女结婚，生一低能儿，120 年后能够查到的 189 人中 143 人为低能；1778 年，M. Kallikak 又与一正常女子结婚，其后代 496 人，无一低能，仅有 3 人品行不良。所举事例说明遗传的影响，我们应该积极地使优良的家系生齿日繁；使恶劣家系渐归殄减，这样优生学对于社会才有真正的意义。

作者还从普及遗传和优生学的知识、鼓励劳动者节制生育等 6 个方面，提出如何做好遗传优生工作。

（13）《介绍几本可靠有用的节育书》（我天）。作者介绍的书籍包括英文原著 Contraception、日文原著《绝对避孕法》、日文翻译著作《通俗生育限制法》、国人著作《产儿调节之理论与实际》等 4 册，还介绍了几种与节育相关的刊物。

该专号还刊登小说《女子的由来》（作者李素英），通讯《给少女们》（作者雨初），以及《育婴室问答的摘录》（续），协会活动消息等。该期编辑顾问是沈骥英。

2. 专号以外的节育文章

《女青年月刊》除“节育与优生”专号外，在 1931 年至 1937 年 7 月（停刊）的这一期间，还发表多篇节育文章。如：

(1)《节制生育与优生问题》,作者首先论述了优生的必要和意义,认为推行节制生育的目的之一就是为优生。节育是保证优生的必不可少的措施。①

(2)《生育节制与中国前途》,作者是上海节育研究社的委员之一,文章从节育的意义、节育与国民经济、节育与康健、节育与道德、节育与社会等方面,论述节育的重要性。该文指出“不顾自身的经济和体格是否有生育和教养的能力,一任自然,毫无限制”的危害;认为节育“不但不打胎,反而足以减少许多打胎的罪恶和不需要的婴孩产生”;“提倡优生学改良人种,则尤非实行节制生育不可”②;指出对于节育方法不能因为不是100%有效而放弃;等等。

(3)《奖励生育与节制生育》,文章首先报道了不同国家的学者在生育与人口政策方面的相异之处,如欧洲几个主要国家,在奖励或控制人口增长方面的态度也不相同。意大利极力主张增加人口,不支持节制生育;独裁者墨索里尼为了鼓励生育,在1934年大造声势,用93件奖品奖励93个省份(地方)93位产儿最多的母亲。③ 接着,作者阐述了自己的节制生育观,“我不主张妇女完全做一副‘生育机器’,但同时也并不特别提倡节制生育”,“就是站在优生学一点上,也只能相当的限制身体不健全或生育过多的人生育,以免影响到身体的健康和种族之不健全,而不能成为一种学说来特别提倡”。作者还分析了奖励生育与节制生育之理论和目的之异同。作者仅在优生学方面支持节育,而不赞成普遍的节育活动。

(4)《奖励生育与人口问题》,文章分析了西欧一些国家奖励人口政策的出发点与中国的“多子多孙乃人生至福”的生育观不同,德、意纳粹统治者认为增加一个人是“兵工厂多了一支来福枪”,反映一种极端的动机。这些国家在分析他们生育率降低的原因时,认为并非是生育能力的下降,而是经济社会发展后人们生育意愿的改变。④

(5)《节育的需要》,贺之译。作者认为人口如果不加以限制,“会将地球塞满”,支持节制生育控制人口。他说“防精卵结合不是谋杀”,赞同避孕。作者认为中上阶层家庭人口比低阶层家庭人口少,并不能成为反对节

① 白公.节制生育与优生问题.女青年月刊,1931,10(2):15.

② 骆传华.生育节制与中国前途.女青年月刊,1933,12(3):14.

③ 碧云.奖励生育与节制生育.女青年月刊.1935,14(4):1-6.

④ 华西.奖励生育与人口问题.女青年月刊,1935,14(7):55-58.

育的理由，而应该是加强低阶层人群节育的推行。① 译文比较长，在《女青年月刊》分期刊登，内容还包括：生育与先天缺陷、堕胎、早婚等。

（6）《谈谈山额夫人》，作者对夫人推广节育的活动持赞扬、褒奖的态度。他认为节制生育很有必要，“不仅现在病态社会需要，将来理想社会亦需要”②。

（三）《东方杂志》、《华年》、《妇女杂志》的节育文章

1.《东方杂志》

《东方杂志》与《妇女杂志》同属于商务印书馆系统，在1932年商务印书馆编译所被毁前，有关妇女生育等文章主要在《妇女杂志》发表。编译所被炸毁后，两刊均停；1932年10月16日，《东方杂志》复刊。由于商务印书馆一时尚无力恢复《妇女杂志》、《教育杂志》等期刊，故而复刊后的《东方杂志》新开辟“妇女与家庭”、“教育”等专栏，以代替未复刊杂志的部分功能。因此，复刊后的《东方杂志》相对以前，增加刊登有关妇女与家庭类文章，包括节育的文章。其中，有国人著作，亦有翻译作品；有支持节育，亦有反对节育等不同的观点。这种学术风气，有助于学术研究，受到读者欢迎。

（1）《日本的节育运动》。文章对日本节育运动的发生和发展作一大概的叙述，指出20年代日本曾经兴起建立节育组织、办节育刊物的高潮。1928年山本国会议员被仇杀，使节育运动蒙受重大损失。步入30年代，日本的医生才逐渐参与节育活动；随着节制生育舆论环境的改善，节育方法的改进等，日本的节育活动又出现再发展的趋势。③

（2）《美国生育节制运动的消长》。文章对美国的节育发展过程作简要的叙述，介绍美国各界（包括教会）要求改变限制节育法律的提案，屡屡被否决等情况。文内记述了1932年山格夫人向美国国会议员游说要求取消限制节育的法律，并获得下议院206位议员中114人赞成，但在国会投票中仍被否决等情况。④

（3）《苏联的生育节制》。文章指出苏联虽然地广人稀，但对于节育却非常注意。妇女普遍实行节育。堕胎只要在医院进行都是合法的。苏联的做法，体现其推行节育主要是强调妇女本身的意愿，而不是以经济、社会

① Millard S Everett. 节育的需要. 贺之，译. 女青年月刊，1935，14(9)：31-40.

② 众生. 谈谈山额夫人. 女青年月刊，1936，15(3)：31.

③ 伯珩. 日本的节育运动. 东方杂志，1934，31(3)：24-26(妇).

④ 月祺. 美国生育节制运动的消长. 东方杂志，1933，30(5)：4-8(妇).

的原因为首要条件。①

(4)《印度的生育节制问题》。该文概述了印度的人口情况以及国内的节育动态,指出“印度的早婚是全世界闻名的,她们的多产也是世界闻名的”。该国许多致力于节制生育的人士,1933 年“提出一个议案,请政府采取实际方法以阻止印度人口的增加”,其中,包括建议“在中等学校授以节育知识”,设立节育指导所。虽然内政部长(Hallett)承认节育问题的重要,但政府还是不愿意过问。全印妇女大会 1932 年起 3 次通过决议支持节育及成立公共节育指导所的议案,都未被采纳。所以印度的许多节制生育的活动,常常是由私人或社会团体举办。文章分析印度推行节育的困难主要是人民缺少知识。②

(5)《亚洲之节育问题》。作者就伦敦远东节育会议讨论中、日、印等国人口问题的报道发表评论。远东节育会议有许多代表认为,“日本若要解决它的严重的人口问题,除了一般的社会经济方法法案……节制生育确为可采行的一种方法”。而印度地广,再增加 4 亿也能生存,因此“印度人口问题不能以节育方法来解决是非常明显的了”。而中国死亡率高人口下降,“即使人口再增加些并不会嫌过分的拥挤的,所以对于中国,就解决人口问题言,节育的方法正如对于印度一样的并非切要”③。这些代表的观点认为中国和印度尚不需要节制生育,中国民众所受的痛苦是“由于经济和政治方面的根本原因,而不是由于人口问题,所以节制生育这个理想的方案,在这里是完全没有用的”。这次会议的主流观点,误导了世界和国人对人口问题严重性的警觉。

(6)《甘地与山额夫人对于节育问题的辩论》。本文译自《ASIS》1936 年 11 月号,报道山格夫人 1935 年访问印度期间采访甘地④时两人之间的对话。中文译文约 9 000 字,详细刊载了各自的表述。甘地明确反对人工避孕,并说:我们只要有关系,而不要生孩子,这除了兽欲外还有什么。当山格夫人问甘地反对人工节育是因为方法不好? 还是行为不好? 甘地很

---

① 吕鉴萤. 苏联的生育节制. 东方杂志,1933,30(5):8-10(妇).

② 介夫. 印度的生育节制问题. 东方杂志,1936,33(5):115-118.

③ 金仲华. 亚洲之节育问题. 东方杂志,1934,31(1):7-11(妇).

④ 甘地(Mahatma Gandhi 1869-1948 年),反对殖民主义,反对种族主义,主张非暴力主义,为争取国家的独立建立了不朽的功勋,受到印度人民群众和各种政治派别的尊敬,被印度人民尊为国父。他的论说被尊为圣言,他的人口观对印度人民的生育思想和行为产生重要影响。

直率地说是后者。[①] 甘地认为除了养育小孩的特殊目的外，所有的性关系都是纵欲。最后，山格夫人问甘地有无鼓励的话，甘地说："我只能够说希望上帝能引你走上正路……"言下之意，认为山格夫人所走的路不正。[②]

该文仅翻译原文的对话部分，除此尚有约1/3未译，而未翻译这部分，对于了解30年代中期印度和远东节育运动发展动态，很有参考价值。

(7)《现代妇女节制运动之解剖》[③]。作者指出："妇女节制生育的运动，在现社会里几乎成为一种普遍的潮流，而且常为一般所谓新时代的妇女视为一种新理想而奉行……节制生育的提倡者们，的确有把一切社会问题的解决，归根到这一问题的枢纽上"，并因此忽视社会制度之改造等主要问题的倾向。继而作者更为明确地说："一切贫困、失业、战争、盗窃等等，乃是生产关系所造成的事实，而不是人口增加过速，食物增加过缓的结果。"作者认为："把世界一切罪恶归之于人口过剩，因而要提倡节制生育来解决这些问题，这只是为剥削压迫者掩饰其罪恶，为现社会制度遮盖其矛盾。"因此"节育运动既不能以人口增加作为理论的根据，也不能因为妇女需要解放和要为社会服务而成为永恒不变的理由"。作者主张节制生育只有被"限制于优生学一点，即为防止不健全的人的生育，以免人类种族之衰弱时才有一部分理由"。作者强调的是造成人口问题的社会原因，而不是人口过剩，反对因控制人口和妇女的生育自由而推行节育，仅仅支持因为优生而节制生育。

(8)《中国何以须节制生育》[④]。文章报道了1935年10月在江苏无锡召开的全国乡村工作会议，会上有人提出节制生育问题，支持者中大部分是专门研究人口、土地和经济的人士；反对者中大部分是不从事这方面工作的人士。作者指出，"我们再不要迷信中国地大物博的话，中国的地虽大，然而蒙古、新疆、西藏、青海占去一大半"，"社会上许多痛苦和罪恶，都是从人口太多出来的"。中国关于节制生育问题的当务之急"不是'何以必需'，乃是'如何实行'的问题"。现在中国应该"进一步讲求如何大规模的推行节育，我们应该要求政府采取有效的政策，限制婚姻与生育"。作者显

① 原文：Mrs. Sanger：But to come back to this point. Is the reason you object to artificial of means of birth control because of the means or the act? Mr. Gandhi：Yes ,I object for the latter reason . 刊于 Gandhi and Mrs. Sanger Debate Birth Control. ASIA,1936,(11)：702.

② 朗之余. 甘地与山额夫人对于节育问题的辩论. 东方杂志,1937,34(3)：107-114.

③ 陈碧云. 现代妇女节育运动的解剖. 东方杂志,1933,30(15)：1-5(妇).

④ 董时进. 在中国何以须节制生育. 东方杂志,1936,33(5)：115-120.

然持人口过剩论,鲜明地支持节育。

(9)《从男女的争斗说到生育节制》①。作者支持开展节制生育,这样“可以减轻女人生理上的负担”;指出市售许多节育用具和药品,绝对有效的还没有,“须数种方法合用方才比较可靠”。作者针对反对堕胎的观点进行反驳说:“按实说起来,胎儿在出生以前,只是寄生在母体子宫内的寄生物,它虽具生物的构造,实未营独立的生活。它须在出生之后才开始呼吸,继之以饮食和营独立的生活。所以便是从人道主义的立场说,设法取下未成熟的胎儿和残杀个人的生命,应有很大的区别。”作者面对当时节制生育在法律和道德方面的论争说:“人类的历史是一部争斗的历史,非争斗到非科学的一切制度废止时,不会就停止。”表达了作者对新事物的态度,也含有鼓励节制生育者,不要因为遇到阻力就后退,科学事业,总是在斗争中前进。作者又同时指出:“想用节制生育以解决一切困难,和奖励人口增加,以为可以解决许多问题,都有相似的错误”。用增加人口或者依靠控制人口就能解决一切问题的看法都是不现实的。

(10)《周期禁欲避孕法》。该文译自日文,全文分:排卵期、卵子的受精能力保存期、精子的授精能力保存期、妇人的受胎期、实地应用法等五个部分,约一万字。文章比较详细地介绍了排卵及受精的生理机制,提出在不使用人工避孕方法,避开某些日期交媾可以避免怀孕的原理和方法,即在次回月经前12—19日为妇人的受胎期,禁欲可避免受孕;而“次回月经前第一日至第十一日的十一日间为不妊期”②。作者比较正确地叙述了排卵的规律,指出最不容易怀孕的时段与安全期概念,并且就实际应用、计算等事项一一作了说明。这与以前包括山格夫人在内的错误说法形成鲜明的对比,表明学者们在节育医学专业知识方面(包括国人医学翻译水平)有了明显的进步。

(11)《妇女与节制生育》。作者刘王立明,支持节制生育活动,她指出“节制生育不是堕胎,所以施用的人没有道德问题”。文章回顾了国内外节育发展的概况,还收录了上海节育研究社宣言和简章等③,是研究上海节育活动史的重要参考文献之一。

① 建人.从男女的争斗说到生育节制.东方杂志,1933,30(5):1-5(妇).

② 适隐.周期禁欲避孕法.东方杂志,1933,30(13):18(妇).

③ 刘王立明.妇女与节制生育.东方杂志,1935,32(1):1-8(社).

(12)《自然节育法》①。文章认为女子每一月经周期中有“可孕及不孕之时期”,在不孕期内性交,“无受怀孕之可虑,又可免去人工避孕法所有之缺点”。文内附“避孕与求孕表”,妇女可以根据自已的月经周期十分方便地查到安全期。与《周期禁欲避孕法》相比,其表的实用性甚优。

(13)《关于生育节制》②。作者指出“马尔萨斯的话是错误的”,认为“妇女为了维持身体的健康,为了其他种种原因,不能生育小孩时,只好避孕,是无可反对的。但是不应当把这题目过于夸张”。当面对各种社会问题时,不要“以为只要用生育节制的方法就可解决各种重要的社会问题”。就妇女而言,“也决不是只要普遍的实行避孕就能得到解放”。作者还担心:如果到了女人都不愿生育小孩的时候,大概对于生育节制会发生另一种批判。

(14)《生育节制打胎和儿童公育》③。作者就国内支持和反对节制生育的活动指出:“空言的反对,结果敌不过实际上的需要,生育节制终于近来比先前流行了”。这短短数言表达了作者对节育是符合中国实际需要并已经取得发展的判断。对于堕胎,作者持赞同的立场,说:“真要节制生育单靠避孕还是不够的……有时也许仍然会受孕,于是有时候会有‘打胎’的必要。”关于儿童公育,作者主张“小儿应由一个机关去养育”,如将“幼童放进幼稚园去的确比在家庭教育得更好”。

(15)《辛克来论生育节制》。这是一篇译文,未注明原作者。文内对成年人步入婚恋者提出四个方面的劝告,其中第二是关于节育。以下所言概括地反映了作者的节制生育思想:“没有生育的节制,那就不能有自由、快乐与恋爱的永恒性,并且还不能控制人生。生育节制是人类理智之伟大的根本成功之一,其于人类生活的重要,并不亚于火的发见及印刷术的发明。生育节制是妇女界,也是人类从盲目的发狂的自然生殖力中解救出来的方法。”④

(16)《关于德国的强迫绝育律》⑤。文章报道了德国法西斯政府于1933年7月14日公布的一项强迫绝育的法律(1934年1月1日起实行)。被强制绝育的对象包括:精神病、傻子、疯子、神经衰弱、先天失明或聋哑、

① 林卫光.自然节育法.东方杂志,1936,33(21):124-125.

② 克士.关于生育节制.东方杂志,1935,32(5):92-93.

③ 克士.生育节制打胎和儿童公育.东方杂志,1934,31(21):73-75.

④ 莲清,译.辛克来论生育节制.东方杂志,1935,32(5):94.

⑤ 公瑾.关于德国的强迫绝育律.东方杂志,1934,31(9):7-9(妇).

先天残疾、酒精中毒者等。德国成立卫生法庭审定绝育对象,如有不服可以向高等法庭起诉,一经裁决绝育,必需执行。如本人反对,由警察到场,强迫进行手术。作者批评这种反科学反人道的做法。

(17)《生育节制的理论和实际》①。该文略述了各国节育动态,说印度虽在进行,“但成效为未见”,而我国“现在知识阶级之实行节育的已经很普遍了”。作者对于节育基本持反对立场,如认为“现在社会的贫穷与世界的不安都是由于人口的过剩,因而要解决这些问题,非实行节育不可”的说法是错误的。

2.《华年》的节育文章

《华年》创刊于1932年4月,该刊所载有关节制生育的文章大致如下:

(1)《杜威博士论节育》。作者引用杜威博士(Dr. John Dewey,1859—1952年)关于节育的言论:“反对节育运动,并不是一种特殊的或孤零的事实,而是黑暗和智识之间一种常有的冲突”,“无论教育家说什么和做什么,去谋比较圆满的个人发展,但如果子息的数目不受智识的制裁,他们的理想仍然难以实现”,“如果能使人生的质的问题在家庭中占重要地位,那么学校中比此更重大的问题,就不难迎刃而解”②。作者指出:杜博士是世界上甚有影响的哲学家、教育家,他这样支持节育运动,并强调多注重质,少注重量,对社会影响极大。

杜威1919年4月30日到华,1921年7月24日离华,在我国讲学2年多,正值中国思想界弃旧迎新的革命转型期。他的思想在哲学、政治、教育等领域产生过显著的影响。他支持节育的观点,非常有助于我国节制生育的推行。

(2)《堕胎的代替物》。文章主张在未得胎之前,设法避免得胎,就不必堕胎,指出避孕可以“代替”堕胎,可避免堕胎所带来的危害。③

(3)《怎样提倡节育运动》。作者是社会学家吴泽霖,主张推行节制生育,认为节育虽然不能说是控制人口的唯一出路,但是能减少贫困和贫病交加的苦痛,节育并非是随意就行,要符合5个条件。他主张进行节制生育的法律研究,设立公立的节育诊所,制定相应的条规,便于实施、推广。④

---

① 董平美.生育节制的理论和实际.东方杂志,1936,33(7):259-270.

② 远涛.杜威博士论节育.华年,1932,1(5):89-90.

③ 未署名,华年.1933,2(12):221.

④ 吴泽霖.怎样提倡节育运动.华年,1933,2(40):786.

(4)《北平妇婴保健会成绩》①。文章介绍北平妇婴保健会1930年2月成立至1933年2月期间，开展节育指导159例的概况，并报告发行《人口副刊》等情况，认为当时北平节育指导工作已初具规模。文章指出："只要大家肯放精神做去，这种工作是不很难的"，鼓励向北平妇婴保健会学习。

(5)《华侨与节制生育》。文章讲述了我国华侨在南洋及世界各地的人口繁衍情况，也存在人口过多的问题，主张应该重视，有组织的管好。②

(6)《论节制生育》。该文为译文，表达的观点主要有：① 无论家庭或者国家，对于人口增加，都应有一个节制的方法，是不可少的；② 凡有遗传病、血统不健全，劝他们不生子女；③ 人口过多之害，远胜节产之害，两利相权取其重，两害相权取其轻，节欲与人类天性相反，所以不能得到多数人的奉行；④ 要使妇女每次生育出于自愿；⑤ 提倡的节育方法不能为歹人所用。③

(7)《优秀分子与生育节制》。该文为译文，中心思想是：优秀人士不能因为图安逸舒服而不生育；这些人的生育是对国家作出的义务（生3～4个小孩）。④

(8)《欢迎山额夫人来华》⑤。该文发表在山格夫人将再度来华的前夕，介绍夫人的生平、事迹和著作。针对有人批评节制生育运动抹杀了落后的社会制度不良的根本原因，指出"主张生育节制的人并没有把社会问题的发生完全推到人口过剩上去"。但是，"谁都不能否认今日中国人的赤贫"，要改变贫穷的苦难，改变人口过剩现状必不可少的措施是，必须推行节制生育。期望山额夫人来沪，使节育运动能有更大的进步。

(9)《中国节育问题之探讨》⑥。作者从人口问题角度讨论中国的节育，对"战争的缘起，起于食物与人口，缺少一种平衡的状态"之说，非常婉转地表示不同的看法。作者说：日本、意大利仿效德国鼓励生育，"增加兵士的人数，以便扩充军备，实行政治的及经济的侵略，夺取国际间的霸权，他们之反对生育节制，也是当然之理"。在论述中国人口问题时，作者说：

---

① 《华年》.1933年,2(49):963.未署名。本文内说"山格夫人于民国十年来华"，有误，应该是民国十一年(1922年).

② 未署名.华年,1934,3(16):303.

③ Leonard Darwin.论节制生育.甘霖译.华年,1934,3(41):808-810.

④ Leonard Darwin.优秀分子与生育节制.甘霖节译.华年,1935,4(9)169-171.

⑤ 未署名.华年,1936,5(6):112-113.

⑥ 夏敷文.中国节育问题之探讨.华年,1936,5(15):274-275.

"中国的人口只能说有局部的累积的现象,不能说有人口的过剩。"他又分析了中国人口的食料,"并不是说在常态之下中国的粮食不够全民的需要,所以就食料而言,并无节制生育的必要"。作者显然认为中国人口的数量与可供给食物之间还是平衡的,从全国来看并没有人口过剩,未必需要节育。但是,他在论述中国人口品质时说:"希望一国中的优秀(分子)多生子女,而社会的不良分子最好节制生育,再下至于痴呆或精神病的人,则以绝种为妙。"这从另一方面反映了作者关注到提高人口质量,支持节育在某些方面(如优生)的应用。

(10)《生育节制与优生》。原著 H. H. Ellis,应远涛译,译文分别在《华年》第6卷6期(107页起)和第9期(166页起)刊登。Ellis 该篇文章,1922年已经由杨贤江翻译,在《妇女杂志》8卷6期刊登。

3.《妇女杂志》的节育文章

1932年1月28日,商务印书馆被炸毁后,《妇女杂志》未能再复刊。在30年代最初二年多中,论节育的文章择3篇简介于下。

(1)《节制生育与妇人生理的解放》①,约万字,论述节制生育对于妇女解放的重要意义。该文对于唤醒妇女和全社会,争取男女平等,自己主宰生育等方面多有阐述,是近代将妇女解放、生育自由与节育相联系的力作。其观点择要如下:

① "近代政治思潮的演变与经济制度发展,竟把妇女从家庭中解放了出来,放在她们一向没有接触过的社会政治的局面上。一切的情形是趋向于平等的道路",这仅是初步的成功。但是反对者认为"男女平等非但是不可能,而且也不必须",反对者的实质在"不必须"上,在阻止妇女的自由、解放上。作者指出妇女解放前进的道路不可以乐观,还需继续努力。

② 节制生育方法的推行能减少妇女生育的压力,现在节育"不是中古时代修道院中所通行的禁欲,更不是近代都会的黑暗处所秘密应用着的堕胎,乃是最新科学者所实验成功的'避孕'(Contraception)。由于'避孕'的发明,妇女开始了生理解放"。

③ 要以科学的安全的避孕方法去代替秘密的无知的堕胎,"前者是合理的正当的,而后者却根本是罪恶的"。如果不能将科学的避孕方法公开给所需要的妇女,"她们就被迫而采用向来所知道的秘密堕胎了",因此在禁止科学避孕的国家,堕胎十分普遍,这必须改变。

---

① 金仲华. 节制生育与妇人生理的解放. 妇女杂志,1931,17(9):2-10.

④“妇女已经觉悟，自己不单是为做一架‘生育的机器’而生在世上的，她在为种族尽过相当的生育责任后，还有其他为自己的集团谋幸福的责任。因为要有解放的自由的身体来为自己的社会集团谋幸福”。这是妇女要求生理解放的表达。当节制生育实行之后，有可能减少妇女生育过密，使她们保持良好的精力，自由从事社会、文化等多项活动，“从此妇女对于自身有了一种最大的自主的权利”。

⑤ 支持美国林西(Lindsey)和英国罗素(Bertrand Russell)提出的新道德标准。林西提议的“伴侣婚姻”，主张双方“必须懂得完善的节育知识”，并指出“近代性道德的趋势，是把性关系和结婚分开来了”。罗素甚至主张“一个未婚的成年女子可以有性的自由，但须避免生育”。

⑥“节制生育非但无害于种族人口的数量，而且能改进种族遗传的品质”。科学的避孕方法，可防止“生下劣质的后嗣”。

⑦ 对于节育技术方法，这尚“有赖于正当医者的研究介绍”。即已经认识到，节制生育还必需医学技术的支持，需要医学界的积极参与，文中没有论及节育的技术方法。

(2)《日本的产儿制限运动》①，指出日本人口增加迅速，失业者增多，有学者开始重视人口节制问题。经过多年的努力，1931 年 1 月 17 日，石本夫人和马岛先生共同组织的日本产儿调节同盟正式成立。同年，一些医院助产者同情贫苦妇女，于 5 月 19 日组织了助产部产儿调节团体。两个组织曾经召开联席会议，讨论合作事项，但是作者文内未提具体的工作和活动。著文之时，日本军国主义已经发动对外侵略，鼓励增加人口已成为官方政策，文中亦未提及。

(3)《人口问题与产儿制限》②，全文分“近世人口问题之中心与产儿制限”、“人口生产率低下及其影响”、“法荷意美对于产儿制限之态度及其人口政策”等三节，论述人口与节育。文内多处引用孙中山先生在民族主义中的论点，认为如果我国人口不增加，将会受到列强的欺负；并举法国、意大利对人口增加缓慢的担忧，鼓励生育。作者反对节制生育，主张增加人口。

(四)《中华医学杂志》生育节制专栏及文章

1. 生育节制专栏

(1)《节制生育与中国》。全文分节制生育在中国之需要、节制生育在

---

① 竹中繁. 日本的产儿制限运动. 妇女杂志，1931，17(9)：73-75.

② 林历星. 人口问题与产儿制限. 妇女杂志，1931，17(8)：1-10.

中国之现势、节制生育在中国之展望三个部分。作者认为"人口过剩已成为中国极严重之问题","中国之需要节制生育较任何国为切"①。作者回顾了中国节制生育发展的进程,以及中华医学会节育委员会成立以来的工作。并展望各地设立节育指导所,在国内制造节育用品,"适合于一般人之经济力量"。

(2)《一个教会医师对于节制生育的意见》②。文章主要观点有:"用科学的方法教导群众,实为节制人口过剩,革除违法的堕胎及建设快乐健康国家之最好方法";"就节育之真实意义言,节育并不违反宗教及道德"。作者还说节育"对于生育有自由支配之权,俾能尽力与上帝合作"。作者为教会医师,表达了支持节制生育的观点,有利于减少教徒反对节制生育的阻力。由于当时教会在知识分子中有较大的影响,作者的观点对知识人群接受节育有促进作用。

(3)《北平节育诊所八百五十二例案之研究》。此文是我国近代第一个大样本节育资料的分析。作者对北平节育指导所1930年至1936年初,所积累的节育指导的资料进行了分析,包含的项目有:新病人来源、每年所诊之例案数目、就诊者之年龄、就诊者之职业、就诊者之教育程度、家庭经济情况、结婚年数、怀孕之次数及其存活之儿女数、性交之频数及每次性交所用避孕物之用费、各种避孕方法之效力等,共10项。③ 该文分析项目多,含有非常重要的数据,是研究近代节制生育史极有价值的文献。

2. 其他文章

在三四十年代,《中华医学杂志》除专栏发表3篇节育文章外,尚刊登《山额夫人及其节育运动》(〈中华医学杂志〉1936年,478—484页)、《避妊法》、《节育事工之检讨》,后两篇文章内容、数据本书已在多处介绍引用。

(五)《健康生活》节育专号④

该专号刊登的文章,大部分为译文,内容少新意。主要有:

- 《节育的理论与方法》(题词)》(潘公展)。

---

① 兰安生(J. B. Grant). 节制生育与中国. 中华医学杂志,1936,22(5):353-356.

② 翟淑慧(L. M. Disosway). 一个教会医师对于节制生育的意见. 中华医学杂志,1936,22(5):356-358.

③ 沈骥英. 北平节育诊所八百五十二例案之研究. 中华医学杂志,1936,22(5):358-367.

④ 1934年2卷3期。

- 《节育专号的几句话》(编者)。
- 《节育论》(羽太锐治,祝实译)。
- 《婚姻制度与节育问题》(Hornibrook. E. A. ,胡任麟译)。
- 《青年夫妇应当避免生育过早的理由》(Sanger. M. ,余宣译)。
- 《最简单的节育法》(Stopes. M. C. ,影心译)。
- 《各国现行之节育法:英国、德国、荷兰、美国、苏俄》(马岛涧,静纯译)。
- 《节育药品杀害精子所需要的时间》(天冬)。
- 《近代学者的节育主张》(竹石)。
- 《以节育为习惯的妇人容易发生性的障碍》(池田重彦,式甫译)①。
- 《为什么要节育?》(Preston. H. P. ,尧玄译)。
- 《节育方法的类别》(马岛涧,王静纯译)。
- 《节育与性器官的解剖及其生理(附图)》(马岛涧,镜春译)。
- 《怎样能容易受胎?》(羽太锐治,菩蕾译)。

此外尚有报刊亦标出“专号”(如沈其震编《医学知识》1934 年第 6 期“避孕专号”)、“特辑”(如 1941 年《妇女界》第 8 期“生育与节育特辑”),但与节育有关的文章较少,未列入专号分析。

三、发展期节育用品与节育手术广告

20 世纪 20 年代的节育用品广告,主要由药厂、药商主导,少数医界人员参加,很少开展节育技术指导。进入 30 年代,国人制造的节育药品广告已明显减少,以进口药品广告为主。这实际上是消费者对于节育用品效能选择的反应,进口避孕用品占领市场主要份额。其中,“史斑通”(SPETON)、“她的友”(LADY'S FRIEND)等广告在《申报》、《妇女杂志》、《女青年》等报刊反复刊登。1948—1949 年,孙严予也组织制造节育用品和发布广告。

1. 节育药品广告

(1)“史斑通”(SPETON)。它在中国上市后,1926 年曾经遭遇到上海市卫生局的反对,要求停止发售。但是,经销商金山洋行仍然以原来的商标做广告销售。1931 年在《妇女杂志》的广告中说:“史斑通出类拔萃的制

---

① 池田重彦,式甫. 以节育为习惯的妇人容易发生性的障碍. 健康生活,1934,2(3):133-134. 提法不当,可能误导读者。

育良药，绝无油脂，非常纯洁，功效确实可靠。”（见图 13-16）甚至在有的广告中称它为“女子避孕之圣品”。

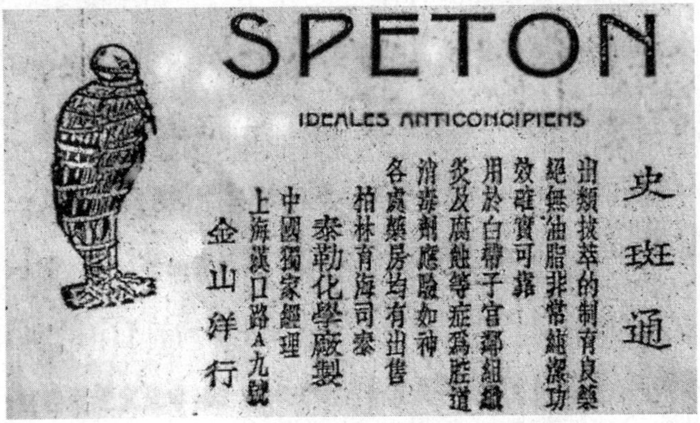

图 13-16 《妇女杂志》17 卷 3 期刊登的史斑通广告

1937 年《康健杂志》发表《史斑通在节育上的价值》专文，认为节育用品必须符合：“（一）不害性趣、（二）迅灭精虫、（三）无害健康、（四）极易溶解、（五）药力达及各重要部分。”①文章在比较各种节育方法后，指出史斑通药片符合这些要求，使用方便。该文还宣传妇女健美术，包括女阴户清洁，认为史斑通为可靠的消毒药片等。

（2）她的友（LADY'S FRIEND）。她的友在多家报刊所做的广告，注明由上海百昌洋行总经销。各个广告内容有所不相同。如在《申报》1930 年 3 月 23 日 15 版广告称“最可靠的……节育方法”，“德国依诺去博士（Dr. Enoch）发明外用避孕□栓剂，并非附属出品，实为化学专家毕生研究之结晶……每药一片，确可赖以避孕。曾经中央卫生试验所化验无毒”。在《妇女杂志》广告中说：由试验中已确实证知各种微生虫皆不能通过此油质的药品片（1931 年 17 卷 1 期）。后又说：“‘她的友’外用药片为避孕最灵的良药。”（见图 13-17，图 13-18）直到 1949 年仍有人著文，认为“她的友”是闺房秘物，防止生育的良药，比其他避孕药品、器具等方法有明显的优点等。②

（3）节育灵。这是三星药厂的产品，口服避孕药品。广告宣称“国药制剂，避孕圣品”；甚至说只要每月服一次，停止服用就可怀孕。（见图 13-19）该药没有说明成分，但明确说是国药、口服避孕药，这在 30 年代已非常

① 史斑通在节育上的价值. 康健杂志，1937，5（3）：29.

② 六无. 闺房秘物“她的友”为防止生产之灵药. 凌霄，1949（1）：7.

少见。节育灵所宣传具有的节育功效，与 20 年代的其他口服药一样，不实之词明显。

图 13-17 《妇女杂志》17 卷 1 期她的友广告

图 13-18 《妇女杂志》17 卷 3 期她的友广告

图 13-19 《申报》1943 年 6 月 2 日节育灵广告

(4) 康妥乐(CONTROL)。该产品由天津时代公司经销，上海设分销处，广告中称为美国制造的科学节育新药，“经 1931 年第七届世界生育节制大会通过，为现代最完善之进行节育男女共同外用特效的新药”。此广告在《性科学》、《健康生活》等多次发布。①

(5) 惟妥节育药片(VETO)。广告称：德国制造，女子用，灵验可靠且便利经济。“经医师指定必须避免生育妇女之唯一灵药”。

(6) 泡沫粉。泡沫粉是放置于女性阴道内，产生泡沫的节育药品。泡沫粉早期需进口。1937 年，上海节育研究社与中华医学会等合作，根据美国配方试制成功，大幅度降低成本②，成为上海节育指导所的最普通的节育用品。

(7) 避妊片。避妊片“简便价廉”，为阴道内用药。北平博爱医院在 1933 年宣称由自己制造，并在《医学卫生旬刊》中反复宣传，系博爱医院自制，仅在医院内药房出售，不在院外销售。

---

① 见：《性科学》1935 年 1 卷 2 期广告。

② 中华医学杂志，1937，23(1)：108-109.

2. 节育器具广告

节育器具广告，大部分略迟于节育药品。20 年代，节育药品广告的频度要高于节育器具的广告。进入 30 年代，避孕器具仍然以“如意袋”、“子宫托”为主，后来子宫内节育器渐渐在医学界使用。节育器具在很长一段时期内几乎都是进口产品。国人的试制产品何时进入市场，难以断定，但至少在 20 世纪 40 年代后期，已经有国产品的宣传广告。当时主要的节育器具有以下几种：

（1）如意袋。如意袋英文名 Condom，是以 17 世纪英王查理二世的御医 Condom 的名字所命名。① 国人称它为橡皮套、避孕套、阴茎套、阴茎帽等（现在更普遍使用的名称是安全套）。1915 年在上海的刊物上已有专文论及如意袋②，在 20 年代的许多节育著作中多有介绍（名称有所不同）。1922—1923 年就出现如意袋的销售广告，进入 30 年代，如意袋很快成为社会所熟悉的商品，药房普遍经销（但都是进口），容易买到。与避孕药品广告相比，如意袋的广告要少。

陈无我在《老上海三十年见闻录》中称：如意袋此真花柳中保身要物。妓家每多湿毒，兼之常服泻药，染之受罪非浅，悔之莫及。此衣系外洋机器制造，用之胜常，一切秽毒之气不能渗入。价亦颇廉，每副售洋一元五角，远处信力自给，贵客欲办，至英大马路新衙门西转北逢吉里一衙第三石库门内，至晚不售。③ 另据毛履亨（洋行职员）回忆，20 世纪 30 年代，俄国人 Jack Rogalsky 盘下慎余洋行西药部后，成立恒余洋行，包括经营如意袋。他的工作之一要给医院、私人医生发广告和样品；如意袋“每盒为一罗即 144 只，每 3 只装铁盒子，即 48 小盒，每罗大约 10 元左右，生意甚佳，每天能卖出 10 罗以上”④。毛履亨于 1934—1941 年期间在洋行工作，此期间一个洋行的销售已经如此，反映社会总销售量是一个不小的数字，可见实际应用之多。

当时的如意袋产品，受到原料和制造技术的限制，使用中有许多不舒适和不便之处，但是易购、易用，有比较高的可靠性，优点突出。它不仅能避孕，且能防止性活动相互传染疾病，如意袋的可靠功能等，很快被“各界”

---

① 刘达临. 世界当代性文化. 上海：三联书店，1999：249.

② 彦华. 谐谈：如意袋. 小说丛报，1915，(17)：8–9.

③ 陈无我. 老上海三十年见闻录. 上海：上海书店出版社，1997：257.

④ 毛履亨口述. 一个洋行职员的经历. 史林，2000，(3)：18.

所认识、接受。

但社会对如意袋的赞成与反对的论争从未停止。如1946年《中外春秋》、《新上海》、《风光》、《海天》等刊物,先后发表《英美各国如意袋争执》、《少女买如意袋》、《公教人员谢绝如意袋》、《王文兰怒摔如意袋》、《警察局取缔少女口吹如意袋》、《如意袋满天乱飞》,等等,反映了社会对如意袋的关注。1948—1949年,孙严予医师揭露国人伪造如意袋等牟取暴利。

(2) 子宫托。子宫托又称子宫帽、阴道隔膜、抗它膜等,20年代已有这类产品的广告,各家采用的名称有别。由于其使用需要经医生检查后选择不同的型号方可,个人难以择定,选择、使用比较麻烦,因此子宫托的广告除在节育器项内宣传外,经销商重点将广告及样品发送给私人医生、医院。1930年,北平节育指导所成立后,推行的节育方法中就有采用子宫托145例。① 1942年,沈骥英报告上海地区234例使用子宫托,成功率88.9%。②

到40年代后期,孙严予医师成为极力推行节制生育的突出人物,她将子宫帽称为"抗它膜"(CONTRAMOL)。在《今日节育图解》中,大篇幅地宣传抗它膜,讲其形态、原理、号码选择、放置方法,并附图等有7页之多;同时宣传"中国节育用品制造厂"出品抗它膜、抗它膜胶冻等8类节育用品③。这是国产子宫托等产品公开生产、出售可靠的例证。

(3) 节育环。节育环是放置于子宫内的节育器,到40年代初,在我国医界已渐被应用,广告宣传也频频出现。通常强调是进口产品,"一次手术戴上,不戴仍可受孕,不碍房事月经,舒适永久可用"④。有些医师通过广播、讲座、信箱、单页宣传品等,认为"子宫内节育环,都是长期异体物之刺激,是子宫瘤(毒瘤)的成因"⑤,主张不如使用抗它膜。由于放置节育环收费比较高,在中低收入阶层应用有限制。

3. 手术节育广告

在20年代,已经有手术"通经"等广告出现,实际就是手术堕胎。到40年代,"括宫"已在广告中公开宣传⑥,表明运用手术方法堕胎已经从隐晦的用语到明示。许多资料表明,堕胎已经成为许多妇产科医生重要的业务

---

① 沈骥英.北平节育诊所八百五十二例案之研究.中华医学杂志,1936,22(5):364.

② 沈骥英.节育事工之检讨.中华医学杂志,1942,(28(5):161.

③ 孙严予.今日节育图解.上海:中国优生节育协进会,1949:目录、封底.

④ 节育福音.申报,1942-01-19(3).

⑤ 孙严予.叛逆女人第一册.出版者不详,1949:9.

⑥ 冯俊英.申报,1942-01-13(3版).

之一。此外,宣传绝育手术,亦屡有广告。如中国优生节育协进会主办的节育指导所,在广告公示开展的四项服务中,第二项就是绝育手术,但没有说明是结扎输精管或是结扎输卵管。

4. 注射节育广告

在形形色色的节育广告中,亦有宣传用注射方法避孕,甚至承诺可以终身不孕。《申报》1942 年 6 月 10 日 5 版,刊一则德医妇科专家陈愈衷医师节育保健所的广告:

> 专为体弱多育、因病不宜生育妇女而设,经过二十余次皮下注射后,确能终身不再受孕。使身心健康,且无过去安置节育环、子宫帽等或扎输卵管发生易于难取出来疼痛、经期延长及精神症状之流弊。一切与平时无异,为近代最新安全可靠特效避孕良法。

这样的宣传与 20 年代孙氏秘制避孕膏①宣传贴后能够避孕的说法一样,显然不可能达到。一些有良知的医生指出其错误,呼吁不要被其误导。孙严予在她的文章、演讲、广播讲座中,多次指出注射避孕"至目前止均尚在一动物试验值时期,还未确定到能在人类身上使用之程度",故"节育注射——骗人"②。

5. 赠送节育著作广告

1936 年 4 月 3 日,《北平晨报》刊登赠送节育指南的广告,说已将德国依博士关于节育的原著翻译成中文,赠送读者。"需要者将广告剪下寄上海邮政信箱 1222 号,即奉寄一册"③。广告没有说明赠送的机构或个人,这是"上海人"将节育广告做到北平异地宣传的例证。这里是否包含有后续的经济利益因素,无法确定。

1934 年,周建人对节制生育发展情况分析时说:"从出卖节育器和药品的地方之多和讲节育法的书籍的流行上可以窥见一斑。"④这从一个方面证明了在上海、北京等城市出售节育用品的普遍。

---

① 申报,1928-03-01(16 版).

② 孙严予.叛逆女人第一册.出版者不详,1949:9-10.

③ 北平晨报,1936-04-03(10).

④ 克士.生育节制打胎和儿童公育.东方杂志,1934,31(21):73.

第十四章 国际间节育学术交流活动增加，节育研究的进步

1922年4月，山格夫人来华，是我国与国际间首次节制生育的学术交流活动，但严格地说这次是单向的“传入”活动。进入30年代，我国节育界的学者在国内外与同行间的相互交流活动增加，取得发展。在节育研究方面，节制生育的术语渐趋一致、避孕技术著作出版等反映了节制生育学科在成长。

一、我国学者在国外的学术交流活动

1. 杨步伟应山格夫人之邀参加美国上议院听证会

赵元任1929年到南京任职，1932年2月第二次赴美，杨步伟随夫而行。3月到华盛顿后，杨步伟即与山格夫人取得联系。此时，山格夫人正在极力活动美国上议院取消Comstock法中有关禁止传播避孕书籍、器具等条款。上议院指派一个委员会，审查这一提案，并决定在1932年5月12日举行公开听证(Public Hearing)。山格夫人请了许多支持者到会，并说服一位西弗吉尼亚的上议员在会上发表支持修改有关限制节育知识传播的法律条款的演讲。山格夫人也书面邀请杨步伟夫妇出席会议，杨步伟夫妇亲历了会议的全过程。这使杨步伟直面美国节育思想的大辩论，直接了解美国节育发展动态、法律和社会容忍度等。她视这是学习借鉴美国推广节育经验的良机。会后十余天，她就将会议概况、发言者的论点等记录整理，以信函寄回国内北平妇婴保健会。1932年8月7日，《北平晨报》刊登了她的来信，并加了编者按。① 信的主要内容有下列几点：

(1) 列举了山格夫人发言观点：①“做母亲的须有能力和知识照应小孩”，“自己是个看护妇，也有三个小孩，深知道穷人小孩子所受教养不好”，

① 北平晨报，1932-08-07(8).

当无能力为孩子提供良好生活和教育的人,就应该节制生育。② 在美国由于节制生育药品和用具"小的地方不能造,从大市镇制造好了寄来,须经过邮政局,而美国邮局禁止寄递",这就使需要者得不到节育用品、药械,这种法律应该修改。③"英国的牛津与剑桥及苏格兰,对于这个问题的研究,比美国进步的多了"。④"1873 年 Comstock 法律通过的时候,美国的社会学和医学(包括精神病理学)远不如现在,而法律仍是根据以前错误的知识……"再不修改显然已落后于世界。

(2) 会上有一位女节育指导员发表演说,宣读了支持节育的医生名单,并说明这些医生之所以支持的动机是"他们谋社会的福利,并不含有商业的或谋利的目标"。

(3) 在针对 Constock 法案修改的辩论中,有一位教士发言说,"自己很尊重宗教家所持反对的理由(是指天主教),但不愿令宗教来干涉法律。本案并不强逼人节育……法律就别禁止他们!"他还列举了许多赞成节育运动的教士。当教士回顾了历史说:"从前宗教教人互杀,或有杀小孩典礼,现在不了;从前把科学家监禁或烧死,现在不了;《圣经》说,'生产要痛苦',那末难道现在生产时候用麻醉药也得禁止吗?""假如避孕是因为'反自然'而不道德,那末一切医药都是'反自然'而不道德了!"最后他还说,"节育固未必如山额夫人所说能解决一切,但此点[①]如不解决,社会就更多一个大难题"。

(4) 美国医学会一位会员发言说:"避孕的 Indication[②] 是有病或神经病,但现在不能按医学的理由实行。有人主张绝欲避孕,这是不可能的!提议打胎,更危险,也是犯法的。Sterilization[③] 是不必要的,且有人过后也许还再要小孩。所以只有避孕是合理的。"

(5) 会上一位妇女代表"赞成一个小儿科大夫替小孩子们请愿,说一个母亲生育太多,就不能对于每个小孩有充分的照应"。

听证会上许多发言者要求修改这种落后于时代的法律。经过辩论,法案修改在上议院没有得到足够的支持票,未通过。山格夫人在会后发表了谈话。(见图 14-1)舆论说这不是文明国家所应有的态度,对上议院批评甚多。

---

① 指要求修改 Comstock 法案中禁止邮寄避孕用品和宣传品等条款。

② Indication 中文翻译为指征、适应症。

③ Sterilization 中文翻译为绝育。

图 14-1　山格夫人 1932 年 5 月 12 日，在美国参议院听证会外

杨步伟身在海外，关心国内的节育事业，积极与世界节育专家交往，促进相互了解，不愧为女性节育的先行者。

2. 许仕廉会晤山格夫人

许仕廉(1896—?)，社会学家，1926 年任燕京大学社会学系主任。1931 年 7 月，在美国纽约，许仕廉曾经拜会过国际著名节育专家山格夫人，就节制生育问题进行交谈。[①] 山格夫人向他介绍了美国的经验，认为推行节育大致可分两个时期：第一，争取节育的个人言论自由和出版自由，反对政府对于节育宣传避孕的禁令；第二，节育的方法指导问题，即与医界人士合作，实行避孕指导并改进避孕方法。山格夫人指出节育问题的复杂性，除非受过高级训练者不应胡乱指导，非已登记医生、看护，不准讲授避孕方法。山格夫人还强调应掌握节育的指导，并非人人随便可以得到避孕知识，凡已婚男女并须符合以下六项条件之一方可，即：① 夫或妇患有传染病、疯癫、低能等遗传病者；② 女人有肺病、心脏病、肾病等暂时不能生育者；③ 曾有低能儿女，恐再不能产生智力平常之小孩者；④ 有时母亲每年生育一次，须延长生产间期者；⑤ 子女太多，不愿再添儿女者；⑥ 新婚之后，愿等一二年后再添儿女者。[②] 许仕廉 30 年代初经过欧洲回国，此时也正是我国节制生育已从启动阶段转入发展的阶段，他积极参加北平妇婴保健会工作。此外从北平节育指导所制定的申请节育指导标准看，与许氏记载山格夫人的主张基本相同，这是否与他从美国学术交流带回的影响有关？尚待考证。

---

① 许仕廉. 人口论纲要. 上海：中华书局，1934：221.

② 许仕廉. 人口论纲要. 上海：中华书局，1934：222-223.

3. 陈达在苏联、德国的访问

陈达，社会学家，1923 年获美国哥伦比亚大学博士学位回国，长期在清华任教。陈达是北平妇婴保健会的主要成员，是《人口副刊》的创办人和负责人。在 1935 年，他利用学校规定的休假期，决定到西方考察、访问。先访问苏联，取道满洲里出境，同行的还有北京大学徐祖舜、燕京大学田沛霖。此行在苏联停留 7 周，得到我国驻苏大使的帮助。他们考察、访问了政府机构、农村、工厂，与社会各阶层进行接触。陈达将在苏联接触和了解到的与节育相关的信息发回国内，供国内同行参考。《人口副刊》1936 年 2 月 2 日 5 版，就刊登了陈达的来信（原信为英文，由杨光举翻译），报道苏俄的节育动态。[①] 后来陈达著《浪迹十年》，对在苏的活动有更多的记叙。[②] 该书与《人口副刊》所报道的内容要点为：① "近年来苏俄国内的节育事业，异常普及而发达，并且进步很快，所有的工人，都可以从各妇婴指导所、各医院，甚而至各工厂，得到节育的方法和指导。""女人用的化学或机械式的子宫帽亦不少，金属质的子宫帽不用"。② 用手术或用其他药品的方法避孕；所有的节育用品包括药物，几乎全是国内制造。③ 凡是领到节育用品者，必须每 1 ~2 周到节育指导所复诊一次，如果不去，指导所要派社会服务员上门家访。④ 堕胎是合法的，以前是自由的，近来受到限制，必须是母亲的身体虚弱或有病，并只能在政府设立的医院、诊所内施行，但不收任何费用。⑤莫斯科设立"妇婴保护博物馆"，每天对公众开放，不收任何费用。对生命的孕育、分娩的过程，有实体标本在玻璃瓶内展示。对女子产前产后的保养、婴儿养育法等以文字、图片、模型等有系统详细的解释供参观。

关于德国，陈达所见的是法西斯的政府，德国政府极力提倡生育而不是推行节育，鼓励所谓优良种族加快繁衍。如在德国中部，选择血统优良的农民给予世袭领地，以奖励其繁衍等。1933 年，政府通过立法，强制推广所谓的优生法（1934 年 1 月 1 日起实行），为对犹太人的种族灭绝打开方便之门；还禁止有遗传病、犯有重罪者等生育，强行实施绝育手术。陈达对有遗传病的强制优生措施持赞同的态度，他说："这确是对于优生、遗传、人种上极有价值的一种试验。"[③]他没有对纳粹反人道的、灭绝人性的实质进行分析和批判。

---

① "苏俄"是当时国内对前苏联的习惯称呼，无褒贬的区别.

② 陈达. 浪迹十年. 上海：商务印书馆，1946：1-162.

③ 北平晨报，1936-02-02(5).

二、参加国际学术会议

近代确切记载我国官员、学者参加国外节制生育会议的资料虽然比较少,但仍有一些记载。如1925年3月底至4月初,第六次万国生育限制会议("万国"当时是"国际"的另一种译法)在纽约召开,参加会议的有许多节育、人口、统计等方面国际著名学者。山格夫人为会议主席。我国潘光旦、陈石孚先生赴会。两人对会议有相同的观感,如认为英国 V. Drysdale 浮躁等,有批评之意。① 潘氏在回顾这次会议及以前的节制生育运动时,认为"自优生学方面看去,似乎弊窦多而实惠少"。进入30年代有确切文字记载的是参与1933年在伦敦召开国际节育会议。这次会议由 Brith Control International Information Center(节制生育国际信息中心)召开。会址在伦敦卫生及热带病医院。会议于1933年11月25—26日举行,主题讨论亚洲节育问题。出席者有英国节育学会会长霍特爵士(Lord Horder)、罗素(Bertrand Russell)等名人;中国驻英公使郭泰祺、驻法大使顾维钧,为会议的赞同者;美国山格夫人,日本石本男爵夫人和印度、土耳其等国代表出席大会。会议主要讨论四个方面的问题:人口、节育与战争;亚洲的节育与经济问题;节育与公共卫生;节育与妇婴健康。② 这次会议,北平妇婴保健会曾经拟派代表参加,准备在会上宣读论文,是否成行,未见后续报道。

三、赫希菲尔德来华

赫希菲尔德(M. Magnus Hirschfeld,1868—1935年),德国人,医学博士、性学家。他特别热心于同性恋研究,并认为对同性恋的歧视和法律的迫害是不人道和不公正的。1896年用笔名发表《怎样解释男人或女人爱同性的人》。此后(1903年)对柏林工业大学3 000名学生进行了大规模的性问卷调查,并因此被拘留10天。1912年创建了"国际性科学会"。1919年用私人的财产创立"柏林性学研究所",从事性研究和诊治活动,并相继建礼堂、图书馆等。1923年该所得到政府的认可。1926年在柏林召开的首届"国际性研究大会"上被选为常任理事。1928年"国际性改革联盟"在哥本哈根成立,他和 H. H. Ellis、A. H. Forel 共同担任联盟主席。1926—1930年期间,出版《性知识》(亦有翻译为《性学》)共五卷。1933年德国纳粹政

① 潘光旦.生育限制与优生学.妇女杂志,1925,11(10):1560-1563.

② 北平晨报,1933-10-08(8).

府下令关闭柏林性学研究所，焚毁了图书馆及收藏的图书资料；后来赫希菲尔德被德国政府驱逐出境。

图 14-2 赫希菲尔德(前排中)，1931 年在上海作性学讲演后与上海妇女俱乐部的成员合影 照片来源：刘达临著《世界当代性文化》

赫希菲尔德 1930 年 11 月开始到远东、近东旅行考察，到过南洋群岛、印度、日本，1931 年春末夏初到我国，在上海、天津、北平、南京、杭州、广州等地考察、讲演，历时约 10 周，我国报刊作了相应的报道①，在上海讲演后留有合影②。(见图 14-2)考察结束后，赫希菲尔德写了一本《男人与女人》(英文，美国 Putnam 公司出版)，记述了他这次访问考察的情况；有关中国的考察情况约占全书的六分之一。我国学者认为他对中国的观察还是持"学者与公允的态度"③。该书记述了他在中国会见过卫生部部长刘瑞恒博士④，在会见中两人对话，如谈到妓女登记之措施时，赫希菲尔德认为仅仅登记"没有多大用处"；当刘问他有什么方法可以抑制卖淫？他回答说："什么事都不成功，若不是有更广远的、更深入于社会学的与性学的方面之若干改革。"⑤他在上海、天津等地到妇女俱乐部等讲演，在广州应中山大学演讲，介绍他的性学观和国外性学研究的动态。他的公开演讲甚受关注和

---

① 申报，1931-05-29(6).

② 刘达临. 世界当代性文化. 上海：上海三联书店，1999：40.

③ 大可. 男人与女人. 华年，1935，4(36)：715-717.

④ 民国政府的中央卫生行政机构名称和隶属关系，曾经改变七次之多。1929 年设立卫生部，1931 年 4 月撤销卫生部，改为卫生署，刘瑞恒由部长改任署长。赫希菲尔德此次访问如在卫生部改为卫生署后应该称署长。

⑤ 钟叔河. 周作人文类编·5·上下身. 长沙：湖南文艺出版社，1998：391-392.

欢迎。如中华医学会派专人与之接洽演讲,《中华医学杂志》报道“于五月三十日假国立北平大学医学院讲演‘两性病理学之现在’。听众逾四五百人,肩摩踵接,颇极一时之盛”①。《北洋画报》,更记述他在北平医学院大礼堂的讲演盛况:“距八时半尚有一刻钟,但医学院礼堂中,人已满坑满谷,入堂之门已完全塞断……是时听众续来,人数更多。礼堂外每一窗口亦皆有十数人立听,而听众中多有携雨伞者,其热心可想见。且听众中女性居然占十分之一,此实出乎意料之外者也。”②

《北洋画报》还报道说:赫氏对于性欲障碍各病态有极详之陈述,后来还放幻灯,内容包括生殖器畸形,其中有一幅中国花旦的剧照,男扮女(他误以为同性恋之例)等。

赫希菲尔德是近代第一位来我国的国际著名的性学专家,在国人普遍崇拜西方权威的环境下,他的到来对于我国性教育、性学研究的开放等产生一定的推动作用。从节制生育方面看,此时距山格夫人来华已近十年,性学权威访华产生的影响,引起了社会的关注(节育与性紧密相连),亦有利于节制生育的开展。

四、山格夫人首次来华后的节育事业及再次中国行

(一) 继续为事业奋斗

1922 年,山格夫人来华后,到伦敦参加国际节育大会(任会议主席),为此《节育评论》还作了报道。③ 1923 年,她在纽约开设了规模较大的节育指导所。这是由于纽约州高等法院所判案例“认为凡属有病的母亲可以有向医生征询节育方法的权利”,这个判例为设立节育诊所提供了法律依据。④自此全美各地纷纷设立节育指导所,到 20 年代中期后已经发展到百余所,累计有 33 000 多例。⑤ 1925 年,她主持了在纽约召开的第六次国际新马尔萨斯主义与节育会议。1927 年,她在纽约(西第十六街十七号)设立节育研究所,目的是想从医学方面研究节育对于生理的影响和节育的方法和效果等,为节育指导实践提供可靠的依据。1927 年,她发起在欧洲召开第一次世界人口会议,邀集一些世界著名的学者参加,希望通过会议引起人们对

① M. Hirsdhfeld 博士讲演两性病理学. 中华医学杂志,1931,17(4):421.

② 无聊. 性博士挥扇讲性学(上). 北洋画报,1931,(634):2.

③ 珊格尔夫人赴华. 妇女杂志,1922,8:96.

④ 雷洁琼. 山额夫人与节育运动. 北平晨报 1936-03-08(5).

⑤ 伊凡,译. 山额夫人及其节育运动. 中华医学杂志,1936:22(6):483-484.

人口快速增长的警觉，以科学的观点研究节制生育，解决人口问题。会议还促成国际人口问题研究学会的建立。这次会议，是山格夫人节制生育思想一个变革点，即不仅是"把母亲们从众多孩子的家庭重负中解脱出来"，还有解决人口膨胀的重要意义。

1930年，在山格夫人的领导下，第七次国际节育会议在瑞士召开，这次会议各国医学界人士参加者有130多人，使节制生育逐步被医学界所公认（属于公共卫生范围），进一步扩大了她在国际节制生育界的权威地位。1930年，她所主持的"节制生育国际信息中心"与英国女权主义者马丁夫人合作，开展咨询服务，她被推举为主任。

1932年，山格夫人在华盛顿努力说服上下议院，讨论取消Comstock法案中将节育活动与淫秽之事混淆不清的条款。5月上议院举行公开听证会（我国杨步伟、赵元任夫妇被邀请参加）。她事先虽已争取到一些上议员的支持，但是要求取消禁止传播节育资料和用具的提案仍未能通过。① 1933年，她所担任主任的"节制生育国际信息中心"发起组织东亚节育问题会议，以推进远东的节育运动，我国亦有代表参与。1935年秋，她与马丁夫人一同到近东、远东访问，在印度会见过甘地；1936年3月再到中国。

1936年，美国发生闻名世界的"美国与包裹"案，此案由山格夫人从日本订购一种新型的避孕隔膜，通过邮件寄到美国，被海关以违反Comstock法而没收所引起。相关诉讼延续到1936年11月，美国联邦上诉法院才对1873年制定的Comstock法有关避孕书刊和工具为淫秽物品的规定重新作出解释，并"允许医生'为了挽救生命或增进病人的福利'而开避孕药方"②。至此通过邮包传递避孕节育用品为合法，宣传推行避孕、节制生育在全美国（不仅是某些州）得到官方的许可。就在同年，美国医学会正式承认节制生育是医学实践的合法部分，以往常常被指责的医生们，纷纷以合法身份进入节制生育的领域。美国医学会的决定，对各国医学界全面介入节制生育发生积极的影响，我国媒体对此也迅速作了报道。③

在山格夫人的事业中，还有在世界节育史上可称为里程碑的贡献——组织与几位科学家合作，展开口服避孕药的研究，发明了改变世界的传奇

---

① 北平晨报，1932-08-07(8).

② 中国大百科全书出版社《简明不列颠百科全书》编辑部译编. 简明不列颠百科全书(7卷). 北京：中国大百科全书出版社，1986：25. 以下参考文献中简称《简明不列颠百科全书》。

③ 美医学会承认节育医学事业. 中国红十字会月刊，1937，(26)：73.

药物。小小的药丸在避孕、控制人口、改变性价值观、婚姻与生育观等方面,产生划时代的极为深远的影响,甚至这些发明者们亦未能预料如今的巨大改变。口服避孕药的研究,是从20世纪50年代初,她与格里高利·平卡斯(Gregory Pincus,1901—1969年)、约翰.罗克(John Rock,1890—1984年)、柯尔通(Colton)、卡尔·杰拉西(Care Djeerassi)等在寻求简单、方便的节育方法进行合作,经过努力,早期避孕药在1960年10月于美国被正式批准生产。再经过不断的研究改进,制造出有效、副作用小、价格低廉的口服避孕药,极大地推动了世界节育运动的进程。这项研究发明以前所未有的方式改变着人们的生活。山格夫人看到了这项研究的初步成果,但没有能亲眼看到快速、广泛发生在全世界的这一革命性的改变。

山格夫人长期活跃在国际节育活动的舞台上,终身为节制生育事业而奋斗。1948年还与我国孙严予医师通信,鼓励孙医师坚持节育事业,附赠自传。晚年她还担任1953年成立的国际节制生育联合会的第一任主席。1966年9月6日,山格夫人卒于美国亚利桑那州图申(Tucson)。世界对她献身于节制生育事业给予很高的评价。1995年美国纽约公共图书馆举行成立100年纪念活动,整理出版《世纪之书》(Books of the Century),从初选的1 100种中最后选定175种,山格夫人的My Fight for Birth Control被编入,并列为"提升女权方面的经典著作"之一。2005年《时代周刊》评她为"20世纪对世界影响最大的100位人物"之一。现在美国研究她的文献甚多,她的后人仍在积极从事妇女运动。

山格夫人的著作被翻译成中文的有:《生育节制法》(1922年)、《美乐之家》(1927年,为前书原著的不同译本)、《家庭性教育实施法》(1922年)、《性教育示儿编》(1929年)、《结婚的幸福》(1929年)、《女子应有的知识》(1925年,原著名What Every Girl Should Know)、《节育主义》(1925年,原著名Birth Control)、《生育节制论》(1923年,可能与《节育主义》是同一原著的译本),等等。山格夫人还有一些著作或文章被编译、节译成中文出版,如《妇人之力与产儿制限》一文(约8 000字),出版时说明是山格夫人原著,但是未注出原书名①;《生育节制会底原理和目的》②又是一例。

山格夫人著作甚丰,还有如:Family Limitation(家庭限制,1914年)③、

① 妇女杂志,1922,8:25.

② 妇女评论,1922-05-03.

③ 在我国1922年的多份报刊上,有该书翻译出版的消息,但未查到中文本。

What Every Mother Should Know(母亲应有的知识,1916年①)、The Case for Birth Control(为生育节制辩护,1917年)、Woman and the New Race(妇女与新种族,1920年)、Women and the New Peace(妇女与和平,1920年)、The Pivot of Civilization(文明的枢纽,1922年)、Motherhood in Bondage》(束缚中的母性,1928年)、《我为节制生育而战斗的经历》(1931年)、Margaret Sanger——An Autobiography(1938年),等等。其中,并未都翻译成中文,亦有同一原文中文的译名不同,甚至有译者从多篇原文摘录部分,编译辑成中文书出版。

(二)姐妹失和

山格夫人与她的胞妹埃塞尔·贝琳曾经为推行节制生育、开办节育诊所等共同艰苦奋斗,有着患难与共的经历。后来两人反目为仇,有许多人探讨过其过程和原因,一般认为是从埃塞尔进行的狱中绝食斗争被释放时,姐姐要求妹妹淡出与节制生育的联系,而埃塞尔坚决反对,自此两人关系紧张,甚至仇视对方。在《避孕药片——一个改变世界的药物传奇》一书中,记叙了山格夫人的孙女玛格丽特·拉普向该书作者回忆姐妹不和的一些细节:

> 她们仇视对方多年了。这发生在埃塞尔在监狱绝食后就将它作为其光辉形象的一部分,而桑吉尔则认为这种事情是她最先做的。我有一封迄今还没人知道的信,这是玛格丽特写给埃塞尔的,要她忘掉她自己进行了一场监狱绝食;因为好莱坞可能会拍一部关于玛格丽特的电影,她想让这些成为她一个人的故事,而不是她妹妹的。埃塞尔拒绝了桑吉尔的虚构,希望她承认事实。埃塞尔在这些事情上更为诚实和正确一些。你知道,玛格丽特曾改过她的生日。她本来出生于1879年9月14日,但实际上她到处都写1883年出生。那是埃塞尔的生日。她占了妹妹的生日。她在家谱中篡改了它。那本家谱现存于史密斯大学。她用来篡改的墨水已褪色,最初的墨迹显露出来。
>
> 她很自负。随着年龄的增长,她忘记了自己曾经做的掩饰,一些事情败露了。这就是她为人之道。她撒谎,因为她对自己的身世感到不安。她经历贫乏,但又想使自己的形象更丰满一些。
>
> ……
>
> 哦,我爱她,绝对爱她。她尊重我,我也敬爱她,她是我一生

① 此处的年份,指原著出版年份,以下同。

中所见过的最迷人的女人。她不仅教我政治，还有怎么看人和事。她给了我巨大的勇气和力量。因为她我做了许多有趣的事情。①

对两姐妹的紧张关系，埃塞尔的女儿奥丽佛在未出版的回忆录中，认为这“揭示了贺金斯家族的女人们母性中矛盾的两重性”。其回忆中有批评她姨妈嫉妒之处，亦有怀念姨妈“给了我需要的温暖和爱”。山格夫人与妹妹不和是史实，自身有许多失当之处，但是瑕不掩瑜。

（三）山格夫人第二次来华

山格夫人第二次来华是与马丁夫人（Mrs. Fdith - How Martyn）同行。山格夫人计划在访问菲律宾、印度等国家后，于1936年初到华。当2月19日到达香港后，山格夫人因为患感冒，不得不改变原来计划，她个人准备提前返回美国（马丁夫人继续中国之行）。山格夫人预定所乘的皇后号轮，从香港到美的航线要经过上海，故而上海节育活动家准备接待。轮船1936年3月8日到沪，当日颜福庆、周钟慧卿等登轮迎接，登岸活动后当晚返轮，次日晨离沪。严格地说，山格夫人这次到沪，是“途经上海”，而不是一次正式访问，故而有些文献对此的提法出现区别。有人称为“第二次国际间的学术交流”，有人称“到广州后因病返港回美国”。王逸慧1937年在中华医学会的节育委员会的工作报告中说，“山额夫人与豪马丁夫人廿五年春来华……但因病未能到内地”②。王逸慧的报告，没有将山格夫人在沪与各界人士的会晤情况列入（1936年3月8日，曾经在她的寓所举行迎接山格夫人的茶话会③），但山格夫人毕竟与我国节育界进行过座谈和活动，应该可称为一次学术交流活动。

对于山格夫人的再次来华，我国节育学界早已作好准备，有目的地预告相关信息，发表相关文章。当山格夫人到沪后，《申报》等主流媒体，迅速作了报道。仅刊登夫人到上海与欢迎者合影照片的刊物就有：《东方杂志》、《人言周刊》、《永生》、《汗血周刊》、《青年月刊》等。我国北方节育界的学者们，也早已准备热烈欢迎，期待她的到来。北平妇婴保健会特地在《北平晨报》发行“欢迎山额夫人专号”④；一些报刊也发表许多节制生育的

① 伯纳德·阿斯贝尔.避孕药片——一个改变世界的药物传奇.何雪，晓明，译.北京：东方出版社，2000：52-53.

② 王逸慧.节育委员会报告.中华医学杂志，1937，23（5）：635-636.

③ 申报，1936-03-09.影印本338册，220页.

④ 北平晨报，1936-03-08（5）.

文章,希望夫人来后为推动节制生育深入发展助力。山格夫人虽然因为生病,计划中的活动就未能成行,但是消息及专刊发表后,同样推动了人们对节育的关注。由于马丁夫人很快到达北平,与我国医学界、社会学界的人士进行较多的交流,推动了节制生育活动的又一高潮。

(四) 几点考证

有关山格夫人生平及活动等,在一些文献的记述中多处有出入。究其因,除印刷原因外,有些是与翻译选择词语有关,如"Birth Control"的中文译名甚多;再如"League"的翻译时,选用"同盟"、"联盟"、"协会"等,这些略加注意尚易辨别、理解。而对于一些重要活动和事项,在叙史时尽可能梳理清楚,如关于山格夫人的出生年份,几次来华等说法不一,就此列有关资料讨论于下。

第一,山格夫人的出生年份。

山格夫人出生的年份,有 1879 年及 1883 年两种不同的记述(9 月 14 日的出生月、日一致)。从已见比较权威的出版物记载,如《大不列颠百科全书·15 卷》(国际中文版 33 页),记载出生在 1879 年①;而《大美百科全书·24 卷》(158 页)记载出生于 1883 年②,相差 4 年。《世纪之书》中说她出生于 1879 年。有网络资料说她:"……was born on September 14,1879 in Corning","……on September 6, Margaret Sanger, the founder of the birth control movement, died in a Tucson nursing home at the age of 86."③;但亦有网络资料记载,山格夫人生于 1883 年。甚至在山格夫人自撰的一些著作中也记载出生于 1883 年。

在我国,有关她出生年份记述不一的现象,于报刊资料中也常出现。如建人在《珊格尔夫人自叙传》一文中引用山格夫人的话:"我排行第五,我在 1883 年生于纽约的高宁"④,再如《学灯》增刊"节育运动号",介绍山格夫人生平中说:"山额夫人(Mrs. Margaret Sanger)于一八八三年生在美国纽约高宁(Corning)地方,今年三十九岁。"⑤就是在夫人来华的那一年(1922 年),有学者说她"今年已经四十来岁"⑥。1922 年曾经对山格夫人进行专

---

① 中国大百科全书出版社,1999.

② 台北,光复书局,1991.

③ http://WWW,nyu.end/projects/sanger/msbio.htm

④ 妇女杂志,8(6):6.其中排行第五有误,应为第六。

⑤ 学灯,1922-04-30(1).

⑥ 望道.介绍桑格夫人.民国日报·觉悟,1924-04-21.

访的陈海澄,说"她是四十左右的夫人"①,陈与她在沪有过多次直接的交往,为什么在年龄介绍上采用含糊的提法?现已难解。

为考证山格夫人的出生日期是1883年还是1879年,首先可将她青少年时期的活动排序,相互印证,取符合之点立论分析,能取得比较有说服力的论点。如她1900年与William Sanger结婚,这在许多文献中是一致的,包括认为她是1883年出生的《大美百科全书》也是这样记载的。由此推算她的结婚年龄,一是在17岁,另一是在21岁。再从她结婚前的学习的活动情况来看,正如她的自叙传中说:"遂考入康纳尔大学,正要入学之前,我母亲病死,我遂代母亲管理我的幼小的弟妹了,等到家庭的事情安排妥协(帖)之后,我乃进纽约医院三年毕业的医学研究科";"我的医学功课完了之后,我遂和艺术家威廉珊格尔(William Sanger)结婚"②。这一段记叙也与几本大百科全书(见前注)基本相符。假若说1900年结婚,时17岁,而且结婚前学医已经3年,即14岁就学医,特别她在学医(到White Plains Hospital)前已经考入康纳尔大学,从她幼年情况来看,14岁的孩子考入大专学校,难以办到。1883年出生难以成立。

其次在《避孕药片——一个改变世界的药物传奇》一书中,记载着山格夫人与胞妹共同为节制生育事业奋斗,经历牢狱之灾,以及发生分歧到仇视对方的许多事例。其中说到:"玛格丽特曾经改过她的生日。她本来出生于1879年9月14日,但实际上她到处都写1883年出生。那是埃塞尔的生日。她占了妹妹生日。"③这又例证山格夫人不是出生在1883年。

此外,2007年春,笔者辗转与山格夫人之孙Alexnder Sanger先生联系,求证他的祖母出生年份等事项。很快得到回复说:"My grandmother was borm in 1879."(祖母出生于1879年),并简略解释了出生年份提法不一的原因。从上所见,山格夫人出生年份应是1879年。

第二,首次来华的日期。

山格夫人第一次到达中国访问是在1922年4月,《晨报副镌》1922年4月25日发表她在北京大学讲演的中文记录稿,同时刊登她和胡适教授以及张竞生教授的合影。此外她在上海的活动,当年报刊都有详细的报道。因

---

① 学灯,1922-05-05.

② 建人.珊格尔夫人自叙传.妇女杂志,1922,8(6):7-8.

③ 伯纳德·阿斯贝尔.避孕药片——一个改变世界的药物传奇.何雪,晓明,译.北京:东方出版社,2000:52.

此,1922 年为山格夫人首次到达中国的日期已毫无疑问。然而许多报刊资料中,甚至二三十年代发表的文章也多次出错,有的说"山格夫人于民国十年来华"①;有的说"自一九二三年桑克夫人来华,节育运动在我国便有了相当的孕育"②。1981 年出版的《近代来华外国人名辞典》在山额夫人的条目内说:1921 年冬来华,在北京、上海等地宣传节制生育。1935 年再度来华。③ 这里说山格夫人两度来华的年份都是错误的,应该是 1922 年与 1936 年。

第三,山格夫人是否在 1936 年第二次到北京?

1936 年,山格夫人因为生病,取消了原定与马丁夫人共同到中国各地的访问计划,提前返美。媒体对拟议中的山格夫人访华作了报道,其中说到"山额夫人 9 月间将再来华"④。此前北平的节育界人士也在积极准备欢迎她们的北上,为此《北平晨报·人口副刊》出版了"欢迎山额夫人二度来华"的专刊,刊登了介绍她的生平、著作等文章⑤。后来马丁夫人到北平(山格夫人未同行)受到热情的欢迎,报刊作了连续追踪报道,同时多次提到山格夫人因病提前返美,"决定本年秋间,再度来华"之类的内容⑥。有两本著作记载着相关情况。《杨崇瑞博士——诞辰百年纪念》一书中记叙:

> 1936 年秋,杨崇瑞博士曾以国立第一助产学校校长名义,邀请法国节制生育倡导者山额夫人来华讲学。山额夫人为节制生育,遍访世界不少国家,得到许多国家的赞誉和支持。山额夫人到达时,杨校长到车站迎接。当时《世界日报》记者拍摄了这次迎接场面的照片,第三天即在该报发表。照片为山额夫人与杨崇瑞握手的情景。⑦

此外,在《杨崇瑞博士:中国妇幼卫生事业的开拓者》一书中亦有类似的叙述,其中说:"山额夫人在协和礼堂讲学两次,听众达 1 600 多人。"⑧这

---

① 北平妇婴保健会成绩.华年,1933,2(49):963.

② 刘王立明.妇女与节制生育.东方杂志,1935,32(1):5(社).

③ 中国社会科学院近代史研究所翻译室.近代来华外国人名辞典.北京:中国社会科学出版社,1981:423.

④ 申报,1936-03-09.影印本 338 册 220 页.

⑤ 北平晨报,1936-03-08(5).

⑥ 世界日报,1936-04-22(6).

⑦ 傅惠.最早在我国举行的一次国际节育技术交流活动//严仁英.杨崇瑞博士——百年诞辰纪念.北京:北京医科大学,中国协和医科大学联合出版社,1990:94-95.

⑧ 左奇,严仁英.杨崇瑞博士——中国妇幼卫生事业的开拓者.北京:北京医科大学出版社,2002:42.

两书都认为山格夫人在1936年到过北京访问，但是没有说具体日期，更没有列出参考文献。笔者研究1936年的报刊等文献后，没有发现有关山格夫人1936年在北平活动的记载，以下列出数点，言取删所从，供讨论。

其一，若山格夫人在1936年3月返回美国后再来北京（当时已经改北平），按她在国际和中国的威望都要高于马丁夫人，其社会影响不会小于马丁夫人，当时的报刊应该刊登相当的图文资料。笔者在查阅《世界日报》、《北平晨报》以及通过多个文献数据库等检索，没有发现1936年4月后山格夫人在北平活动的确切报道。故而认为《杨崇瑞博士——诞辰百年纪念》、《杨崇瑞博士：中国妇幼卫生事业的开拓者》两书关于山格夫人1936年到北平之说缺乏确切史料支持。

其二，马丁夫人1936年4、5月间，在天津、北平的活动，有几处与傅惠描述的山格夫人活动相似。第一件：《世界日报》1936年4月22日报道马丁夫人偕其夫马丁先生"昨日上午十一时三十八分，由津偕行来平。平妇女社会服务促进会会长刘吴卓生女士，燕大教授雷洁琼，及协和医院社会部代表杨崇瑞女士、沈骥英女士等多人到车站迎接"；4月25日《大公报》还刊登了这5人在车站的合影，照片中杨崇瑞与马丁夫人握手（该照片文字说明，将杨崇瑞错为沈骥英）①。第二件：1936年马丁夫人在北平活动期间，4月29日下午五时半在协和大礼堂作"生育节制"的公开讲演，到会有数百人，由胡博士翻译②；此外，《世界日报》还报道，将在5月1日"午后六时应中华医学会北平分会之请，在协和大礼堂演讲"③。从以上所见，马丁夫人到北平，杨崇瑞等到车站迎接，杨与马丁夫人握手，以及在协和礼堂作过两次报告等活动，均有当时出版的文字图片证明。马丁夫人在北平的活动为何与傅惠先生回顾文章中山格夫人的一些重要活动项目及过程（车站照片、协和的两次讲演）相似？考虑其中原因，一是，山格夫人1936年秋天来过北平，杨崇瑞到车站迎接、也在协和大礼堂作过两次讲演等，与马丁夫人在北平活动相同，系巧合，但至今没有客观的资料佐证；二是，将马丁夫人误为山格夫人。

其三，为求证山格夫人1936年3月离开上海后，是否再度来华，笔者还特地咨询了山格夫人之孙 Alexander Sanger 先生。他说："She tried to visit

---

① 大公报，1936-04-24(9).

② 世界日报，1936-04-30(6).

③ 世界日报，1936-04-29(6).

in 1936 and 1937 but was unable to because of illess(1936) and the outbreak of the war(1937).”。A. Sanger 先生否定了他祖母在 1936 年 3 月后再次来华的可能,并指出这是因为 1936 年患病,次年是战争。

此外,傅惠在《杨崇瑞博士——诞辰百年纪念》一书中的一篇短文中,将山额夫人说成法国人;并将 1936 年的节育活动说成是“最早在我国举行的一次国际节育技术交流活动”①。这有两处明显的错误,表明该文作者对山格夫人的节育活动,以及她 1922 年就已经到过中国访问的情况等缺乏了解。

从上可见,多方面考证山格夫人 1936 年 3 月二度到中国,但是没有到北平。有关山格夫人 1936 年到北平一说有误,很可能是将马丁夫人的活动误为山格夫人的活动。

五、马丁夫人在华的交流活动

1. 马丁夫人简况

马丁夫人(Mrs. Edith How-Martyn, 1875—1954 年),出生在伦敦附近的中产家庭。曾经在 North London Collegiate School for Girls 受教育,早年就是一位妇女活动家。丈夫马丁先生(Ms. Martyn)是一位艺术家。她 1906 年参加妇女社会政治联盟(Women's social and Political Union WSPU),任书记。1907 年离开 WSPU,与 Charlotte Despard、Teresa Billington Greigd 等人组织“妇女自由联盟”(Women's Freedom League),并主张将联盟办成更民主的组织,并积极从事妇女政治活动,竞选地方议员等。1915 年在英国曾与山格夫人会见。第一次世界大战后,她参加由英国著名节制生育提倡者玛丽·斯托普斯(Marie Stopes)领导的节制生育运动,特别关心劳动阶层家庭人口的节制。马丁夫人 1929 年创立了节制生育信息中心,传播节育知识,后来担任国际节制生育联盟名誉总干事。1935 年 11 月,她与山格夫人一同到南洋群岛、菲律宾、埃及、印度等访问,宣传节制生育,考察各地节育开展情况;她们仅在印度讲演就达 45 次。② 1936 年 2 月,两人到香港,山格夫人患病,不得不改变计划,回美国休养;马丁夫人继续到广州、上海、南京、天津、北平等地访问。《申报》、《大公报》、《中央日报》、《世界日报》、

① 严仁英. 杨崇瑞博士——百年诞辰纪念. 北京:北京医科大学,中国协和医科大学联合出版社,1990:94-95.

② 申报,1936-04-08(10).

《北平晨报》等作了报道，后两家日报对马丁夫人在北平的活动作了跟踪报道，其中刊登数幅活动照片。一些期刊，如《女铎》、《正风》、《现代父母》、《妇女月报》、《妇女共鸣》、《中华医学杂志》、《日新治疗》等也刊登马丁夫人来华信息。在中国访问结束后，由于欧洲战争形势的急变，马丁夫人1939年就移民到澳大利亚，此后未见再有参加国际节育重要活动的报道。1954年在澳大利亚逝世。①

2. *在广州的活动*

马丁夫人3月在广州作了6次公开讲演。其中，应广州国立中山大学社会学系的邀请，3月6日下午三时半作"人口问题与生育节制"的公开讲演；"到会听讲者数百人，由法学院院长郑彦棻先生偕同社会学系傅尚霖主任……等，陪候马丁夫人登台演讲，由傅主任主席，并兼任翻译"②。马丁夫人的讲演"用学理解释，极其透彻"；报告一个半小时后，与许多同学讨论问题，五时结束。一时节育又成为广州舆论关注的热点。

3. *在上海的活动*

1936年4月5日，马丁夫人乘加拿大籍皇后号轮到沪，海港检疫处处长伍连德、上海节育指导所主任周钟慧卿等到码头迎接。次日，《申报》刊登了马丁夫人和她先生到达时的照片③。（见图14-3）马丁夫人到沪当日下午就展开活动，在新亚饭店会见记者，报告她在沪活动计划等。她说："我等提倡节制生育的目的，非一般人的天然的淘汰，乃以人工的方法，使优存劣败，以增进健康，节省家庭经济，促成国际和平。"

4月7日下午，应"上海节育会"之邀请④，马丁夫人在上海女青年会作"人口问题与节制生育"的报告，虽然遇到雷雨，而到会仍有一百余人。她演说的重要论点有："无论何国，如不能予人民以生活上之安适，即应提倡节制生育；提倡生育者，实应视生产者之能力而定"，"吾人之经济情形，可生产抚养若干子女，即生产若干。节制生育并非堕胎，就生理上论之，堕胎在已成胎后，节制生育则在成胎以前，故无罪恶可言"；"结婚并非以生育儿女为目的"；"青年在结婚以前，应经过医生检验……以判断彼等有无为父

---

① 以上外文资料主要参考htt://www.spartacus.schoolnet.co.uk/W martyn.htm

② 社会学系学术公开讲演.国立中山大学日报.1936-03-10(2).

③ 申报，1936-04-06(9).

④ 申报，1936-04-08(10).《申报》刊登"上海节育会昨请马丁夫人讲演"一文，所称的上海节育会，从内容和人物等看，是指上海节育研究社及上海节育指导所。

母之资格"等①。她还指出：节育可使妇女生产后得到休养；节育有利于优生；节育应该由医生指导，市售节育物品，未经医生认定，可能引起身体伤害，上海人士不要受其愚；解决人口问题，舍节制生育外实无其他方法；等等。马丁夫人在沪还应邀做过一次妇女参政的政治讲演。马丁夫人的两次演讲推动了上海又一次节制生育宣传的高潮，但亦遭来许多反对的声音。

图 14-3　马丁夫人与先生到达上海

图 14-4　马丁夫人签名照片

4. 在南京、天津的活动

4 月 14 日，马丁夫人到南京，晚上应中央医院之请，作节育问题的演讲，李大夫设宴招待。② 马丁夫人在 4 月 16 日拜谒了中山陵园，表示对孙中山先生的敬重。《中央日报》、《革命空军》(3 卷 8 期)等都作了报道。18 日到天津，20 日下午应天津女青年会的邀请，马丁夫人作"节育与健康"的讲演。在天津期间，马丁夫人拜会了医药界的名流，《大公报》刊登了马丁夫人签名的照片③。(见图 14-4)

5. 在北平的活动

北平各界早就准备欢迎山格夫人和马丁夫人来访进行讲演和学术交流。在《北平晨报》、《世界日报》等多次刊登两位节制生育专家将到北平的消息，一时北平关心节育的舆论高涨。4 月 10 日，《北平晨报》刊登《年已

① 申报，1936-04-08(10).
② 中央日报，1936-04-16(第二张 3 版).
③ 大公报，1936-04-21(6).

六十之马丁夫人到沪宣扬节育》长文，报道该报记者在上海访问马丁夫人的记录。[①] 4 月 11 日，《世界日报》也发表《马丁夫人来平前谈谈节育问题》，文章认为现阶段中国妇女“非常需要”节育。[②] 马丁夫人 21 日从天津乘火车抵北平，多方代表到火车站迎接，其中有：北平妇女社会服务促进会会长刘吴卓生女士、燕京大学教授雷洁琼女士、协和医院社会部杨崇瑞、沈骥英女士等。[③]《大公报》还刊登五人的合影[④]。（见图 14-5）这幅 5 人会见的照片，为我国节育活动的国际学术交流留下了珍贵的图像资料。《世界日报》在 4 月 22 日也刊登了马丁夫妇步出北平火车站的照片。当日下午，记者到马丁夫人休息处华文学校采访，马丁夫人向记者表达到中国宣传节育的目的“并非减缩人口之谓，乃系反对生殖过繁”。马丁夫人在北平的活动由北平妇婴保健会等安排，包括 2 次公开演讲和多次座谈会上的演说，以及参观访问和社交活动等，主要的有：

图 14-5　马丁夫人到北京，在火车站与欢迎者合影，文字说明有误，与马丁夫人握手者是杨崇瑞

（1）马丁夫人应邀出席北平妇女社会服务促进会的茶话会。4 月 23 日正值该会例会，到会的有燕京大学教职员妇女会、北平国际妇女会的会

---

① 北平晨报，1936-04-10 日(6).

② 怡. 在马丁夫人来平前谈谈节育问题. 世界日报，1936-04-11，妇女界.

③ 北平晨报，1936-04-22(6).

④ 大公报，1936-04-24(9). 其文字说明将照片中与马丁夫人握手的杨崇瑞误为沈骥英。

员以及各界人士200多人。其中有:北平市市长秦德纯、蒋梦麟夫人、梅贻琦夫人等各界名人或其夫人等;还有美国、比利时、巴西、荷兰等驻中国大使的夫人,以及英国、法国驻中国的代办夫人等。① 该茶话会虽然不是专门为马丁夫人召开,但出席会议的有市长和中外名人的夫人,马丁夫人在此处推行节育的言谈,要比对一般人群的讲演更有影响,而与诸多著名上层人士的会见又扩大了舆论的影响。

4月25日中午,北平妇女社会服务促进会会长刘吴卓生女士在燕京大学的私宅中宴请马丁夫妇,并还邀请燕京大学教职员妇女会、北平国际妇女会、北平女青年会等十余个妇女团体的代表40余位作陪。餐后讨论了各项妇女问题。②

(2) 马丁夫人4月29日在协和医院社会部讲演,为非公开性。当日下午五时许在协和医院大礼堂,马丁夫人作来北平后的第一次公开讲演。到会男女人士数百人,"由北平妇婴保健会主席沈骥英主持,燕京大学生物系主任胡博士任翻译"③。这次公开演讲的题目是"生育节制",其论点大致为:生育节制其意义是用人工方法支配子女数目之均衡;用人力防止生育不要误解为人工流产;以前因为天灾、疫情、杀婴等人口自然淘汰率高,而今公共卫生发达、灾害的预防等使死亡率下降,这就需要节制人口的增加;为人父母者,对子女教养能力薄弱,而不能供给多数婴孩之要求,与其生后冻饿而死亡,不如生前节育;中国道德之敬老,节制生育有可能更加关心老人;吾人反对战争,须知大战原因虽多,而人口过剩已系战争原因之一;"殊不知若以精锐干练之壮丁百人,足抵疲惫残喘者千人";等等④。演讲结束,她还请到会者提问,并一一作了回答,而涉及节育技术方法,建议到节育指导所询问,没有展开。

(3) 4月30日中午,马丁夫人应燕京大学教职员妇女会的邀请,在司徒雷登家中午宴,下午作"节育之意义"讲演,出席的有燕京大学、清华大学的教职员妇女200余人。5月1日,应中华护士学会的邀请,下午6时作公

---

① 世界日报,1936-04-24(6).

② 世界日报,1922-04-26(6).

③ 世界日报,1936-04-30(6).此处所说的沈骥英,是否有错误?因为杨崇瑞博士无论从资历、在北平妇婴保健会的任职和在协和医院社会部的影响等,都应该在沈之前;特别《大公报》4月24日照片上的人名,将杨误为沈,根据这些因素综合分析,主持会议是否为杨崇瑞尚不能排除。杨崇瑞与沈骥英都未担任过北平妇婴保健会主席。

④ 世界日报,1936-04-30—(6)与1936—05—01(6).

开讲演。[1] 5 月 2 日下午，应北平女青年会之邀，作“节育与家庭”的演说。此外，马丁夫人在北平还游览了长城（5 月 1 日）、颐和园，参观了燕京大学、清华大学等。马丁夫人于 5 月 3 日离开北平返美。

6. 马丁夫人在我国遭遇的反对之声

马丁夫人在上海，除了作节制生育的演讲和学术交流外，还应邀作妇女参政的公开讲演，介绍了英国妇女为争取选举权，参政运动的过程。两次讲演会后，有人在《女青年月刊》、《人言周刊》等著文公开对她论点提出尖锐的批评。如：

（1）啸云于《女青年月刊》发表《马丁夫人的妇女参政论之批判》。文章指出马丁夫人所说“英国女子在政治、经济工作享受诸方，已完全平等”……是自欺欺人的一种谎言。英国某些妇女领袖，号召停止自身的解放运动，支持战争（指第一次世界大战），是“帝国主义掠夺殖民地的帮凶”[2]。该文作者在批评马丁夫人所谓“中国妇女太自由”后说：“中国妇女已经认清了自己到达真正自由平等的途径……只有改变现社会的经济组织，从民族彻底解放运动过程中去争取了”；“奉告马丁夫人……不要再幻想着以‘参政’的烟幕来迷住正为着自身和民族的彻底解放而英勇奋斗的中国妇女大众吧”。作者认为，马丁夫人粉饰英国的妇女自由平等，实际中国妇女距离自身解放的目标，还需经过艰苦奋斗的历程。同年 4 月 25 日，《人言周刊》发表梅花的《中国妇女没有自由：再斥马丁夫人的谬论》[3]，亦驳斥了马丁夫人演讲中的一些论点，主要观点与啸云相同。

（2）针对马丁夫人认为社会问题的中心是人口过剩，只有节育才是解决的有效方法的主张，《人言周刊》、《生活教育》等，在短期内发表多篇文章，反对她的论点，认为人口问题是社会制度不良、财富分配不均所致，节育不能解决人口问题。如剑平著文：

> 马丁夫人已把节制生育放在解决人口过剩问题上作第一义了，然而，这世界便无所谓“人口过剩”这一回事。马丁夫人所述引的马尔萨斯的“人口论”只好被现实所摧毁，而节制生育也变成多余了。

---

① 世界日报，1936-05-01(6). 该报 4 月 29 日报道，计划“五月一日午前游览长城等地，午后六时应中华医学会北平分会之请，在协和大礼堂讲演”，可能《世界日报》5 月 1 日报道是同一次演讲。

② 啸云. 马丁夫人的妇女参政论之批判. 女青年月刊，1936，15(5)：1-5.

③ 梅花. 中国妇女没有自由：再斥马丁夫人的谬论. 人言周刊，1936，3(9)：171.

相信任何一个人,也不会相信世界的经济恐慌是由于人口过剩……我们国家农村中由于帝国主义庇护下的封建残余的军阀地盘战……由于一切人为的天灾,而至十室九空,纵横数十里绝无人迹,难道也会“人口过剩”吗?

……

最后我们更指斥马丁夫人最有作用的错误,从她的演辞,她的企图是以节制生育这方法来灭亡弱小民族的……总之,马丁夫人的节育论是一个极错误的谬论,是对殖民地民众鸦片一样的毒素。①

此外,梅华女士著文说,马丁夫人有意歪曲现实,企图以烟幕弹的手段来转移甚至欺骗造次殖民地的民众。② 静芝著文说,对于中国社会贫困,其症结是帝国主义的侵略,社会分配不公,而不是人口问题,主张“要彻底的解决经济问题,是只有彻底的改良社会的私有生产制度”③,而不是控制人口,推行节育。

(3) 在1936年两位夫人来华前后,除前述直接指明驳斥马丁夫人的言论外,许多报刊还发表批评、反对节制人口生育的文章。如《中国需要节育吗?》认为:中国在外患日亟的情况下,“不需要节育,中国要想生存,唯一的出路就是反抗强暴者的侵略,而反抗强暴唯一的武器,就是靠由于天演作用的优胜的人民生殖能力,而保有庞大的人口量”④。再如《中央日报》发表刘巨全文章,作者非常明确地说,“中国没有节制生育的必要”,“主张减少人口之数量,以期质的改造,这种一元论的态度,是根本不科学的”⑤。

1936年年初起,《人言周刊》曾围绕支持或反对节制生育,形成短期的笔战。在山格夫人二次来华前夕,刊登绥之《“节育主义”的感想》一文,作者支持山格夫人的节育主张,认为“中国的人口,非但绝对用不着什么繁殖,而且应加以严厉的限制”⑥。1936年3月,章柏庵著文说,“最近新马尔萨斯主义山额夫人来华,于是一般‘节育狂’者,更不遗余力地赞助与扩张”,“我们根本认为‘节育论’者,没有认清社会意识;这种‘消极’、‘矛盾’

① 剑平.斥马丁夫人的谬论.人言周刊,1936,3(8):141-142.

② 梅华女士.论“人口问题和节制生育”.人言周刊.1936,3(8):148.

③ 静芝.国际节育专家马丁夫人的演讲.生活教育,1936,3(4):154-155.

④ 亮.中国需要节育吗?.世界日报,1936-04-23(妇女界).

⑤ 刘巨全.节制生育与民族优生政策.中央日报,1936-05-13(3).

⑥ 绥之.“节育主义”的感想.人言周刊.1936,3(1):9-10.

的滥调，恐怕只有自掘坟墓的人才会相信”①。约月余后，徐日洪发表《中国之人口问题：答章柏庵先生节育怀疑》，反驳章的一些观点。② 同年5月初，章柏庵为应答徐日洪，再著《“遗传”与“节育”——兼答徐日洪先生》，文中仍然坚持反对节育和优生学，文末指出：“总之‘节制生育’理论在中国当前环境，根本不成理由。”③后来《人言周刊》又发表绥之《“节育”的尾声》（3卷13期，支持徐日洪的观点）和徐日洪《节育门外谈》（3卷16期）等文章。《人言周刊》没有对此次争论发表“总结性”的文章或评论。在山格夫人、马丁夫人来华前后，于《人言周刊》延续数月的辩论客观上促进了人们关注和进一步了解节育的意义。

7. 马丁夫人来华与山格夫人首次来华节育形势之比较

（1）马丁夫人来华时，中国节育运动比十余年前有了明显的发展，已经成立了节育团体，出版了多种节育论著，成立了指导所，等等，有进行广泛宣传和推行的客观条件。1922年，山格夫人来华时，接待者以社会、出版界为主，而马丁夫人来华时，医学专业人员已积极参与组织接待工作，这表明医学界渐渐主导节育活动的局面已形成。

（2）马丁夫人会见了一些政界人士和一些著名人士的夫人，这是山格夫人来华时想办而未能办到的。动员政界人士与著名人士支持节育，能产生巨大的推动力量。

（3）马丁夫人在协和医院作过2次公开讲演，听众大部分是医学专业人员。一位国际著名节育专家在中国最负盛名医院讲学和鼓动，能促进医学界对节育重要意义的认识和主动投入。

（4）马丁夫人在中国多所重要城市，与各界进行了多次广泛的交流，既宣传了自己的观点，又直接观察了解世界人口最多的国家实况，这也有利于世界了解中国。

（5）因受非医学专业人员知识的限制，马丁夫人演讲限于节育的理论、必要性以及与人口、妇女运动的相互关系和意义等方面，没有带来节育技术方面的新信息，影响也主要在大城市。

（6）从中国节制生育发展的过程来看，山格夫人1922年来访，使中国节制生育公开推向社会，具有里程碑意义，这是马丁夫人所无法相比的。

---

① 章柏庵.“节育”的怀疑.人言周刊.1936，3(4)：68.

② 徐日洪.中国之人口问题：答章柏庵先生节育怀疑.人言周刊，1936，3(9)：175.

③ 章柏庵.“遗传”与“节育”——兼答徐日洪先生.人言周刊，1936，3(11)：206-207.

六、山格夫人与孙严予互通信函

1948 年起，孙严予在上海、南京、杭州等地积极开展节育宣传与节育指导，有人称她为“中国山额夫人”。她与“美国及英国之节育研究机构每月都有来往信件及刊物”，她还订阅世界各地的节育期刊①，以便及时了解世界节制生育活动的动态，与世界著名的节育专家保持一定的联系。孙严予与山格夫人的通信中，反映了中国节育活动及自己的工作等，山格夫人热情洋溢地回信，为能与中国医学界取得联系而由衷地高兴。她充分肯定孙严予在中国节育运动方面的工作，及其对世界发展的意义，鼓励她继续不懈努力。山格夫人回信译文如下（见图 14-6）：

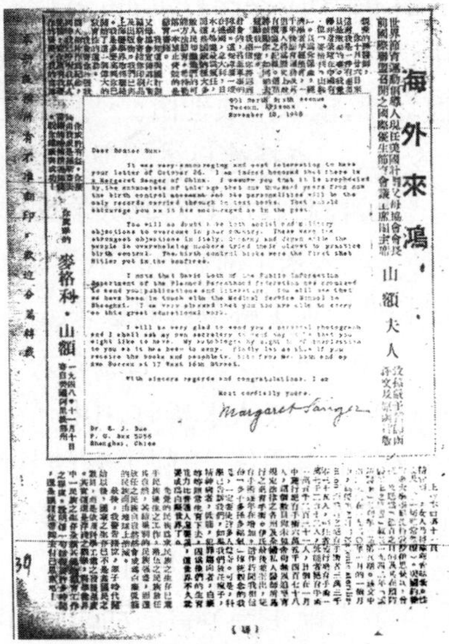
海外來鴻

Margaret Sanger

图 14-6　山格夫人给孙严予的信（英文）及中文译文

亲爱的孙医师：

你十月二十六日来信对我是一件有趣而且是激励的事。我觉得非常荣耀，在中国有一位“麦格利·山额”。我为你保证，经济学者早经预言，一千年后节育运动及其创导人。将为历史上最有价值之记录。这点将鼓励你，如同过去鼓励我一样。

我相信你将遇到社会的，甚至军事的障碍。这些障碍一度在德国、意大利、日本等处最为疯狂，而这些国家的极大多数人民却尽他们的可能方法节育。希特勒第一本禁止、焚毁的是节育书籍。

我知道美国计划父母协会宣传部大卫罗斯会寄给你印刷品及出版物。我们已与上海医学界取得联络，我是多么高兴你已开始了这一个伟大的教育性的运动。

我会寄给你一张个人相片作为纪念，同时我已吩咐我私人秘

① 孙严予. 叛逆女人. 出版者不详，1949，(1)：9.

书，寄给你所有我著作的书籍。我的自传你或许有益。你接到由我或是罗斯寄去的书籍的时候，请通知我。祝你健康成功！

你真挚的

麦格利·山额一九四八.十一月十日寄自美国阿里松那州①

七、节制生育研究的进步

（一）节制生育术语渐趋一致

当20年代初“Birth Control”翻译成中文时，有“生育制裁”、“生育限制”、“产儿制限”、“节制生育”、“生育节制”、“节育”，等等。鉴于“制裁”一词在中文中含有惩罚的意思，很快弃用。而“控制”、“节制”的词意被学者们普遍理解，故节制生育、生育节制、节育，渐渐被更多地应用。笔者曾经通过某期刊数据库搜索有关节制生育的词条（1900—1949年），其中，“节制生育”75条，“节育”266条，“生育节制”57条，“产儿制限”60条，“生育制裁”4条，“生育限制”9条，而“生育制裁”与“生育限制”主要出现在20年代的文章中。虽然这不能够代表所有期刊的文章用词，但已能表明节制生育、生育节制、节育（可以认为节育是节制生育的简称）已得到普遍的认同。再如到20世纪三四十年代，约20余册的节育著作中，几乎均用“节制生育”、“节育”或“生育节制”；在中华医学会内成立的分支组织，也称为节育委员会；1936年《中华医学杂志》第5期集中发表3篇有关节制生育的文章，题目都含有节制生育（节育）。这些不仅是词面上的变化，而且反映了我国学者对于“节制生育”或“节育”有更深层次的理解和认识。即节育不是制裁生育者，更不是不允许生育，而是含有积极、主动控制、减少生育的意识和要求。此后，直至50年代后期，节制生育一词仍然作为科学名词在通用，并在政府正式的文告中应用。如1956年公布的《1956—1967年全国农业发展纲要》，其中有“宣传和推广节制生育，提倡有计划地生育子女”；再如1957年3月5日《人民日报》发表过一篇《应该适当地节制生育》的社论。就是后来许多批判《新人口论》的文章，也是使用节制生育（节育）一词。一个学科学术名词的演变和统一，从一个方面反映了该学科的成长与发展。

关于“避妊”一词的使用，这与汉语中将妇女受胎称为“妊娠”有关。妊娠一词至今在医学教科书中使用。“避孕”一词与‘避妊’同义，早已在书名

① 孙严予.叛逆女人·山额夫人致孙严予医师函译文及原函锌版.出版者不详，1949(16).文内标点符号略有改动。

中出现(如《避孕法》、《避孕新术》),似更通俗、醒目。本书除引文外,均使用"节制生育"或"节育",视两词完全同义。

(二) 开创节育专题问卷的调查研究

在20世纪二三十年代,我国社会学界积极从事社会调查,作为研究的重要方法和手段,积累了非常丰富的资料,成果大部分在报刊发表。如仅《民国时期社会调查丛编》,从笔者已见各卷共辑入约200篇。① 在社会调查中,问卷调查由于它不需受调查者当面回答问题,常常又不记名,因此受调查者的顾虑比较少,是常用的方法之一。特别涉及婚姻、生育、性和隐私问题调查时,问卷调查更为合适。但在1922年前,有关婚姻、家庭等社会调查,很少包含节制生育内容。② 1922年,节制生育活动公开推向社会后,有关婚姻、家庭的调查,逐渐都包含节制生育的相关条目,但非专题性。③ 30年代初,开始有节育专题的社会调查。举数篇调查报告如下:

1.《节育与中国已婚知识妇女》

该文由上海沪江大学社会学教授 Lamson 撰写,是已见中国近代第一篇百例以上的生育节育专题问卷调查报告。该文为英文,1933年5月先在 Chinese Medical of Journal 发表,1934年由张折桂翻译成中文,在《人口副刊》32期发表④,以下数据资料均引自张折桂译文。

(1) 问卷调查的背景及数据。

Dr. Lamson 在沪江大学任教时,对人口研究很有兴趣,他支持上海节育组织的成立;他强调人口生育研究不但要注重人口的数量,还要注重人口的质量,先后在《中国评论周报》发表关于人口出生率的文章。1931年,他设计了关于中国知识女性节育的问卷(此前曾经调查过少数例案),请沪江大学的女生邮寄给已婚的朋友或亲戚填报,不必具名。结果有许多空白问卷寄回,回收有效问卷120份(未注明回收率)。其中文化程度:大学2人、中学71人、小学13人、受过私塾等家庭教育26人、其他8人。资料按结婚

---

① 《民国时期社会调查丛编》由李文海主编,福建教育出版社出版。有:人口卷、社会保障卷、城市(劳工)社会卷、文教事业卷、社会组织卷、婚姻家庭卷、乡村社会卷、少数民族卷、底边社会卷等。

② 陈鹤琴.学生婚姻问题之研究.东方杂志,1921:18(4):101-102.同年5、6期续完。

③ 潘光旦.中国之家庭问题征求答案.学灯,1927-06-02,-06-09,-06-16.其中第一个问题"中国人口过剩,人人宜竭力利用生育制限之方法,使所生子女愈少愈好",结果赞成者32.80%,反对者67.20%。

④ 张折桂,译.节育与中国已婚知识妇女.北平晨报,1934-11-04(5).

年龄、受胎次数、现存儿童数、欲求子女数、避孕等五项统计分析。简述讨论于下:

1)结婚年龄(初婚):最小16岁,最大30岁,平均21.4岁。结婚越早者(婚龄越长者),初婚时年龄越小。如在1901年前结婚者平均年龄18.66岁,1901—1911年期间结婚者平均18.9岁,1912—1921年期间结婚者平均20.8岁,1922—1931年期间结婚者平均22.1岁。

2)受胎次数(即指怀孕次数):最少1次,最多13次。120人中共怀孕447次,人平均受胎3.73次。其中:一位妇女48岁,怀孕13次,8个孩子健在,死亡3例,小产(流产)2次;另一妇女39岁,怀孕9次,健在4人,死亡2例,小产3次;还有一34岁妇女,结婚仅15年就怀孕9次。由于婚龄长短不一,个人及不同年龄组之间的孕次没有可比性。

3)现存儿童数:调查120位妇女,现存儿童318位,为受胎总数的71.1%。文内没有关于疾病、难产的数据。此外,120位妇女中,共有5人8次堕胎,只成功4次(包括请医师堕胎);调查时这5人结婚均在14年以上。在此项内尚有受胎相隔平均2.5年;儿童死亡数平均0.7;小产平均0.30等资料。

4)欲求子女数:在调查中,妇女实有子女数与所期望的子女数并不一致。作者按婚龄分组(5年为一组)统计,基本各组的现存子女数均小于期望子女数。如:结婚不超过5年组,现存子女数平均1.5,期望子女数3.3;结婚16—20年组,现存子女数平均3.1,期望子女数平均3.6;结婚26—30年组,现存子女数平均6.3,期望子女数平均7.7。这提示在本组被调查的人群中,存在希望多子女的倾向,反映传统的多子多福生育观仍在影响妇女们的选择。

5)避孕:这部分以问题方式征询,主要有6题。虽然一部分人没有全部回答,但从作出回答的资料中,仍然包含许多有价值的数据。

第一问:除现有子女外,如不欲多求者,将何以避孕?

该题58人(48.3%)未作回答。其余62人作出回答:22人"不知",13人"生育节制",7人"吃药",4人"妇女之友"'(为节育用品的商品名),4人"无须乎",3人"不同床",2人"施用手术";有5人分别作出"节制性交及取出、减少性交次数、停止性的关系、延长哺乳时间、中止射精",还有2人的答案是"不知何方法、你有方法?"等等。从上所见,120人中,实际对节育作出回答的只有40人,如果除去"不知何方法、你有方法?"的2人后,仅仅38人作出实质性的表态。这38人中,除去4人认为"无须乎",34人对节育有相当知识。

第二问:曾实行避孕乎?其方法如何?

120份问卷中,未答75人;余45人中有23人作了使用过避孕方法的肯定回答,这等于120人中19.17%肯定采取过避孕措施。关于使用的方法及效果的回答有以下多种情况:① 保险套,成功;② 用药,成功;③ 性交后洗精,未能完全成功;④ 山格夫人之方法,成功;⑤ 不同床,成功;⑥ 停止性生活,成功;⑦ 预防方法,相当成功;⑧ 生育节制,成功;⑨ 节制性交及性交以后热水洗涤两法均成功;⑩ "妇女之友"部分成功;⑪ 独身,不甚好;⑫ 施用手术,成功;⑬ 用中药,未成功。这23位实行过避孕的妇女,平均年龄32.3岁,高于本案例120人的平均年龄(30.7岁)。

第三问:阁下不知有何方法用之既可有性生活,且能避孕乎?

120份问卷中,24人未答,57人否定,39人(32.5%)肯定。肯定的39人中能够指明方法的:用药10人、用"妇女之友"8人、"节制生育"4人、保险套3人、洗出精液2人、其他方法6人;有6人未指明方法。

第四问:阁下欲采用许多现代节育方法,而同时仍与丈夫有性的关系否?

作出肯定的回答,认为能够做到的有69人(57.5%),其余认为"不必需"、"不知道"、"略知一二,但愿求其详",等等。在不必需者中还包括一例已经经过绝育手术的妇女,因此这一部分人中,并非都是反对者。

第五问:根据阁下所知,其他已婚姻妇女是否欢迎避孕知识,同时又能有性的生活?

作出肯定的85人(70.83%),否定的9人(7.5%),未答及不知道共26人(21.67%)。这些回答问卷的妇女,大多对节育持肯定态度,也提示节制生育活动应该深入细致,提供方便有效的方法。

第六问:阁下以为医生应否负责给予节育方法?

作出正面肯定的91人(75.83%),否定者7人(5.84%),未答及不知道22人(18.33%)。受调查者大部分还是认为节育指导应该由医生负责。特别有些妇女还附注了说明,表达个人的建议、疑虑等。

问卷在上述五项外,还附若干问题,其中亦包含了许多有价值的资料。

(2) 浅析。

① 本组资料取之于20世纪30年代初,被调查的目标群体以知识阶层为主。其中文化水平:中学及以上73人(60.83%),小学13人(10.83%),受过私塾等家庭教育26人(21.67%)。按当时教育情况,女子能够小学毕

业已列入知识阶层，经过私塾教育也被认为是有文化者。作者 Lamson 在这里采用的“知识妇女”的概念，显然将经过私塾教育的也包括在内（与现在知识分子的界定不同）。

本组没有按妇女文化程度统计分析与生育子女数之关系，但 Lamson 在其他著作中，认为子女数与文化程度成反比。这与北平妇婴保健会资料分析相似。

② 本组资料按婚龄 5 年一组统计，凡结婚时间越长者，初婚年龄越小。这表明国人的初婚年龄已经出现后移之趋势，有利于减少人口的增长。

③ 本组资料记载，120 人中共堕胎 8 次（2 次请医师），与怀孕 447 次相比，堕胎率 6.67%。其中 4 次失败，说明当时采用的方法还不可靠。8 次堕胎发生于 5 位妇女，其中有妇女多次堕胎，即按人计算，有 4.17% 发生过堕胎行为。

④ 120 位妇女中，已经实施避孕的有 23 人（19.17%），并说明具体方法以及效果。该文（英文）发表日期（1933 年 5 月）与北平妇婴保健会的第一次报告发表于同年同月[①]；前者所统计的是问卷资料，而后者是节育组织推行节制生育活动后的资料。这表明到了 30 年代初，在城市、知识人群中，非组织指导的节制生育活动，已经有了一定的发展。

⑤ 问卷对于节育意义和家庭生活影响等方面的体验和评价，回答者大部分还是作出正面的肯定。如问到“阁下知任何妇女，健康以过度生育而受重大影响否？”，此题有 104 人作了回答，其中 97 人认为要影响妇女健康；其中有一人还作了附注：“非但产妇受害怕，儿童亦然”；只有 7 人作了否定的回答。这充分反映极大部分知识妇女已经认识到过度生育之害。这是她们真实愿望的表达，也是推行节制生育的良好客观基础。至于现实中有许多妇女并没有按自己的意愿进行节育，可能有客观条件限制，这正是节育运动攻坚之目标。

⑥ 该问卷调查有许多欠缺之处，如第二问，“曾实行避孕乎？其方法为何？”作者归纳回答者有 13 种方法，其四是：“山格夫人之方法”，其七、八分别是“预防方法”、“生育节制”，显然很不确切。其余 10 种，有 9 种都包括在山格夫人介绍的方法之中。这是问卷设计上的不足，影响到不同节育方法效果的分析。同时也说明采用节育措施者对于节育方法、用品的了解还比较少。此外，《北平晨报》所刊登的中文稿有许多明显错误，估计有些是

---

① 北平晨报，1933-05-07(8).

印刷所致。

2. 相关节育的其他问卷调查

有些虽然不是节育的专项问卷调查，但是常包含许多相关节育的内容，往往含有相当丰富的资料，包括问卷回答者的生育观、节育的认知和避孕实践等情况，这也是节制生育研究者获得信息数据的重要来源。举数篇如下：

(1)《家庭问题的调查——与潘光旦先生调查的比较》①。

该项调查设计是以燕京大学全体学生752人为目标人群，可是因为考试等，问卷只发出300份，回收200份，可用188份。调查的内容并非专门为了解节制生育情况而设计，有关"生育制限与子女多寡"仅是其中一小部分，共设计了7个问题，符合分析要求男143例，女45例。选第1、3、6、7四个问题讨论：

问题1："中国人口过剩，人人竭力利用生育制限之方法，使所生子女越少越好"。

结果：男，赞成63(44.06%)，不赞成66(46.15%)，未详14(9.79%)；女，赞成19(42.22%)，不赞成22(48.89%)，未详4(8.89%)。

问题3："宜视养护能力即经济能力之强弱而定子女多寡"。

结果：男，赞成115(80.42%)，不赞成20(13.99%)，未详8(5.59%)；女，赞成40(88.89%)，不赞1(2.22%)，未详4(8.89%)。

问题6："不宜用节制生育方法，子女多寡应任其自然"。

结果：男，赞成29(20.28%)，不赞成108(75.52%)，未详6(4.02%)；女，赞成2(4.44%)，不赞成35(77.78%)，未详8(17.78%)。

问题7："子女多多益善，不特不宜限制之，且宜研究生育之方法，以符'螽斯'古训"。

结果：男，赞成14(9.79%)，不赞成111(77.62%)，不详18(12.59%)；女，赞成0，不赞成37(82.22%)，不详8(17.78%)。

从上反映：① 对问题1的认识，男性赞成与反对者比例相当，女性反对者超过赞成者；显示在大学生中，对于中国人口情况的认识还不一致。② 接受征询者，大部分赞成根据各自的经济能力，选择生育子女数(男女都超过80%)。但是男女之间还是有差别，女性更迫切希望根据家庭经济

---

① 周叔昭.家庭问题的调查——与潘光旦先生调查的比较.社会问题，1931:1(4)//李文海.民国时期社会调查丛编·婚姻家庭卷.福州:福建教育出版社，2006:377-378.

情况选择生育子女。③ 男、女组均约有3/4的人，对"不宜用节制生育方法"的观点持反对的立场，即认为应该用节育方法，防止"任其自然"，表现了对节育持非常积极的态度。这反映了大学生认同节制生育，不仅仅是基于人口问题，还包括经济和人文社会因素。至于"子女多多益善"，女性赞成为0，男性也不足10%，充分说明20世纪30年代初，我国大学生中大部分反对多子女的观点。

由于该调查设计是与潘光旦先生的研究作比较，因此所调查的问题完全与潘氏相同。① 但周叔昭调查问卷的统计，除"赞成"、"不赞成"外，尚有"不详"一项，因此难以与潘文直接相比。但总体说"相似多于相异点"，"以相同点代表智识分子对于家庭婚姻问题之一般态度似不为过"。特别在第7个问题，潘氏资料赞成率10.10%，而周氏资料赞成率9.79%，有高度的相同性。

（2）《鼓楼医院中75位妇人之调查》。

该调查由金陵女子文理学院社会学系进行，是根据对南京鼓楼医院妇科诊疗者个案调查整理。作者没有说明是问卷调查，还是直面询问填写。文内说："这个调查的目的，是要知道生育节制知识在中国现在扩张到什么地步，和中国现在是不是需要生育节制。"②作者分析了75例的家庭情况，从问她们"愿意要有几个孩子着手"，调查分析生育的意愿和节育的情况。

① 75人中，72人在40岁以下，只有3人在40～43岁。75人中结婚年龄：20岁以下28人（33.33%），20～24岁30人（40.0%），25～34岁17人（26.67%）。约3/4的人在25岁前结婚。

② 75位妇女的职业：60人（80.0%）为"家庭服务"，即通称的家庭妇女，其余15人有过一定的职业（包括7人做奶妈，1人暂时失业）。而这75位妇女的丈夫，42人（56.0%）在军界、政界服务，学生8人（10.67%）。可见本组反映了当时接受节制生育指导者以有比较稳定的收入或有一定的文化人群的配偶为多。

③ 75人希望子女数的意愿是：1～4个52人，1～5个4人，5个2人，

① 潘光旦. 中国之家庭问题. 上海：新月书店，1929：1-324. 潘光旦先生著文《中国之家庭问题征求答案》分别于1927年6月2日、9日、16日在《时事新报·学灯》发表。

② 金陵女子文理学院社会学系. 鼓楼医院中75位妇人之调查. 社会学刊，1936：5(1)//李文海. 民国时期社会调查丛编·婚姻家庭卷. 福州：福建教育出版社，2006：433-438.

不能决定11人,不愿意有小孩6人。这项统计表明,多数妇女还是希望有一个以上的孩子,表明中国传统的多子嗣观念仍有广泛的基础。而其中有6位妇女(8%)表达了不愿意有孩子,这在以前资料中未见过。可惜文中未说明这6位妇女的个人文化、年龄等资料以及丈夫情况。

④ 75人中,有24人"知道生育节制方法"(32%),其余51人(68%)"不了解生育节制方法"。这表明在政界、军界、学生为主的人群,其配偶尚不知道节制生育的约占2/3,可想象到其他低文化、低收入人群的知晓率会更低。

⑤ 对24位表示"知道生育节制方法"者进一步分析,有9人"试用过",3人"知其名而未试用过",4人"由书本上知道这方法,可也没有用过",8人"只知道生育节制的名词"。文内还记述了"用过生育节制方法"后不用的情况(以英字母表示不同的个人),如:

Y师母,生了7个孩子后,觉得负担太重,由仆人介绍,吃了一种药,不久有白带,但现在不生育,不知是吃药效果,还是生病所致。

D师母,小产后,"由医生介绍,吃了节制生育药,觉得很有效"。

F师母,26岁结婚,结婚4年,怀孕4次,到第4胎时,"由医生劝告,实行堕胎。由朋友的介绍,知道用子宫袋制止生育,可是她现在并不用,因为她怕性欲过度要伤害她的身体和工作,所以现在节制性欲,便是她节制生育的方法"。

S师母,因为2~3胎之间相距太近,"由医生指使实行堕胎",同时由医生介绍用某方法"防止生育",但"每次在事前,需请医生代为按置",甚不方便。后由朋友介绍用某某方法,开始感到不错,后来因为弄破而怀孕;产后再使用该方法,因为太小又怀孕。甚感这些节育方法"还有不周到的地方"。

C师母,用她丈夫从德国带回的某某某,"用了8年,觉得很有效"。

L师母,从书本和朋友处知道生育节制的方法,朋友向她介绍自己用过的极有效的方法,可她用起来觉得没有效。

从24例可见,1936年在南京,已经有一部分妇女了解并开始避孕节育。个别从20年代后期起,8年多来甚有效。从本组所见,妇女了解节育知识,主要从医生、朋友处获得。许多妇女并非没有节育的意愿,而是缺乏易行可靠的方法。此外本组资料从一个侧面反映医生实施堕胎并非偶见。

(3)《燕京大学60女性之婚姻调查》①、《中国女子对于婚姻的态度之研究》②等调查研究婚姻问题的文章,几乎都涉及节育问题。前文调查60人中,全部赞成节育;后文问卷调查200人中,赞成者181人(90.5%)。所述的理由,都是基于儿女过多、经济负担重、母亲健康、教育等诸多方面,亦提到不节制生育,国"实不足以救之"。

(三)医学避孕技术专论出版

从20世纪20年代初,节制生育活动公开推向社会后,相当一个时期内,报刊著作主要着重于意义的宣传,节育方法的介绍往往限于这些方法的原理、名称(简单的解释,也难正确自行掌握),并不细述如何使用的技术操作。1930年,北平妇婴保健会及所属的北平节育指导所成立,我国有了正式的节育指导机构后,在节育用品的操作指导时,仍然遵循个别指导的原则,不公开介绍操作技术。在该所办的《人口副刊》上,也反复申明此方面不进行公开介绍的理由。显然这种状况,不利于节制生育的推广和节育效果的提高。王逸慧(上海医学院妇产科)、刘宗蕴医师(北平医学院妇产科)所撰《避妊法》一文③突破了这一格局(后来出版同名专著)。她们从医学技术角度,详细叙述多种避孕方法的原理、方法、用品类型及各自的优缺点、操作要领和注意事项,并附有清晰的图等。这可以认为是我国第一篇医学节育技术的专门著述,为许多妇科医生提供了科学节育指导的教材。它的内容及特点,略述于下。

1. 专论避孕方法

该文约3.5万字,除开始讲述"女性生殖器官解剖"、"排卵的生理"等(约占全篇1/10),其余都是讲"避妊的方法"(文内没有叙述节制生育的意义和节制生育的发展历史等)。从节育技术指导及推广方面看,该文非常务实。这样长篇的国人医学节育技术专论,是前所未有的。

2. 介绍避孕技术分类

文章根据个人能够掌握的"暂时的方法",对避孕技术作了分类介绍,包括用"阴茎套"、"棉球及栓塞"、"药物"(包括坐药、避妊胶冻、淀粉甘油、规宁(Quinine)、希努琐(Chinosel)、乳酸胶冻等)、"洗涤法"、"子宫颈托及

---

① 梁议生.燕京大学60女性之婚姻调查//李文海.民国时期社会调查丛编·婚姻家庭卷,福州:福建教育出版社,2005:58-68.

② 陈利兰.中国女子对于婚姻的态度之研究//李文海.民国时期社会调查丛编·婚姻家庭卷,福州:福建教育出版社,2005:250.

③ 王逸慧,刘宗蕴.避妊法.中华医学杂志,1934,20(8):1025-1084.次年出版同名的著作。

子宫腔托”、“子宫帽”、“杂项方法”(包括交接中断、不全交接、人工免孕力)等7类。文章还推荐各人根据个体情况选择几种方法联合应用,可提高效果,这“是现代最切近于理想的”。

关于避孕“永久方法”即绝育的方法,作者举出“男性外科方法”、“女性外科方法”、“X光线及镭锭照射”等,并说这些仅能由妇科等医学专家进行,文内未展开。

3. 介绍具体避孕方法

文章从药具的性质、适应症、优缺点到操作步骤,介绍都比较详细,某些方法同时还配插图(如子宫颈帽的放置),使读者易于理解掌握和操作。全文插图22幅,包括女性仰卧位的外生殖器图等,这也有利于推动性知识的普及。

4. 有较高的理论和实用价值

作者是临床医师,专业概念清晰,论述科学性强。除手术绝育、X线照射等以外,引用了当时国外最新的节育方法和理念。如其中介绍子宫颈托、子宫托(后者现在称宫内节育器),还画出十种类型,这在当时国内还视为新技术。在该文内还用较多的篇幅,介绍使用“子宫颈帽子加避妊胶冻”的方法,指出先经过医生检查排除不适用者(适应症、禁忌症具体列出),然后选择与妇女个人子宫颈口大小所适应的号码,并附4幅图指示放置的步骤和要点,便于妇女能够在医生指导后自行使用。

作者对节育技术作了通俗易懂的介绍,使得有一定文化水平的人,读后能考虑、选择避孕的途径、方法,在寻求避孕指导时,能更为主动。有些人购买某些节育用品后,能根据简单的说明自行使用。

然而也必须看到,文中所述避孕方法及评价亦有偏差,其中许多是因为30年代节育技术研究的限制,而不是主观认识之误。该文是当时的一篇高水平的学术之作,是我国节育技术研究进步的标志。

(四) 避孕与堕胎有别之认识逐渐明晰

1. 避孕节育不等于堕胎

在传统的道德观念中,堕胎被认为是残害生命,是不道德的行为,社会舆论几乎一致谴责。特别对于未婚和婚外性行为导致怀孕的堕胎,更遭到严厉的惩罚。民国政府刑法228条至292条,对于各种堕胎行为视为违法,规定了相应的处罚刑期。对此家族内运用族规家法惩罚,甚至处死,就更为普遍。当节制生育公开推向社会后,在人们还普遍缺乏性卫生和避孕知识的情况下,错误地将避孕与堕胎等同,这给节育活动造成很大的阻力。

为此，节制生育宣传不得不反复说明避孕是采用方法避免受孕，是在成胎之前；而堕胎是设法将已经受孕之胎排出体外，是在受孕之后，避孕与堕胎有本质之不同。

随着节制生育宣传（包括著作、撰文、演讲等）的扩大，节育技术指导实践的推进，到20世纪30年代，在有一定文化水平的人群中，普遍已经知道避孕与堕胎的区别。即使仍然坚持反对节制生育者，也很少以此为据继续抨击节育活动。

2. 避孕节育不是化胎

一些怀孕的妇女因经济、健康等原因，不希望将孩子生下，但是又不愿意受堕胎的风险和社会的责难，企图寻求安全方便的方法，化去腹中的胎儿。对此，20世纪20年代众多广告反复宣传“通经”、“化胎”，迷惑许多妇女和社会舆论。北平节育指导所开诊后，就陆续接到要求指导化胎的方法，为此不得不发表公开声明，指出没有化胎的方法：

> 有许多通讯员，往往报告我们，说妻子已经怀孕，要征求化胎的方法。这真是奇妙之极了！劝你们不要上当，成胎之后那里还可以化胎？化胎的药大概是骗钱的。我们没有化胎药，我们也没有化胎方法。我们并且劝告孕妇不可打胎，因为打胎是反人道、犯法、危及性命的行为。①

出现化胎之说，有些是妇女不了解生殖生理，要求停止妊娠节制生育的反映；更多的是药商，为避开法律和舆论的限制，用“通经”、“化胎”来表示所售药品“消除胎儿”的功能。只有让更多的人掌握科学的生育节育知识后，这些骗人之术才会渐渐失去市场。到20世纪40年代，广告中宣传所谓“通经”、“化胎”药逐渐减少，可见避孕知识已有相当普及。

3. 降低堕胎率任重道远

历代对堕胎约束张弛有别，医生几乎都不敢公告开展堕胎业务；产婆（接生婆）只是在非公开的情况下堕胎。堕胎药方、秘方等在民间广泛传播。进入20世纪，现代商业活动日渐繁荣，许多商人敏锐地觉察到“通经”、“下胎”药的商机，他们通过广告、传单宣传，在药房、诊所销售。1913年，北平警察厅就处理过北京宝元堂制造堕胎药品公开宣传出售之事。进入20年代，上海市的“通经”等广告已合法发布，且量大名目繁多。这些药品广告多“引用”避孕、节育的概念，读后不难看出实际是宣传堕胎作用。

① 化胎．北平晨报，1933-02-05(8)．

进入30年代，社会上堕胎现象仍屡屡见诸报端。

(1) 1933年2月13日，《大公报》以“婴儿何辜竟堕胎”为题发表文章，评论北平的堕胎情况。作者指出，北平是一个畸形的社会，“一方面残存着雄厚的封建势力，同时又充满了新兴资产阶级的自由思潮”。对于堕胎他说：

> 因为堕胎这件事的本身，无论由“人道”、“民族”任何方面讲来，究属是一种残忍不合理的事实，即在世界最进步的苏俄，堕胎亦在被禁之例。中国法律虽有明文禁止，然实际仍是公然实行不已。年来北平妇女堕胎之风甚盛，大概是由于北平为学校林立的文化中心，一般摩登男女，沉醉于“社交公开”、“自由恋爱”的结果。①

作者还调查在北平被视为“专依堕胎发财的”的数所医院，3所是日本人开，2所是“西洋人”开，1所是中国人开的小医院。有一所日本人开的医院生意最兴隆，平均每天堕胎有10余人。“这些医院都是以营利为目的”，手续非常简单。收费是按胎儿月份大小而定，“至少需一百余元”。堕胎方法因胎儿大小不同而异。3个月内用刮子宫法，“需时甚快，亦无须住院”；超过3个月，需住院手术。

(2) 1936年，《中央日报》发表“高等妇女逃避受孕的情形”一文。作者在肯定该报发表“节制生育”以及“优生与节育”的文章价值后，以周围朋友为例，叙述了一部分受过教育的人，为了保持美丽的青春，能够穿漂亮衣服，进舞场等，害怕怀孕而堕胎的情况：

> 在她们怀孕二三月的时候，她们去请求医生把胎儿钳去，每次手术费至少要二三百元。有的人甚至于不管有孕无孕，每两个月必到医生那儿去刮刮子宫。这些人的医生都是按年包的，而医金倒要每月支付，大概每月要付二三十元……但是我想，去请求医生施行手术的人，罪不能赦。
>
> 这些人都受过高等教育的，而且又不是贫穷的人，做出那种为法律所不允许的事情来。②

作者指责她们，“只顾自己享受自由，不顾民族问题”，认为这样做在优生学上说来是莫大的损失，“这种错误的概念应该纠正过来”，从另一个方

---

① 菁如. 婴儿何辜竟堕胎. 大公报，1933-02-13(13).

② 一个读者. 高等妇女逃避受孕的情形. 中央日报，1936-03-18(3张2版).

面谴责堕胎。

(3) 1935年,《申报》刊登“妇人堕胎被控”的新闻。上海妇女王刘氏,在俄国人家做佣工,怀孕3个月,有死胎症状,身体疲乏无力,请人开打胎药方,服后病情加重,送医院急救后为安。出医院后依刑法288条堕胎罪起诉,等等。① 从此例可见尽管自行服药堕胎也属于违法。

(4) 1943年,《新华日报》发表“如何防止堕胎”的文章。作者指出:“生育无可避免,避育必致疾病,人工小产必遭危险。”作者从设立孕妇院、设立育婴院、设立孕妇保健会、设立巡回助产所、尊重国法保护私生子、奖励生育等6个方面论述如何预防堕胎。② 归纳文中的观点,作者不同意节育,主张受胎后就应该生养,并鼓励生育,政府应该提供各方面的保障。该文公开提出要保护私生子,对于“未婚之妇而有孕者,可以得以救济”等,这在当时,尚不多见。

从上可见,堕胎现象在推行节制生育后还普遍存在。就如北平,当时已经有了节育指导所,并且做过大量的宣传和实践指导,北平许多妇女(特别是知识人群)有可能得到免费的避孕节育指导,但堕胎现象仍然突出。知识分子不愿意生育而堕胎,同样反映了节育工作的艰巨。至于定期刮宫的说法,是否如此严重?至少说明这些妇女不知道或者不愿意采取避孕方法,宁愿接受有风险的手术。大城市尚且如此,其他地方堕胎就可想而知。要降低堕胎率,任重道远。堕胎率可视为节育工作成效的风向标。

(五)《性医学》出版

中国近代的性教育、性卫生、节制生育、妇女解放等运动中,其先行者常是教育家、社会学家、文化界人士,而不是医学界人士。30年代初,还没有一本以性医学为书名的专著,直到1935年《性医学》方才出版。这是一本由国人自己编著的比较完整地从医学角度论述性学的著作。全书400多页,分四编55章,插图新颖、清晰。第一编:性之解剖,包括男女生殖器之解剖各一章;第二编:性之生理,包括精液、受精、月经之生理、妊娠之要项(征候、诊断、各月胎儿发育等)等;第三编:性之卫生,包括结婚与年龄、手淫、性欲及手淫之抑制法、女子之手淫、妊娠时之摄生、花柳病之一般预防法等;第四编:性之疾病,包括梅毒、淋病、内分泌疗法之研

① 申报,1935-07-26(11).

② 王几道.如何防止堕胎.新华日报,1943-04-05(3).

究、人工流产法、避妊法等。① 该书论述的范围，与现代性医学著作相比，除了缺少性心理学、性社会学内容外，几乎已涵盖了性医学的各个方面。这有利于人们科学地认识性的本质、性活动的生理基础、生命孕育过程以及生育控制，等等。该书出版在 1935 年，此时人们普遍缺乏性知识，且多种观点混淆难辨，有一本科学的性医学著作，显得十分有价值。该书发行后受到欢迎，曾经 5 次再版（共 6 版）。《性医学》第 6 版（最后一版）于 1950 年 7 月出版，是中华人民共和国成立后 20 多年中，出版过的唯一的性医学专著。②（书影见图 14-7）

图 14-7 《性医学》

① 钱挹青. 性医学. 上海：商务印书馆，1935：1－401.

② 我国 20 世纪 60 年代出版过一本《性医学手册》，内容简单，篇幅较少。直到 1984 年，由吴阶平等编译的《性医学》方发行。

第十五章
人口、遗传优生与新道德观发展的助动

节制生育进入发展期，人口名著出版，扩大了节制人口思想在社会的影响度；遗传优生联系实际问题的研究，加深了节育技术促进优生的认识；婚恋自由、生育自主进一步发展，成为推行节育的助力。

一、人口论战的继续及各派的节育理念

（一）影响较大的人口著作及其节育观

1.《三民主义与人口政策》①

该书作者陈长蘅，上海商务印书馆出版，1930 年 8 月初版，为中国经济学社丛书之一。（书影见图 15-1）该书由吴敬恒题书名，有胡汉民、戴季陶、刘瑞恒、马寅初等题词。刘瑞恒时任卫生部部长，为该书题词（题词“上医

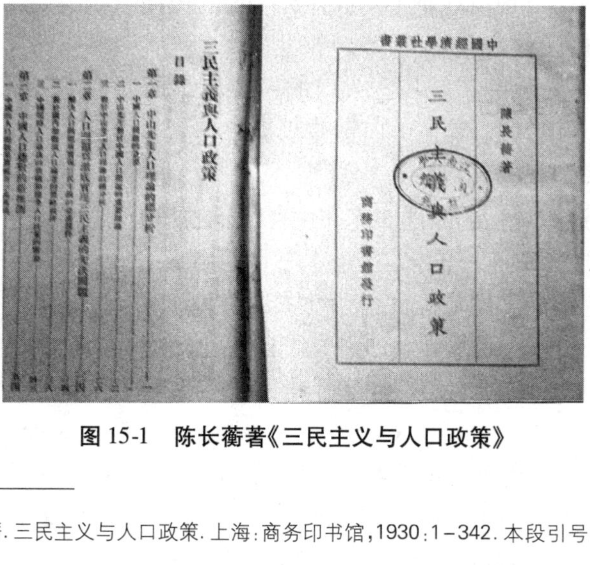

图 15-1　陈长蘅著《三民主义与人口政策》

① 陈长蘅.三民主义与人口政策.上海:商务印书馆,1930:1-342.本段引号内的文字,均引自该书。

治国”)可以看作卫生部领导对人口问题的关注。马寅初(1882—1982 年)为陈长蘅的学长,这也是反映马涉入人口领域早期活动的记载之一。

《三民主义与人口政策》是陈长蘅继《中国人口论》(1918)、《进化之真相》(1919)后的一本代表作。该书并非着重于理论阐述,而以人口政策讨论为重点,是人口著作中集中论述节制生育政策比较突出的一部。

(1) 该书第一章就孙中山的人口理论进行分析,突出孙中山上书李鸿章所说的“今日之中国,已大有人满为患矣,其势岌岌”,而没有将孙中山晚年主张增加人口的言论展开。这可能与作者本人持反对增加人口的观点,而又不便于直接批评孙中山有关。陈氏甚至说“人口问题为彻底实现三民主义的先决问题”。“人口问题乃各种政治问题、经济问题及社会问题的锁钥,人口问题不能圆满解决,一切政治问题、经济问题及社会问题,决无完全解决之希望也。”

(2) 该书在第三章就我国人口数量作了推测,如:人口增长率为 13‰、“中国人口已过五万万”,估计到民国四十九年(1960 年)人口达七万万五千万。如中国不采取限制人口的方法,人口的压力将更重。历史证明他预言的正确。

(3) 重视遗传,提倡优生。他指出“种族进化是人类之最高目的”,“‘天赋的不平等’是由于先天的遗传。环境的力量和教育的力量虽大,远不及遗传之重要。同一环境下人有‘智愚优劣,强弱寿夭’”。因此,优生学的真正目的要“特别重视婚姻的选择和生育的选择”;要“改进习传,提高文化为维持种族进化的必要条件”。

(4) 力主让人民了解我国人口的事实真相。他指出欲解决这个最根本最重大的人口问题,除由政府迅速积极筹备清查全国户口及创办生命统计,使大家明了我国人口的事实真相外,并应“设立人口问题专门委员会,努力去研究遗传优生的原理实施和生育节制的知识方法”。

(5) 有关节制生育的论述,是本书重要组成部分,全书 12 章中占 2.5 章,约占 1/4 版面。论及节育的观点择要如下:

① 主张提高人口品质,认为“普遍的生育革命为改良种族品质及减免人口压迫的最要法门”。“生育革命是有最积极的意义、最博爱精神和最科学的基础”。

② 普遍的生育革命是消除贫穷,预防战争之要举;促进国际文化进步、世界大同。中国对付帝国主义方面,不在于提倡增加人口,因为中国现在最需要的不是人口数量的增多。我国“无教无养的小孩子的哭声比别的国

家独多”,“这比帝国主义者的军舰在我们的领海内河所发出的炮声,尤令人感觉不安”。显然作者将解决人口过多的问题放到最重要的位置。

③ 指出“普遍的生育革命可以减少苦乐时差、苦乐地差和苦乐人差,以增高人生的价值和人类的幸福”;“普遍的生育革命可以减少苦乐性差和男女数差,以维持两性的数量平衡,及增进两性的共同幸福”。陈长蘅归纳生育革命的三大目标:“第一是要维持适合最高人生标准的人口数量;第二是要实现适合优生理则的人种改良;第三是要增进两性生活的和乐健康与整个人类的安宁福祉”。陈长蘅所认识的生育革命,已经从单纯的物质层面上升到强调文化和精神层面的意义。

④ 主张“生育革命应以政府为主要训导保育机关”。节制生育的工作政府应该管理并主导这项工作。做好节育工作应视为政府的责任。

2.《人口问题》①

图 15-2　陈达著《人口问题》

作者陈达。本书初版于 1934 年 8 月,大学丛书之一,主要作为社会学的人口学教学之用。该书是一本人口通论著作,论及人口理论的各个方面,有比较深入的分析,理论性强,论及面广,资料丰富,被认为是“中文人口问题书籍中最圆满的一本”②。(书影见图 15-2)

该书分为:人口理论、人口数量、人口质量、人口与国际关系 4 编,共 22 章。第十五章是“社会选择:生育节制”,集中表达了作者节制生育的观点。主要有:

(1) 主张节制生育,限制人口数量。降低生育率,少生子女,可以使家庭“经济负担减轻”,“少生儿女使母亲的健康常较好”,子女受教育等权利有可能实现。高生育率“岂不是无谓的牺牲”。

(2) 主张人口数量“应受天然富源及技术的限制”。如果财富及资源

① 陈达. 人口问题. 上海:商务印书馆,1934:1-282.

② 见《北平晨报》1936 年 1 月 5 日 5 版《介绍陈通夫先生的人口问题》一文。该文未署名,后来经过修订,刊于清华大学《社会周刊》1 卷 2 期,并收入《潘光旦选集Ⅳ》(456-461 页,潘乃谷、潘乃和选编,光明日报出版社,1999 年),故作者为潘光旦。

充足，技术进步可有数量的增加；当"人民不知利用富源（或富源不足），或人民不谋改良生产的技术，其结果必有大规模的贫穷与罪恶"。简单地说，人口的增加应该与物质生活资料和生产技术发展相适应。

（3）重视人口自然增长率的形成基础。陈达发现，我国与德国、比利时、苏格兰、爱尔兰4国的人口自然增长率都约5‰，但是其构成情况不同。5国中，德国的生育率最低（16.0‰），死亡率亦最低（11.2‰）；而中国的生育率在5国中最高（38.0‰），死亡率亦是最高（33.0‰）。[①] 不难看出，在同样的自然增长率下，其构成和面临的人口问题是不一样的。如果高死亡率与高出生率总是相伴，则表示该国家（地区）往往是经济、文化落后，卫生条件差。历史经验证明，当这些国家（地区）经济发展，卫生条件改善后，如不重视节制生育，人口将快速增长。

（4）主张提高人口品质。作者指出马尔萨斯的人口论几乎完全环绕人口的数量问题展开，后来优生学说的发展，人们认识到在重视人口数量增加的同时，还需要重视人口的质量。陈达将人口数量与质量等量齐观，主张增加人口中的优秀分子，通过自然淘汰提高人口质量。他指出："遗传与环境是分不开的，是互有关系的。我们要想改良人口品质，不应该专靠遗传或专靠环境，我们应该对于两者同时注意。"对此，潘光旦先生评价是"一个兼收并蓄的态度，不偏袒任何一方面"[②]。从陈达论述所见，他并非简单地保持中间立场，而认为遗传和环境都会在不同程度和层面上影响人的品质，任何一个因素都不能完全被否定。

（5）突出人口研究和节制生育相辅相成，互相促进的发展观。一般人们通常认为马尔萨斯主义人口论的发展，是节制生育的理论依据，而陈达却强调节制生育运动对人口研究的推动作用，他说"近年来节育运动往往促进人口研究的兴趣"；"更重要的事实，即节育运动促进整个人口问题的科学研究"[③]。

3.《人口论纲要》[④]

作者许仕廉，该书出版于1934年9月，被认为是与陈长蘅《中国人口论》、陈达《人口问题》齐名的重要人口著作。（书影见图15-3）作者认为要

---

① 陈达.人口问题.上海:商务印书馆,1934:267.

② 北平晨报1936-01-05(5).

③ 陈达.人口问题.上海:商务印书馆,1934:281.

④ 许仕廉.人口论纲要.上海:中华书局,1934:1-668.

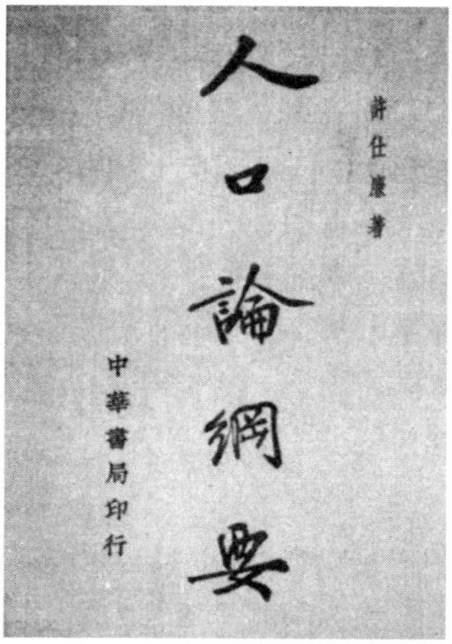

图 15-3　许士廉著《人口论纲要》

讨论中国一切的经济、社会、政治问题，必须从人口问题入手；主张通过人口问题去观察了解其他问题。第十章专门论人口品质，讨论遗传优生与环境、社会的关系。他指出“生物学家优生学家大都主张遗传说，教育学家社会学家则主张环境说”，各有偏废；故而不同意持绝对遗传论或绝对环境论者的观点，认为“遗传与环境互为影响”①。许仕廉在遗传与环境方面的观点与陈达等相同。他特别指出：一个民族要取得竞争的胜利，关键在于提高人口素质。② 对节制生育方面的论述主要在该书第八章“死亡率公共卫生与生育节制”内，内容有：

（1）列出节制生育的不同观点。他将反对或赞成节育者的论点归纳为六个方面，进行对比分析③：

“第一，反对派认节育是制止新人口之生命，实际上犯杀人罪，节育是一种新式的杀婴（infanticide）或新式的打胎（abortion）。赞成的说打胎杀婴是限制已成的生命，避孕是避免将来的生命。……避孕普遍后，可以减少杀婴与打胎数额”。

“第二，反对者说，避孕法可以鼓励不正当的性的关系。赞成派说，新式避孕方法未普遍之前，早有性的罪恶……我们的问题是如何改良婚姻制度，减少娼妓花柳、私生子及姦淫等罪恶”。

第三，反对派说：“吾人应听天由命”，如“以养育为苦，为个人的安舒，牺牲全体的福利，人类有自杀的危险”。赞成派说：“节育不是断嗣”，是要使为父为母者，依各人经济能力，自由决定生育子女数；没有能力的不应做父母。

第四，反对派认为“人口蕃盛为国之祥，人口衰弱为国之灾”，主张大家庭制，增加人口。而赞成派认为“众多人口不必可以造成坚强的国家，中国

① 北平晨报，1935-05-05(5).

② 中国大百科全书·社会学，1991：448.

③ 许仕廉. 人口论纲要. 上海：中华书局，1934：216-221.

有人口四万万五千万，日本只有八千万，日本反系世界一等强国”。

第五，反对派说，“劳工是工业文明要素之一，人口众多才有生产的劳工；倘人口稀少，工价昂贵，工业即不能发展”。赞成派认为：世界最富的美国，平常失业是300万以上，失业者为了工作，压低报酬竞争，收入下降，生活更无保障，人口越多越加剧。

第六，反对派说，“生产节制甚受上等社会人们的欢迎；下等社会人因教育知识薄弱，反有很高的生产率”，“所以节育运动是反优生的”。赞成者认为，这正说明节制生育主要应在工人和受教育水平低的人群中展开；如荷兰的经验，增加节育指导所以便利民众，30年来人口增长率下降，人民体质改善。

(2) 认为节育应有指征。自从一次世界大战后，欧洲反对节育的人渐渐减少，赞成节制生育的人增加。但并不是不加控制的传播节育方法，认为节育应该成立专门指导机构，由经过专业培训的医生、护士担任。凡是没有经过训练和登记者，不准讲授避孕方法。只有已经结婚的男女，并具有下列情况之一者才能得到避孕指导①，其中包括：

- 本人或配偶有传染病，如花柳病等。
- 女人暂时有病，如肺病、肾病等，一时不宜生育者。
- 曾经生育过低能儿女，恐怕不能产生智力正常小孩者。
- 以往每年生育一次，需延长生产间隔时间者。
- 子女太多，经济困难，不愿意再有子女者。
- 新婚姻之后，愿等候一二年再有子女者。

(3) 记叙北平妇婴保健会节育活动。许仕廉1931年9月从欧洲回国后，就与陈达、杨崇瑞等一起，通过北平妇婴保健会及其下属的北平节育指导所参与推广节育指导工作。在《人口论纲要》一书内，记叙了与《北平晨报》合作办《人口副刊》等节制生育工作开展的情况。②

(4) 对节育工作提出善意的批评。许仕廉指出：“从学术方面讨论，节育运动有相当的功劳”，“打破性的沉默，又是争言论自由与思想自由一个好例。但节育文字多带宣传色彩，少科学的精密。他们争论的立场在个人(母亲)肉体的自由，在心理学生理学社会学及性学方面，尚少精确的材

① 许仕廉.人口论纲要.上海：中华书局，1934：222-223.指征部分文字有增删。

② 许仕廉.人口论纲要.上海：中华书局，1934：223-224.

料”①。他希望节育工作者以科学的内容、方法，从宣传节育转向实际的技术指导。

（二）相关人口著作选介

在20世纪三四十年代人口著作出版明显增加，本处选择近29册简介：

（1）《世界人口状况》，侯厚吉编，上海大东书局1930年初版。该书是世界经济丛书之一，总论论述了第一次世界大战前欧洲人口的概况，以及世界人口的分布、组成、增长、移动、粮食问题等；在各论中分述英、美、法、德、俄、意、日和中国的人口状况。马寅初等3人各为该书作序。全书168页（32开），人口资料涉及面广。

（2）《人口问题概论》，（日）矢口原忠雄著，杨开渠译，上海开明书店1930年初版，221页（32开）。内容分人口与社会、人口问题之历史、马尔萨斯的人口论、人口之增加、人口与失业问题、人口问题与社会制度、人口问题与国际关系等8章。

（3）《人口问题新论》，刘剑横著，上海泰东书局1930年出版，168页（32开）。作者持批评马尔萨斯的观点，论述人口增减的原因及发展趋势等。

（4）《中国人口问题》，许仕廉著，上海商务印书馆1930年3月初版，159页。该书由作者在燕京大学社会学课程的讲稿编辑而成。1—11章依次为：中国人口论调与人口公例、研究中国人口材料与人口增加律问题、中国人口密度问题、生产律与死亡律、中国人口之性别比例及年龄分配、中国人口之婚姻状况及职业分配、中国人口之迁徙、中国境内的外国侨民、中国人口的品质问题、解决中国人口问题的方法等。本书第一章卷首就说，在中国人口研究中有两种不同的观点：民族主义派主张迅速增加人口；而过剩主义派主张从速实行生产节制。② 二至八章主要讨论人口数量问题，第九章主要讨论人口质量问题。本处就第十章“解决中国人口问题的方法”中的论点择要如下：

① 分析中国人口状况，认为中国人口“自1800年后，增加率只千分之三，而同时白种人的增加律（率）在千分之十二，有时且千分之十三点五，相形见绌。关于我国民族将来立足地大有可虑之点”③。作者指出中国人口

---

① 许仕廉. 人口论纲要. 上海：中华书局，1934：219.

② 许仕廉. 中国人口问题. 上海：商务印书馆，1930：1.

③ 许仕廉. 中国人口问题. 上海：商务印书馆，1930：119.

存在分布不平均、人均占有土地面积小、性别比例不均、缺乏保护移民政策等尚待解决的问题。

② “人口问题是世界的问题，与世界和平有直接关系。苟中国问题解决，而其他各国有人满过剩之患，各国势必提倡帝国主义及军阀主义，用经济力及政治力来侵略中国……所以为防止亡国灭种起见，中国人不得不奖励生产，增加人口——如中山所言。”①许仕廉同意孙中山的观点，认为中国人口增长率低就可能有亡国灭种的危险。

③ 解决人口问题有“治标、治本”两类方法。后者包括“提倡各国合作，减少人口过剩之患”、“提倡迟婚运动”、“提倡‘父母自由’”、“提倡全世界的生产节制运动”等②。并说：“现今生产节制运动大概有下列工作：一、提倡以政府法律限制婚姻；二、宣传生产节制的需要和方法；三、提倡智育体育美育和社交以转移性欲；四、设立公共机关，用科学方法施行避妊手术。”③

许氏认识到要解决人口过剩问题，需要世界共同努力，只要尚有国家人口过剩，世界就难有真正的安宁，故而应该提倡节制生育。但他又表达了对中国人口增长率如果低于世界水平的忧虑，从一个方面反映了他对中国人口数量和增长速度的估计偏差。作者早期的人口思想与他1934年所著《人口论纲要》中的观点有很多区别，经历了从主张中国增加人口与“世界同步”到赞成我国控制人口的转变。

笔者还见到另外一本《中国人口问题》，该书已没有封面和作者及出版情况。将两书相比，前十章各章的章名完全相同，而商务印书馆1930年3月版有十一章，而另外一本没有；两书的第一章第一段完全相同；书末所列参考文献亦相同。但是将全书对比，1930年3月商务印书馆的《中国人口问题》内容明显较多，如1—9章有118页，而另一本仅84页。两书是否为同一书的不同版次？④ 为何初版的内容较多？尚待考证。⑤

(5)《人口问题研究》，陈天表著，上海黎明书店1930年初版，206页

---

① 许仕廉. 中国人口问题. 上海：商务印书馆，1930：121.

② 许仕廉. 中国人口问题. 上海：商务印书馆，1930：121－122.

③ 许仕廉. 中国人口问题. 上海：商务印书馆，1930：129－130.

④ 上海图书馆和苏州大学图书馆藏两本相同的书，书和检索资料中均没有保存作者、版权等资料。

⑤ 北京图书馆编《民国时期总书目·社会学(总类部分)》264页记载，该书为11章. 未提到另一本.

(32 开)。全书分为人口底生物观,人口问题的发生及其研究的领域,人口问题的起因说,人口问题的实际观,人口问题解决的途径等章。书内介绍“人满为患”与“人少为患”两种不同的观点,认为两者呈极端的主张。在讨论人口问题解决途径一章内指出,从理论上说中国有人满为患,提出增加有价值的人口并从生育节制入手,宣传相关知识等。作者主张推行优生,改善体质,反对早婚及娼妓制度,提倡性道德,发展经济等。

(6)《中国北部人口的结构研究举例》,许仕廉著,北平燕京大学社会学系 1931 年初版,71 页(16 开)。该书列入燕京大学社会学系丛刊。内容包括:性别比例、年龄、籍贯、家庭、婚姻状况、职业、教育程度等资料。

(7)《近代中国人口的估计》,王士达著,北平社会调查所 1931 年出版。该书是人口调查资料的汇集,内容比较多,16 开本 340 页。曾经先期在《社会科学杂志》分 4 期连载。此外将 6 卷 2 期中 20 世纪 20 年代末 30 年代初的人口调查资料,另外编辑成《最近中国人口的新估计》,由国立中央研究院社会科学研究所出版,仍署名王士达著。

(8)《中国人口问题》,中国社会学社编,上海世界书局 1932 年出版,423 页(25 开)。蔡元培为本书题书名。该书实际是第一次年会的论文集,(书影见图 15-4)收入论文 16 篇。内容包括:研究中国人口应该注意的几点(作者陈长蘅)、生育节制与我国的人口问题(作者陈达)、中国社会学之过去现在及将来(作者孙文本)、人口增长的可能性(作者应成一)、中国全国人口调查之商榷(作者言心哲)、山西清源县一百四十三农家人口调查之研究(作者乔启明)、一个出生性别比例的调查(作者吴泽霖)等。这次年会检阅了社会人口学的研究成果,包括多篇社会调查资料,也是各种人口思想论述的汇集。在节制生育方面,一些著名学者都明确表示,解决我国人口方法“以生育节制为最好”①。

图 15-4　中国社会学社编辑《中国人口问题》

(9)《人口论》,(英)马尔萨斯著,郭大力译。上海世界书局 1933 年出版,185 页(32 开),分 19 章。原文书名 First Essay on Population。该书介绍

① 中国社会学社. 中国人口问题. 上海:世界书局,1932:41-42.

了马尔萨斯主要的人口思想，如人口几何级数增长，食物以算术级数增长，形成人口过剩，导致贫穷和犯罪。卷首有作者像、作者序、译者序等。1959年，商务印书馆根据世界书局1933年版重排出版，书名仍为《人口论》。

(10)《人口问题》，陶孟和等著，上海商务印书馆1933年初版，109页(50开)。这是东方杂志三十周年纪念刊物之一，编入东方文库续编(王云五、李圣五主编)。该书实际由陶孟和《世界人口的将来》、陈方之《我国人口统计数字之商榷》、陈长蘅《中国近百八十余年来人口增加之徐速及今后之调节方法》的三篇短文组成。其中有些内容已经发表过。第一、二篇文章分别指出"中国人口为世界人口最繁密地区"，中国人口"海关、民政部、邮局统计不一"。陈长蘅文章分析乾隆以来人口增加变化，主张移民东三省、实行相当的迟婚与节育，将生育率减少一半等。

(11)《现代人口问题》，柯象峰著，南京正中书局1934年初版。全书3编11章，492页(25开)，引用资料较多。作者对马尔萨斯等提出的"人口定律"认为："所谓定律不过是就人类智识所及，所发现各种现象的因果关系或解释……所以根本上定律并不是一个真正的铁律"，"科学上有好多定律已经改易了……人口的定律是可以拟订的"①。柯氏关于人口的重要观点之一，即认为土地提供的生活资源是有限的，人类应该根据环境条件等选择各自的人口政策，不必局限于某一定律。

(12)《世界人口之危机》(Danger Spots in World Population)，(美)坦蒲生(W. S. Thompson)著，陈浴春译，上海民智书局1934年初版。该书综述了世界各国人口增加所导致的危机及冲突，提出以节制生育、移民等办法减少人口增长，缓解部分地区人口过密的压力。该书分14章，共370页，可参考的国外资料较多。

(13)《中国人口问题研究》，(日)饭田茂三郎著，洪炎秋等译，北平人人书店1934年初版，32开本200页。(书影见图15-5)该书是一个外国人论中国人口的著作，其中有许多中国人口的统计数字，如各省各时期的人口构成等。书中介绍洪亮吉的人口思想，并给以相当的肯定，认为有些

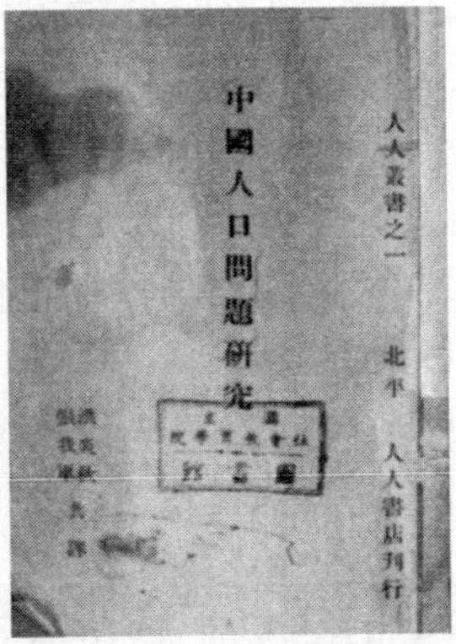

图15-5 《中国人口问题研究》

① 柯象峰.现代人口问题.南京:正中书局,1934:67.

见识超过马尔萨斯。他认为中国人口已经过剩，提出国内植民、对海外植民、产业通商的振兴、产儿的限制等人口对策。该书一些对中国人口的评述并不适当。

（14）《社会调查与年龄计算》，言心哲编，1934 年由编者刊。该书实际是用于从出生年月、生肖推算标准年龄的表，供人口调查之用。

（15）《世界各国之面积与人口》，朱君毅等译，南京国民政府主计处统计局 1935 年出版。该书以表格形式介绍世界各国的面积、人口，共 19 页（16 开），供研究查阅数据之用。

（16）《中国乡村人口问题之分析》，言心哲著，南京正中书局 1935 年初版，66 页（36 开）。该书 1935 年由上海商务印书馆编入上海科学小丛书出版，同年再版，71 页（32 开）。作者论述了我国乡村人口的数量、结构、年龄、婚姻、职业、以及增减趋势与迁徙等。

（17）《中国人口之分布》，胡焕庸著，南京钟山书局 1935 年初版。全书仅 42 页，有全国人口统计、人口分布数据及分析，并附各县人口统计及分布密度图等。

（18）《马尔萨斯人口论》，林骙著，上海商务印书馆 1936 年初版。全书 66 页（32 开），为百科小丛书第 106 种。作者简单地介绍了马尔萨斯的生平、人口论的产生、要点、对学术的影响和各界的反映等。

（19）《人口思想史》，吴希庸著，北平北京大学出版社 1936 年初版。全书 300 页（25 开），28 章，主要论述从古代到中世纪、近代的国内外人口思想和人口政策。

（20）《世界人口问题》，吴泽霖、叶绍纯编著，长沙商务印书馆 1938 年初版。该书出版于抗日战争期间，为现代丛书之一，曾收入万有文库（第二集 110 种）。内容包括世界人口的出生、增加、死亡、移动等趋势，世界主要生活资源的分布，人口政策等。

（21）《关中农村人口问题》，蒋杰著，国立西北农业专科学校 1938 年出版。该书是对关中 1 273 户农家人口的调查，包括人口的数量、结构、消长和灾荒等。虽然是局部地区的资料，但比较详细，附表 5，共 234 页（25 开）。

（22）《日本人口问题》，洪启翔著，重庆国民图书出版社 1940 年出版，60 页（32 开）。全书分为日本人口的现况、将来、是否过剩等 5 章。作者认为“人口过剩是日本对外侵略的主要口号”。但在结论一章中说：“日本人口并不过剩”，而过剩现象是“国内封建地主与资本财阀对下层民众作过度的剥榨”。

(23)《人口学原理》,杨振先著,福建永安福建省研究院1941年初版。全书12章,380页(32开),主要论述马尔萨斯前、后的人口理论和马尔萨斯的人口学说,涉及人口基本理论、人口发展趋势、人口调查、人口品质、人口迁移和人口问题剖视等。

(24)《人口纲要研究报告》,社会部研究室编,1942年编者刊。此书出版于抗战期间,是战时人口政策的纲要草案,附有人口政策研究委员会委员的名单。该报告只有8页(32开),内容很单薄,似不应称为书。此书记载了抗战期间人口研究的重要史料。

(25)《读马尔瑟斯人口论感言》,陈兆焜著,北平北京大学1942年出版,29页(16开)。该书论述马尔萨斯以前的世界人口趋势、马尔萨斯人口原则、达尔文生存竞争原则等,篇幅少,但有中英文对照。

(26)《中国人口问题之统计分析》,国民政府主计处统计局编,重庆正中书局1944年初版,是国内问题统计丛书之一。内容包括:总述、人口分布、人口组合、人口增减4章。书前有陈长蘅作的序,陈长蘅认为卜凯关于中国人口数最低4.45亿,最高6.45亿的估计比较可信。陈还预言:今后中国人口增加是死亡率的下降,而不是出生率的上升(这一判断在20世纪五六十年代中国转入和平时期后得到验证)。故而当消除重大战争、灾害,改善卫生条件后,控制人口快速增长,很大程度上需要依靠推行避孕,降低生育率。

(27)《现代中国人口》①,作者陈达,完稿与1946年,全书正文122页,共七章。内容包括我国历史上人口资料的评价,近代人口学的开端,性别、年龄、家庭人数与人口密度,出生、死亡与婚姻,职业,移民运动,人口政策等。该书写于抗战时期的昆明,3—6章主要引用的是呈贡县和环滇池地区的资料。在第七章“人口政策”内,作者就人口政策与社会环境、孙中山对于人口的意见、人口政策研究委员会三个方面表述他的人口政策主张。②

(28)《中国历代人口变迁之研究》,陈彩章著,重庆商务印书馆1946年出版,170页(32开)。内容包括户口比例、人口增减、人口分布、边疆移

① 陈达著作英文版1946年先在美国 The American Journar of Sociology 发表,后即由芝加哥大学出版单行本。该书传入国内,当年由廖宝昀翻译(此时陈达尚在美国);1947年陈回国时此稿已译好,交作者校订,但因种种原因,直到1981年才由天津人民出版社正式出版。本书介绍根据中文版。

② 陈达.现代中国人口.廖宝昀,译.天津:天津人民出版社,1981:108-117.

民、国外移民等七个部分。

(29)《全国户口统计》,内政部人口局编,南京编者刊,1947 年出版,85 页(16 开)。该书为 1947 年正式发表的人口数据。

(三)报刊人口论述中的节育观

从 19 世纪后期起,人口问题成为我国报刊等热门话题之一。当 1922 年节制生育问题公开推向社会后,许多人口文章常常包括节育的论述。进入 30 年代,除《北平晨报·人口副刊》、《东方杂志》等相对集中发表人口问题的文章外,还有许多有影响的报纸、期刊等都发表过人口问题的文章,包括不同观点的辩论,凡涉及人口理论,几乎都论及节育。择要列出:

1.《北平晨报·人口副刊》

《人口副刊》各期所刊登的内容都紧紧与人口或节育有关(后期有一些优生类文章),节制生育的内容多于人口的内容,特别是读者来信,几乎均系节育事项。兹就 1932 年创刊至 1936 年 3 月,4 年期间该刊所刊登的有关人口内容的文章、稿件等择要于下。(前为文章题目,括号内是作者名和在《北平晨报》刊登的日期,引号内为原文)

(1)《日本的人口压力与移民》(陈达,1932 年 4 月 3 日 8 版)。作者指出,“日本的人口在最近五十年虽已增加一倍,但其可耕地仅增加百分之三六”,必须要“替过剩人口找出路,替工业找原料,替资本家找市场”。陈达说日本的人满为患为促成武力侵略主因之一,并从三个方面列举分析侵略我国东三省的原因。

(2)《生存竞争》(未署名,1932 年 5 月 1 日 8 版)。文内举“中国工人的生活程度”资料,分析了中国劳工阶级的生存情况,约三分之二的人年收入在 300 元以下,食品的消费约占一半。如“单就食品而论,普通工人家庭的食品,只能维持生命,不能十分助身体发育或促进健康”。人们的精力主要用于生存的竞争,很少用于谋生以外的活动。

(3)《人口材料的来源〉(吴景超,1932 年 8 月 7 日 8 版起)。作者指出“用科学方法去研究一个问题,最紧要的条件,便是去搜集材料”。“而我们中国人,对于中国的人口情形却茫然不知呢? 答案是很简单的,别的国家里有人口清查,有人口登记,而我们中国,对于这两种重要的统计,至今还未举行。”作者认为我国人口统计基础差,并指出人口普查的意义,如何做好人口清查、人口登记工作等。

(4)《元旦立誓》(未署名,1933 年 1 月 1 日 8 版)。该文很短,指出:“元旦立誓,减少儿女的数目,增进儿女的教养”;爱国爱家,方法很多,“不过限制儿女的数目实是一条最光明的路”。

(5)《中国家庭大小》(王士达,1933 年 1 月 1 日 8 版,后续刊登)。该文报道了民政部户口调查所显示的中国家庭的大小,分述了 4 种不同学派对中国家庭平均人口和全国人口的推算结果。作者指出此次调查民政部在项目设计时就有明显不足,各家的估计“有的不能成立,有的是任意的估定,有的令人怀疑,所以重新研究是必要的”。这样的数据“严格地说起来实在没有很大的价值”,并提出了改进的意见。

(6)《我国人口实在超过五万万》(陈正谟,1933 年 3 月 12 日 8 版,后续刊登)。作者 1930 年在内政部统计司任职,估计当时我国人口 4.85 亿。他“乃进一步研究我国人口,发见其实在超过五万万”,并列举了多组资料分析论证。作者特别举 1926 年美国 Walter F. Wilcox 之例,提醒人口数字的估定在外交方面影响。事情是这样的:Wilcox 1926 年在开罗国际统计会议宣读论文,认为中国人口只有 2.77 亿,许多与会代表指出其估计太低,Wilcox 修正为 3.41 亿。后来他又将此数字收入他所著的《国际移民》一文中,并在 1930 年东京召开的国际统计会议上宣读。Wilcox 是当时世界人口学者中较有权威者,他的判断造成了“世界以中国地广人稀,日本纵然人口过剩,尽可向中国移民,无容向列强领土内移植也”的舆论导向,为此我国代表在会上与他辩论。而此时日本以 Wilcox 的数据为“诏示”,大造舆论说“为人道计,世界各国应准日本过剩人口有生路可寻”。同时又捏造“满洲为日本人之生命线之煽语,以暗示土广人稀之强国,无容干涉其侵占我东北”。

而列强在日本入侵东北后,不理会甚至暗中支持,其目的“以希冀日本占我东北之后,勿再将过剩人口向其领土内移植”。从此例可见,人口问题成了战争的动因。本文是一篇很有见识,分析深刻的文章。

(7)《人口增加的生物方面》(许仕廉,1933 年 7 月 2 日 8 版,后续刊登)。作者从生物学角度论述生殖率与生育数、普通生物之繁殖、人类之繁殖、人口增长的生物原则等。

(8)《我国的基本社会问题是什么》(未署名,1933 年 8 月 6 日 8 版)。这是一篇短文,指出当时国家的困难事项,认为“我国基本社会问题是人口问题,特别是人口的限制”。

(9)《论我国的小学生与中学生》(未署名,1934 年 6 月 3 日 5 版)。文章略述了中小学的简况,指出“教育是人口品质的象征之一,受教育的人多了,品质就有进步了”;并提出使工农界的儿女得到教育的“三条大路”:“免费教育的推广”、“人民入款的增加”、“生育节制”。

(10)《近代死亡率的降低及其原因》(吴景超,1934 年 10 月 7 日 5 版)。作者从历史角度分析近代国内外死亡率降低的变化及原因。

(11)《陈达教授的人口问题》(吴文藻,1934 年 12 月 2 日 5 版)。该文是对《人口问题》一书的评论。作者肯定该书的学术观点和成就,认为:态度公允,观点健全;取材广博,方法慎重;中国资料甚为丰富;合乎大学教科书之用。在评论陈达人口对策时指出:他的中心思想集中在节育运动,视为缓和人口压力的唯一的出路。作者也提出一些不同的看法。

(12)《马尔塞斯逝世百周年纪念》(柯桑,1935 年 1 月 6 日 5 版)。文章介绍了马尔萨斯的生平、人口论的背景、人口论思想渊源演进及其要点、对人口论思想的各种批评等。作者赞同节制生育,并批评了当时有些人对中国人口不符合实际的乐观。

(13)《华侨近况》(吴景超,1935 年 2 月 3 日 5 版)。作者综合多种资料,对华侨在海外的分布作出统计分析。其中 34 个国家和地区对华侨人口有正式统计,47 个国家和地区对华侨人口是估计,共 8 758 533 人。

(14)《中国农村崩溃中的人口因素》(李树青,1935 年 2 月 3 日 5 版)。作者指出中国农村出现崩溃的情况,其恶化有许多原因,而人口因素是一重要原因,并分析了因果关系。作者指出要救济农村,解脱这一困境,“一个是增加食料,换言之,即在增进农村的生产力;一个是节制人口,提倡生育制裁”。“所以生育制裁在中国农村中的推行与提倡,更是刻不容缓的急务”。

(15)《人口论纲要(书评)》(李有义,1935 年 5 年 5 日 5 版)。这是对许仕廉所著《人口论纲要》的书评,按章介绍并评述其主要论点。作者认为该书是与陈达《人口问题》一样的人口巨著,“为后学者开一先河”。

(16)《太平洋沿岸各国的人口资料》(日京,1935 年 6 月 2 日 5 版)。该文主要摘引 F. V. Feld 编著的《太平洋沿岸各国经济资料》中的人口一章的数据(1931 年),包括各国生育率、死亡率、年龄、职业、城乡等不同的构成等。

(17)《利物浦的中国侨民》(走召,1935 年 7 月 7 日 5 版)。这是一篇译文,报道在利物浦华人与黑人约各有 500 人。华人的生活不需要救济;中英通婚的后代找工作并不困难,这与黑人的境遇相反。但英国限制移民入境的条例很严。

(18)《儿童年与儿童的第一种权利》(潘光旦,1935 年 8 月 4 日 5 版)。

作者说,1935 年 8 月 1 日是全国儿童年的开幕之时,要维护儿童的各种权利;儿童健康受遗传影响,“父母的遗传良好,就是儿童身心健康的最大的保障”。大家讲民族复兴,不能不了解民族复兴的生物学基础。

(19)《婴儿死亡率的研究》(日京,1935 年 8 月 4 日 5 版)。作者列出欧美和日本、新西兰、智利等 18 个国家的婴儿(1 岁内)死亡率,智利最高 22.5‰,也要比中国 27.5‰低。文章分析了各国死亡率的差异及原因。

(20)《华侨在南洋之分布及人口税》(吴雪生,1935 年 9 月 1 日 5 版)。作者介绍了马来亚、缅甸、暹罗(泰国)、越南、东印度群岛等地华侨分布及人口税征收情况。对华侨完全免人口税的有马来亚、缅甸,而收人口税的有暹罗、越南、东印度群岛。在越南,华侨所交的人口税要比当地人高 7 倍。

(21)《上海人口动态的一斑》(潘光旦,1935 年 10 月 6 日 5 版)①。文章报道了上海 1935 年 10 月 2 日举行集体婚礼情况。146 对结婚夫妇事先由社会局在报纸上公布姓名年龄等,当日实到 142 对,“大部分为中等社会分子”,特别有钱和特别穷苦的都少。文章还从结婚夫妇的年龄、籍贯等分析人口移动的动态。

(22)《改良族谱的一个建议》(周进楷,1935 年 11 月 3 日 5 版)。文章指出族谱在社会发展过程中的作用和不足,从六个方面提出改进意见。其中重要的有:“应以男女平等为原则,女子应与其兄弟有同样权利,得并列于娘家族谱内”。族谱的记载“应不限于生死、婚嫁、子女,而应以族人之全部生活为对象”。

(23)《中国民族之改造》(潘光旦,1935 年 12 月 1 日 5 版)。这是对张君俊著《中国民族之改造》的书评。

(24)《介绍陈通夫先生的人口问题》(光旦,1936 年 1 月 5 日 5 版)。这是一篇书评,作者给该书比较全面的肯定,认为是“中文人口问题书籍中最圆满的一本了”,同时也提出了一些修改和补充的建议。

(25)《答潘光旦君“中国民族之改造”》(张君俊,1936 年 2 月 2 日 5 版)。这是作者对潘光旦《中国民族之改造》文章的答辩,多处词语甚为激烈。

2.《东方杂志》、《华年》人口问题论述选介

(1)《人口过剩说的谬妄》②。该文翻译自美国外交季刊(1937 年 7 月

① 人口副刊,有 2 个 42 期,显然是错误,而且以后并没有纠正,这在期刊编辑历史中很少见。

② A M Carr—Saunders,人口过剩说的谬妄. 斐丹,译. 东方杂志,1931,28(21):34-36.

出版)。作者是美国著名的人口学家,他指出人口过剩的结果为人口压迫,因此置于不可避免的贫困,而向于领土扩张之一途。因人口过剩而不求领土之获得者,在历史上很难找到实例。作者提出,"人口过剩的解决决策有三:第一为永久的解决法,即对于生产的限制"。

(2)《中国农村人口结构及其消长》①。该文调查1929—1931年,11省22处12 456农户的情况,包括家庭结构,年龄、性别、婚姻,生育率、死亡率等,资料详细。文章指出农村人口结构极复杂,最大的特点是实行大家庭制;鼓励子嗣繁衍的思想十分强烈。如果人口过剩问题解决了,"那么其他的一切问题自然就不难迎刃而解了"。解决农村人口的治本方法,"莫于迟婚与节育"。

(3)《中国土地与人口问题再检讨》②。这是作者在津、杭等地报纸发表《中国土地与人口问题》,对翁文灏、陈长蘅关于土地改革的立场提出质疑,在陈长蘅提出反驳后,作者对陈批评的答辩。文章的主要观点是:①"人类根本有创造生活资料之能力,改良土地利用之可能性尚甚大"。②"中国之地力估计,事实证明不似翁陈二先生之低;人口状态亦不似陈先生之悲观"。③"人类生活标准之高下,根本不依耕地分配之指数"。④"国力之增强,根本不系于生育率之减少"。作者认为中国土地开发潜力大,没有人口过剩的威胁,控制生育率不能使国力增强。

3.《华年》刊登的文章

(1)《人口问题各论》③。该文报道1927年8、9月间在日内瓦举行的第一次国际人口会议,1928年成立"人口问题科学研究国际协会"(The International Union for The Scientific Inverstigation of Population Problems),并报道1931年6月在伦敦召开的人口会议,有27国代表参加,会议论文汇集成书,书名《人口问题各论》,由G. Pittrivers主编。

(2)《洪亮吉与马尔萨斯——两个学说的比较》④。作者认为马尔萨斯有前人(柏拉图等)论述的参考,而洪亮吉是"独辟蹊径";马尔萨斯学说在世界影响甚大,而洪亮吉影响甚小。

(3)《日本人的"人口过剩"》⑤。作者对世界舆论所说的"人口过剩是

---

① 乔启明.中国农村人口结构及其消长.东方杂志,1935,32(1):25-44(社).

② 萧铮.中国土地与人口问题再检讨.东方杂志,1936,33(21):23-30.

③ 吴泽霖.人口问题各论.华年,1934,3(8):156.

④ 陈绍箕.洪亮吉与马尔萨斯——两个学说的比较.华年,1934,3(31):607-610.

⑤ 未署名.日本人的"人口过剩".华年,1935,4(6):102-103.

日本扩张的原因”作出自己判断，认为日本国内生产的粮食多，还没有发生粮食缺少的情况，举日本入侵朝鲜后，进入朝鲜的人少于由朝鲜入日本的人数。该文有粉饰日本人口政策之意。

(4)《中国人口政策之商榷》①。作者认为：① 我国人口现况还没有奖励生育的必要。在我国现况之下，还奖励人口繁殖，真是丧心病狂。② 进行婚姻统制（限制成婚年龄，检查体格，配偶血统有一定的限制，养家能力有最低限度）。③ 生育节制的实施，确实有必要；要使生育间隔期延长；少数“有遗传病者强制执行”。④ 保健推广。

(5)《远东的人口问题及人口政策》②。该文讨论日本、中国等远东国家的人口问题，分二期刊完。作者特别指出，不能忽视日本人口增加在其帝国主义政策中的重要作用。

4. 其他报刊人口问题论述举要

(1)《人口与经济问题平议》③。该文就萧铮《中国土地与人口问题再检讨》一文展开评论。作者对萧铮表达的观点逐一辩驳：①“一国强盛并不系于人口之多少。例如日本不过数千万人，我们这样多反受其欺负”。②“可知人多未必强，人少未必弱；人多未必富，人少未必贫。而在我国今日积弱与贫苦之下，人多必定贫，贫则必定衰弱”。③ 目前“中国人口状态，确系世界各国中之最恶化者”。④“国力强弱，固不系于生育率之增减，但生育率过多，确足妨碍于国力之增大。各国国力强者，别有一种野心，固然在提倡生育。但在彼不过数千万人民之国度，由其政治家之恶意，纵在提倡生育，尚有话说。然我们已有数万万的群众，与生产方法之落后，万万不能跟他们的后尘”。⑤“我们也并非主张无条件的节育。我想以个人说，各人当就其力量而定生育之多少，有财者与有能力生活教养者，不妨多生；反之则应少生”。

(2)《中国民族自救运动中的人口问题》④。该文最初刊登在1940年《民族学研究集刊》第2期，是作者为清华大学举办的课外讲演三种之一的人口分题。文内讨论人口质量，研究乡村人口中的私、愚、贫、病，要推究这

---

① 王成祖. 中国人口政策之商榷. 华年，1936，5（27）：504－506.

② 贺伦特（W. L. Holland）. 远东的人口问题及人口政策. 杨君易，节译. 华年，1937，6（19）：368.

③ 张竞生. 人口与经济问题平议. 广东经济建设，1937（1）//张竞生. 张竞生文集（下卷）. 广州：广州出版社，1998：314－318.

④ 潘乃穆，潘乃和. 潘光旦文集（第九卷）. 北京：北京大学出版社，2000：268－280.

四种毛病的来源与其诊治的方法。作者认为要解决人口质量问题，一是环境方面，二是从生物方面或遗传方面来改进人口的品质。

(3)《论我国今后的人口政策》①。该文是《新路》(《新路周刊》)一卷五期的论坛栏目内讨论我国人口政策的文章。作者分析我国人口数量、资源、工业化水平等，认为"我们必须'釜底抽薪'减少人口"，"我国人口应减少到两亿"。作者强调节制生育的作用，发表了著名的观点——"减少人口的原则如能成为国家基本国策，唯一的方法自然是节制生育"。文中还提出四点推行节制生育方案，如"特别着重农村中的节育运动"、"国家对节育方案的执行须具有相当的强制性"、"凡已经有两个婴儿的父母必须到医院受永久节育的手术"等。该文反映了20世纪40年代末多位学者的人口生育观，是将减少人口、节育与国策相联系讨论的第一篇重要文献。

(四) 陈长蘅与萧铮的"人口与土地问题"之争

1935年，陈长蘅撰《我国土地与人口问题之初步比较研究及国民经济建设之政策商榷》一文在《地理学报》(2卷4期)、《中山周报》(1935年，55—57期)等刊登。此前，翁文灏于1932年在《独立评论》(第3、4号)发表《中国人口分布与土地利用》一文。翁、陈各自阐述了人口生育的观点，从而引发了不同意他们观点的一场辩论。

陈长蘅、翁文灏文中列举了多组数据，分析指出：中国地力薄弱，人口过庶，地不足以养人，应该节制人口，推行节育等。1936年4月，萧铮著《中国的土地问题与人口问题——兼请益于翁文灏陈长蘅二先生》②，反对翁、陈的观点，他也列举大量资料，指出：改良土地利用之可能性尚甚大；地力估计不似翁陈两先生之低；国力的增强不在于生育率的减少等。

《中央日报》在发表萧文的次日，刊登李庆麐《中国粮食与土地问题》一文(1936年4月10日)，支持萧铮的观点。不久陈长蘅在《新民报》(南京)，发表《答萧先生的中国土地问题与人口问题》，认为萧铮有许多观点错误，并进行批驳。同年5月《政问周刊》出版"土地与人口问题"专号，刊登汤惠荪、李庆麐、万国鼎、黄通、洪瑞坚、高信、骆美奂、张丕介、郭汉鸣等人的文章，支持萧的观点。该期由萧铮负责编辑③，其观点一致也就不足为

① 戴世光. 论我国今后的人口政策. 新路，1948，1(5)：3-10.

② 中国的土地问题与人口问题——兼请益于翁文灏陈长蘅二先生一文，发表于《地政月刊》1936年4期，527-545页。该文在《中央日报》1936年4月5-9日分期刊登。

③ 萧铮. 中国土地与人口问题再检讨. 东方杂志，1936，32(21)：24.

奇。此外，发文支持陈长蘅观点的有李旭旦、任美锷等；支持萧铮的还有李君明等，他们分别在《新民报》等著文展开笔战。此期间《中外评论》、《中山文化教育馆季刊》等，亦发表参加论战的文章，如以仲裁的角度评论两派之争的《裁判萧铮与陈长蘅的论争:关于中国土地与人口问题》等。两派在陈长蘅发表《再论人口政策与国家建设》①和萧铮发表《中国土地与人口问题再检讨》后，基本停止。

陈、萧两派关于人口土地问题之争有深刻的背景。萧铮，1919 年生，曾在柏林大学研究经济，1932 年创办中国地政学会、任主任。他是土地问题专家，长期研究中国土地问题，主张平均地权。陈长蘅是人口学专家，立法委员。萧派参加辩论的有许多官员，有明显的官方色彩；陈派参加辩论的是主张节制人口知识分子官员阶层代表。虽然辩论结果未分伯仲，但是双方代表人物都有官方身份，各自的观点不可避免地影响到其执掌的职务范围内的决策。其中萧派坚持以孙中山遗教为理论基础，给节制生育的宣传、推广造成很大的阻力。

（五）各派人口观中的节育理念

自从马尔萨斯思想传入我国，与中国本土的人口思想碰撞后，产生了各种人口思想，他们之间的争论从清末民初一直延续未断。这种争论，早期简单地表现在支持或反对马尔萨斯主义方面；此后衍生出不同的论点（亦被称为不同的派），被称为马尔萨斯主义派、新马尔萨斯主义派、社会主义派、民族主义派，等等。他们论争的核心，首先集中到中国是否人满为患这一点。环绕这一命题，再派生出不同的人口生育理念和对策。到三四十年代各派阵线分明。反映到节制生育的立场上，就出现支持或反对节育的两大派别。

1. 以人口多寡为立论基础的学派之见

中国人口数量之大，早已被中外学者所公认和关注。马尔萨斯的《人口原理》中，对中国人口之多已有相当的叙述。国内外学者尽管在人口总量的判断方面有所不同（四万万至四万万七千万是普遍的提法），但对中国人口之多居世界之首、人口素质较低与落后经济共存的现实，看法并无分歧。对于四万万至四万万七千万这样的人口，有人认为过多，有人认为过少。以此为基础，产生不同的学派。

---

① 陈长蘅.再论人口政策与国家建设.中山文化教育馆季刊，1936，3(3)：749-769.

(1) 中国人口过少论——“民族主义派”。

“民族主义派”认为中国并无人口过剩,凡是说“‘中国人口过剩,人满为患’,原来是一种无甚证据的臆说”①。认为中国人口不是多而是少,不是增长过快,而是增长过缓,主张从速增加人口。他们分析,中国从18世纪中叶后人口未见增加,而日本、英、法、德、美等列强人口都有增加,如果我国人口不增加,百年之后将寡不敌众,被异族侵入,有亡国灭种之祸。“民族主义派”观点的代表性人物——孙中山先生就持此观点。孙中山的威望是同时期其他任何一个学者或革命家所无法可比的,他在人口方面的思想、言论影响着一大批人;即使在孙中山先生逝世后,“总理遗教”这一影响还继续存在。有些学人虽然认为孙中山的主张有误,也不敢公开反对。

“民族主义派”认为中国地大物博,尚有许多土地未开发,如东三省、西北等,还有很大的开发潜力,不必担心养不活的问题。有的学者认为通过修铁路畅交通,兴办工业,发展农业、移民等,完全可以解决我国人口问题(包括增加的压力)。还有学者认为“中国的人口只能说有局部的累积的现象,不能说有人口的过剩”,只要通过移民等使人口“均匀”就可②。由于“民族主义派”对中国人口的判断是少而不是多,故极力主张增加人口,也就必然反对一切推行节制生育的活动,甚至认为节育理论是恶魔,它使国力衰退,道德败坏,是民族自杀行为,长此以往要亡国灭种,“五千年之黄帝国子孙从此绝矣”③。有人非常明确地说:“反抗强暴者唯一武器是保有庞大的人口量”,“我希望全国的姐妹们,多生几个救国的英雄,等我们国家强盛后再谈节育”④。

(2) 中国人口过多论——“过剩主义派”。

“过剩主义派”认为中国已经人口过剩。我国不仅是世界人口最多的国家,而且极大部分人生活贫苦;人民受教育水平低,卫生条件差,国民体质不良。社会物质生产尚不能适应现在人口的需求,更无法满足人口增加的需要。故而中国不是要增加人口,而是要控制人口,改善生存条件。由于其基本理论基础源于马尔萨斯主义的“人口定律”,被一些人认为属于马尔萨斯主义学派。“过剩主义派”还认为:中国人以“地大物博,物产丰富”、“人口

① 杨效春.对于时论“中国人口问题”的总答辩.东方杂志,1927,24(22):9.

② 夏敷文.中国节育问题之探讨.华年,1936,5(15):274-275.

③ 怀素.五千年之黄帝国子孙从此绝矣.晨报副镌,1924-05-05(4).

④ 亮.中国需要节育吗?中央日报·妇女界,1936-04-23.

众多”而自豪是错误的。他们指出中国西北未开发的土地,许多是荒漠之地,利用价值低。就如对马尔萨斯主义持基本否定态度的陈独秀,在 1920 年就说过:“说到中国人口问题,有一班糊涂人常常以我们中国人口众多自豪,实在是梦话。”①“过剩主义派”还指出中国人口不仅数量大,而且人口质量低。中国人口过多,不仅是和土地相比的人口过多,而且还有不生产而消费的游惰人口过多;“必须是有知识和生产能力的人多,才可以自豪”。

“过剩主义派”认为最为重要的是要控制人口增长。要有效地控制人口增长率,就必须推行节制生育,甚至将节育提到救国之良策的高度。他们主张国家成立官方的节育机构,普遍推广节制生育活动。其中还有一些学者提出我国人口不要增加,还可以减少,如张竞生说:“能永久保存四万万就好了,如不得已时就减少为三万万也够了。”“我想人们应限制一对夫妇仅能生三个小孩”②。凡“过剩主义派”,几乎都是节制生育的积极支持者。但他们在如何推行节育,以及节育方法和适应指导的选择等认识上还有差别。

2. 以社会、经济等因素为立论基础的学派之见

(1) 突出贫困原因的认定——“社会主义派”。

社会主义学派突出之处是对产生社会贫困原因的认定上。他们认为造成贫困不是人口过多,而是分配不公和社会制度不合理。为此,社会主义者认为改变这种状况,首先要改变压迫贫苦大众的旧制度。如中国共产党的创始人之一的陈独秀就持此观点③;另一位创始人李达直率地说:“马克思派社会主义者所以不赞成产儿制限,是因为不肯用这种消极的姑息的手段,忘却根本的改革社会的目的。”④这与马尔萨斯主义者认为如果人口不控制,人口的增长速度将快于物质增加的速度,而人口增加过快是造成贫穷的主要原因,有显著的不同。但略加分析,就可发现社会主义学派与新旧马尔萨斯主义学派分歧的重点,不是在人口过快增长和众多的贫苦人口状况的认定方面,而是对造成社会贫困原因和解决策略的原则有根本的分歧。社会主义派主张首先要改变旧制度,而不是限制贫苦大众的生育,认为建立社会主义后,人口过多的问题就能解决;要实现社会主义,就要进

---

① 陈独秀. 马尔塞斯人口论与中国人口问题. 新青年,1920,7(4):8.

② 张竞生. 美的社会组织法. 北京:北新书局、北京大学出版部 1926:98-99.

③ 陈独秀. 马尔塞斯人口论与中国人口问题. 新青年,1920,7(4):2-7.

④ 李达文集编辑组. 李达文集(第一卷). 北京:人民出版社,1980:144.

行革命，这是首要的任务。

然而在持社会主义人口观的学者中，有些人反对马尔萨斯主义的人口理论和政策之时，又在某些方面主张宣传节育。如李达在强调马克思主义的观点之时，对于节育却说："我是赞成产儿制限的，我承认产儿制限是社会问题的临时补救方法，然而我不承认这是社会问题的根本解决的手段。"①为何如此？可能与他对于现实的认识有关，即"处在这旧社会未倒新社会未兴的过渡时代，无产阶级往往因生育过多，酿出许多精神的、物质的苦痛，我们若果能到贫民窟去宣传产儿制限的实行方法，也可以拯救这班不幸的人们。所以我主张随时向贫民宣传产儿制限法，同时更要唤起他们阶级的觉悟"②。李达主张宣传节育，与完全从马克思主义立场反对节制生育的人有所区别。

（2）调和折中——合理增加"派"。

在抗战之前，主张增加人口与反对增加人口的"阵线"基本分明，与此相应的是反对与支持节育（包括有条件的支持）的观点也很明晰。当抵抗外来入侵的战争导致死亡人数的增加及土地荒芜，兵员成为战争重要制约因素时，有些学者对是否要控制人口又产生了疑虑。某些极力主张节制人口的学者，为避免与孙中山人口观的冲突，结合战争时期的形势等，探索能够被多数学者和官方接受的人口方针。1941 年成立的人口政策研究委员会有关人口政策的研究报告就是一例。该研究会的主要负责人陈长蘅、陈达等，在他们30 年代的著作中，都明确表达了反对增加人口，主张节制生育的观点。但他们主持的人口政策研究报告，并没有提出节制人口，而采用"合理增加"的提法，显然与十余年前的观点有所变化。为何？对此陈达在回忆其经过时说："本会对于我国人口政策，经历次讨论之后，业已拟具研究报告，内有数点或因牵涉党纲与国策，或因引起误会……余建议以人口适中论为依据，采用合理的增加。"③

"合理增加"严格说，它不是独立的学派，是不同观点的调和产物，为使方案易于通过的意图十分明显，并使各方都可以对"合理"作出自己的解释和定位。如人口"过剩主义派"认为虽然弱化了控制人口快速增长的主张，但是提倡合理增加，就必须有方法、措施的支持，这就间接提出需要节制生

① 李达文集编辑组. 李达文集（第一卷）. 北京：人民出版社，1980：144.

② 李达文集编辑组. 李达文集（第一卷）. 北京：人民出版社，1980：144-145.

③ 陈达. 浪迹十年. 上海：商务印书馆，1946：445.

育，是进步；而"民族主义派"认为人口政策研究报告毕竟包括人口增加的内容，与节制人口不同。这种调和折中政策的科学性、实用性的价值甚为有限。

(3) 不鼓励不限制——"中立派"。

在不同派别的论争中，学者们自身的观点总是在调整中前进，特别在抗日战争发生后的十几年，人民生产、生活情况和"战争的效应"，使一些原来主张限制人口增长者的观点发生了改变，除了前述"合理增加派"外，出现了"中立派"的论点，即在人口问题上既不鼓励增加也不提倡限制。潘光旦先生的思想变化就是有代表性的一例。他在《人口数量与人口政策》一文中说："我在抗战以前也主张过中国人口应当受相当的限制，对于生育节制的需要也曾有条件的表示赞成，但从没有承认只要数量一减少，便什么都有办法，都有出路。如今我更觉得我们应有的原则是一个既不鼓励亦不限制的原则。"①显然这种"既不鼓励又不限制"，即主张人口的发展听之任之，是一种消极的影响。从历史发展方面评价，是一种认识上的倒退。对此许多学者甚为担忧，如 1946 年乔启明就批评说"今若复主张提倡生育，实无异鼓励耗费生命，其愚孰甚"②。

应该说，中国近代不同人口观、生育理念的争论延绵数十年，但基本保持在学术层面上进行。当马克思主义者更明确地强调通过阶级斗争等改变资本主义制度后，在人口问题上的观点染上了政治色彩，并渐浓厚。至于将人口观作为区别支持或反对马克思主义和判断革命或反革命的标准之时，历史已进入现代。

3. 学界共识

学界对于我国是否有人口过剩，人口是增加还是减少，应采取什么对策等争论不休，分歧甚大。但在人口领域内，仍有共识之处。

(1) 认为中国人口素质较低，必须提高人口质量。无论是持"人口过剩"或"人口过少"观点者，还是支持或反对节制生育者，都认为中国人受教育程度低，体质差，必须改变贫、愚、弱之状态，奋力强国强种。赞成通过优生手段限制精神病、严重遗传疾病等患者的生育，包括强制的绝育。

(2) 高度认同赞成移民。在人口问题的论争过程中，无论主张增加人

---

① 潘光旦. 优生与抗战. 重庆：商务印书馆，1943，156－256. 该书 1947 年在上海再版；此外还可见《潘光旦选集Ⅱ》（潘乃谷、潘乃和选编，光明日报出版社出版）167 页。

② 乔启明. 中国农村社会经济学. 上海：商务印书馆，1946：127.

口者或控制人口者，都对采用移民减少人口增长的压力（“民族主义派”认为只在局部有人口压力）持赞成的态度。认为国内有些地区还有大量未开发的土地和待发展的潜能；移民可以跨过地域解决人口增长的压力。如中国清代中后期，开放关禁后（可以出山海关），“闯关东”就是一股连续多年的移民潮，吸引了大批山东、河北等地的贫苦、失地的农民，流向人口密度比较低的东北几省。而福建、广东沿海等地区的“下南洋”是向海外移民。对于中国某些地区，当时人口生存已经面临重大的压力。显然移民对于缓解局部人口过密，改善一部分人生存条件，是一可行的办法。然而接受移民地的承载力也是有一定限度的，如果移民涉及民族问题，常常是地区不安定的因素。

我国官方认为移民有利于缓和人口过多或人口局部过密问题，主要是国内地区之间人口密度的调整。对此 1945 年官方的执政纲领说“实行区域间有计划的迁徙，以求人口合理分布”，“扶植边区人口”等。

二、遗传优生研究的发展及策论

（一）出版遗传优生专刊专栏

1.《优生月刊》

遗传优生的许多论述，除著作外，还有许多文章发表在期刊、报纸上。《优生月刊》是近代唯一单独发行的优生专业性刊物。① 该刊是中国基督教青年全国协会与中华种族卫生委员会联合举办的期刊。1931 年 5 月 15 日在上海创刊，言明为月刊，计划每年成一卷（其中 7、8 月停刊），1931 年实际出 5 期。到 1932 年 3 月第 2 卷第 3 期后就停刊，共出 8 期。关于停刊原因，在后来《华年》的第 4 卷中有一段说明：“《优生月刊》一共出了 8 期，后来因为编辑《华年周刊》的缘故，时间与精神上不能兼顾，只得停刊。”②《优生月刊》发表的论文、评论、书评等，有遗传优生、婚姻、性学、节育等方面的论述，亦有政治、历史和新闻等。《优生月刊》登载的遗传优生和部分节育等内容举要如下（括号内，前作者名，后期数）：

第一卷（1931 年）

《究竟什么是人生最大问题，最好的归宿，最重要的责任?》（未署名，

---

① 《女青年月刊》1934 年 9 期发行“节育与优生专号”，优生学文章较少，未列入优生学专业期刊讨论。

② 华年，1935，4(1)：12.

1 期)。

《罗马教会禁止性教育与优生学说》(未署名,2 期)。

《上海节育研究社的缘起与宣言》(未署名,2 期)。

《耆寿遗传之资料》(未署名,2 期)。

《甘地与独身主义》(未署名,2 期)。

《将开之罗马人口会议》(未署名,3 期)。

《近代文学与性爱》(未署名,3 期)。

《优生与最近之舆论界》(未署名,4 期)。

《反优生的生活程度问题》(补斋译,4 期)。

《自杀倾向遗传乎?》(未署名,4 期)。

《论行为善恶与遗传》(未署名,4 期)

《身材之遗传》(遗传资料,遗传品性一览之一)(未署名,5 期)。

《节育研究社最近工作》(未署名,5 期)。

《民族卫生》(未署名,5 期)。

《性的控制》(未署名,5 期)。

第二卷(1932 年)

《睛色之遗传》(遗传资料,遗传品性一览之二)(未署名,1 期)。

《谈性与人生——为基督徒青年讲》(未署名,1 期)。

《家庭进化论》(书评)(未署名,1 期)。

《谈"性"与"优生"》(未署名,2 期)。

《身高六丈的超人?》(未署名,3 期)。

《视官变态之遗传》(遗传资料,遗传品性一览之三)(未署名,3 期)。

《论战争之淘汰力》(古公,3 期)。

《皇子的血不凝"症"》(未署名,3 期)。

从《优生月刊》刊登的文章看,包括许多遗传学文章,实际上可视为"优生遗传月刊"。这些文章,许多是初次发表,少数先在其他报刊发表后再次刊登。《优生月刊》刊登的一些文章,多数未署名,大部分是由潘光旦所著。这些文章未署名有多种原因,其中之一,与当时刊物编辑人员非常精练,许多文章常常出于编者之笔,而又不便在众多文章中都署己名等有关。

2.《华年·优生副刊》

《华年》于 1932 年 4 月 16 日创刊发行,为周刊,由华年周刊社编辑。(创刊号书影见图 15-6)它是一个时政、社会综合性周刊,头版常常是时事新闻。该刊注意关心社会、青年、学生的热点问题,常常不时调整、设立不同的专栏，其中包括遗传优生、节制生育、婚恋、性教育、性卫生等方面的论述。《华年》发行后，许多怀念《优生月刊》的读者，希望能恢复“优生”的专门期刊，对此《华年》编者，几经考虑后，决定在《华年》开辟一专栏——《优生副刊》。（书影见图 15-7）从《华年》1935 年第 4 卷第 1 期起《优生副刊》发刊（首期发表潘光旦著文《性与养的问题——优生谈座之一》），到 1937 年 7 月 16 日第 6 卷 26 期，宣布《优生副刊》暂停。此间《华年》除 4 卷 37 期、44 期；5 卷 10 期、13 期、25 期；6 卷 3 期、8 期、15 期、20 期（21—25 期不详）等以外，各期均有《优生副刊》的栏目，刊登我国学者的自著或译著一

图 15-6 《华年》创刊号

图 15-7 《华年》优生副刊

篇。《优生副刊》出刊 100 余期，但是没有单独编号，亦未单独发行。这与《现代妇女》、《人口副刊》等各有连续编期的序号，并都曾经单独发行有所不同。它虽然没有成为独立刊物，但两年多中，每周连续出刊（除少数几期外），故视为优生的专业连续性的专栏。它在我国优生的推行和研究中，发挥过相当影响，是研究我国近代遗传优生、节育等重要的参考期刊之一。《华年 · 优生副刊》一度由潘光旦等编辑①，刊登的文章除注明外，大部分为潘氏所著②。选部分文章题录于下：

（1）《华年》4 卷（1935 年）。

- 《性与养的问题——优生学谈座之一》，刊登在《华年》第 4 卷第 1

① 华年，1935，4：495.

② 潘乃穆，潘乃和. 潘光旦文集（第八卷）. 北京：北京大学出版社，1-501.

期(1935 年 1 月 12 日),实际是《优生副刊》的第一篇文章。此后《"优生学谈座"之二至之七的论题分别为:《谈谈双生子——优生学谈座之二》、《谈谈双生子(二)——优生学谈座之三》、《谈谈双生子(三)——优生学谈座之四》、《谈谈双生子(四)——优生学谈座之五》、《风起云涌的双生子研究(一)——优生学谈座之六》、《风起云涌的双生子研究(二)——优生学谈座之七》。这些文章分别在《华年》第 4 卷第 2—7 期刊登。这部分后来没有编入著作出版,但收入《潘光旦文集(第九卷)》。①

- 《寄养儿童与家庭环境》,第 8 期,辑入《优生原理》。②
- 《优生与民族健康》,第 9、10 期,后来辑入《民族特性与民族卫生》。
- 《遗传的特质》,吴泽霖译,第 11 期。
- 《宗教与优生(一)——优生学谈座九》,第 12 期。这是专题系列性文章,论述基督教、佛教、儒教等与民族健康、优生等问题。分十余个论题从 4 卷 12 期起(12—16,18—20,23—24)陆续刊登(但并非按期连续),至 1935 年 6 月 22 日 4 卷 24 期刊毕。该专题编入《优生原理》。③ 篇目等可查阅该书。
- 《优生学方法》,甘霖节译,第 17 期。
- 《女子教育、家庭前途与种族命运》,第 21 期。
- 《生育节制的几个标准》,第 22 期,1935 年 6 月 2 日。
- 《"不求准确"的中国人——西人观察国人特性之七》,第 25 期,1935 年 6 月 29 日。这是一篇译文,此后"西人观察国人特性"分专题论述至十五,分期(25—30,32,36,38,39)至同年 39 期(10 月 5 日)刊毕。
- 《儿童年与儿童的第一种权利》,第 31 期。
- 《两晋前后的一些优生经验》,李树青,第 33、34 期。
- 《不齐的人品》,第 40、41、50 期,分别于 1935 年 10 月 12 日、10 月 19 日,12 月 21 日刊登。
- 《性与个人——性与青年三讲之一》,第 42 期,1935 年 10 月 26 日。
- 《性与社会——性与青年第二讲》,第 43 期,1935 年 11 月 2 日。
- 《性与民族——性与青年第三讲》,第 46 期,1935 年 11 月 23 日。
- 《一个意国学者的战争之优生观》,第 45 期,1935 年 11 月 16 日。

---

① 潘乃穆,潘乃和. 潘光旦文集(第九卷). 北京:北京大学出版社,1-30.

② 潘光旦. 优生原理. 上海:观察社出版,1949 初版.

③ 潘光旦. 优生原理. 上海:观察社出版,1949 初版.

为译文,原著:奇尼。

• 《整个民族之改造——评张君俊先生近著一种》,第47、48期,1936年11月30日,12月7日。该文又在《人口副刊》刊登。

• 《我们的环境》,甘霖译,第49期,1935年12月14日。

(2)《华年》5卷(1936年)。

• 《论本性难移》,第1、2、5期,1936年1月11日,1月18日,2月8日。

• 《民族竞存的意志》,第6期,1936年2月15日等。

• 《本性难移的又一例证》,第8期,1936年2月29日。这是前文的补充。

• 《论本性难移与胎教》,第9期,1936年3月7日。

• 《遗传的原则》,第11、12、16期,1936年3月21日,3月28日,4月25日。

• 《医学与优生学》,第14、15期,1936年4月11日,4月18日。

• 《品性遗传概观(一)》、《品性遗传概观(二)》,分别刊于:第18、21期,1936年5月9日,5月30日。

• 《关于人才问题》,第20期,1936年5月23日。

• 《参加世运失败的教训》,第35期,1936年9月5日。文章分析失败的原因,其中有论遗传与运动素质的关系。

• 《犹太民族与选择》,第46、47、48期,1936年11月28日,12月5日,12月12日。本文分上、下两部分,上篇译自美国亨丁顿(E. Huntington)《种族的品性》第九章的一部分,下篇是辑录性质。

(3)《华年》6卷(1937年)。

• 《德国的绝育现状》(上、下),陈聚科译,分别刊于第1、2期。

• 《消极优生学的重要》,第4、5期,1937年1月30日,2月6日。

• 《以色米的部落——一个反优生的血统》,第6期,1937年2月22日。这是译文,讲述该部落的退化。

• 《死亡与选择》,第7期。

• 《死亡的原因与选择》,第9、12、13期。

• 《美国民族的兴起》,第14期。

• 《谈谈婚姻的动机——现代婚姻问题讨论之一》,第16、17期。

• 《独身的路——现代婚姻问题讨论之二》,第18、19期。

(二)遗传优生著作出版方兴未艾

进入30年代后,国人继续从人口品质提高、强种救国等立论,遗传优生的著作出版数量超过近代前期出版总量，许多具有一定的学术水平。

1. 著作

(1)《遗传与环境》，E. G. Conklin 著(美)，何定杰等译，上海中华学艺社 1930 年初版，1933 年国难后 1 版，1935 年再版，编入学艺丛书(之十)。书中论述了遗传现象、遗传与环境的生物学基础、环境的力量以及优生学等。原著名 Heredity and Environment。

(2)《人种改良概论》，钱啸秋著，上海神州国光社 1932 年初版，62 页。

(3)《优生学》，潘光旦著，上海商务印书馆 1933 年初版，102 页(50 开)，编入东方文库续编。

(4)《遗传的实验研究》，陈西陵编著，上海大东书局 1933 年初版，73 页(32 开)，为育儿丛书 2。

(5)《优生学遗传及其他》，任白涛辑译，上海商务印书馆 1934 年初版，171 页(24 开)，编入科学丛书。该书是根据日本《健康增进丛书》中的"性篇"译出。

(6)《善恶家族》，(美)郭达德(H. H. Goddard)撰，黄素封等译，上海开明书店 1934 年出版，184 页(32 开)。该书主要研究低能者的遗传现象及对策。

(7)《遗传》，(德)哥希密德(R. B. Goldschmidt)著，上海商务印书馆 1935 年初版，2 册 242 页，编入万有文库(第二集)。此外有同名之书，亦为商务印书馆出版，1936 年初版，编入自然科学小丛书，新中学文库。

(8)《宗教与优生》，潘光旦著，上海青年协会书局 1935 年出版。

(9)《优生学概论》，(英)达尔文著，郭大文译，上海晨光书局 1936 年初版，128 页(32 开)。该书英文名 What is Eugenics?。

(10)《人种改良》，陈仲公编著，南京正中书局 1936 年初版，49 页(36 开)。

(11)《人种改良》，于景让著，南京正中书局 1936 年初版，46 页。

(12)《优生学与人类遗传学》，胡步蟾著，南京正中书局 1936 年初版，1947 年上海再版，233 页(25 开)。书中指出优生学的意义是"谋民族素质改善之科学"，"遗传学是优生学的基础"；介绍了显性遗传和隐性遗传的概念，指出"隐性遗传，子代不一定发病，易误为非遗传性"。作者特别说"人对牛马比对自己儿女的血统关心得多"，人类应该加强对自身遗传优种的研究。

(13)《遗传与结婚》，(日)三宅骥一等著，史良元译，北平正中书局

1936年初版,1947年上海再版。该书是遗传普及性读物,分14章。编入趣味中心正中科学知识丛书。

(14)《优种学浅说》(What is Eugenics),(英)达尔文著,卢于道译,上海商务印书馆1937年初版,94页(32开)。(该书的另一译本,晨光书局出版,名为《优生学概论》)内容包括:人类的祖先、我们的环境、遗传性、优种方法、劣等种族、节制生育、限制生育、低能者、常犯罪者、人种之衰弱等17章。在节制生育的一章内,指出方法有节育和节欲,"在此二种方法中无论取那一种以制止人口之增加数,虽有害亦很小;此种小害不足以与人口过繁之大害相比"。在限制生育一章内指出,节制是要求自制而节制,而限制生育,是一种强制的手段,使之不能生育,制止繁衍出有缺陷的后代。该书编入万有文库(第二集304种),还编入自然科学小丛书。

(15)《遗传学纲要》,(日)木原均著,于景让译,上海商务印书馆1936年初版,194页(32开),编入百科小丛书。

(16)《民族特性与民族卫生》,潘光旦著,上海商务印书馆1937年初版。该书主要编录以"西人观察国人特性"为中心的15个论题(如"不求准确"的中国人、有私无公的中国人、好耐性的中国人、言而无信的中国人等)的译文(分15次在《华年·优生副刊》发表),并辑入有关遗传优生的文章,如《民族竞存的意志》、《优生与民族健康》、《民族的病象》、《覃振论优生民族的改进》等。

(17)《优生学纲要》,费鸿年编,广州中华书局1938年初版,147页。该书论述遗传、环境影响及优生学说。

(18)《淘汰与遗传》,L. Hobgen著,柳若水译,长沙商务印书馆1938年初版。

(19)《结婚与优生学》,丁福保编,上海虹桥疗养院1940年初版,108页(32开),编入世界医学百科全书。

(20)《人类遗传学》,潘锡九编,昆明中华书局1940年初版,186页(25开)。

(21)《遗传学》,(日)田中义麿著,陶英译,上海中华书局1940年初版,1948年再版,727页(24开),该书内容较多,书末编有人名和术语索引,为大学用书。

(22)《遗传学》,黄庚祥著,上海世界书局1941年初版,435页(25开)14章。该书叙述了遗传学的基本理论,包括人类、动物和植物的遗传。在第14章专门讲生物统计法。书末附英汉术语对照。

(23)《优生与抗战》,潘光旦著,重庆商务印书馆1943年初版,1947年上海再版,263页(36开),编入人文生物学论丛第七辑。初版为粉报纸印刷,纸质较差,由沈超年题书名。(书影见图15-8)主要内容为:优生与思想背景(包括说本、演化论与几个当代问题、民族健康释义等8篇),优生与抗战(包括移民与抗战、抗战与选择、辨汉奸等8篇),优生与人口政策(包括人口数量与人口政策、人口品质与人口政策、优生与社会行政等6篇),优生与家庭(包括新母教等3篇),优生在国外(包括法国的人口奖励政策、美国优生绝育的经验一斑、遗传与政治等5篇)等。全书共29篇文章,各篇独立成文,另加附录。该书实际是一论文集。① 书名虽然是《优生与抗战》,但与抗战紧密相关的部分并不多。实际上是编辑作者在1939—1942年期间有关遗传优生和人口方面的文章。潘氏在弁言中说"作者于优生学术作寒蛩之鸣,于反优生之思潮与设施作螳臂之争者有年矣"。这反映了潘氏在优生学被纳粹歪曲应用的背景下,遭到普遍反对的环境中,仍在为推行科学优生不懈地努力,很是不易。②

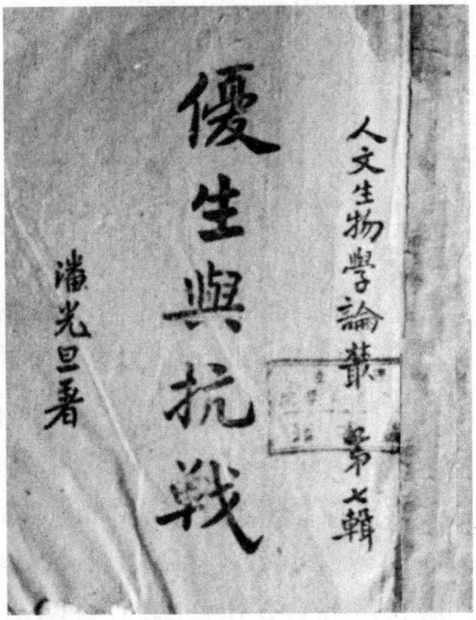

图15-8 《优生与抗战》,1943年初版(热料纸)

(24)《遗传学原理》,(美)F. W. Sinnott等著,奚元龄译,江西中正大学出版组1943年初版,332页。书英文名为Principles of Genetics。

(25)《现代遗传学》,张作人编著,广东国立中山大学训导处1944年初版,145页(36开),为国立中山大学训导处丛书3。

(26)《遗传学原理》,(美)辛诺脱(F. W. Sinnott)等著,周承钥等译,重庆商务印书馆1945年初版,1947、1948年在沪再版。此书为Principles of

---

① 潘光旦. 优生与抗战. 重庆:商务印书馆,1943:1-263.

② 潘氏后裔在20世纪90年代整理潘光旦文稿时,将《优生与抗战》辑入《潘光旦文集》(第五卷)。单篇文章如:说本、人口数量与人口政策、人口品质与人口政策、人口流动与人口政策等,在《潘光旦选集》中,按篇名单独列出。见:潘乃谷,潘乃和选编. 潘光旦选集Ⅱ. 北京:光明日报出版社,1999:139-212.

Genetics 的另一译本。

(27)《遗传学》(下册),范谦衷著,成都中国文化教育工艺馆 1945 年初版,203 页(18 开),为大学丛书之一。

(28)《优生概论》,潘光旦著,重庆商务印书馆 1946 年初版,1947 年再版,259 页(32 开),编入生物学人文丛书第一辑。该书由 12 篇优生及性教育方面的论文辑成,并在上海同时出版。

(29)《遗传与优生浅说》,白动生著,重庆商务印书馆 1946 年初版,56 页(36 开)。该书内容简单,为进修丛书。

(30)《遗传学》,沈煜清编著,国立编译馆编,上海正中书局 1947 年初版,260 页(32 开)。

(31)《遗传学大纲》,沈兆燕著,上海新农企业股份有限公司 1947 年初版,197 页(16 开),列入新农丛书。

(32)《论优生学与种族歧视》,周建人著,上海新知书店[1] 1948 年 7 月初版,1948 年哈尔滨再版(称为哈尔滨初版),编入新青年自学丛书。内容包括:优生学的政治性、优生学的遗传问题、所谓优良家族与劣等家族、种族歧视、达尔文学说应用到人类社会上来的错误等。此书在解放区出版,已经可以觉察政治的风向。

(33)《遗传学》,郝钦铭著,上海正中书局 1948 年初版,307 页(25 开),大学用书。该书包括遗传历史、孟氏定律、作物育种、家畜遗传等,以动植物遗传学为主,并非讨论人类遗传学的著作。

(34)《优生原理》,潘光旦编,上海观察社 1949 年初版,278 页。全书分为:性与养,本性难移,自然选择一——死亡,自然选择二——生殖,人文选择一——战争之例,人文选择二——宗教之例等 8 章。每章由若干篇文章组成。其中有:宗教与优生——优生谈座之七至十;以及宗教与优生:谈学之三至六等。

(35)《进化遗传与优生》,陆新球著,上海中国科学图书仪器公司 1949 年 7 月初版,内容比较简单,只有 72 页(32 开),编入科学画报丛书。

遗传优生以及与相关学科交叉的著作尚有许多,难以一一列举。上述各著作中,由多篇文章编辑成书的情况也较复杂,不仅书中刊载的许多文章在成书前已经在报刊发表,而且同一篇文章往往辑入不同的著作,同一作者同名著作,版次不同,收入的文章也不同,亦有同一作者同一内容(主

① 据《中国近代现代出版通史》记述,该书为香港新知书店出版。

要部分)的著作,改书名后再版,等等。

2. 报刊文章(非专刊专栏的文章)

(1)《中国画家的分布,移殖与遗传》,潘光旦,《人文》,1930年1卷10期,次年2月2卷1期刊完。

(2)《优生婚姻与法律——论"民法亲属编·婚姻章"之优生价值》,潘光旦,《新月》,1931年3卷9期。

(3)《胎教与优生学》,朱文印,《妇女杂志》,1931年17卷8期。

(4)《国际优生会议》,潘光旦,《华年》,1932年1卷37期。

(5)《父母教育与优生》,潘光旦,《儿童教育》,1933年5卷1期。

(6)《谈矮子》,潘光旦,《华年》①,1933年2卷10期。

(7)《医学常识》,潘光旦,《华年》,1933年2卷21期。文章批判一些无知之人,认为女子再婚生育,会受前夫"浸润遗传"影响,所生孩子会酷似前夫的错误观点。

(8)《德国强种的新法令》,潘光旦,《华年》,1933年2卷32期。

(9)《怎样提倡节育运动》,吴泽霖,《华年》,1933年2卷37期。

(10)《病与遗传》,C. B. Davenport 著,任宏译,《华年》,1934年3卷3期。

(11)《德国优生行政的猛进》,潘光旦,《华年》,1934年3卷4期。

(12)《覃振论优生的民族改进》,潘光旦,《华年》,1934年3卷10期。文章记叙覃振在一次政府会议上公开主张从优生方面"把民族改进一下"的言论。

(13)《卫生与卫生平议》,潘光旦,《华年》,1934年3卷25期。

(14)《双管齐下的种族卫生》,潘光旦,《华年》,1934年3卷34期。文章报道德国一方面强制继续绝育,另一方面奖励所谓优良者生育第三、第四胎。

(15)《优境与节育》,姚贤惠,《女青年月刊》,1934年13卷9期。

(16)《优生之社会观》,狱生,《女青年月刊》,1934年13卷9期。

(17)《优生和人类的遗传》,亦敏,《女青年月刊》,1934年13卷9期。

(18)《中国谚语中的优生见解》,洪为溥,《女青年月刊》,1935年14卷5期。

① 此篇辑入《华年》文章,指《华年·优生副刊》以外的文章。有关潘光旦的署名,是根据《潘光旦文集》等校后所署。

(19)《优秀分子与生育节制》,Leonard 著,甘霖节译,《华年》,1935 年4 卷9 期。文章指出:优秀分子不能贪图安逸舒服,生育是为国家公益作出的义务。此后翻译者又节译 Leonard 的《遗传的特质》、《优生的方法》、《优生学的将来》,这三篇文章分别在《华年》4 卷第11、17、21 期刊登。

(20)《知识女子与优生问题》,张溪愚,《华年》,1935 年4 卷18 期。作者反对知识女性走出家庭。

(21)《书法遗传之研究》,陈海涵,《华年》,1935 年4 卷29 期,566 页。作者认为书法家血统愈近,则相关度愈大。

(22)《战争之优生权》,李尼著,潘光旦译,《华年》,1935 年4 卷45 期890 页。

(23)《优生教育论》,潘光旦,《教育杂志》1935 年25 卷10 号。

(24)《优生与社会设计》,潘光旦,《复兴月刊》,1935 年3 卷9 期。修订后刊《社会学刊》,1936 年5 卷1 期。

(25)《我们需要的人物》,L. Darwin 著,甘霖节译,《华年》,1936 年5 卷17 期。以后作者继续节译《消极的优生方法》(19 期)、《灭绝生育的机能方法》(24 期)、《论人种的退化》(38 期)等。

(26)《生育节制与优生学》,H. Ellis 著,应运涛译,《华年》,1937 年6 卷6、9 期。此原文已经有多人译成中文。

(27)《遗传与环境》,潘光旦,《妇女新运》,1945 年7 卷3、4 期。

报纸发表遗传优生类论述,几乎与期刊"同步",除了发表文章、评论等外,还通过专栏(如"医学常识")答读者来信或以问答等形式,宣传遗传优生。一般来说,报纸发表的论述,相对比较短,专业方面讨论也不如期刊那样深入,但是报纸的读者面广,影响比较大,在推行遗传优生的进程中,发挥着重要影响,就是在抗战时期,也未停止。①

(三)遗传优生观异同举要

20 世纪20 年代初起,我国学者对于遗传优生的研究,很大程度上受民族衰弱、国家存亡压力的驱动。在探讨救国救民之对策的过程中,以提高民族素质、强种优生为核心目标。它的发端、宣传的广泛和深入等,都要早于、强于节制生育。学者们仁者见仁、智者见智,提出的方法、手段,切入的角度有别,其中既有基本相同的看法,又有不同的观点,到三四十年代各种

---

① 潘光旦. 艺术与遗传,中央日报·艺术,1939-06-17. 潘光旦. 优生与儿童福利. 时事新报,1944-09-24.

观点已经比较清晰。

1. 两种极端的遗传观

遗传学发展认识到基因的“现在型式”、“潜在的基因型式”（即现在所称“显性基因”和“隐性基因”），以及“染色体”、“性联遗传”的概念和表达现象及规律。① 然而遗传学研究直到20世纪初中期，还不能清晰解释和控制遗传的变化。此间，出现了不同的诠释，甚至是两个极端。

一派认为遗传是绝对不会改变的，如德国法西斯，认为犹太民族是劣等民族，遗传决定其后代也是劣等，对他们采取了残酷杀害、灭绝的手段；同时他们又鼓吹亚利安人的德国男性和瑞典的女性是最优秀的人种，并制定相应的婚配政策，鼓励生育后代。德国大部分科学家曾集体公开支持这一理论和做法（仅爱因斯坦等极少数科学家未附议），在世界产生非常不良的影响，致使许多正直的遗传学家不得不花费很大的精力去解释这一问题。我国学者早就批判这种错误的遗传观点，说“德国希特勒与纳粹派的排犹政策便建筑在此种错误的种族概念之上”，列举了三种错误，“犹太人中有很好的血系，是无待多说的，而日耳曼人有很坏的血系，至少在德国同时推行的绝育政策里，我们也已经找到了证据”②。纳粹的观点是反动的。

而另一派认为，先天的一切，都可以通过后天的努力改变；遗传论是统治者、富人为压迫劳动人民、贫苦大众的反动的血统论。他们否认遗传的基本规律，否认遗传在许多方面的决定性作用。这种绝对化的观点，再染上了浓重的政治色彩（苏联遗传优生政策的演变就是一例），更使真理与谬误难以辨析。

从公开的言论看，我国大部分遗传优生学家并没有卷入这两个极端思潮，学者们承认遗传因素影响到人口的品质，同意优存劣汰的原则。对于有遗传疾病，如智力低下、痴呆、精神病等，普遍倾向于限制其生育后代；认同使用节育、绝育方法（范围界定和手段上有分歧）。就是在一些反对节育的学者中，尽管他们认为节育使人口减少、有道德败坏等弊端，但也支持用节育手段减少和阻止“劣者”生育，支持开展遗传优生活动。有学者甚至说，只有为优生的目的，才支持节制生育。可以说人们普遍的愿望是探索优良的素质能够向下传递，不良的因素能够改变和中止。如我国历史上早

① 潘乃穆，潘乃和. 潘光旦文集（第九卷）. 北京：北京大学出版社，255-267.

② 潘光旦. 演化论与几个当代的问题 // 潘光旦. 优生与抗战. 重庆：商务印书馆，1943：42-43. 此书1947年在上海再出版。

就提出禁止有近亲血缘关系者之间的通婚，这在人类对遗传优生的认识和控制手段有限之时，是一正确的措施。

2. 遗传因素与环境因素影响度的认识

人们在现实生活中观察到，由遗传因素引起的智力缺陷和障碍，无论后天教育怎样精良，环境如何优化，只不过是在原来的基础上有所进步，难以达到正常人的水平。但同时又观察到子代的某些特征不一定与父母相似，而与其上一代和上几代中某人相似；并发现个人的某些特征（如面貌、体型、个性）在出生后，甚至到成年后还会变化。许多特征在不同的环境条件下（包括教育、经济、自然条件、社会公正等），其发育、发展还有相当的差别，显然后天的环境因素起到重要作用。因此，研究遗传因素、环境因素对人的疾病、形体、心理（性格、气质、能力、爱好）等特征的影响程度，成为许多遗传优生学者、社会学家和医学家所热衷探讨的问题。众多研究表明，遗传因素与环境因素对各具体特征（如病种不同）的影响程度有差别，甚至是非常明显的差别。医学上常常用遗传度表示遗传与某一疾病的相关程度，如精神分裂症的遗传度是85%，而糖尿病的遗传度是75%，表示精神分裂症的遗传度要高于糖尿病（不是发病率）。环境因素往往无法改变某些由遗传因素起决定作用的特征表达。但是环境因素在控制某些遗传缺陷的外显能够发挥明显的作用。故而大部分遗传学家并不认为遗传能决定所有一切或者环境能够改变所有一切。在我国坚持站在两个极端的只有少数人。

3. 智力遗传的认识

人的智力有无先天的差别？有无遗传？有无天才？如果摈弃一些带有极端政治观点者的论述，认真从学术层面讨论，我国大部分学者还是持肯定存在的态度。他们总结历史上一些名门望族常常优秀人才辈出，以及一些低能家系的现象，论证了遗传的作用。这不仅仅是遗传优生学界之认识，在社会、人口等学者中，亦非常重视这一规律。如陈长蘅在人口论的著作中，有关人口质量与遗传优生亦有比较多的论述，曾说：世界生物学者、遗传学者、优生学者之研究证验之结果，已公认人类的"天赋的不平等"是由于先天的遗传，环境的力量和教育的力量虽大，远不及遗传之重要；同一环境教育下人有"智愚优劣，强弱寿夭"之分①。即人的天赋有差别，环境对天赋的影响要比遗传的影响小得多。同时研究表明，遗传、环境因素在人类生命全过程各种特征的表达、发展等影响的力度是不一致的。学者们

① 陈长蘅.三民主义与人口政策.上海：商务印书馆，1930：186-251.

明确指出，智能的遗传学基础与基因有关。潘光旦的论述有一定的概括性，他说：

低能的遗传基础和精神病的一样，决不是很简单的。这基础里也一定包含许多不同的基因。一个人是不是低能，或低能到什么程度，当然要看他遗传到了多少这一类的基因，和这一类的基因是怎样拼凑起来的。假若父母双方都是低能，那末他的也成为低能的机会自然很大。但若父母二人虽都低能，而二人同时也各有比较可以命定正常智力的基因存在，则双方互相抵消的结果，出生的子女中间，偶然也可以得到几个正常的人。这种正常的人，当然不过是在“现态型式”上的正常而已，他们的“基因型式”还是不正常的，所以在他们的后辈中间，低能的子女仍然可以出现。①

在社会现实中，“笨人生聪明子女的事”，“聪明人生笨子女”的事都有可能，只不过“笨人生笨人的机会总要大些就是了”，反之同理②。潘光旦比较正确地表述了基因遗传的观念和一些遗传现象。

4．特别品性遗传的认识

日常生活中发现某些人在艺术（如歌唱、演奏、作曲、绘画、戏剧等）、体育（如田径、游泳、球类、举重等）等方面，虽然没有经过专门的训练、培养，已经具有超出平常人的品性，突出的才能，并还能在家族各世代里相继出现。有些特征，如在体育中的爆发力和柔韧性等方面，还具有民族表现的特征。这些显然是遗传所控制，即遗传主宰了这方面才能的表现和能力。中国优生学开拓者潘光旦1939年在国立艺术专科学校讲演时说：“如果自己发现天才不高的话……赶快改选为是；因为艺术是最勉强不来的，不但需要后天的教养，而且非有先天的遗传不可！”③这表明我国这位著名优生学家，认为遗传因素在人的某些才能方面有决定性影响。然而许多学者也强调环境因素能影响智力才能的发现和表达，良好的环境条件可使优良的潜能早发现、早发挥和提高。

---

① 潘光旦．消极优生学的重要（下）//潘乃穆，潘乃和．潘光旦文集（第九卷）．北京：北京大学出版社，2000：433．该文章发表于1937年《华年》第4—5期。

② 潘光旦．消极优生学的重要（下）//潘乃穆，潘乃和．潘光旦文集（第九卷）．北京：北京大学出版社，2000：433．

③ 潘光旦．艺术与遗传//潘乃穆，潘乃和．潘光旦文集（第九卷）．北京：北京大学出版社，2000：520．

5. 疾病和后天获得性遗传的认识

20世纪初,人们已经认识许多遗传因素所引起的疾病,如血友病、色盲等①,并指出染色体的"性联现象"。遗传优生学者向国人介绍西方在物理、化学、生物因素对遗传基因影响的研究成果时指出:"镭锭与X光的放射都能引起遗传基因的突变,是早经证明的";"所以一个健全而将来准备做母亲的女子,总以避免高度的镭锭放射为是;有时为治病起见,不能不用镭锭,生殖部分亦应妥为保护,以免波及。但诊察时常用的X光照相,则为力甚微,并无此种危险"②。这表明此时对高能放射致基因突变已经有了科学的认识,逐渐不再推荐X线照射的避孕方法。对遗传与传染的不同概念也已经区别得清楚,如指出"梅毒的'遗传'一向被认为一种很显著的事实;但夷考其实,这实在不是遗传,而是传染"③。

对于后天获得性能否遗传,在当时争论很大,有时也表现得很极端。不同观点者,分别举许多国内外实验和事例证明自己的论点。潘光旦认为:后天的残废的不遗传是无须多说的。他列举了世界有影响的实验事件,否定获得性遗传论,但又说"本性难移之论比较确切"。

6. 积极优生与消极优生

遗传优生的推行,能为优生节育提供理论依据。优生学的着眼点还是在探求优生的方法。20世纪前叶,学者们一般将优生分为积极优生和消极优生两个大类(少数学者对积极优生、消极优生的界定有异)。积极优生除了鼓励优秀分子多生育以外,并无其他可靠的方法可选择。故而采取优生具体措施时,实际主要还是在消极优生方面,包括:限制和预防低能、痴呆、精神病和有明显遗传缺陷者少生育或不生育后代,以及用强制手段阻止有前述缺陷者生育后代等。这一原则曾被许多学人所认同,但在方法方面有差别。如潘光旦曾在《消极优生学的重要》一文中,提出十二条关于消极优生的办法,他说:"这许多办法全可说是民族社会经验的一部分,有的已成过去,有的尚属新奇,有待于多量的试验;有的很合理,很有一些优生的价

① 潘光旦.遗传的原则//潘乃穆,潘乃和.潘光旦文集(第九卷).北京:北京大学出版社,2000:265-267.

② 潘光旦.论本性难移//潘乃穆,潘乃和.潘光旦文集(第九卷).北京:北京大学出版社,2000:222-223.《论本性难移》先刊于《自由评论》1936年7-10期和《华年》1936年5卷1、2、5期。

③ 潘光旦.论本性难移//潘乃穆,潘乃和.潘光旦文集(第九卷).北京:北京大学出版社,2000:223.

值，有的正好相反。但十二个办法里，有三个的可能性最大，就是第一个的节育，第五个的绝育，与第十一个的隔离。"①显然潘氏所说办法有的是难以办到，有的近于荒诞（如办法十二死刑）。

7. 优生应该"优境"

我国许多优生学者在强调遗传的影响时，亦重视环境的作用。即优生必需"优境"，两者都不应该忽视。再良好的遗传特征，在贫困、社会极端不公和恶劣的自然社会环境里也难充分表达，难有优生可言。反之，某些遗传方面的不足，在良好的环境中，一些缺陷可不外显或推迟表现或表达比较轻。因此要提高人口质量，必须重视"先天"和"后天"条件的改善及控制，也源于此。

学者们还以进化论观点方法分析环境中许多现象，认识到"物竞天择，适者生存"这一"公理"。适应环境者在进化、竞争的过程中保存下来并发展；不能适应者在进化竞争的过程中被淘汰。环境因素在这一过程中有非常重要的作用（其中包括自然环境因素和社会环境因素），有学者称此为天演之进化和人演进化②，很形象地表述了"天"、"人"两种因素在生物进化中的作用，即环境变迁和自然淘汰影响一切生物进化和人类进化③。

8. 担忧优生家以繁殖动植物的方法用于人类研究

近代优生学者在研究探索如何生育优良后代的理论、方法的过程中，反对、攻击优生学的人的口头禅是"优生家将人比畜"。抱有成见者和一些观点更激烈者，甚至说"优生学家将以蕃殖动植物的方法适用于人类"④，引起一些人的误解和担心。优生学家不得不反复说明，不是将人与动植物一样看待，不主张用育种法育人等。如潘光旦说"把优生学分做两个部分，一是积极的，目的在使优秀分子多负一些生育责任；一是消极的，目的在使不优秀分子少生或不生子女"；"二十年来的经验，证明这方法是正确"的⑤。然而不可否认优生学的一部分原理和构想是从动植物育种的实验所取得，领悟到人种的优化（改良）。有人更直率地说"优生学的实施是要使

① 潘光旦. 消极优生学的重要//潘乃穆，潘乃和. 潘光旦文集（第九卷）. 北京：北京大学出版社，2000：437.

② 陈长蘅. 三民主义与人口政策. 上海：商务印书馆，1930：163.

③ 陈长蘅. 三民主义与人口政策. 上海：商务印书馆，1930：165.

④ 潘光旦. 优生与文化//潘乃谷，潘乃和. 潘光旦选集Ⅱ. 北京：光明日报出版社，1999：100.

⑤ 潘光旦. 消极优生学的重要//潘乃穆，潘乃和. 潘光旦文集（第九卷）. 北京：北京大学出版社，2000：423.

优秀阶级的生殖率增加，卑劣阶级的生殖率减少或断绝。如果有杰出人才的优性，应当设法保存其血统；如果有低能犯罪、疾病等等劣性的，应当设法隔离，用禁婚或施行绝产法来杜绝劣种的遗传”①。

学者孙文本②在他所著的《文化与社会》一书里，认为优生学说有四个错误：“误以人与动植物同等对待”、“误以文化影响为生物特性”、“误以智力测验法为足以辨别先天优劣”、“误以财富与势力为判断能力优劣的标准”。潘光旦著文与孙商榷，逐点辩驳孙的论点。③

9. “改良人种”与社会改良的论辩

在推行优生的活动中，对于“改良人种”与消除、制止疾病等遗传主张，有许多人从社会学方面提出反对意见，指出社会的不良，才造成了所谓“劣种”。他们认为：“欲求达改良人种的‘质’在纯学理上说，只有在整个社会的人们业已生活改善的环境才能”④，即使“能将这些‘劣种’完全绝嗣，而整个制造这些罪恶的社会没有变迁，则优秀的种子，亦将变为犯罪、堕落、野蛮、无智等精神恶劣与疾病的承继者”⑤；当现社会的发展已使少数人塞破钱袋，而多数人则饿瘪肚子的时候，竟异想天开的想在提倡优生方面来找出路，是难行的。要改良人的品质首先要改变病态的社会，改良社会制度要先于优生。

10. 关于胎教的认识

关于“胎教”之说，在我国历史远久。《列女传》说：“大任者，文王之母，性专一；及其有身，目不视恶色，耳不听恶声，口不出恶言，以胎教也。”⑥历史上有关胎教的记载很多，反映了前人生育健康儿童的愿望和妊娠保护的意识。其中有一些不乏具有积极的意义，但相当一部分与医巫、迷信混杂在一起（如认为怀孕妇女看见兔子，生养的孩子将会生兔唇）。国外的胎教著作，1914 年在我国就有翻译出版（《胎教》，宋铭之编译，1914 年中华书局），我国学者陈兼善在 1925 年亦著《胎教》一书（商务印书馆出版），两书

---

① 亦敏. 优生和人类的遗传. 女青年，1934，13(9)：69.

② 孙文本（1891—1973 年），社会学家、社会心理学家，代表作有《社会学原理》（1935 年）、《社会心理学》（1946 年），曾经提出过 8 亿人口是“适度人口”的主张。

③ 潘光旦. 优生与文化//潘乃和，潘乃和. 潘光旦选集Ⅱ. 北京：光明日报出版社，1999：99-111.

④ 狱生. 优生之社会观. 女青年月刊，1934，13(9)：65.

⑤ 狱生. 优生之社会观. 女青年月刊，1934，13(9)：63.

⑥ 潘光旦. 论本性难移与胎教//潘乃穆，潘乃和. 潘光旦文集（第九卷）. 北京：北京大学出版社，2000：242.

的名相同而内容不一。我国近代优生学的奠基者——潘光旦，1936 年著文对两本《胎教》作出如下的评论：

一位文学博士下田次郎做的一本《胎教》，此书以文学论，也许有它的价值，以科学论，却是一本七分神话三分学术的杂凑东西……此书在中国早就有译本，是某书局《女学丛书》的一种。从民国三年到九年为止也就发行过十版，九年以后，又添过多少版，就不得而知了。胎教的迷信，在一般人中间的潜势力，观此便可见一斑。它既有这样大的潜势力，我们这一番评论的功夫，似乎不是白费的。陈兼善先生编的一本《胎教》，名字虽和下田的相同，立场和资料恰几乎完全相反，即和本文的讨论很相吻合，读者可以参看。①

从上可见，对于胎教的认识存在很大的分歧，而优生学的研究又不可能回避胎教的论题。在这样的纷争中，如何把握科学的“度”，当时甚难。不过这样的争论，唤起人们对优生的关注，有利于优生学的发展。

(四) 德国推行遗传优生的负面影响

德国在推行优生遗传方面染上了浓厚的纳粹政治色彩，导致了许多反动的、反科学的错误和罪恶。德国的种族主义者们鼓吹德国的日耳曼人中的贵族是亚利安人的后裔，是最优秀的人种。当纳粹党在德国兴起到掌权后，日尔曼民族优秀论得到进一步的强化，提出要保持民族的纯洁性，不要被外来的特别是犹太人的影响所污染。在这一过程中，大部分德国的人类遗传学、优生学科学家公开支持纳粹种族主义。当时著名的科学家 Fischer 与 Von Verschuer 等积极参加纳粹种族主义的传播，给种族主义装上欺骗的伪装。此外 1933 年德国通过了优生绝育法，规定患有各种被认为是遗传引起的疾病患者，必须接受强制性绝育，亚利安人也不例外。为有力地贯彻这一法律，还建立遗传法庭处理绝育法的解释和事件的审理。

一些德国的遗传、优生学家，为纳粹的种族灭绝活动提供所谓实验数据。如曾经担任 Von Verscuuer 助手的 Mengele 在奥斯威辛集中营，以活体进行各种遗传学的实验。纳粹实施将犹太人视为外来遗传物质，必须从德国民众中清除的政策，大规模杀害犹太人，600 万犹太人就是在“最后解决”中死亡。人类遗传学家卷入纳粹犯罪的深度如何？其中有些人是否就是

① 潘光旦. 论本性难移与胎教//潘乃穆，潘乃和. 潘光旦文集(第九卷). 北京：北京大学出版社，2000：248.

纳粹？说法不一；但有证据证明如 Von Verscuuer 在奥斯威辛集中营大规模杀害的高峰期，仍然与 Mengele 有联系，必然知道这些事件的一部分。遗传、优生学家为纳粹反犹太主义和罪恶的种族主义，提供了所谓的科学论证，使遗传学、优生学蒙受了巨大的耻辱。到第二次世界大战后，有人将主张遗传优生的人与法西斯画上等号，遗传、优生学一度在民主国家“销声匿迹”。直到进入 50 年代，遗传、优生学在清除伪科学成分和恶劣影响后，学科才开始复甦。

三、封建婚恋、性道德体制的溃败

进入 30 年代后，妇女运动继续高涨，男女平等、婚姻自主、恋爱自由、性的权利的平等有了明显的进展。笼罩在妇女身上的“三从四德”、“从一而终”受到舆论的批判，封建道德标准被否定；传统的封建势力在竭力阻挡、反扑中，日显守势，节节败退。到 20 世纪三四十年代，从制度上看，封建婚恋和性道德体系已经崩解。新的道德理念在社会上得到更多的认同。

（一）新的道德理念逐渐形成

（1）婚姻自主，废除媒妁之言，提倡自由恋爱，自由选择配偶。凡违反女子意愿的封建包办婚姻应该解除，离婚自由。

（2）改变对女子性权的漠视，反对“三从四德”、“从一而终”，寡妇可以再嫁。反对以族规来残害压迫女子。

（3）主张女性有选择生育的权利，避孕、节育合乎道德，反对堕胎。承认性具有愉悦功能。

（4）女子有与男子同样受教育的权利。男女同校不应该受到限制。妇女有外出工作和支配家庭财产的权利。

（5）反对将“贞洁”神化，使妇女成为封建礼教的祭品。谴责不遗余力地旌表贞女节妇、大树贞节牌坊、设立“贞洁堂”和“清洁堂”等言行。

（6）反对以婚内性行为为唯一合乎道德的标准。

新道德的理念，在与封建观念的博弈中不断取得胜利，扩大阵地，渐渐被视为新的道德行为准则。30 年代，在江西红色根据地苏维埃政府颁布的婚姻法，规定婚恋自由，将封建贞洁观明令予以清扫。如“第十五条：孀妇守节制度，绝对取消，结婚自由”，“第十七条：解放和尚尼姑承认其结婚自由”①等。然而必须看到，地域以及人群之间发展不平衡，封建文化影响的

① 中央日报. 妇女周刊 47 期，1936-03-04(2).

社会基础仍然十分强大。

（二）性教育的深化

1. 性教育课程和教材建设的落实

（1）1932 年 11 月，教育部公布《初级中学卫生课程标准》，教学大纲规定，在第一学年为“人体解剖生理及保健”，其中第九是“青春期之生理的变化”；在第二学年为“疾病常识”，其中有“我国花柳病问题”等内容①，可见性教育的内容已非常明确。政府规定对学生进行青春期教育，表明我国教育界对学生生长发育的重视，对学校性教育的科学观念已经有了更正确的了解。

（2）1933 年 7 月，教育部公布《高级中学卫生课程标准》，分为：目标、时间支配、教材大纲、实施方法概要四个部分。在教材大纲中有：“男女性的器官之解剖、生理及其保健”（包含配偶之选择及性的卫生）、“自戕之弊害”、“性道德”、“性病及其结果”、“妇婴卫生之重要”（妇人孕产期之卫生、人之早期发育史及育儿常识）等②。从上可见性教育甚至包含了生育、育儿等内容，所涉及的范围有多处已经超出现代高中性教育的要求。

该标准在“实施方法概要”的教法要点中，列出九项要求，包含：“关于性卫生之教材，男女生应分班教学，所聘教师以与学生同性者为原则”等。这一方面反映了教育界考虑到公众对性教育的认可性，另一方面也包含了审时度势的合理法则。

（3）1934 年，教育部公布《师范学校卫生课程标准》，亦分为目标、时间支配、教材大纲、实施方法概要四个部分。在教材大纲中有：“受胎与胎儿时期之孕妇健康”、“婴儿之健康”、“青春期之生理变化与保健要则”、“性教育原理及实施要点”；在疾病认识与预防方面，包括淋病、梅毒等③。师范学校的卫生课程，显然与普通中学有所不同，有更多的关于生育的内容。该规定还有“使学生明了健康教育原理及实施要点，以为施教之准备”；在性教育方面，“宜注意教法，避免引起学生不良习惯”等。这可能是针对师范教育是为培养中小学教师，包括担任性教育课的教师等目标所定；同时也表明，培养学校性教育师资已纳入教育部的日程。

（4）进入 20 世纪 30 年代，教材中包含性教育的书本和内容都在增加。

---

① 课程教材研究所. 20 世纪中国中小学课程标准·教学大纲汇编：生物卷. 北京：人民教育出版社，2001：36-39.

② 课程教材研究所. 20 世纪中国中小学课程标准·教学大纲汇编：生物卷. 北京：人民教育出版社，2001：42-44. 此外，《中华医学杂志》1933 年 19 卷 5 期，亦有刊登。

③ 教育部. 师范学校课程标准. 上海：中华书局，1934：1-8（卫生）.

如以《学校卫生论》为例（有一定的代表性，1930 年出版），全书 95 页，“性教育与卫生”一节，就有 15 页。该教材论述了性教育在学校教育中的价值及重要位置，与普通教育之关系，适应儿童发达程度之性教育，小学之性教育，中学之性教育，何人可任教授之职，教师之修养，性教育所随伴之危险，等等。① 该书所论都结合学校的情况细述，论点、方法能贴近我国学校的实际，比编译著作有更好的实用性，是 30 年代初论述学校性教育方面比较有影响的著述之一。

此外，有关生理、卫生（或称“生理卫生”）教学用书，大都有性教育的章节，这是为了适应教育部规定的课程纲要的要求，即通常所说的“法定要求”。如：《初中生理卫生学》（第十章：性的发育行为和责任；庄畏仲等编著，1930 年）；《初中教科书生理卫生学》（第五编：生殖系统；魏春芝编，1932 年）；《新亚教本初中卫生》（第九章：生殖，薛德焴编，1933 年）；《开明生理卫生学教本》（第二十章：性器，顾寿白编，1932 年）；《初中卫生教本》（附性知识和性卫生提纲，程瀚章编著，1933 年）；《初级中学生理卫生学》（第七章：生殖系统，朱隆勋等编，1933 年）；《新标准初级中学卫生学》（青春期之生理变化和生长之要素各一节，张国璘编，1933 年）②；《初中卫生》（第一册十章：青春时期之生理变化以及第二册九章：花柳病，郑勉等编，1933—1934 年）；《初级中学卫生学》（分上中下三册，包括：青春期之生理变化、花柳病、妇孺卫生，刘怀翥编，1933—1934 年）；《复兴初级中学教科书卫生学》（共 3 册，包括：泌尿生殖器、生殖器的生理、泌尿生殖器的疾病，程瀚章编著，1933—1935 年）③；《龚氏初中卫生》（共三册，分别有：内分泌性腺、青春期之生理变化、花柳病、妇孺卫生，龚昂云编著，1933—1934 年）；《初中新生理卫生》（有青春期的性器官变化特征，袁舜达编著，1936 年）；《师范学校教科书卫生》（第一编二章中有生殖系，第四编七章为性教育，赖斗岩等编纂，1935 年），等等。这类教学用书，版本多，发行量大。

（5）1936 年，教育部公布《高级中学军事看护（女生）课程标准》，其目标是培养女生的看护常识、服务精神、技术及应用能力。该书有适应可能发生战争的考虑，也是教育重视国情的反映。

从上可见，到 20 世纪 30 年代，性教育在我国教育体系中已经植根，有

---

① 程瀚章. 学校卫生论. 上海：商务印书馆，1934：50-64. 本书为万有文库第一集，317 种。

② 1936 年出版一本与此书作者、书名、出版社完全相同的书，但篇幅是前一册的一倍。

③ 该书依照教育部卫生课程标准编写，曾经发行 30 余版，各版次内容增删有所区别。

了教育制度的保证。教育的内容包括生殖系统的结构、功能，青春期卫生，性道德等，甚至还有花柳病（性病）知识和妇孺（妇婴）卫生、生育卫生等。性教育的范围比以前更为清晰，许多内容都有利于正确认识节育知识。

2. 学校健康教育实施，强化了性教育的开展

在欧美教育思想传入我国的进程中，健康教育的概念也渐渐被了解和推行，但是对 health education 的理解和翻译时，中文译名有的用“健康教育”，有的用“卫生教育”。最早有“健康教育”专门名词的文章——《健康教育之提倡》发表于 1923 年，文中论述健康教育的概念、意义、方法等。① 而有关学校健康教育的文章发表于 1926 年。② 当 1929 年《学校卫生实施方案》和《学校卫生教育实施方案》颁行后，许多省市先后成立健康教育或卫生教育委员会，推行健康教育；到 30 年代中期已有 20 余省市建立了省级健康（卫生）教育机构。③ 1936 年，教育部又发文，要求尚未建立健康教育委员会的省市尽快建立，所需费用列入下一年度教育经费预算④，政府通过机构设置、课程编制、教材审编等大力推行学校健康教育。

世界公认健康教育包括性教育。学界在编写教材中都包含性教育内容。以“健康教育”为书名的第一本著作出版于 1932 年 1 月，第二章第六节为“性教育”。⑤ 同年 6 月《新中华健康教育》出版，第六章为“性教育”，该书被教育部审定为师范学校用书。⑥ 至 1949 年，以健康教育为书名的著作有 11 册，有学者对这些著作作了综述分析。⑦ 再如另一册《健康教育》，第十为“性教育”（该书没有分编、章，以第一至第十为序）⑧；史襄哉著《教育卫生学》，第 32 章为“性教育”（该书是大学教育系用书）；方万邦编著《健康教育》等，都有性教育的专述。性教育教材的出版（特别是经过教育部审定），保证并促进性教育有效地进行。

3. 健康教育中性教育内容及观点举例

在健康教育的专著中，方万邦编著的《健康教育》关于性教育的论述比

---

① 俞凤宾. 健康教育之提倡. 中华医学杂志，1923，9（4）：303-306.

② 杨彬如. 小学校的健康教育（上）. 教育杂志，1926，16（11）：1-3.

③ 张苏萌，张丹红. 20 世纪前叶我国卫生（健康）教育机构的发展概况. 中华医史杂志，2001，31（4）：242-246.

④ 教育部通令各省市迅组健康教育会. 中华医学杂志，1937，23：240.

⑤ 屠镇川. 健康教育. 上海：世界书局，1932：1-205.

⑥ 胡定安，何焕奎. 新中华健康教育. 上海：新国民图书社，1932：目录.

⑦ 张苏萌，张丹红. 近代以健康教育为书名的著作述评. 中华医史杂志，2003，33（1）：51.

⑧ 高杰. 健康教育. 南京：正中书局，1936：1-120.

较详细，全书9章，性教育为第8章，分为性教育的重要、性教育的问题、性教育的目的、性教育的实施、性教育与学校课程等，并论述到节制生育、遗传优生。[①] 该书观点如下（引号内引自重庆版原文）：

（1）性是一种本能。“不能以任何方法使其停止的”，到青春期的时候，“要是不能从正当的来源获得健全的性知识，也已经从不良的伴侣间得到明白的解释或暗示……所以缄默政策更难于避免性知识由不正当的来源而得到和防止”。缺乏正确的性教育，只会使学生、青年受到不良的影响，形成的习惯便难改变。故而性教育“诚为国内社会教育家所不可忽视的重要工作”。

（2）“性教育是扶助青年男女自身解决两性问题的教育”，“性教育是道德教育的一部分，其目的在发达健全的习惯、态度、与行为”。要使“各个人对于性欲问题，持一种坦白的、科学的、庄严的态度”。

（3）性教育“父母是天然的教师”，“父母以外的性教育教导者便是学校教师了”，对儿童、中小学生要进行性教育，“过青春期便入青年期，这时仍然要继续性知识的教授”。

（4）性教育课程：“在小学方面可归入自然、卫生、体育各科里面；在中学方面可参入动物、植物、生理、卫生、体育、心理、伦理、人生哲学、社会问题各科里面；在大学方面可设专科研究。”

（5）该书列一专目论述节制生育。作者就节制生育与奖励生育指出，这两种观点“虽有相当理由，唯是都不大彻底”；涉及“量”的增加，与“质’的提高，二者相比，质的方面比量的方面更为重要”。中国“一般贫苦的人民，生殖非常繁盛，而知识阶级反讲究节制生育，长此以往，优秀的生利的分子逐渐减少，恶劣的分利的分子渐次增多，结果必定危及国家社会和种族”。“我国人民确有质的增加的必要……就是说优秀分子国家应鼓励其生育，恶劣分子则宜加以限制”。方氏这一观点在当时有相当多的支持者。

（6）提倡优生，认为人类的强弱“多半由于遗传的因素”，因此“淑种问题关系于种族的生存和健全”，要从“教育和法律两方面进行：教育方面即授以优生学和遗传学的知识，使知优生的重要和遗传病的预防方法；法律方面应禁止罪人及患有遗传病症者结婚，以杜绝劣种的留传”。

方万邦在性教育一章内，还就婚姻问题、废娼问题、私生子问题、离婚

---

① 方万邦. 健康教育. 重庆：商务印书馆，1943：157–172. 该书1940年在长沙曾经出版过一版。重庆版比长沙版增加战时内容，其余无明显改变。

问题等阐述甚有见识的观点；尤其对性教育课程标准，以及小学、中学到大学性教育课程内容的选择等有比较详细的论述。

4. 名人对性知识传播的支持

性知识传播中争取名人支持的事例甚多，但是在一本书中有26位的题词尚属少见。如中国健康学会曾经编写一本《健康性生命》，在序文中说："区别性与罪恶，它贡献给作父母的人们，一种模范青年的接近天然的性的问题的理性的方法，并且奖励父母和子女之间，坦白的讨论。"①该书将26位当时的政界、军界、学界名人的题词刊在扉页。题词的有：林森、于右任、汪兆铭、居正、孙科、李宗仁、何应钦、冯玉祥、傅作义、阎锡山、王世杰、宋哲元、褚民谊等人。题词内容有："强种救国"、"强种强国"、"强国之基"、"强种兴国"、"自强不息"等。（见图15-9）在抗日战争全面爆发的前夕，民族存亡的生死关头，这些名人题词将性教育提到了强国、强种、民族强盛的高度。

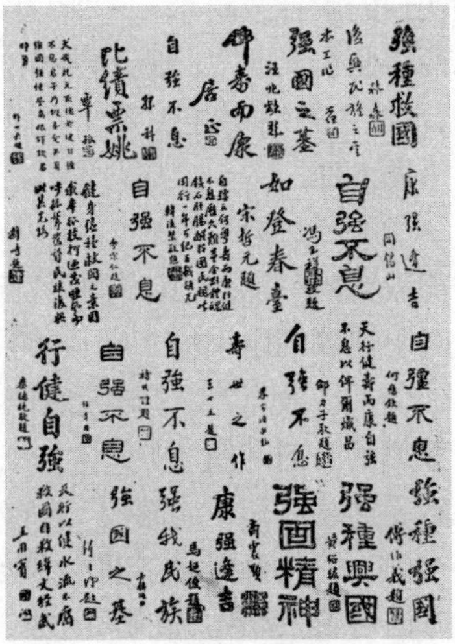

图15-9 《健康性生命》扉页

（三）性②与婚恋著作出版繁荣的推动

1. 性教育专著

三四十年代，以性教育为书名的著作，国人自撰比例增加。其中包括国内学者的研究资料和成果，贴近我国国情。

（1）《性教育》，周建人著，1930年商务印书馆出版，收入万有文库第一集97种。（书影见图15-10）

（2）《性教育法》，杨冠雄，1930年黎明书局出版。

（3）《性的教育》，董任坚著，1933年儿童书局初版，79页（32开）。该书指导父母如何对儿童展开性教育，分6章。

① 乌尔巴土特著，中国健康学会编. 健康性生命. 上海：健康生活社，1937：1-2.

② "性"一字（词）之意的表述，在许多性学著作中不尽相同。《汉语大词典·7》指出有9类词义. 其中有：①人的本性，③生命，④性情、脾气，⑤身体，⑦性别，⑧指与生殖、性欲有关的等.（汉语大词典出版社1991年出版，476-477页）。本书内所讨论的性，采用《汉语大词典·7》对"性"⑦⑧之词意。大致在英文Sex、Sexual所述的范围。

(4)《性的教育》,潘光旦译。本书翻译自埃利斯①《性心理研究丛录》第六集,该集的总题是“性与社会的关系”,共12个分题,“性的教育”为原著第六集的第三分题②。1934年上海青年协会书局初版,128页(32开)。该书影响比较大,多次再版。(书影见图15-11)此外潘光旦的另一本译作《健康教育论》,1943年在成都初版,也是青年协会书局出版。其原文亦为埃利斯的“性的教育”。这种同一原著由同一译者、同一出版社用两种不同的书名出版,类似情况极少见。

图15-10　周建人著《性教育》

图15-11　潘光旦译《性的教育》

(5)《性教育指南》,(美)夏南(T. W. Shannon)著,杜佐周等译,1934年上海中华书局初版,1939年再版,188页(32开)。内容包括:儿童时代、

① 埃利斯(Henry Havelock Ellis,1859—1939年),英国人,国际著名的性心理学家,兼作家、医生、文学评论家。1894年开始发表他的性学研究成果,《男人与女人》作为《现代科学丛书》的一卷出版。他先后出版六大本Studies in the Psychology of Sex,1928年又增加一册,共七册,中文翻译为《性心理学教育录》(潘光旦在他的译著《性的教育》中称为《性心理研究丛录》),亦常简称为《研究录》。埃利斯考虑到这七部著作内容很多,学习或工作繁忙者一般难有时间去通读;并且《研究录》发表后,性心理学又有许多进展,需要补充新的资料,1933年,他又写了《性心理学》一书出版,以使该书“尽人可读”。我国1933年前所翻译埃利斯的著作,不是来自《性心理学》,就是来自《研究录》的一部分,如《新文化》创刊号发表《视觉与性美的关系》(1927年1月,译者彭兆良),以及第二期的《性的教育法》(1927年2月,译者碧波)等都是译自埃利斯的《研究录》的一部分。再如《女子的性冲动》、《爱的艺术》,也译自《研究录》,前者是已见较早的埃利斯著作单行本译著(只是节译)。埃利斯在当时亦是有争议的人物。在我国,他以介绍性知识、鼓励公开讨论性问题以及提倡性教育而著名,有关他的报道以及对他著作的论述甚多。

② 霭理士,性的教育.潘光旦,译.上海:青年协会书局,1934:1-175.

少年女子时代、少年男子时代等30章。该原著另一译本为《父母处世教育》,1940年由凌新译,大陆书店出版,216页(32开)。

(6)《幼儿期性教育》,杜占真著,1936年北平教育短波社初版,160页(32开)。内容包括:性与人生之关系、缺乏性知识与性道德之弊害、性教育之意义与范围等。

(7)《苏俄性教育的理论与实际》,日本苏俄问题研究所译,张郁光重译,1936年商务印书馆出版,174页(32开)。内容包括:性教育的一般问题、性教育的特殊问题、性变态问题等。其中,包括性教育师资的养成、师范学生的性教育、医生在青年儿童性教育上的责职等。

(8)《性教育》,周尚①著。1940年长沙商务印书馆出版,47页(32开)。该书由作者在大夏大学等校的讲稿整理而成,并取材于W. W. Charters等3人的著作(Sex Education),但不是编译,有许多个人研究的成果。

(9)《性教育概论》,朱云平著,1941年上海世界书局初版,158页(32开)。内容包括:性教育的沿革、性教育社会学观、性教育与社会教育等9章。

(10)《性教育新论》,(德)布式克(A. Buschke)等著,董秋斯译,1946年上海生活书店初版,1947年再版,123页(32开)。内容包括男女生殖器官的构造、男女性冲动、胎儿孕育、不育、性生活变态等24章。其中第15章:节育;第21章:遗传;第22章:优生学与种族卫生学。

2. 性知识著作(三四十年代)

(1)《我们的来历》,夏斧心编译。上海儿童书局1930年初版,55页(32开)。该书介绍生殖生理及性知识,封面印有"儿童性知识读物"。

(2)《性与青年》,(美)艾迪(S. Eddy)著,青年协会书报部译。上海青年协会书局1930年初版,同年出至5版,1941年第6版,100页(32开)。该书向青年介绍性知识,共6章,原书名Sex and Youth。

(3)《性典》,(日)赤津诚内著,一碧译。上海启智书局1930年初版,360页(32开)。该书前篇讲述性生理性卫生等,后篇讲述性疾病防治等。

(4)《人性医学》,(日)正木不如丘著,张我军译。北平人文书店1932年初版,379页(32开)。该书前一部分讲两性生理卫生及性病防治,后一部分从医学角度讲恋爱。

---

① 周尚(1902—1996年),江苏昆山人,1926年毕业于大夏大学,1934-1936年在美国攻读学位,获卫生教育硕士。1938年在教育部主管学校卫生和体育的教育。

(5)《肉欲害》，傅幼圃著。上海百新书店出版，初版不详，1932 年修正 4 版，268 页(23 开)。该书讲述性卫生知识及性有关疾病防治，还附中西药名对照表。

(6)《性典——一切性的泉源》，(日)赤津诚内著，范天馨、唐真如译。上海百新书店 1933 年初版，1935 年再版，265 页(24 开)。该书基本内容与《性典》的译本相似。

(7)《男青年性问题》，(美)蓄耳慈(M. Scholtz)著，杨铭鼎译。上海中华书局 1933 年初版，1935 年再版，81 页(32 开)。该书主要讲男孩青春期与性有关的疾病与健康，纳入初中学生文库。

(8)《青春宝鉴》，杨志一编。上海国医出版社 1934 初版，162 页(32 开)。

(9)《妇女的性生活》，(美)斐尔丁(W. J. Fielding,)著，张让生译。上海生活书店 1934 年初版，83 页(50 开)。1945 年在重庆由健康书店再出版。该书讲述妇女生活中与性有关的知识。

(10)《青春生理常识》，杨哲民译。上海东华图书公司 1934 年出版，145 页(32 开)。

(11)《性典》，金祖馨著。上海民生书局出版，初版不详，1934 年再版，300 页(32 开)。该书讲述男女生理卫生知识。

(12)《性知识》，范熊编著。上海人人书店 1936 年出版，222 页(25 开)。

(13)《人类性生活史》，朱云影著。南京正中书局 1936 年初版，1942 年金华 3 版，1943 年重庆 4 版，158 页(32 开)。该书包括性与原始思想、割礼与成年式、结婚、离婚、妊娠、分娩等 5 章。

(14)《性欲与社会》，考夫曼等著，中国健康学会编。南京性科学编译社 1937 年初版，168 页(32 开)。该书从社会学、生物学角度讨论性与社会的关系。

(15)《性的知识》，李宝梁编。上海中华书局 1937 年初版，1941 年 4 版，202 页(32 开)。

(16)《健康性生命》，乌尔巴土特著，中国健康学会编。上海健康生活社 1937 年出版，150 页(32 开)。关于编此书的目的，作者在序文中说："是去适合青年男女在发育时期丧失了他们的正确的教导，在人类生活中的主要性的地位的一切需要。"该书编入健康文库 2。

(17)《性的卫生学》，(美)惠尔斐特(W. S. Hall)著，张景明译。上海卫生书局1939年初版,154页(32开)。编入家用丛书第二集。

(18)《青年性知识》,任一碧等编著。长沙商务印书馆1941年初版,196页(32开)。

(19)《女性的性生活》,袁佐临编著。上海健康生活社1943年初版,103页(42开)。

(20)《夫妇性爱原理》,袁佐临编著。上海健康生活社1943年出版,117页(32开)。

(21)《神圣的两性》,陈德献著。重庆市印刷生产合作社出版,初版不详,1945年再版,218页(32开)。该书包括性的基本常识、两性间情感的三元论、两性与社会等10章。

(22)《少女性知识十讲》(Ten Sex Talks to Girle),(美)斯坦赫特(I. D. Steinhardt)著,刘若村译。上海中华书局1945年初版,次年再版,160页(32开)。编入常识丛书第49种。

(23)《男女性知识》,岫云节译。1946年初版,同年再版,86页(32开)。

(24)《人之初》,王逸夫编。上海卫生研究社1946年出版,137页(36开)。编入性生活指导丛书。

(25)《男女性知识》,陈爽秋编著。上海康健出版社1947年出版,187页(32开)。该书改为《夫妇性爱原理》,由康健出版社再出版。

(26)《性与婚姻》,罗丙臣著。上海文通书局1948年初版,48页(36开)。编入保健文库。

(27)《消魂的性艺术》(Cream of Sexual Technique),E. Rossner著,张宛华译。上海美华书店1948年出版,83页(32开)。

3. 多部丛书辑入性学著作

丛书往往能集中论述某一主题,强化其影响力。在民国成立后的一二十年中,出版界编辑发行丛书的风气盛行,著名的大型丛书为《万有文库》。其第一集(1930年初版)有1 000种,第二集(1937年)有600种,汇集了多学科的著作,分别反映各科学的前沿知识,其中也包括性教育、性医学卫生、节育、婚恋等方面的著作。此外,小型丛书名目更繁多。丛书类编入性著作的,据笔者不完全统计不少于50种。① 主要的有以下几种:

---

① 丛书内所收录的著作,仅略举一二;这些书的内容多数已经在有关章节论及,此处不再复述。各丛书发行起讫年份不一,此处将近代节育3个时期的相关丛书一并叙述。

• 《妇女问题研究会丛书》，包括《性与人生》、《性与遗传》、《性的故事》、《性的知识》等。该丛书 1934 年发行广告中有婚恋等书籍共 16 种。

• 《ABC 丛书》，如《性学 ABC》等。

• 《新智识丛书》，如《科学的性道德》、《男女特性比较论》等。

• 《健康文库》，如《健康性生命》、《夫妇性爱技艺》等。

• 《家庭应用丛书》，如《性的卫生学》等。

• 《性生活指导丛书》，如《人之初》等。

• 《保健文库》，如《性与婚姻》等。

• 《卫生丛书》，如《婚后卫生》、《两性与青年》等。

• 《医学小丛书》，如《性欲卫生》等。

• 《咖啡丛书》，如《青春的烈火》等。

• 《初中学生文库》，如《男青年性问题》等。

• 《教育丛著》，如《男女性之分析》、《性教育概论》、《青年期之性卫生及性道德》等。

• 《艾迪丛书》，如《性与青年》等。

• 《青年丛书》，如《性生活的控制》、《青年最危险之一问题》等。

• 《趣味中心正中科学知识丛书》，如《人类性生活史》等。

• 《性学丛书》，如《夫妻间之性智识》、《女子之性欲与恋爱》等。

• 《性科学丛书》，如《性欲与社会》等。

• 《性育小丛书》，如《性书与淫书》等。

• 《健力美丛书》，如《男子性生活》、《女子性生活》等。

• 《常识丛书》，如《少女性知识十讲》等。

• 《妇女丛书》，如《家庭性教育实施法》、《女子应有的知识》、《女子之性的知识》等。

• 《性欲丛书》，如《性欲的原理》等。

• 《学艺丛刊》，如《性论》等。

此外尚有:《婚姻丛书》、《唯爱丛书》、《现代问题丛书》、《一角丛书》、《公青小丛书》、《民众社会问题丛书》、《玲珑丛书》、《国学小丛书》、《中国文化史丛书》、《少年中国史小丛书》、《百科小丛书》，《生活丛书》、《男女性知识丛书》、《青年自修丛书》、《北新丛书》、《新时代丛书》、《青年自修成功丛书》、《性理丛书》、《师范小丛书》、《医学常识丛书》、《中华教育改进社丛书》、《世界新教育丛书》、《中学生丛书》、《现代百科家庭生活丛书》、《性爱丛书》,等等。这些丛书内都辑入有关性的著作。①

4. 婚恋、家庭类著作简介

20 世纪三四十年代,婚恋、家庭类著作出版与性教育、节育、性卫生著作出版趋多类似,但是数量要大得多,据不完全统计,此期间婚恋、家庭类著作出版达 115 册,明显超过节育、性学类著作,书目不易一一列出。这表明婚恋方面的问题受到社会更广泛的关注。各家论述不一,兹举数点:

(1) 普遍主张婚恋自由,彻底革命。如蒋乃镛,曾经向教育部提出书面的建议,申述主张"自由登记介绍配婚"的理由、意义办法等;认为这是革命的婚姻,并且在他的著作中附上这样婚姻的实例。②

(2) 公开提出实行情人制,除前人表达过这种思想外,1930 年金满成撰著,专门论述建立情人制的根据和必要性;提出绝对废除一切婚姻的仪式和限制,实行男女完全自由的结合,不要婚约的约束。③ 虚节(译著)介绍美国的"伴侣婚姻",其中心思想是提倡结婚后不生育子女的结合。④ 以上这些观点,显然已经超出当时大部分人对妇女解放、婚恋自由的认同度。

(3) 从多角度鼓励婚恋自由。大部分著作对自由恋爱持赞同支持的观点,不仅从理论上分析其意义、价值及在婚姻中的的重要性等,而且多方面阐述恋爱的条件、心理、艺术、娱乐、贞操、性趣、道德等。只要从恋爱类著作的书名,就不难看出其论及的范围之宽。如《恋爱的技术》(作者草草,1931 年)、《恋爱的性趣》(作者章玉卿,1937)、《婚姻宝鉴》(作者倪光和,1946)等。甚至直率地宣扬如何写情书、择偶的秘术⑤、恋爱成功的秘诀等,还有展示女性的技巧、浪漫情绪的运用等内容。显然这些著作不单单是要求恋爱自由,更表达了恋爱中精神层次的追求,将婚恋推向一个新高度。

(4) 反对婚恋自由之声音仍众。到三四十年代,维护封建纲常的言论和出版物日渐减少,声势也渐衰。但在这一时期的出版物中,抵制自由婚恋或反对某些做法的观点仍频频可见。在封建卫道士们的哲理中,仅仅出版物中使用这些词语已经是"淫词、秽语",社会世风日下、大逆不道。《子夜》中吴老太爷从乡下到上海,看到黄包车上穿旗袍的女子,用默读《太上感应篇》来防淫,这是封建遗老遗少的思想、行为的写照,类似现象还大有

① 以上主要根据北京图书馆编《民国时期总书目》医药. 卫生分册、社会学分册资料整理。
② 蒋乃镛. 革命的婚姻论. 上海:华洋印务局,1937:1-97.
③ 金满成. 情人制的思想. 上海:新宇宙书店,1930:1-78.
④ Judge Lindsey ,伴侣婚姻. 若虚,节译. 上海:良友图书印刷公司,1933:1-64.
⑤ 王逸夫. 择偶秘术. 上海:上海卫生研究社,1946:1-128.

人在。有些著作，仅从章节名“视为恶的自由恋爱”、“对于自由恋爱者所施的刑罚及其意义”、“妇女们反归原始吧！”等来看，就可见其反对自由恋爱的观点。

（5）家庭类著作中有些从书名就能反映其主题，如《怎样建设幸福家庭》（作者绿荷女士，1936年）、《家庭教育的研究》（作者谢颂羔，1930年）、《美满的家庭》（作者家编辑部，1948年）等。至于《闺房指南》、《闺房圣经》等可能是为了获取更多的商业利益。

第十六章 20世纪30年代起积极参与节育活动的相关人物

近代节育进入发展期后，早期积极参与节制生育活动的知识分子中，如胡适、张竞生、陈海澄等已淡出节育活动领域，周建人、潘光旦等继续活跃在这一领域。1930年起又一批知识分子积极参加到推行节制生育的行列，其中大部分是医学界人士，且多位直接参加节育技术指导活动。

一、在中国工作的外籍人士

1. 兰安生

兰安生(John Black Grant 1890—1962年)，医学博士，是美国传教士兰雅各(J. S. Grant)的儿子，出生在宁波，后到美国求学，1916年从密歇根大学医学院毕业，并再到霍普金斯大学卫生和公共健康学院学习，获得MPH学位。1921年受美国洛克菲勒基金会的派遣来到北京，在协和医院内开办公共卫生科。开始，除了他本人外，只有打字员1人，这是我国医院设立公共卫生专科的先河。他带来公共卫生崭新的理念。他的名言之一："一盎司的预防，胜过一镑的治疗"。1923年，协和校园里有天花流行，他的"公共卫生宣传才初次被人注意，公认为确有发展推行的必要"①。兰安生大力推行其公共卫生计划，如1925年推动"京师警察厅试办公共卫生事务所"(1928年改为"北平市卫生局第一卫生事务所")，这成为北平东城区内卫生示范区，是社区卫生模式的先行实践。他在工作中还注意培养公共卫生人才，如杨崇瑞1925年到美国进修，兰安生博士帮助她先到加拿大考察2个月；在1年学习结束后又帮助她到英、法、德、丹等国参观学习公共卫生和妇幼保健。对此，杨崇瑞在自传里说："兰先生一番苦心没有落空，是因

① 杨崇瑞. 我的自传//严仁英. 杨崇瑞博士——诞辰百年纪念. 北京：北京医科大学，中国协和医科大学联合出版社，1990：145.

为这次旅行,我后来选择走公共卫生的路的。"①

兰安生能讲流利的中国官话,对中国情况比较了解,也关心节制生育问题,视节制生育为公共卫生问题之一。从《节制生育与中国》一文中就能基本了解他对中国节育形势的分析。该文指出:①"人口过剩已成为中国极为严重之问题","Thorp 氏于其中国西北部地质考查之后,亦云中国并无大宗荒地,可以移植人民","中国之需要节制生育,较任何国为切";②中国民间和医生堕胎多有发生,如"北平某日本医院民国二十四年全年共有堕胎案件八千",这表示许多妇女宁冒外科手术之危险,不愿受平时节育之烦难,现行的节制生育方法要改进;③中国现在尚无正式机关处理民众节制生育事宜,"只因孙总理三民主义中不无有反对节制生育之暗示,各级公务人员、个人或赞成节制生育,但均不便公开表示,恐因此受人指摘,谓为违反总理遗教也",改变这种状况甚重要;④目前所用的节育方法,与中国家庭生活情况不适用或代价太大,"足令吾人感想到节育问题,若不依照苏俄成例,由国家管理,即不能发生效力";⑤节制生育需要"有系统之机关",首先"在各地设立节育会及诊疗所",其次"在国内制造节育药品,使适合于一般人之经济力量"②。从上不难看出,兰安生非常明确地主张在中国开展节制生育,许多论点相当深刻,尤其建议摆脱孙中山的人口思想的束缚,由国家(政府)来管理节制生育,是一卓见。历史发展证明,他是正确的,这是他对中国节制生育发展的一项贡献。

1937 年,兰安生离开中国到印度,成立印度公共卫生研究所(亦有报道任印度公共卫生学院院长)。抗战期间还到重庆访问,促进中印两国的公共卫生的学术交流。20 世纪 50 年代到巴黎,领导洛克菲勒基金会在欧洲健康部门的工作。

2. 翟淑惠

翟淑惠(L. M. Disosway),教会女医师,国籍等不详。在上海广仁医院工作期间,1935 年受中华医学会指派为该会下属的节育委员会的成员之一,参加上海早期节育门诊指导工作。她曾经在上海"组织完备之产科医院,服务十年,深觉科学方法之节育,实有重大之需要"。她每年接生平均约有 1 200 件(不包括堕胎、小产),看到妇女恐惧怀孕、弃儿以及孩子过多

---

① 杨崇瑞. 我的自传//严仁英主编. 杨崇瑞博士——诞辰百年纪念. 北京:北京医科大学,中国协和医科大学联合出版社,1990,146.

② 兰安生. 节制生育与中国. 中华医学杂志,1936,22(5):353-356.

的烦恼，说："余由此得一结论：即节育事业若能由医师方面，用科学的方法教导群众，实为节制人口过剩，革除违法的堕胎及建设快乐健康国家之最好方法。"①教会视人为控制生育是违背上帝的旨意，而她作为一位教会女医师，公开支持节育并付诸实践，其影响非一般节育工作者可及。她还以服务产科十余年之经验，指出教会医师对节育应该树立这样的观点：

第一，节育对于现代社会经济问题有绝对的需要。第二，节育系一种预防医学，应用科学方法加以精密之研究，训练工作人员，组织节育诊所，使有正当之宣传，同时并教导民众，使对于性之作用及意义，有相当之了解。第三，节育之真正作用，不但不违反宗教，且为创造人类新生命之一种精神的基础。②

二、国内人士

（一）社会学界

1．陈长蘅

陈长蘅字伯修，号建公，四川荣昌人，人口学家、经济学家。1917 年获美国哈佛大学硕士学位。回国后在北京大学、中央大学等任教。他主要著作有：《中国人口论》（1918）、《进化之真相》（1919）、《三民主义与人口政策》（1930）等。其中《中国人口论》撰写于留学美国期间，回国后出版，后来多次再版，到 1928 年 8 月已印至 8 版。该书是我国第一本人口专著，也是 20 年代甚有影响的人口论著。陈长蘅认同马尔萨斯人口思想，主张人口疏密孳生徐速与民数财力成比例，主张控制人口快速增长。陈长蘅早期主张用"道德抑制"和"自然节育法"控制人口增长，不同意人工避孕的节育方法。他支持的是马尔萨斯主义（旧马尔萨斯主义）而不是新马尔萨斯主义。对此，蔡元培在《中国人口论》初版序言中说"新马尔沙斯主义之艺术节育法固不免有流弊，然亦未尝无可取之处"，很婉转地批评陈长蘅的观点。随着人口学研究的进展，陈长蘅的人口节育观点也发生了变化，这些改变（包括再版时蔡元培作的序言亦略有改动）反映了陈氏人口思想发展的取向。1930 年出版的《三民主义与人口政策》一书，全面表达了他支持节制生育和优生的思想。

陈长蘅所著《三民主义与人口政策》一书，没有按人口理论固有的格式

① 翟淑惠．一个教会医师对于节制生育的意见．中华医学杂志，1936，22（5）：356－357．

② 翟淑惠．一个教会医师对于节制生育的意见．中华医学杂志，1936，22（5）：358．

铺叙，而重点讨论的是人口政策。该书中有数章论述节制生育和优生，提出生育革命的意义、方案，建议国家进行干预并成立相应的机构等。他的观点被认为是"提倡比欧美各国更加健全和彻底的、以节育和优生为内容的'生育革命'"①。此后当日本侵略我国日显，国难日益严重，他主张节育和控制人口的思想更为明晰。如在《生育革命为实行全国总动员之一必要条件》的文章中指出，国家已面临生死存亡的关头，应从精神和物质两个方面实行全国总动员，"实现生育革命，来减少我们人力物力的消耗，和增加我们自卫御侮的力量，实在是我们对付国难的一个必要条件"；"救国救种的方法虽多，我们认为生育革命乃其最要法门之一"②。陈长蘅在参加与萧铮关于人口与土地的辩论中，坚持节制生育的观点。他一度在国民政府任职，其人口思想影响到官方的决策。抗战期间，他任人口政策研究委员会重庆组的主席，在该会的人口政策研究、报告的形成等方面，发挥过重要影响。

2. 陈达

陈达（1892—1975 年），别号通夫，浙江省余杭人。1916—1923 年在美国留学，获哥伦比亚大学博士学位。1923 年回国，长期在清华大学任教。1929 年创办清华大学社会学系，任教授、主任，是我国近代著名的社会学家。他还是人口学研究的著名学者之一，力主控制人口过快增长，倡导节制生育。陈达与节制生育相关的工作主要有：

（1）1920 年代初在美国结识山格夫人。1922 年 1 月 23 日，陈达向蔡元培先生写了邀请山格夫人访华的推荐信③，实为中国节制生育运动公开推向社会的引导人。

（2）组织参与北平妇幼保健会的工作，是该会教育部门的主席。他主要负责《人口副刊》的编辑。自 1932 年 4 月 3 日第一期起，到 1934 年 8 月他休假出国考察为止，均是由其编辑。后来在《实报》刊登的"节育讯"也是先由陈达等编辑。

他办刊的主导思想是："生育节制是稳固的、徐缓的方法，是解决我国人口问题根本办法之一。这是人口副刊的一贯的主张……我们的标准是：

---

① 中国大百科全书・社会学. 北京：中国大百科全书出版社，1991：15.

② 北平晨报，1932-06-05(8).

③ 耿云志. 胡适遗稿及秘藏书信・35. 合肥：黄山书社，1994：54.

减少数量,增进品质。"①他在《人口副刊》的编辑过程中,非常重视与读者之间的互动,从第二期开始,每期都有通信专栏,刊登读者来信和编辑部的公开答复(另有许多书面答复),甚至还作为头条内容刊登。通过节育实例的宣传、解析,这些通信常常能发挥理论性文章难以起到的作用。

(3)著《人口问题》(1934年商务印书馆出版),该书被列为大学丛书之一,被认为是"中文人口问题书籍中最圆满的一本了"②。该书系统地论述人口理论,"从研究具体的社会问题入手,建立社会学理论"。他认为人口问题是一个具体而急迫的问题,主张通过节制生育来控制人口数量,提高人口质量。对此,吴文藻对陈达教授的《人口问题》的书评中说:是位热心服务社会的改良家,他想藉着生育节制运动的提倡,科学避孕知识的宣传,来帮助中国重要社会问题的根本解决的。③

(4)1934年,陈达接受中国太平洋学会之邀请,准备研究我国的南洋移民问题。后来到广东、福建侨乡和印度尼西亚、马来西亚、菲律宾等华侨社区进行调查,写成《南洋华侨与闽粤社会》(1938年由商务印书馆出版)。他还被推选为世界人口学会副主席,联合国远东经济委员会顾问等④,在国际人口学界有一定影响。

(5)抗日战争期间,他参加人口政策研究委员会,参与人口政策研究报告的起草、修订等工作,提出人口"合理增加"等观点。报告中的一些观点,被国民党第六次代表大会的民族保育政策纲领所纳用。

(6)1944年,应美国普林斯顿大学邀请,参加建校二百周年学术讨论会,准备《现代中国人口》(英文)论文。该文1946年在美国社会学杂志(The American Journal of Sociology)7月号全文刊登,随后芝加哥大学出版了精装单行本,并很快传到国内。⑤ 陈达还著有《浪迹十年》,该书载有许多研究人口、节制生育的重要史料。

(7)20世纪40年代后期,他于清华大学任教期间,仍然关注节制生育的进展。如1948年在《新路》论坛关于"论我国今后的人口政策"的讨论中,陈达指出"依法律言,我国的国策已由无限制的奖励生育,转变为用理智的减少人口",故"必须充分利用学校、图书馆(特别民众图书馆)及举行

① 北平晨报,1932-04-03(8).
② 北平晨报,1936-01-05(5).
③ 北平晨报,1934-12-02(5).
④ 陈达.现代中国人口.廖宝昀,译.天津:天津人民出版社,1981:118-119.
⑤ 陈达.现代中国人口.廖宝昀,译.天津:天津人民出版社,1981:119-120.

公开演讲、座谈会、辩论会及发行小册子等”,“传播节制生育的真实意义”;特别强调“节育知识的传授是技术工作,应由节育指导所担任之。指导所的设立,必须由市镇开始”;等等①。他的这些论述,切中了当时国内节育活动中应该重视的几个方面。

陈达长期从事人口问题和劳工问题的研究,还提出生存竞争与成绩竞争的理论等。他是社会学者中与节育研究关联最密切的学者。

3. 刘王立明

刘王立明(1896—1970 年),闺名王立明,1922 年与刘湛恩结婚后前冠夫姓。安徽太湖人,著名的女权主义者和妇女活动家。1910 年入太湖福音堂成美女学,后来到九江诺立书院学习,六年就完成中小学课程。她成绩优良,是学校内的活跃人物。在校期间(1915 年)曾经看到一位女子被抢婚的痛苦,当时就立下一个宏愿:“希望将来学业有成,能将整个的生命从事妇女运动,求得女子尤其在性的方面的解放。”毕业那年,组织了一个妇女节制会,她被公推为会长②,毕业后留校任教半年。1916 年春到美国留学,因为她在中国任九江诺立节制会会长,在美国受到万国节制会的照顾。同年入西北大学,求学期间参加节制会的有关活动。1920 年获学士学位后回国,此时国内在北京、上海、重庆和长江沿岸一些城市,已经建立妇女节制会。她为此辞谢东南大学高薪之请,专门从事节制会的工作,到各地进行宣传讲演,遍及 14 省,听众十余万人。1921 年春,我国妇女节制运动组织在上海召开第一次全国代表大会,这次会议主要决议:选举石美玉医师为会长、发行《节制季刊》(刘景芳女士为编辑)、扩大组织、聘请刘王立明为青年部干事等。③ 节制会初起为提倡禁烟、禁酒,1926 年石会长辞职后,由会长制改为董事会制,设总干事(由刘王立明担任);提出:“以促进家庭幸福”为宗旨,“拒绝烟酒赌邪,积极的提倡慈、孝、贞、俭”为方法,达到“家齐国治而后天下平”,并发表促成彻底禁烟、提倡全国救丐、实行一夫一妇等三大政策。④ 中华妇女节制协会于 1931 年、1934 年在上海分别举行了第二、第三次全国代表大会。到 1934 年已经在汉口、南京、苏州、广州等 15 所城市和地区,建立分会,开办“上海救丐协会”、“上海妇孺教养院”等。1938 年

① 陈达. 讨论//戴世光. 论我国今后的人口政策. 新路. 1948,1(5).

② 程德培,等. 1926-1945 良友人物. 上海:上海科学院出版社,2004:83-96.

③ 凌集熙. 中华妇女节制会年刊. 上海:中华妇女节制会,1935:32-33.

④ 程德培,等. 1926-1945 良友人物. 上海:上海科学院出版社,2004:93-94.

刘王立明丈夫被日本特务杀害后，继夫遗志，坚持抗日活动，到抗战胜利后，仍然活跃在妇女运动的舞台，是国内知名的妇女活动家。

刘王立明在实际主持上海妇女节制协会期间，与上海节育研究社合作开办上海节育指导所，上海妇女节制协会成为参与、支持节育的团体之一，有力地促进了上海的节制生育工作向实践指导发展。1935 年，她撰写了《妇女与节制生育》，这是她关于节育论述的代表作①，该文要点如下：

（1）“节制生育不是堕胎，所以施用的人没有道德问题。它是以自然及人工避孕法，使男女能有适当的性生活，同时不为生育所牵累，尤其在家庭经济不充、子女过多或妻子不健康的人家。”

（2）有人怀疑节育知识普遍后，会使不道德事件增多、人口减少，这可不虑。“如果我们能积极的增高青年控制两性的能力，使他们对于爱情有正确的认识，这种知识就一点也不会使他们堕落。至于人口的减少，著者觉得更不发生问题。这是因为除少数女子外，其余均有强烈的母性……就是作自己孩儿的母亲。”“当然凡事有利必有弊，节育运动也不能例外。但是比较起来，节育对于人类幸福的各方面均有较大的利益。”

（3）“节育是关系全民族幸福，但实际上却是个妇女问题”，每个女子要认识这个道理，才会有成效，“否则我们天天在这儿念佛，而佛神是不会光降的”。

（4）“每一个结婚的夫妇，除非有特殊情形者外，至少须有二个小孩，否则她们就是不负责任。”

（5）“每一个医学校，无论是公立私立，应当将节育理论及方法，编入课程作为必修课。”

（6）“所有公立医院，应即设立节育指导部，处理一切，有钱者收费，贫穷者免费。”

（7）“设立全国节育研究机关，将研究所得按期贡献国人，并联络海外各国节育领袖，作大规模的世界节育运动。”

从上不难看出刘王立明鲜明地支持节制生育，特别是后三项主张，不仅十分具体，而且很有战略目光。上海妇女节制协会众多的会员中，有许多是上层人士或他们的夫人，有的具有教会背景，这些人士具有一定的影响，而刘王立明作为该组织的总干事鲜明地支持节制生育，就具有更大的影响和号召力。

---

① 刘王立明. 妇女与节制生育. 东方杂志，1935，32（1）：1-8（社）.

4. 许仕廉

许仕廉(1896—?),湖南湘潭人,社会学家、政治活动家。曾留学美国,获得哲学博士学位。1926年任燕京大学社会学系主任。抗战前夕到美国定居。他著有《中国人口问题》(1930年)、《人口论纲要》(1934年)等。他主持创办了清河实验区,该区建立于1930年6月,以清河镇(距离北平德胜门9公里)为中心,覆盖4 500户,22 500人。① 实验区的主要工作是研究、解决经济、社会、卫生等类问题,包括节育问题。区内有医院、医生、女护士、女助产士等,具有比较好的节育指导条件。实验区办有一种旬刊,要求"每期应以最简单之文字、最诚恳之文字,说明节育之重要";并要求各种工作人员,于个别谈话中"相机宣传,使人民知教养子女责任之重要"②。清河实验区工作者指出:"现时各国节育运动多限于城市,少注及乡村,诚属失策……乡村工作同志,群起努力乡村节育,以谋乡村人口之解决。"③许仕廉创办的清河实验区中的节制生育工作是较早有组织的农村节育探索之一。他还参加北平妇婴保健会工作。

5. 雷洁琼

雷洁琼(1906—2011年),广东台山人,社会学家、政治活动家。1931年获美国南加州大学社会学硕士学位。同年于燕京大学社会学系任教。1932年参加北平妇婴保健会,是我国早期推行节制生育著名的社会学家之一。在节育方面的主要活动有:

(1) 参与北平妇婴保健会的组织领导,担任该会的财务干事,负责财务部门的工作。由于该会节育指导服务除药具外均免费,因而日常办公费用、社会服务员的半薪等经费的筹集和管理,显得很重要。

(2) 为《人口副刊》撰稿。主要文章有:

《社会服务与节育运动》④。该文指出:"人口与食料之不调适,实为中国穷困的一大原因",为此,"一方面增加生产,一方面要人口限制";"节育运动是用科学方法来限制人口","节育运动既可以减轻社会之缺憾,改良社会生活,增进社会福利"。她还指出"社会服务员对于节育运动不要轻视,节育运动虽然不是改良社会的唯一的路,但是一条很根本而重要的

---

① 金鸟.清河试验区与节育.北平晨报,1933-06-04(8).《中国大百科全书·社会学》448页记载清河实验区创办于1928年。

② 金鸟.清河试验区与节育.北平晨报,1933-06-04(8).

③ 金鸟.清河试验区与节育.北平晨报,1933-06-04(8).

④ 北平晨报,1933-12-03(8).

路”。这一思想在北平节育指导所工作中得到体现,如该所特地为社会服务员设半薪制(其他人员均为义务),目的就是要求社会服务员深入到家庭、个人,了解节育指导的效果和存在的问题,以便及时调整策略和方法,提高节育指导的效果。社会服务员的工作方式,就是今日审视,仍有借鉴意义,如果现在计划生育能够主动深入到户,落实到人,将更有成效。

《山额夫人与节育运动》①。该文发表在《人口副刊》第 47 期“欢迎山额夫人专号”上,雷洁琼介绍了节制生育运动的发展概况,山格夫人的主要工作和贡献,以及各国节育的发展,包含 30 年代许多节育新信息,对我国的节制生育活动作了回顾性的概述,帮助国人了解节制生育发展的历程和意义。

(3) 积极参与马丁夫人在北平的活动。1936 年 4 月 21 日,马丁夫人到达北平,雷洁琼与杨崇瑞、沈骥英、刘吴卓生等人到火车站迎接,在车站合影,留下近代中国节制生育国际学术交流重要的影像资料。马丁夫人在北平期间多次在燕京大学、北平妇女社会服务促进会、协和医院等活动,雷洁琼积极参与其中的许多重要的活动。

雷洁琼是我国社会学界早期明确支持节制生育活动的学者之一,并亲自参加、见证了中国节制生育运动从宣传倡导为主到实践指导的最初历程②。

6. 吴景超

吴景超(1901—1968 年),安徽徽州人,社会学家、民族学家。留学美国,获博士学位。1928 年回国,1931 年到清华大学任社会学系教授。1934 年陈达出国,他和潘光旦担任《人口副刊》编辑。③ 他的代表作之一是《第四种国家的出路》,他根据人口密度和职业两个标准,将世界上的国家分为四种,中国是属于人口密度高,农业人口比例大的第四种国家,出路之一是节制人口。他在《人口材料的来源》(《人口副刊》第 5 期起)和《生育率降低的原因》(《人口副刊》23 期起)、《近代死亡率的降低及其原因》(《人口副刊》31 期)、《华侨近况》(《人口副刊》35 期)等文中,分析人口动态,主张节制人口增长。他在《独立评论》155 期《土地分配与人口安排》一文中说:“我们生活的最大敌人,就是我们自己庞大的人口数量。在这种观点之下,

① 北平晨报,1936-03-08(5).

② 陈永生.雷洁琼教授与二十世纪三十年代的节制生育.民主,2006,(11):27-29.

③ 北平晨报,1934-09-02(5).

节制生育运动，是中国今日最有意义的一种运动。”1936 年，他发表《中国的人口问题》说：“我们认为节制生育是解决中国人口问题的最好方法，是中国目前应当采取的人口政策”；“实践这种政策的方法，最好是使各地的卫生机关，以供给节育知识，为其主要事业之一。凡身体衰弱的，有遗传病的，生育太密的，经济负担太重的人，向各卫生机关、各医院、各医生，请求节育知识时，各卫生机关等应当充分供给”。该文明确指出推行节制生育为国家和各级卫生部门的职责。1948 年，他参加《论我国今后的人口政策》一文的讨论中说，“戴世光先生对于中国人口问题的看法，我与他完全同意”；并针对戴世光主张第三个婴儿交于国家抚养之说，建议删除，认为“国家没有能力来担负这一个责任”①。他在该文的讨论中还说：“现在主张不要减少中国人口的人，都要我们把目光放在改良生产、改良分配方面。我们应很明白的说明：我们的立场，与他们不同的，只是我们手中除了他们的两件法宝之外，还有第三件法宝，就是减少人口。”②

吴景超主张减少人口，推行节制生育的观点十分坚定，反映在他许多著作中。如 1937 年在《第四种国家出路》中说：在死亡率减低的情况下，不设法使生育率也同样或更快的下降，那么不久就可由四万万五千万的人口到五万万或六万万以上。约在他讲话十余年后，我国人口状况证实了他的“预言”。他还提出政府在全国各地设立妇婴保健所，免费供给避孕用品，各地卫生机构提供节育知识等。

《新路》周刊是他 1947 年回到清华大学社会学系任教授后，与社会学界、政界、商界等人士发起共同创办的，1948 年 5 月出创刊号，吴景超任主编。每期设论坛，就社会问题为中心召开讨论，由一人发表专文，然后由多位学者发表讨论意见，撰文者以清华大学的教授为主。《新路》办刊反映了 20 世纪 40 年代后期自由主义知识分子对中国社会、经济、政治方面的观点和倾向。吴景超本人在这一时期对中国社会问题的分析和批评，主要发表在该刊上。

7. 李景汉

李景汉（1895—1886 年），北京通州人，社会学家。在美获硕士学位，1924 年回国，任北平社会调查所干事。1928 年应晏阳初邀请，担任“中华平民促进会”定县实验区调查部主任。1933 年他撰著的《定县社会概况调

---

① 戴世光．论我国今后的人口政策．新路，1948，1（5）：9．

② 戴世光．论我国今后的人口政策．新路，1948，1（5）：9．

查》由中华平民促进会出版(1986年中国人民大学出版社再版),是中国知识分子运用西方社会学方法,以县为单位实地调查的典范。该书资料丰富,内容翔实,为当时许多社会学家所肯定,被认为是了解20世纪二三十年代中国农村的必读专著。他以定县农民为研究目标人群,撰写的《农村经验与节育》一文,1932年10月2日开始在《人口副刊》第7期刊登,8、9、11、24期等期续登。这是近代有关农村节育调查最深入、可靠的资料之一。他统计、分析了定县人口生育情况后,认为农村今日愚贫弱私的现象,实在是人口过庶的产物;并深有感触地说:"从前也是对于节育问题没有大加注意的一个人,也没有想到问题这样的严重。及至愈久住在农村调查研究,愈不得不感觉人口过密的痛苦和节育的需要。"①李景汉进一步说:"实行节育、移民、增加生产,这三样都是解决农村的根本问题。若单独在任何一方面努力,而忽略其他方面,则效力较缓……故三者之中仍是以节育为最有把握而最彻底。"②针对有些人误以为节育就是不要生育,他表示"作者心目中的节育不是使人完全不要子女的节育,乃是相当的节育,而不使子女太密"。在《农村经验与节育》发表约一年后,李再到定县发现"农村经济益形破产,人口问题日益严重";看到以往到东北、西北谋生每年不过七百人左右,而1934年春已经超过一万人。如何解决这一问题?作者就"农村推广节育方法的可能"发表了他的观点:大多数母亲不喜欢孩子多,群众中早已有"土法"的节育行为,大多数妇女有节育的要求,重要的是有能被接受的方法和能出得起的费用。③

李景汉还特别说:"与其每年政府与各种慈善机关用几百万,甚至几千万元的巨款来救济贫民,从事放赈、放粥,何如至少提出一部分款来,以适当的方法推广节育……前者是治标,后者是治本。"可以说,他是当时对农村节制生育调查了解最深入、最有深刻见识的学者之一。

(二) 医学界

1. 杨崇瑞

杨崇瑞(1891—1983年),字雪丰,出生在河北通县,1910年入协和女子大学学医,1917年毕业,获医学博士学位。1921年到协和医学院进修后留在妇产科。1925年到美国霍普金斯大学医学院进修,并考察美国、加拿

---

① 北平晨报,1933-02-05(8).
② 北平晨报,1933-02-05(8).
③ 北平晨报,1934-05-06(5).

大、英国、法国、德国等国家的公共卫生和助产教育。回国后接受兰安生的建议，决心从妇产科临床转到公共卫生的妇幼保健事业。1927 年到协和医院公共卫生科工作，先后任讲师、教授，从此终身投身于我国的妇幼卫生和助产教育事业。1929 年创办我国第一所助产学校——北平第一助产学校，任校长。以后运用在卫生部任职及个人的影响，在南京、武汉等地再开办助产学校，并大力推行全国的妇幼保健工作，是我国助产妇幼卫生事业的创始人。1937 年受聘为国际联盟妇婴卫生组专家，考察英国、荷兰、印度等欧亚 17 国的妇幼卫生和助产教育事业。抗日战争爆发后，即回国参加抗战，前后开办多处妇幼保健所、产院、卫生所等；抗战期间还在卫生署任职，到美国考察妇婴卫生(1941 年 6 月—1942 年 10 月)。1946 年被派到北平、南京、上海、天津等市恢复妇婴卫生工作。1948 年被联合国国际卫生组织聘请为国际妇婴卫生专家。1949 年辞职回国，曾任卫生部妇幼卫生局局长。

杨崇瑞在多年妇幼助产实践中，看到许多妇女因为多产而患有子宫脱垂等，痛苦不堪；因为生育过多、过密，又不知如何避孕而苦恼。她认识到推行节制生育已是刻不容缓之事。她在"助产学校妇产科教材中，特别增加了'节制生育'一章，对学生讲授节制生育的必要性及避孕的具体措施"①。她在节制生育方面的重要活动和贡献有：

(1) 参加筹办北平妇婴保健会及北平节育指导所的工作。

1930 年，她在协和医院公共卫生科工作，兼任北平第一助产学校校长和北平第一卫生事务所保健科主任等职。燕京大学司徒先生(Maxwell Stewart)发起组织的北平妇婴保健会邀请她参加，她以第一助产学校校长身份，积极参与该会和下属的北平节育指导所筹备活动。妇婴保健会的成员有教授、社会和妇女工作者、医师等，各有分工，杨崇瑞负责节制生育的避孕技术指导。节育指导所开始活动规模比较小，每周门诊一次，1930 年 2 月至 1930 年 12 月，有完整记录接受节育指导的仅 49 例。② 后来因为司徒先生离开，社会福利工作人员生病，指导所的活动停止了约一年。1932 年 1 月，妇婴保健会经过调整，增加新成员有陈达、兰安生、李廷安、方贻积等，力量得到加强。会务工作分成临床、教育、财务、家庭情况调研等部门，杨

① 严仁英. 杨崇瑞博士——诞辰百年纪念. 北京：北京医科大学，中国协和医科大学联合出版社，1990，17.

② 北平晨报，1934-01-07(7).

崇瑞为临床部门的主席。随即开展节育指导工作,1932 年 1 月至 1933 年 2 月,门诊 110 人次。① 初期为每周三上午 9:30—12:00 门诊(其中因故曾中断数月)②,随着到节育指导所请求节育指导人数的增加,1933 年 5 月 1 日沈骥英医师来所,与杨崇瑞共同进行节育技术指导工作。后来再增加每周二上午为接谈、检查时间;1934 年 7 月起再增加每周一下午 3:00—6:00 时接谈时间。于 1936 年 1 月起又在西城红十字医院设立节育指导处,每周四下午门诊。

杨崇瑞除节育门诊技术指导外,还编写节制生育的宣传资料。在北平妇婴保健会多年活动期间,杨崇瑞一直亲自参加主持了该所的节育技术指导工作。

(2) 撰写近代第一份节制生育活动的报告。

杨崇瑞博士从北平妇婴保健会创办开始,就工作在节育指导的第一线,对该会的情况和节育推广的实践活动有比较全面的了解。1933 年,她将 1930 年 2 月至 1933 年 2 月期间保健会的活动和节育指导情况,写成"北平的节育情况——北平母亲保健委员会第一次报告"③,对该会和指导所成立以来的工作作一回顾和总结。报告包括委员会存在的理由、由来与人员、对被治疗过的病例进行临床和社会分析、出版等四部分。反映了我国第一家"民办"节育指导所成立的背景、组织与活动、出版以及早期的业绩和经验等,内容可归纳为:① 该会的性质与目的:"它不属于国家、卫生署,而是着眼目标相同,即考虑中国的母亲和儿童保健的机构……通过'限制孩子的个数'来增进母亲健康的问题。"② 工作目标是"减少与妊娠、分娩、产褥期有关的一些疾病所引起的不必要的母亲死亡"。③ 指出"人口的增长超过了生活资料的增长",中国面临人口增加的压力;"出生儿童中,约有一半是父母'不想要的'"。因此,"实事求是的节育方法就有可能解除人口的压力"。④ 认为"直到中国学会自愿限制人口的方法,她才能创造出所期望的生活标准"。即中国要富强,必须推行节育,自觉限制人口增长。

---

① 严仁英. 杨崇瑞博士——诞辰百年纪念. 北京:北京医科大学,中国协和医科大学联合出版社,1990:131-132.

② 北平晨报,1933-04-02(8).

③ 严仁英. 杨崇瑞博士——诞辰百年纪念. 北京:北京医科大学,中国协和医科大学联合出版社,1990:125-135. 该报告署名:北平国立第一助产学校医学博士杨崇瑞,在文末注叶敏译,报告题目中用"母亲保健委员会",与《人口副刊》等正式使用的"北平妇婴保健会"不同,可能是翻译的原因。

⑤ 该会工作人员,除一位社会服务者半薪外,其余完全是尽义务。⑥ 分析3年来指导节育的案例,提出7点建议,以及创办"人口副刊"、"节育讯"等。

该文是近代第一份研究节制生育的专门报告,资料和经验可贵,是研究中国节育史的重要参考文献。特别在文内有一段极为有远见的预言:"这个小小的报告指出了一个如此不起眼但又可证明以后将是划时代运动的起端,它的长远影响我们是无法予计的。"杨崇瑞这一卓越之见,被历史进程所证实。遗憾之处是将请求节育指导者称为"病人"。

(3) 参与组织马丁夫人访问北平的活动。

马丁夫人1936年春到华,受北平妇婴保健会、协和医院社会部、北平妇女社会服务促进会(有时将"服务"略去)等邀请,到北平访问。4月21日由津到平,杨崇瑞、沈骥英为协和医院代表到车站迎接。马丁夫人在北平十余天,与社会学界、医学界等进行广泛的接触和学术活动,有力地扩大了节制生育在社会上的影响。杨崇瑞是这次国际学术活动的积极组织者。

杨崇瑞一生献给我国的妇幼卫生事业,终身未婚,生活简朴,逝世后将毕生积蓄6.9万元捐献给北京医科大学。她被公认为我国妇幼卫生事业和助产教育的开拓者和奠基者。她是我国医学界最早将节制生育内容纳入医学教育,进行有组织节育指导的开拓者。

2. 颜福庆

颜福庆(1882—1970年),上海人,字克卿,著名公共卫生专家。1909年获得美国耶鲁大学医学博士,1914年再赴美学习预防医学。曾任湘雅医学专门学校校长、协和医学院副院长等职;1927年组建第四中山大学医学院(上海医科大学的前身),出任院长。1931年组办中山医院,后来职务屡有变动,1946年再返上海医学院,教授公共卫生。颜福庆是中华医学会的创始人之一,1915年任第一任会长。他一贯重视公共卫生和预防医学。上海医学院刚刚建院,他就聘请中国第一位公共卫生专家胡宣明任专职教授。他创办吴淞卫生公所(卫生实验区),开展乡村卫生工作。

1930年上海节育研究社成立,他担任会长。当时推行节制生育,尚没有被医学界普遍接受,有名望的医学专家参加并领衔,就是一股巨大的推动力。后来节育社的工作因故停止,到1934年恢复活动后,他仍领导、参加上海节育研究社的活动。1935年,中华医学会在广州会议上正式承认生育节制为公共卫生问题之一部分,设立节育委员会,颜福庆为指定委员之一

（还有王逸慧、王国栋、翟淑慧、沈骥英、牛惠生等人）。[1] 颜福庆为上海节育研究社的创立，将节制生育纳入医学专业工作，作出了很大的努力和贡献。

3. 沈骥英

沈骥英（？—1976 年），1920 年苏州振华女中毕业。后考入协和医学院，毕业后曾经在协和医院工作。1929 年到上海，被委任为上海特别市卫生局技士，同年又任高桥卫生处副主任。1930 年辞去上海的职务到北平，曾任北平保婴事务所所长等。1933 年参加北平节育指导所的节育指导门诊，1936 年 4 月参加马丁夫人在北京的节制生育讲演活动。北平抗日战事紧张后，到上海平民妇孺医院、卫生实验区等工作，继续参加节育指导活动。她是我国医学界开展有组织节育指导实践的开拓者之一。她的主要活动有：

（1）1929 年，沈骥英到沪，被上海特别市市政府委任为技士。[2] 同年上海市政府决定设立高桥乡卫生处，开展乡村卫生实验区工作（后扩展为高桥乡模范卫生区），其中包括妇婴卫生，由沈骥英任副主任（李廷安任主任）。1930 年，她辞去高桥乡卫生处副主任职务。[3] 此后到北平，任北平市保婴事务所所长（直至 1935 年辞去所长一职[4]）。

（2）从 1933 年 5 月起，参加北平节育指导所的节育指导门诊，每周三上午 9:00—12:00 时，与杨崇瑞医师同时应诊。

（3）1934 年，上海《女青年月刊》（13 卷 9 期）编辑出版“节育与优生专号”，她担任该专号的顾问，表明她在节制生育学界已经有一定的影响。

（4）1935 年秋，在广州召开的中华医学会年会上，沈骥英被指派为节育委员会的委员。后来被正式选举为委员。

（5）1936 年，她将北平节育指导所近 6 年的节制生育指导资料进行整理，并公开发表。[5] 她分析了新病人之来源、每年所诊案例数目、就诊者之年龄、就诊者之职业、就诊者之教育程度、家庭经济情况、结婚年数、怀孕之次数及其存活之儿女数，等等；并统计各种避孕方法之效率，分析其得失。这些研究资料数据要比杨崇瑞所总结的北平节育情况一文，时间跨度长，

---

① 兰安生. 节制生育与中国. 中华医学杂志，1936，22（5）：354.

② 上海特别市市政府公报，委任令 104 号，1929（23）：7.

③ 上海市政府公报，1930（60）：22.（指令 6098 号）.

④ 北平市市政公报，1935（293）：7-8.

⑤ 沈骥英. 北平节育指导所八百五十二例案之研究. 中华医学杂志，1936，22（5）：358-367.

案例多，项目多，是中国近代节制生育指导案例第一个最大样本的报告。

（6）1936年4月，马丁夫人访问北平，她参与组织马丁夫人在协和医院的两次公开讲演等。

（7）抗日战事紧张后，她从北平转到上海，开设私人诊所，以及在平民妇孺医院、卫生实验区等工作中，继续从事节育指导工作。

1939年她在中华医学会模范卫生处节育指导所“每星期六上午九时应诊”，“各医院及医师，如遇贫苦病人欲求节育指导者，请介绍至该会节育指导所”①。她努力参加上海节育研究社的组织调整，参加研究社以及与有关社会团体协作开展的节育指导活动。同年在上海节育研究社重新选举新的执委会中，她被选为节育指导所主任。② 沈骥英还积极参加中国健康协会公共卫生实验区的工作，为该协会的理事，担任节育门诊的指导。③ 太平洋战争爆发，日军进驻英美等租界，实验区的节育指导工作一度停止。到1947年，中华健康协会宣布，从4月11日起，每星期五下午2:00—4:00时，节育指导“由沈骥英医师主持”。④

1942年《女声》记者方媚，到上海平民妇孺医院访问沈骥英后，发表《大众医生沈骥英女士》一文。文章除记叙了医院的规模、“服务为主”的宗旨外，主要记载沈骥英的工作等。文中说：“我对她的感触是朴素而慈善”，“沈医生终年穿布衣，鞠躬尽瘁为民众服务”，“沈医生的工作对象是‘平民’和‘贫民’”等⑤。这些特点非常有助于在底层民众中开展节育工作。

（8）1942年，沈骥英在《中华医学杂志》发表《节育事工之检讨》，将上海新闻卫生实验区、上海平民妇孺医院等指导节育的资料分析讨论，提出“增加及分布全国节育指导所”，“高中学校卫生课程中，对于节育问题亦应加入”，“对于不负责任之男女，政府似应加以干涉”等⑥。该文是了解、研究抗战期间上海生育、节育发展的重要资料。

4. 周钟慧卿

周钟慧卿，闺名钟慧卿，生卒不详。与周明衡结婚后冠夫姓。“在美国

---

① 中华医学会模范卫生处消息. 上海医事周刊. 1939,5(40):1.

② 上海节育会近讯. 上海医事周刊. 1939,5(48):1.

③ 黄嘉德. 中华健康协会的工作. 中华健康杂志,1941,3(4):1-2.

④ 新闻卫生实验区节制生育门诊. 上海医事周刊. 1947,13(7):2.

⑤ 方媚. 大众医生沈骥英. 女声,1942,(7):16.

⑥ 沈骥英. 节育事工之检讨. 中华医学杂志,1942,28(5):158-163.

研究节制生育问题”两年①,1934 年回国。当年正值上海节育研究社和中华妇女节制协会合办上海节育指导所,她被聘请为指导所的主任。她办所的指导思想是:生育节制可以保护母亲的健康;生育节制可以防止疾病的遗传;生育节制能够减轻劳苦家庭的负担;生育节制可以防止打胎、私生子;生育节制能防止人口过剩。② 在周钟慧卿主持节育指导所工作后,到1936 年春,已经在广仁医院、妇孺医院、红十字医院设立节育指导门诊。在周钟慧卿的主持下,上海的节育指导由研究阶段转入节育技术指导实施阶段。抗战爆发后,上海节育指导所业务停止,1939 年 11 月,上海节育研究社恢复活动,她参加研究社的相关工作,被选为执行委员会委员。

5. 王逸慧

王逸慧(1899—1958 年),福建闽侯人,1918 考入福州协和大学,1920 年转入上海圣约翰医学院,1923 年毕业,获博士学位。1924 年到北京协和医院工作,曾经参加孙中山先生手术探查,任助手。1926 年到美国进修,在霍普金斯大学进修妇产科一年余。1928 年回到协和医院,不久任妇产科副主任。1935 年离开协和,到上海医学院任妇产科教授,并在沪开设私人诊所。王逸慧赞同、支持、参加节育工作。1935 年,中华医学会在广州年会上正式承认节育为公共卫生之一,他被指定为节育委员会委员之一。③ 由于中华医学会常设机构在上海,节育委员会成立后的工作,他与学会的联系较多,他以节育委员会委员的身份,与上海节育指导所合作,顺利地组织、参加有关活动。节育委员会作为中华医学会的 12 个委员会之一,例行的工作报告亦是由他代表在年会上宣讲。④

王逸慧与刘宗蕴合著的《避妊法》,1934 年先在《中华医学杂志》发表,第二年出版单行本,这是我国医学专业人员早期的避孕技术节育专著。1936 年 3 月 8 日,山格夫人第二次到沪,欢迎夫人的茶话会在他的诊所中举行。⑤ 王逸慧是 30 年代中期临床医生参加节制生育活动的又一代表性人物。在抗日战争期间,他于法租界内开办难民医院、伤兵医院等。1951 年,他到西安第二陆军医院(第四军医大学前身)任妇产科主任、副院长等。

① 申报,1936-04-08.

② 周钟慧卿. 为什么要办节育指导所//凌集熙. 中华妇女节制协会年刊. 上海:中华妇女节制会,1935:34-36.

③ 兰安生. 节制生育与中国. 中华医学杂志,1936,22(5):354.

④ 中华医学杂志,1937,23(5):634.

⑤ 申报,1936-03-09(8).

6. 孙严予

孙严予，生卒待考。据1948年7月12日《申报》称“主持人为一年已五十余之孙严予女医师”，推测她出生于19世纪90年代后期。孙严予曾经在北平、桂林、重庆、成都、昆明、上海开业（见《最新避孕法》）。她积极推行节制生育，活跃于20世纪40年代后期的上海、南京、杭州等地。

（1）参加建立中国优生节育协进会。该会具体的成立日期和成员、组织条例等不详，已知其总干事为卢洪；从一些报刊的报道以及该会的主要工作——发行节制生育书籍、主办节育指导所等来看，孙严予是该会实际组织领导者。

（2）主持节育指导所。节育指导所是由中国优生节育协进会的名义主办（成立日期不详），注明均由“妇产科专门女医师孙严予”应诊。第一节育指导所设在上海南京西路587号（每日上午10:00—12:00时）；第二节育指导所设在上海南京西路1609号（每日下午2:00—4:00时）。在应诊时间内，还接受电话咨询。

（3）编撰节制生育著作。出版物有《最新避孕法》、《今日避孕法与节育谈》、《今日避孕法与性心理》、《今日节育图解》、《节育以优生》、《今日避孕法与性问题》、《叛逆女人》等。《最新避孕法》一书，自1948年5月至当年10月，出了4版，售出6万册①，可见其影响。孙氏在1949年初将自己有关节制生育的讲稿、与山格夫人的通信等编成《叛逆女人》第一册出版，书中预告计划出版4册，现在仅见第一册出版。②

（4）积极进行节制生育的宣传指导。孙严予非常重视通过广播、座谈会、演讲等宣传节育、优生的重要意义和方法。1948年7月，《申报》报道孙严予在上海“青年会公开演讲4次，呼吁市民应深刻体认优生节育问题之重要”③；1948年12月15日，在上海八仙桥基督教青年会礼堂讲“叛逆女人”。上海中华自由电台设定每日上午9:00—10:00时，为固定的孙严予节育指导专题节目时段。她的节育宣传还扩大到南京、杭州。

（5）开展节制生育活动的国际交流。1948年10月，孙严予给美国节制生育专家山格夫人写信，反映中国节制生育活动的动态等。山格夫人当

---

① 孙严予. 最新避孕法. 出版者不详（封面有“中国优生节育协进会丛书之一”），1948：1.

② 孙严予的著作，从已见的7册来看，6册出版者的标注方面缺失或不清楚。关于丛书的名称也不一致，如“医师孙严予著优生节育丛书……”、“孙严予医师著节育丛书……”、“中国优生节育丛书……”等。各丛书构成，名称不一，从内容来看，有部分将同一内容编于多册之中。

③ 申报，1948-07-12.

年11月10日就给孙医师回信，鼓励她继续努力，指出一千年后节制生育运动及其倡导人将为历史上最有价值之记录。这点将鼓励你，如同鼓励我一样。① 孙严予在她编辑的《叛逆女人》中，发表了山格夫人信的英文原文和中文译文。

孙严予与山格夫人的联系，有利于国际节制生育界了解中国节制生育的情况，中国也能够从国际权威的节育组织和专家处得到鼓励和支持。

(5) 筹备出版《新女性》月刊。在《叛逆女人》第一册编序中，记录了筹备等情况，其中说："女医师孙严予年来旅行京、沪、杭一带，呼吁节育运动，本刊认为这伟大之运动值得宣传，曾派人追随孙医师记录讲词"，"不料京畿已为战火威胁而疏散，初筹备就绪之'新女性月刊社'也随之停止"②。在同一篇文章中，编者又说，孙医师讲演记录"未得出版机会颇觉可惜，乃就所集分别以单印本形式付印。计分四册出版……所以我们预定将这演讲集分为'叛逆女人'一二三四册出版。每月出一册，四个月后，时局比较安定时，我们再开始发行上述之家庭综合性刊物——'新女性月刊'"③。虽然至今没有发现《新女性》月刊，但从上述记录可见，确实有准备出版《新女性》月刊之事，因为战事而停止了。她将资料编辑为《叛逆女人》单行本发行。④

(6) 主要的节制生育观点。《叛逆女人》集中表述了孙严予的节制生育观点：① "提倡女人要能主宰自己的生育机能"⑤；"我之节育运动也可以说是'女人叛逆运动'，而我是叛逆的首魁"；"我深信除非我所提倡之叛逆运动成功，不论法律如何赐予女人与男人同等之权利"，不可能获得真正的解放。② 生育应"晓得先要计划"，如同建造房屋，要考虑是否有能力去买木材等材料，生养子女也应根据自己的条件来考虑安排。③ "世界之人口已超过了粮食及一切财富所能够负担之程度"，应该节制人口增长。④ 节育"是人类了解自然法则，以科学手段控制自然，而创造更接近理想之世界的一个手段"⑥。⑤ 节育是优生的手段，应就"强迫绝育"立法。⑥ 避孕与堕胎不能等同，前者通过避孕，预防成胎，无需打胎，不违法。⑦ 强调她所

---

① 新民晚报，2008-06-08(B5).
② 孙严予. 叛逆女人第一册. 上海：出版者不详，1949:2.
③ 孙严予. 叛逆女人第一册. 上海：出版者不详，1949:2.
④ 孙严予. 叛逆女人第一册. 上海：出版者不详，1949:2.
⑤ 孙严予. 叛逆女人第一册. 上海：出版者不详，1949:2-4.
⑥ 孙严予. 节育以优生. 上海：出版单位不详，优生节育丛书之五，1949:1-2.

推行节育方法"均系依照历届国际优生节育会议之决议案及记录"①。⑧ 批评社会上以提倡节育为名,出售伪劣避孕药品、用品,获取暴利的行为;医学界有责任将科学避孕方法公开传播,人们应该方便得到节育用品。

孙严予是20世纪40年代后期,努力宣传节育和指导节育实践的医界突出人物。中华人民共和国成立后,孙严予继续出版(包括再版)节育著作,努力推行节制生育。在《上海市卫生志》、《上海人口大事记》(1952年9月8日)等文献中都记载:孙严予申请发行避孕书籍和避孕工具,市卫生局转卫生部,经研究准予备案等。

① 孙严予.今日节育图解.上海:出版者不详,中国优生节育协进会丛书之三,1949:目录.

第十七章
节制生育活动伴随战争消长

我国近代节育运动在抗日战争前达到高峰,战争爆发后转入低潮。但抗战期间节育活动并没有完全停止,如延安发动了节育问题的公开讨论。此期间,政府组织人口政策研究委员会,公布《民族保育政策纲领案》,节育方针列入官方的纲领。抗战胜利后,由医务界主导节育活动的格局已经形成。上海颁发结婚健康检查的地方法规,为国内之首创。

一、抗战期间

1. 节育组织及其活动的消退,人口争论继续

七七事变前,时局已动荡,人们关注的中心是民族的存亡,社会、经济、教育等正常工作都被打乱,尤其在华北地区,危机出现更早,许多节育指导活动1936年后期先行中断。当全面抗战爆发后,全国转入抵抗外来入侵者的战时体制,民族生存成为最突出矛盾,一切服从抗战。节制生育方面的工作也不例外,北平节育指导所、上海节育指导所的节育指导活动先后停止,人员也分散,节制生育活动进入了低谷期,有组织的节育活动明显减少。由于出版机构停办、内迁、重组,以及物资匮乏、交通困难等,节制生育类著作、论文发表减少,传播亦受到限制。但支持或反对节育的争论并未停息。主张节育者认为,抗战发生,粮食、物资消耗增加,生养子女加重家庭和社会的负担,影响全力支持抗战,故而应大力推行避孕节育。而反对避孕节育者却认为:“生育无可避免,避育必至疾病”,战争、国防需要增加人口,应该奖励生育,甚至说“凡已经生育二个儿女以上者,国家斟酌以物资奖励其父母”①。这样的争论,引起政府重视人口生育政策的研究,促成《民族保育政策纲领案》的形成。

---

① 王几道.如何防止堕胎.新华日报,1943-04-05.

2. 延安发动节育问题的讨论

1942年3月1日，陕甘宁边区的医药学会、护士学会、水利编委会等联合在延安中央大礼堂举行报告会，请中央医院妇产科主任金茂岳医师作“节育问题”的报告，到会有千余人。同年3月31日，《解放日报》在卫生专栏第6期刊登了他的讲演，主要内容分人类生活的继续发展、人体生殖系统、受孕的时间、婴儿性别之理论、延安中央医院之产科统计、延安生产率为什么较高呢、节育和禁欲不同、避妊问题、避妊方法等八个论题。①后三题直接与节育有关，主要论点有“生理的要求非禁欲所能限制，反之危害更甚”，“节育和禁欲不同”，“反对因产生病，母亲不宜生产者，应行节制生育，意外受孕时应由医生来决定流产或早产与否”，“推迟结婚期限”等。金医生指出避妊方法有“天然避妊法”、“物理的避孕法”、“化学的避妊法”、“永久避妊法”，但“这些方法都不是最安全的”。在金医师的演讲中，还包含当时延安的生育与节育用品供给等信息，如报道1939.9.17—1942.2.28期间，在中央医院产科，共出生698人（男341，女357），产妇在21岁及以下占56%；“坚持晚婚数年的方法，至少在抗战胜利前应该如此”；女性用橡皮子宫帽及男性橡皮阴茎套在延安无处购买。

《解放日报》刊登金的讲演后，引起延安各界的兴趣，纷纷写信给《解放日报》卫生编辑委员会，发表赞成与反对的意见。同年4月19日，在关于节育问题专栏内发表两篇文章，其一，马荔《打胎和避孕的商榷》一文说：“从医学观点来看，除非是因病则刮子宫和结扎输卵管是不必要的。我特别地写这篇文章，希望延安党政军民各界讨论。”②其二，王大可《是节育还是节欲?》一文指出：“生育是自然的现象，不能用不合理的方法去改变他……我们不赞成‘人口论’、‘优生论’、‘禁欲主义’等等现象”；避妊只有在“因妊而有害母体者应该，因妊而引起母体生命危险者应该……一般人没有必要去用化学方法去避妊”，“我们反对人为的节育主义，打破今日延安对抚育小孩的偏见，要提高‘母子之爱’。我觉得用节欲的口号代替节育的口号合理的多”③。这两篇文章都是反对推行避孕节育。

1942年5月18日，《解放日报》卫生专栏发表《我们对“节育问题”应

---

① 金茂岳讲，鲍敬桓记. 节育问题. 解放日报，1942-03-31(4).

② 马荔. 打胎和避孕的商榷. 解放日报，1942-04-19(4).

③ 王大可. 是节育还是节欲? 解放日报，1942-04-19(4).

有的认识》一文,表述了编委的立场。文章指出:"我们边区则正处在被封锁的落后农村环境,物质条件是赶不上革命的需要的";"试问我们在这样具体的时、地、人中间,是否应该实行暂时的节育呢?我们认为是应该的,而且是必要的";"我们是反对那些私自服用堕胎药而不顾生命危险的人们"①。文章根据战争时期的条件,提出多点主张,如"坚持晚婚或分居数年"、"男女双方多注意实行节育方法"等。这反映《解放日报》明确持支持节制生育的立场。

为了使人们更深入了解节育的相关知识,《解放日报》再请金茂岳医师从医学方面阐述节育问题。② 金医师指出:性是本能要求,"一切加以限制的方法,都是违反生理的","为了解决革命青年同志们的这一种苦口的烦闷,我们认为暂时的节育(避妊)'是应该的而且是必要的'"。金医师还明确说"节育就是为了反对打胎和避免打胎",并列出了5点对于"节育的态度和主张":

(1) 青年同志们为了致力于抗战建国事业,应努力工作加紧学习,为抗战胜利而奋斗。

(2) 结婚前请医生检查证明,有病须先治好。

(3) 结婚时期尽推晚几年,以适当的文化娱乐生活代替情欲冲动。

(4) 结婚后尽可能采取节育方法,如遇有病的时候仍须打胎。

(5) 已生的小孩要发□'母爱',抚育和教育他们成为新主人新公民。③

这次在延安关于节育的讨论,在《再谈"节育问题"》刊登后,基本告一段落,除同年6月14日4版刊登"节育(避孕)是否能引起神经的变态?"等2篇问答外,《解放日报》没有再发表关于节育的专文。《解放日报》是中国共产党的机关报,它发起的关于节育问题的讨论,反映了中国共产党与抗日民主政府已认识到,根据战争环境和物质生产条件须控制生育,应引导人民接受并进行避孕节育。

---

① 编委.我们对"节育问题"应有的认识.解放日报,1942-05-18(4).

② 金茂岳述,鲍敬桓记.再谈"节育问题".解放日报,1942-05-29(4).

③ 金茂岳述,鲍敬桓记.再谈"节育问题".解放日报,1942-05-29(4).

3. 政府成立人口政策研究会，提出研究报告

1941年，国民政府社会部成立不久即组织社会行政计划委员会，当年秋，在该委员会下成立人口政策研究委员会，专门研究人口政策问题。这表明政府已经认识到国家应该有明确的人口生育政策，对不同观点的争论进行研究、辨识，提出分析、对策，供决策层参考。人口政策研究委员会的成员大部分为社会、人口、医学界的专家。早期成员：在重庆的委员有陈长蘅（重庆委员组主席）、张鸿均、孙文本、许世瑾（医师）等；在昆明的委员有陈达（昆明委员组主席）、庞京周（医师）、李景汉、潘光旦、吴泽霖等，后来略有变动。由于抗战交通不便，重庆和昆明两地的成员，常常分别举行会议。1942年3月1—3日，重庆委员开会，议决："（一）人口政策之远大目的，（二）人口政策之基本原则，（三）人口政策之范围内容。"[1]1942年3月28—30日，昆明的委员开会，讨论重庆会议提出的各项以及人口政策之实施方案等，内容包括将人口教育列入中小学课程，以及将人口政策立法、增设机关、设立婚姻指导所、提高生育品质等。[2] 到1942年秋，提出《人口政策纲领草案》，草案分"甲、人口政策之远大目的"，"乙、人口政策之基本原则"，"丙、人口政策之主要内容"，三个部分70余条款。其中有："应注重提倡适当之生育……以期人口之合理增加"、"应注意奖励身心健全分子之蕃殖，抑制遗传缺陷分子之生育"、"适当孕育之指导"、"严禁堕胎杀婴"等[3]。

此后，两地分别举行多次会议讨论《人口政策纲领草案》，并在1943年10月20—23日于重庆举行第一次联席会议，由陈长蘅、陈达轮流担任主席。1944年3月5—7日，在重庆举行第二次联合会议（昆明组由陈达代表出席）。经过反复多次讨论修改，1944年3月形成人口政策研究报告——《人口政策纲领草案》，交内政部。陈达在《浪迹十年》内，记述了报告产生过程中一些论点的取删。

> 本会对于我国人口政策，经历次讨论之后，业已拟具研究报告，内有数点或因牵涉党纲与国策，或因引起误会，颇有争执，今简述于下：(1) 有些党政人员误解"总理遗教"，以为孙总理主张我国的人口应有普遍及无条件的增加。余建议以人口适中为根

---

① 陈达. 浪迹十年. 上海：商务印书馆，1946：443.

② 陈达. 浪迹十年. 上海：商务印书馆，1946：443.

③ 中国国民党中央委员会党史委员会. 抗战建国史料——社会建设（一）·革命文献第96辑. 台北：中国国民党中央委员会党史委员会，1983：237-241.

据,采用合理的增加,常被本会采纳,而研究报告即用"合理的增加"字样。(2) 根据前述的误解,有一部分党政人员不赞成生育节制,因此本会的纲领草案向不指出节育,仅于实施方案中说明生育节制(但民国三十四年五月五日六中全会所通过的纲领中,业已指明节育)。(3) 在五中全会时,党中某元老对于性教育(特别是性知识的传授)表示反对。但本会认为此问题有基本的重要性,除文字略加修改外,仍列入纲领草案中①。

人口政策研究委员会的成员中,虽然多数主张节制人口生育,但他们在拟定研究报告时,亦考虑到坚持"总理遗教"的党政人员能够接受的实际可能,以及在人口委员会内也存在看法并不一致(如对人口是否过剩,是否需要节制人口②)等情况,最后正式提交的《人口政策纲领草案》在许多方面是反映不同观点的"折中"产物。如没有直接提出控制人口增长,而采用"合理的增加"的提法。陈达在回忆此事时,对自己所提出的"合理的增加",甚有成功之感③。草案更没有直接提出节育,与以后正式形成的《民族保育政策纲领案》中明确"指导适当之节孕"相比,陈达等人实际上低估了国民党及政府要员中,对于节制人口生育的认识水平。

该会提交的《人口政策纲领草案》,涉及人口数量、质量、婚姻、家庭,移民等多方面的政策。报告中许多思想和条款后来被当局所采纳、引用,对国民党六中全会《民族保育政策纲领案》的形成,起到重要作用。

4. 内政部及国民党的人口政策提案的经过

(1) 1941 年 2 月,内政部主计处召开第一次全国主计会议。陈达所提出的人口普查提案(147 号)获得通过。提案主要力陈人口普查的意义、方法等,指出:"人口问题的基本事实,通常可由现代式的人口普查得之。这些事实对于政治、经济及社会的设施有重要的贡献……至于一国的强弱贫富,大概可由全人口的社会状况表现出来。"④提案没有涉及具体的人口生育政策,但这是在政府部门所召开的人口普查、统计会议上所陈,与学者在一般学术会议上的讨论有显著区别,政府机关立案有经费支持。此次会议促进后续具体政策纲领的研究与产生。

---

① 陈达. 浪迹十年. 上海:商务印书馆,1946:445.
② 如潘光旦在《优生与抗战》中,对人口表示"既不限制亦不鼓励的原则"。
③ 陈达. 浪迹十年. 上海:商务印书馆,1946:445.
④ 陈达. 浪迹十年. 上海:商务印书馆,1946:381.

（2）在国民党五届八中全会上，薛笃弼等17人提出《切实促进卫生建设以改进国民体格增进民族健康案》的提案，1941年4月1日通过。提案主要提出：中国人口死亡率处于非常高的水平，“平均人寿仅三十岁”；“国民生命之损失浩大”；“京沪平津各地学生体格检查，完全健康而无缺点者不及百分之十”①。同时提出“改进国民体格，增进民族健康”等6项办法。该提案就加强卫生行政职能及县乡卫生机构建设提出办法，为推行节育、优生等营造有利的舆论环境。

（3）1941年4月，在国民党中执委五届八次会议上，国民党元老派提出《奖励生育提倡优生发扬民族以固国本案》和《积极奖励生育以期增加人口充实国力案》，明确主张：取缔生育节制之书籍及器药；奖励生育；生子女5人以上者，政府应该发给奖金。这一提案出自国民党高层政治人物，对节制人口生育的发展形成相当大的阻力。提案由于遭到许多方面的反对，而暂行搁置。

（4）1941年12月22日，在国民党九中全会上，通过了陈立夫等10人提出的《请政府明令规定凡一家庭所生子女除三人外其余子女之各级学校教育费用应由政府完全负担以利三民主义人口政策之推行而奖励儿童教育之发展案》。在提案的说明中陈述：

> 查我国人口不能与列强以同等速率增加，其为民族之危险，遗教中谆谆告诫。而自抗战军兴以还，吾将士同胞身殉国难者，数逾百万，故识者对于战后之人口问题，咸致其深切之注意，加以战时生活动荡，一般成年男女，因多延缓结婚，其已结婚者，亦因生活艰难，往往实行节制生育，而以多产子女为累。长此以往，沿习成风，则恐我国人口之数量，或有锐减之虞……对此问题，实应迅筹未雨绸缪之策。②

该提案的核心思想，在于强调总理遗教，奖励人口出生。这对于节制生育的推行，又是一阻力。

（5）1942年，谷正纲、孙科、陈果夫、吴铁城、叶楚伧提出《请立人口政策案》，国民党第五届中央执行委员会第十次全体会议讨论，决议为“交常

---

① 中国国民党中央委员会党史委员会. 中国国民党历届历次中全会重要决议案汇编（二）· 革命文献第80辑. 台北：中国国民党中央委员会党史委员会，1979：165-166.

② 中国国民党中央委员会党史委员会. 中国国民党历届历次中全会重要决议案汇编（二）· 革命文献80辑. 台北：中国国民党中央委员会党史委员会，1979：250-251.

务委员会参考”。该提案认为“近代国家大率以人口政策之确立为第一当务之急”，列举了三个方面的理由，并说：“本部鉴于确立人口政策之重要，妥经延请国内专家学者成立人口政策委员会，从事人口政策纲领之研究，历时数月，初稿始告完成。用特附具该项草案，提供择采”，并附“人口政策纲领草案”①。这草案虽然没有形成正式提案，但让代表们了解人口政策研究委员会研究中的重要观点，如“提倡适当生育”、“适当节孕指导”等，对于日后《民族保育政策纲领案》形成、通过，有积极的推动作用。

5.《民族保育政策纲领案》公布

1945年5月，国民党第六次全国代表大会在重庆召开。通过的决议案分党务、政治、军事、外交、经济、教育、侨务等八个部分。其中，“民族保育政策纲领案”为经济部分的九个项目之一，包括总则、提倡及时婚姻、健全家庭组织、促进适当生育、增进国民健康等十个部分21条。它涉及人口、生育、节育、婚姻、家庭、社会健康等重要的政策，

（1）全文：

（一）总则

一、提倡适当生育，增进国民健康，提高生活标准，减少灾病死亡，以期人口数量之合理增加。

二、鼓励身心健全男女之蕃殖，抑制遗传缺陷分子之生育，革新社会环境，改进生养教育，以期人口品质之普遍提高。

三、调剂人地比率，力求两性平衡，改善职业分配，促进机会均等，以期人口分布之适当调整。

（二）提倡及时婚姻

四、提高法定年龄，明定男未满二十岁女未满十八岁者不得结婚，以矫正早婚之弊害。

五、注意正当性教育，提倡两性间正常社交，实施婚姻介绍，指导婚姻选择，以确保婚姻之美满。

六、改善婚姻之缔结，实施婚后职业介绍，增加婚后生活之公共设备，以鼓励男女之及时结婚。

---

① 中国国民党中央委员会党史委员会. 抗战建国史料——社会建设(一)·革命文献第96辑. 台北：中国国民党中央委员会党史委员会，1983：236-237.

（三）健全家庭组织

七、厉行一夫一妻制，防止遗弃草率离婚，以保障家庭组织之健全。

八、注意家庭教育及亲职教育，培养美满家庭之观念，实施家庭问题之咨询，以期家庭生活之和谐。

（四）促进适当生育

九、鼓励健全夫妻之生育，指导适当之节孕，维护孕妇产妇之安全，以期优良子女之增加。

十、实施婚前体格检查，防治性病，施行遗传缺陷分子之隔离或绝育，以杜不良种子之蕃殖。

十一、普及儿童保育知识，增进儿童福利，以求生养教育之改善。

（五）增进国民健康

十二、改进国民营养，提高生活标准，普及国民体育，推广医药卫生，以期国民体格之增进。

（六）调剂两性比例

十三、矫正重男轻女之积习，力求两性间之待遇平等，以维持两性比例之均衡。

十四、调整乡市间农工业之分配，鼓励移民带眷，以减小区域间两性比例之差别。

（七）调整职业分配

十五、促进工业化，以吸收农业上之过剩人口，扩充适于女性之职业，以增加全国人口之总生产率。

十六、实施计划教育，培养技术人员，推行职业指导与介绍，管制劳力分配，以调节人力之供求。

（八）辅导人口迁徙

十七、平衡改进市乡间之生活状况，实施区域间有计划之迁徙，以求人口之合理分布。

十八、保护外国侨民，实施外侨入境之合理管制，以促成国际间人口流动之互惠平等。

（九）扶植边区人口

十九、普及边民教育，改善边区习俗，发展边民生产事业，推广边民医药卫生，以提高边区文化水准，改进边民生活。

二十、奖励杂居通婚,以加强国族团结。

(十) 防止人口残害

二十一、严禁堕胎杀婴纳妾蓄婢及人口之拐带与租卖,并取缔娼妓,以防止人口之残害。①

(2) 积极影响。

《民族保育政策纲领案》是国民党第六次全国代表大会的决议案,不具备法律效能(该决议案的最后亦说:"交政府有关主管机关妥拟逐步实施办法")。它虽不是政府的正式政策纲领,但鉴于国民党对国家政权的控制,其党的决议实际上被视为国家的政策方针。尽管各派对于纲领作出不同的解析,客观地看,纲领对于节制人口生育,促进社会进步等,有明显的积极影响。

① 将人口生育提到增进国民健康的高度,以"民族保育"为目标,改善民族卫生,求民族体质的健全,人口质量的提高。提出"提倡适当生育","以期人口数量之合理增加"的基本策略,没有再提"总理遗教"和引用孙中山关于鼓励生育的观点。这标志着持人口过剩论和忧虑人口增长过快的学者们对国情的正确判断,已经被决策层所认同,并形成官方的方针政策。

② 在节制生育方面,该纲领提出"指导适当之节孕",这不仅包含认同节制怀孕,更要进行指导。这表明在支持与反对节育的激烈的辩论中,国民党政府的决策层,已经明确支持适度避孕。这非常有利于节育的推行。

③ 纲领"鼓励身心健全男女之蕃殖,抑制遗传缺陷分子之生育","实施婚前检查","施行遗传缺陷分子之隔离或绝育,以杜不良种子之蕃殖","鼓励健全夫妻之生育",等等,表示对优生的重视,将节育与优生紧密联系起来,并强调遗传与环境因素同样影响人口的质量。

④ 纲领要求"提高法定年龄,明定男未满二十岁女未满十八岁者不得结婚"。这对于阻止当时普遍存在的早婚十分必要。但"鼓励男女之及时结婚",对于控制人口过快增长是不利的。

⑤ 国民党六中全会决议中《民族保育政策纲领案》,是执政党的纲领,其作用非一般学者们的研究或倡导的方案所能比拟。该纲领抛开中国几千年以来的主流人口思想——鼓励增加人口的政策,公开主张指导节育,这是很大的进步。尽管这些政策后来贯彻有限,但这一改变为推行节制人

---

① 中国国民党中央委员会.中国国民党历次全国代表大会重要决议案汇编(上).台北:中国国民党中央委员会党史委员会,1978:422-424.

口生育，构建了有利的舆论环境。

二、抗战胜利后

1. 医学界已成为推行节育的主要力量

我国节制生育工作早期主要由教育、社会、出版、妇女等各界知识分子推向社会，医学界人士参与较少。1930 年北平节育指导所成立后，医院、诊所、个人开业医生，逐渐公开参与节育工作，中华医学会节育委员会成立后，医学界参与节育工作的人士更为增多。抗战胜利后，综合医疗机构和私人诊所开展节育指导活动也明显增多，尤其许多私人诊所主动加入节育工作，使得人们寻求节育方法的途径拓宽，到 40 年代中后期医学界已成为推行节育的主要力量。主持中国优生节育协进会工作的孙严予医师工作尤为出色。她在上海、南京、杭州等地，通过电台、讲演会等宣传节育的意义和方法，在医学界和社会上引起热烈反响，有人将孙严予比喻为“中国山额夫人”。她认为：“节育运动非但可以求得个人的幸福，而且关系着家庭社会的安定和失业犯罪的减少，以及国民健康、民族前途，乃至世界和平”，“在目前能多宣传避孕的知识，便可以多减少一分打胎的罪恶行为，而鼓励节育更是安定社会的一种贤明的措施”；并指出“女人必须能够管制自己的生育机能，才能谈到真正的妇女解放”①。

2. 堕胎已经成为节制生育的一种手段

堕胎是当时对于人工终止妊娠的泛称，虽然官方和社会舆论包括节育指导机构、刊物等，都公开表示反对堕胎，但是现实生活中从未停止。尽管堕胎者要冒舆论谴责等风险，但进行堕胎的人还是有增无减。由于堕胎常常是在非公开情况下进行，每年堕胎的人数很难有精确统计。据《中华医学杂志》载文称，“北平某日本医院民国二十四年全年共有堕胎案件八千”②，30 年代尚且如此，到 40 年代在更为“宽松”的条件下，就可想而知。堕胎以往主要为不能公开合法妊娠者，渐渐也成为合法婚姻者为减少子女的一种方法。如 1948 年孙严予医师说：“十年前到我的诊所请求打胎的，大多数是未婚女性，这是为了非正常的关系而结合的受胎，可是十年后的今日，请求打胎的却是正式结婚的夫妇，他(她)们是为了生活困难而要求

---

① 李剑华. 论节制生育问题. 现代妇女，1948(3)：9.

② 兰安生. 节制生育与中国. 中华医学杂志，1936，22(5)：354. 此文堕胎数字可能有误，没有得到佐证。

打胎。"①这反映了到40年代后期,用中断妊娠的办法控制人口出生及生育密度已渐被认同和运用。

3. 将减少人口与"基本国策"、"计划生育"相联系

(1) 1948年,《新路》发表戴世光(1908—1999年,数理统计专家)《论我国今后的人口政策》,概述我国人口状况,认为:"我国人口必须减少","我国人口应减少到两亿","减少人口的原则如能成为国家基本国策,唯一的方法自然是节制生育"②。他是近代学界首先将控制人口与国策相联系,指出节制生育是实施这政策的唯一保证。他从战略高度将减少人口、节制生育与基本国策进行相关联的讨论,这在中国人口生育史上有重要的学术意义。

近年来有些文章说戴世光教授最早提出计划生育为基本国策,似欠完整。仔细斟酌《论我国今后的人口政策》全文及具体的词序词意,应理解为戴世光假设减少人口为基本国策,节制生育是实现这政策的唯一保证,这并不等于戴世光直接提出节制生育为基本国策。

(2) "计划生育"一词一般认为它是20世纪60年代起用的新名词。其实,我国学者在1948年,就论及"计划生育"一词。如1948年12月15日,孙严予在上海基督教青年会礼堂作"叛逆女人"的演讲,"提倡女人要能主宰自己的生育机能","盖一间小房子,我们晓得要先计划",故而应该避免"无计划、无限制的生育"③。讲演者号召女性敢于做旧世界的叛逆者,并有计划地生育。此后,在孙严予优生节育著作中,更进一步明确地提出"计划生育"。如在1949年10月初版的《节育以优生》中,列出《优生节育面面观》目录的第二章,其中就有"计划生育政策之准备"。④ 就目前资料来看,孙严予是最早将"计划生育"作为专业术语使用的人。

4. 上海市颁布有关节育药品的几项法规

从清朝至民初直到抗日战争前,中国没有形成明确的官方的人口生育政策。其基本原因是没有可靠的人口统计数据,且增加人口与减少人口的争论未断。民国初期十余年,南北政令不一,无暇顾及人口生育政策的制

---

① 李剑华.论节制生育问题.现代妇女,1948(3):9.

② 戴世光.论我国今后的人口政策.新路,1948,1(5):3-9。《新路》,又称《新路周刊》,由吴景超主编,1948年5月15日首刊。该刊主要环绕中国社会问题分析评论,撰稿人主要是清华大学教授,如陈达、吴泽霖、吴景超、刘大中、赵守愚、戴时光等。

③ 孙严予.叛逆女人.上海:出版者不详,1949:2-4.

④ 孙严予.节育以优生.上海:出版者不详,1949:目录.

定。此期间，以遵循“总理遗教”，力主增加人口、反对节育，禁止堕胎，在舆论上占有主动地位，对节育的推行阻力甚大。然而，政府没有颁布全国性的法律法规和明确限制减少人口的宣传和推行节制生育的活动。这与同期美国、日本等国家的法律政策相比，我国节育活动有较为宽松的法律政策环境。或者可以说，推行节育的阻力，主要是来自强大的封建道德观和“反对派”的阻力，而不是官方的政策。至于有作者说节制生育被国民政府视为非法，则与实际情况不符。偶有地方干预事例如：

（1）抗战前上海市对节育药品、药具等广告、宣传销售，曾经有过禁止的事例，如1926年，上海市卫生局曾就避孕药片“史斑通”的广告，与上海公共租界工部局、美国驻上海总领事馆等多次换文，要求停止发布。后来，美国药商收到美国驻上海总领事馆的警告后，承诺停止“史斑通”的广告。然而“史斑通”到三四十年代仍然在销售，并在我国甚有影响的《妇女杂志》、《女青年》等反复做广告，称其为制育良药、应验如神；甚至在健康类杂志上著文，宣传其功效和使用价值。① 仅此一种药品也未能禁止，何况其他。

但上海市曾经几度发布、修正取缔淫猥药物宣传品的规定，其中，1934年发布的《修正上海市取缔淫猥药物宣传品暂行规则》共有七条，前二项内容：

一　本市为保护人民健康维持善良风化起见制定本暂行规则取缔诲淫医药及猥亵器物等宣传品之发行

二　凡有左列情形之广告等项刊物均在取缔之列

甲　宣传药物有避孕打胎壮阳等之效验者

乙　宣传医治生殖器病之功能者

丙　其他医药器物之经卫生局指明禁止者②

从当时上海实际情况来看，该规则根本没有能够贯彻执行，涉及取缔之列的广告刊物，并没有遭到处罚、禁止。从《申报》的广告来看，若按第二条甲、乙取缔，该报的广告量减少可能在1/3以上。

（2）在汪伪政府统治上海期间，颁布了《上海特别市取缔医药广告暂行规则》，共14条，比《修正上海市取缔淫猥药物宣传品暂行规则》更为详细。该规则对医疗广告、药品广告明确了准入制度。如：

第一条　凡在本市区内中西药商、医院及医药从业人员以其

① 史斑通在节育上的价值．康健杂志，1937，5（3）：29．

② 上海市政府公报．法规，1934（143）：128－129．

业务或制成品为广告宣传者,应依本规则办理

第二条　凡以文字图画或语言为医药广告者,应先撰拟稿件呈经本市卫生局审查核准后方得发布

……

第五条　医务广告如有左列情形之一者不得发布

一、向未遵照现行法令领有开业证书者

……

四、暗示堕胎者

……

第六条　药品广告如有左列情形之一者不得发布

一、未经许可发售之成药或经禁止使用之药品

二、虚伪夸张或以他人名义保证效能易使人误信者

三、预防性病或避妊、壮阳、堕胎及其他涉及猥亵足以影响善良风俗者

……

第七条　本市各报社、杂志社、电台、戏院等于接受医药广告之稿件时,应查明其是否经卫生局之核准,否则不得予以发布①

(3) 1947 年 8 月 4 日,以 19777 号府令公布《上海市卫生局医药宣传品管理规则》,共 8 条。如:

第一条　凡本市医院医师牙医师、助产士、镶牙生、中西药商以及其他医药从业人员登载或广播及散发宣传品,除别有法令规定外应遵守本规则之规定

……

第五条　医药宣传品不得有虚伪夸张猥亵或违背善良风俗之辞句

第六条　医药宣传品经本局审核后,其文字内容不得擅自增加及更改,并不得藉署证局照或卫生试验所化验结果为其治效之保证②

在 1947 年的管理规则出台后,节育、性病治疗的广告减少,对于不法商人以及低俗的广告等起到抑制作用。但是第五条"虚伪夸张猥亵或违背善

① 上海特别市取缔医药广告暂行规则. 上海特别市政府公报,1944(40):15-16.

② 上海市卫生局医药宣传品管理规则. 上海市政府公报,1947,7(8):331-332.

良风俗”的认定,比较含糊,与前官方的规定不同,没有明确规定避孕用品的宣传为违法。1948—1949年,孙严予在上海、南京、杭州市公开进行节育讲演,在上海举办节育指导所等,《申报》等作了许多报道,当局没有禁止,可见当时节制生育宣传和指导活动始终是合法存在的。到40年代后期,在城市社会生活中,性、节育等话题已非常普遍;节育用品也易购买,甚至一些名人也卷入节育用品的潮流中。①

5. 1948年上海正式颁布《上海市市民婚姻健康检定实施办法》

我国学者对于患遗传性疾病和传染病者,进行生育限制的看法,无论是支持或反对节育者,都有高度的认同。在具体的对策中,进行婚检是重要的一项,也得到广泛的赞同,但是长期没有形成法规。1945年《民族保育政策纲领案》通过,第四部分:“十、实施婚前体格检查,防治性病,施行遗传缺陷分子之隔离或绝育,以杜不良种子之蕃殖”②,促进了各地方推行婚前健康检查。这标志着婚前健康检查从学术层面研究,向行政立法方面推动。上海市卫生局拟订婚前健康检查办法③,后来《上海市市民婚前健康检定实施办法》正式公布,共16条,甚为详细,还制定统一表格,指定12所公私立医院办理,《申报》多次报道④相关消息。这一以政府行政法规形式,提倡结婚前进行健康检查,在上海市取得突破。1949年1月19日,由上海市卫生局发出(经过市六医院保健科检查健康合格)第一份结婚健康证书⑤,这也是全国首份由政府颁发的结婚健康证书。可是,市民对此反映冷淡,至2月,还未发出第二份⑥。可能因为这是一种提倡,并非强制执行,无法律约束之故;同时亦反映人们对于婚姻健康检查意义的认识还很低。

---

① 辛.郁达夫大谈子宫帽.海派,1946(3):5.

② 中国国民党中央委员会.中国国民党历次全国代表大会重要决议案汇编(上).台北:中国国民党中央委员会党史委员会,1978:422-424.

③ 申报,1948-07-11(4).

④ 申报,1948-09-18(4).

⑤ 申报,1949-01-20(4).

⑥ 申报,1949-02-03(4).

附　录

一、大事记

（1840—1949 年）

1853—1856 年

- 汪士铎，《乙丙日记》成书，其中有许多关于人口生育的叙述，指出：人口已快速增长，人多为患是世乱之由，人多致人口质量下降。主张晚婚，鼓励独身；严格限制女孩出生（如用溺婴、严刑），以及用药物断胎绝育等。

1854 年

- 德莱特尔发表《社会科学纲要》，从医学方面证明抑制性欲的危害，主张不要生过多的子女。认为若生育子女比应该生育的子女数更多时，便是一种犯罪。

1866 年

- 德国退职官员基尔希曼，劝告体力劳动者不可有两个小孩，因此被控告而失去官职。

1873 年

- 美国通过孔斯托克（A Comstock）法，包含有禁止邮寄宣传避孕、节育物品的条款。

1877 年

- “马尔萨斯同盟”在伦敦成立。这是主张推行节制生育的第一个团体。

1881 年

- 荷兰阿姆斯特丹成立“新马尔萨斯协会”。

1885 年

- 荷兰女医师雅各布（Alleta Jacobs）开办世界第一所节育指导诊所。

1894 年

- 孙中山上书李鸿章，对中国人满之患极为担忧。

- 英国著名性学家 H. H. Ellis 的早期著作《男人与女人》出版。

1895 年

- 荷兰的避孕节育得到法律承认。

1896 年

- H. H. Ellis 的《性心理学研究录》第一卷出版，至 1928 年《性心理学研究录》7 大卷出齐。

1898 年

- 法国教育家 Paul Robint 推动成立 Universal Federation for Human Regeneration，1900 年起召开多次国际会议。
- 严复编译的《天演论》出版（1897 年先在《国文报》发表）。指出人民在安居之时，人口三十年增加一倍，当土地物产无法供给之时，动乱必然产生；主张各家庭根据经济状况，计划婚嫁、生育。在《天演论》内还提出"物竞天择，适者生存"。国人从该书了解到马尔萨斯人口论。同年发表《保种余义》。

1899 年

- 谭嗣同著《仁学》在日本发表，主张公开进行性教育。

1901 年

- 《戒淫养生种子男女交合新法》等译著出版。

1902 年

- 梁启超在《新民丛报》发表《禁早婚议》，从五个方面详细分析早婚的危害，主张禁止早婚。

1905 年

- 著名性心理学家、奥地利人弗洛伊德《性学三论》出版。

1906 年

- 丁福保译《子之有无法》出版。

1909 年

- 鲁迅在浙江初级师范学堂任教时，向学生公开教授生殖生理卫生，但涉及生殖器名称时，使用符号代替。

1911 年

- 陆费逵在《教育杂志》（3 卷 9 期）发表《色欲与教育》。

1913 年

- 山格夫人创用"Birth Control"一词。

1914 年

- 志厚在《教育杂志》(6 卷 12 期)发表《教育上之色欲问题》。
- 美国医师 W. Robinson 在医学杂志发表宣传节育的论文。
- 山格夫人创办节制生育刊物《妇女的叛逆》(The Women Rebel)。
- 叶德辉编著《双梅景闇丛书》出版。其中《素女经》刊刻于 1903 年。
- 译文《避妊之实行为人种改善之妙策》在《香艳》杂志 4 卷 5 期发表。

1915 年

- 《如意袋》一文在《小说丛报》刊登。

1916 年

- 山格夫人在美国 Brookly 区的 Brownsville 成立该国的第一个节育指导所。
- 11 月,胡适在美国撰《纽约杂诗》中说"生育要制裁,家庭要自由"。

1918 年

- 年初,周作人著文,认为女子经济能否独立,关键是从旧的生育制度解放出来。
- 8 月,鲁迅著文说:所必要者,此后当行节育法也。
- 9 月,陈长蘅著《中国人口论》初版。

1919 年

- 陈寿凡编译《人种改良学》初版。
- 11 月,胡宣明等译《哲嗣学》出版。

1920 年

- 5 月,邵飘萍在《妇女杂志》发表《避妊问题之研究》,是近代最早在期刊上发表长篇专论避孕的文章。
- 潘公展在《教育杂志》(12 卷 10—12 期)发表编译的《巴哥罗底两性教育观》,该文 1925 年由商务印书馆出版同名的著作。
- 《新青年》7 卷 4 期出版"人口问题号"。
- 《马克思主义与达尔文主义》出版。
- 12 月,三无在《妇女杂志》发表《避妊我观》。

1921 年

- M. G. Stopes 在伦敦开设母亲诊所(Mother Clinic),免费给穷苦人指导节育。此前创办 Birth Control New,为宣传节育的机关杂志。
- 美国节制生育联盟(American Birth Control League)成立。出版《节

育评论》(Birth Control Review)。

1922 年

- 4 月,山格夫人到华。4 月 19 日在北京大学作"生育制裁的什么与怎样"的讲演。由胡适翻译,张竞生参加。为我国公开推行节制生育和性教育的先河。
- 4 月中旬,周建人、郑振铎等代表《妇女杂志》社邀请山格夫人访问上海,并作好相关活动的准备。
- 4 月 25 日,胡适在《晨报》刊文宣布:赞成节育者与北京大学校长室或与他本人联系。
- 4 月 25 日,山格夫人到达上海。
- 4 月 27 日,妇女杂志社和学灯社在上海一品香茶馆开会,欢迎山格夫人,商量在沪活动和翻译她的著作等事项。
- 4 月 30 日,山格夫人在上海家庭日新会作"生育节制的重要和方法"的公开讲演。
- 4 月 30 日,《学灯》发行增刊"节育运动号",这是我国报纸发行第一份节育专号。次日山格夫人离开上海。
- 5 月 3 日,《妇女评论》(39 期)发行"生育节制问题号",刊登论文、译文 8 篇,比平时版面扩大一倍。5 月 10 日(40 期)继续发行"生育节制问题号"。陈望道在该刊发表多篇积极主张推行节制生育的文章。
- 约 5 月,中华节育研究社成立,社址在苏州南阳里。
- 6 月,中华节育研究社翻译并出版《生育节制法》。这是我国第一本专论节制生育的著作。
- 6 月,《妇女杂志》出版"产儿制限号"。
- 7 月 29 日,妇女问题研究会宣言正式发表。妇女问题研究会由章锡琛、周建人、胡愈之、周作人等 17 人组成。
- 8 月,王锡珍在《妇女杂志》发表《产儿制限与节欲》,基本论点是反对节制生育。
- 9 月 6 日,《现代妇女》创刊(旬刊)。该刊由中华节育研究社和妇女问题研究会共同举办,是我国第一份节制生育专业性的连续出版物。至 1923 年 8 月 16 日停刊,共出 34 期。
- 10 月,珊格尔夫人著《家庭性教育实施法》出版,封熙卿译。
- 10 月,李达译《产儿制限论》出版。

- 10 月，北京产儿制限研究会发表成立宣言，数次会后，未见有后续活动的报道。
- 11 月，徐傅霖译《生育节制论》出版。
- 12 月，《家庭研究》（上海家庭研究社出版）2 卷 2 期出“产儿制限号”。

1923 年

- 4 月 29 日，《晨报副镌》刊登张竞生的文章，发起关于“爱情定则”的大讨论。梁启超、鲁迅等名人先后发表了评论，引起社会对爱情、婚姻自主等广泛关注。
- 7 月，戴时熙编译《生育节制论》出版（可能与徐傅霖译自同一原著）。
- 8 月，《教育杂志》发行“性教育专号”，刊登 13 篇性教育论文。其中多篇文章后来（1925 年）再分别辑成不同的著作发行。
- 9 月 2 日，在江苏南通，张謇出席‘撤消罗、保两性婚约’的大会。
- 俞凤宾在《中华医学杂志》发表《健康教育之提倡》一文，这是“健康教育”作为专业术语在期刊和著作中首次使用。
- 11 月，中外书局编《实验避妊法》出版。

1924 年

- 1—8 月，孙中山在阐释三民主义的演讲中，认为我国人口增长过缓，美国等列强人口增长快速，百年后有亡国之虑，主张增加人口。
- 4 月，刘雄著《遗传与优生》出版。
- 6 月，陈兼善发表《优生学和几个性问题》，引发此后延续到 1927 年与潘光旦、周建人、章锡琛等人的论争。
- 10 月，胡仲特译《结婚的爱》（Married Love）初版，原著英国斯托普斯（M. C. Stopes）。此后，斯托普斯的这一著作有多种中文同名或不同名的译本。

1925 年

- 1—5 月，周建人与刘以祥在《晨报副镌》展开关于试婚的论争。
- 3 月底 4 月初，潘光旦、陈石孚在纽约参加第六次国际节育大会。
- 5 月，张竞生著《美的人生观》出版。
- 6 月，程浩著《节制生育问题》初版。
- 7 月，陈海澄译《节育主义》初版。
- 8 月，珊格夫人著《女子应有的知识》初版，赵元任夫人译。
- 11 月，《妇女杂志》发表潘光旦《生育限制与优生学》，表达了他早期的节制生育观。

- 司托泼著，潘公展译《明智的父母》出版，宣传节育并介绍方法。
- 陈爽秋编《节育避妊的方法》再版。
- 约夏秋间，杨步伟在北京景山大街开办避孕节育“诊查所”，胡适等表示支持。

1926 年

- 1 月，张竞生在《美的社会组织法》（一版）中，表述他的节育思想。提出“超生”纳税，支持避孕失败后的堕胎，主张减少人口总量等。
- 3 月，谢元范在《现代评论》著文批评孙中山人口观，引发与罗齐南等论争。
- 3 月，杨步伟开办的节育“诊查所”于 3.18 事件后，在胡适等建议下关闭。
- 4 月，张竞生著《性史》第一集出版，发行后遭到普遍的谴责。
- 夏秋，张竞生到上海，开办“美的书店”，出版性学著作，宣传“试婚制”、“第三种水”等，引起社会舆论大哗。
- 9 月，怀甡叔译述《妊娠避妊与育儿》初版。
- 11 月，《小学校的健康教育》一文在《教育杂志》（11 期起）发表。这是近代学校健康教育最早的正式报道。

1927 年

- 1 月，《新文化》第一期发行。张竞生通过该刊，除发表主张女权以及 H. Ellis 的性学译著外，用大量篇幅宣传他的性学思想，如“神交”等，并展开与其他学者的论战。自此张竞生被称为大淫棍，到 1928 年在上海已难立足，再度去法国。
- 吴瑞书译《两性生殖学》出版。
- 彭兆良译《科学的生育》初版。

1928 年

- 4 月，汪企张著《避孕法》（第 4 版）出版。
- 7 月，许仕廉在纽约会见山格夫人。
- 10 月，周宪文译《限制生育的理论与实际》出版。

1929 年

- 3 月，胡仁夫人译《节育实施》出版。
- 5 月 24 日，教育部转发卫生部“学校卫生实施方案”。
- 6 月，桑格夫人著，《性教育的示儿编》出版，赵荫棠译。

- 6 月,关熙和译《子女选孕法与自然避孕法》初版,充斥伪科学观点。
- 7 月,高希圣著《产儿制限 ABC》出版。
- 10 月 26 日,教育部转发卫生部“学校卫生教育实施方案”。这是官方明文规定学校开展性教育之始。

1930 年

- 2 月,北平妇婴保健会成立,同时开办其所属的北平节育指导所,开展节育技术指导。北平节育指导所是我国最早的节育专业指导机构。
- 2 月,杨崇瑞主持北平节育指导所的节育技术指导工作。这是医学界参加有组织的节育技术指导实践之始。
- 5 月,上海节育研究社成立,但未立即开展工作。
- 8 月,陈长蘅著《三民主义与人口政策》出版。这是人口著作中集中论述节制生育政策比较突出的一部。
- 许仕廉著《中国人口问题》。

1931 年

- 4 月 15 日,鲁迅给友人的信中说:此后当行节育法也。惟须不懈,乃有成效。
- 5 月 15 日,《优生月刊》在上海创刊,次年 3 月停刊,共出 8 期。这是我国第一个优生专业刊物。
- 5 月 30 日,赫希菲尔德(M. M. Hirschfeld)在北平医学院作性学公开演讲。该年春夏期间在我国广州、上海等城市访问、讲演,共约 10 周。离开我国后,著《男人与女人》,其中记述在中国所见,约 50 页,占全书 1/6。
- 方晓菴著《生活与生育》出版。

1932 年

- 1 月,屠镇川编著《健康教育》一书初版。这是我国以健康教育为书名的首册著作。
- 1 月,北平妇婴保健会组织经过调整、扩充,成员增加,力量增强。
- 4 月 3 日,《北平晨报人口副刊》创刊。每月一期,连续发行到抗战前。每期约 8 000 字,节育文章约占 2/3 以上。这是近代连续发行时间最长的节育专刊,也可称为近代唯一的人口专刊。前三年由陈达主编。目前发现最晚的是 1937 年 3 月 8 日出版的第 47 期。由于有 2 个 42 期,故实际出版 48 期,整 4 年。

- 5 月 12 日，美国上议院举行关于取消 Comstock 法禁止宣传避孕等条款的听证会。杨步伟、赵元任时在美国，应山格夫人的邀请出席。会后杨步伟即将会议内容整理寄回国内，8 月《人口副刊》全文刊登她的来信。
- 羽太锐治著《避妊要领》出版(3 版)，式隐译。

1933 年

- 2 月 18 日，北平《实报》开辟“节育讯”专栏。此后，每月 18 日发刊，由北平妇婴保健会编辑。
- 3 月，南京中央医院妇科主任在报纸公开表示，接待有志节育者。
- 5 月，周建人著文说，取下胎儿与残杀生命不同，即不认为堕胎就是杀婴。
- 5 月，沈骥英开始参加北平节育指导所的节育技术指导。
- 5 月 7 日，《北平晨报》发表《北平节育运动》一文，报道 153 例节育者的年龄、职业、受教育水平等情况，未包括节制生育方法、效果的分析。
- 6 月，严与宽编著《节育的理论与方法》再版(初版不详)。
- 6 月，《最新节育的精义和实施》出版。作者不详，新文化编译社出版。
- 9 月，沈石顽译《生育限制法》初版。
- 11 月，“平教总会”在定县开始宣传节制生育。同月在县保健院设立生育节制特别展览室，并在约 50 个村开展节育宣传指导，选择青年农民试用节育用品等。
- 11 月，蛮石著《节育的实施》初版。
- 12 月 3 日，雷洁琼著《社会服务与节育运动》在《北平晨报》发表，指出社会服务在推行节育运动中的重要性。
- 12 月，北平妇婴保健会在北平社会局正式立案。
- 杨崇瑞撰《北平的节育情况——北平母亲保健会第一次报告》，记述了该会成立、组织机构以及 1930 年 3 月—1933 年 2 月期间节育指导例案的分析等。
- 缪端生著《产儿调节之理论与实际》出版。

1934 年

- 1 月 7 日，《北平晨报》刊登北平妇婴保健会章程。
- 2 月 25 日，北平《全民报》，开辟“节育须知”专栏，此后，每月 25 日出刊。由北平妇婴保健会编辑。

- 6 月 3 日,《人口副刊》发表高君哲《社会个案工作与节育指导所》一文,指出当时北平许多社会团体在进行社会个案调查,强调该工作在节育指导所应用及意义。
- 7 月 1 日,苏汝江著《中国的节制生育运动》发表,论述了从山格夫人来华至 1934 年节制生育的发展历程,分 3 期在《人口副刊》发表。全文约 20 000 字,是研究中国近代节制生育的重要文献。
- 8 月,北平妇婴保健会在北平西城区第二卫生事务所内设立售药分所,出售节育用品。
- 8 月,《性的教育》初版。原著 H. Ellis,潘光旦译。这是一本有影响的译著,以后又再出版。1943 年,同一原著、同一译者、同一出版社,用《健康教育论》为书名出版。
- 8 月,陈达著《人口问题》出版。
- 8 月,王逸慧等《避妊法》在《中华医学杂志》发表。
- 9 月,《女青年月刊》发行“节育与优生专号”。该期内刊登:《中国节制生育运动史》(作者苏汝江)、《北平节育指导所实况》(作者田贵銮)等,含有丰富的节制生育活动史料。
- 9 月,许仕廉编《人口纲要》出版。
- 11 月,中国近代第一份生育专题问卷调查《节育与已婚知识妇女》一文的中文版在《北平晨报》发表。作者沪江大学教授 Lamson,张折桂译。英文稿已在 1933 年《中华医学杂志》英文版 5 期刊登。
- 12 月,《健康生活》(天津健康生活社出版)2 卷 3 号出节育专号。
- 上海节育研究社恢复活动,与由刘王立明任总干事的中华妇女节制会合作,开办上海节育指导所。
- 南京鼓楼医院开设节育指导科。
- 定县实验区卫生教育部派员在该县 15 个村访问 835 户家庭,宣传节制生育。

1935 年

- 1 月,王逸慧等编著《避妊法》出版。
- 1 月,《华年》从当年第一期起,每期设立“优生副刊”栏目(除个别情况外),至 1937 年 7 月 12 日 26 期后停刊。“优生副刊”未单独编号。
- 5 月,黎振寰编《实验避妊术》出版。

- 6 月，钱担青编《性医学》初版。这是国人所撰的第一本性医学专著。此后到 1949 年底，再没有出版过性医学专著。该书到 1950 年 7 月底已出至 6 版。
- 7 月 7 日，北平妇婴保健会第二次报告发表。
- 秋，北平妇婴保健会向中华医学会年会提出，中国医学界应该公开承认节制生育为公共事业之一种的提案。当年中华医学会第十一次大会通过，并筹备成立'节育委员会'，指定王逸慧等为委员，节制生育正式成为公共卫生的分支学科。
- 王君纲编译《避孕新术》出版。

1936 年

- 3 月 2 日，《北平晨报》刊登陈达教授考察苏联、德国的节育动态。后来在陈达所著的《浪迹十年》(1946 年出版)中，对此还有比较详细的叙述。
- 3 月 8 日，山格夫人第二次来华后，因病返美，途中船经沪停留(不足 24 小时)。上海节育研究社、上海节育指导所(周钟慧卿等)代表到轮船上迎接，并请至王逸慧诊所出席茶话会。当晚返轮，次晨船离沪。
- 4 月 5 日，马丁夫人到沪，伍连德、周钟慧卿等到码头迎接。7 日下午在上海女青年会作"人口问题与节制生育"的公开讲演。
- 4 月，上海节育指导所已经在沪设立了三处节育指导诊所。
- 4 月 14 日，马丁夫人到南京，在中央医院作节育讲演。17 日赴津，20 日在天津女青年会作"节育与健康"的讲演。
- 4 月 21 日，马丁夫人到北平，杨崇瑞、雷洁琼等 4 人到火车站迎接。至 5 月 3 日马丁夫人离平，此期间各项活动由北平妇婴保健会安排。

  马丁夫人在北平期间，作过多次讲演、参观、座谈等活动，包括在协和的两次的公开演讲等。《北平晨报》、《世界日报》作了跟踪报道。此后《女青年月刊》、《人言周刊》等发表多篇反对马丁夫人的文章。
- 5 月，《中华医学杂志》5 期辟有"生育节制"专栏，共刊登节制生育论文 3 篇。兰安生、翟淑慧等有教会背景的医师著文公开支持节制生育。
- 5 月，沈骥英《北平节育诊所八百五十二例案之研究》刊登在《中华医学杂志》，这是我国第一组大样本节制生育指导例案的分析。

1937 年

- 3 月，史济本译《节育原理及方法》出版。
- 5 月，瓒璋著《节育问题》出版。
- 6 月，中国健康学会编《现代节育法》出版。

1938 年

- 10 月，许晚成著《男女避孕法》初版。

1940 年

- 9 月上海节育研究社出版《节育季刊》。仅见 1 期。

1941 年

- 国民政府在社会部内成立“人口政策研究委员会”。
- 卫生研究社编，苏海若编辑《实验避妊术》出版。

1942 年

- 3 月，金茂岳医师在延安千人大会上作“节育问题”的报告。
- 5 月，延安《解放日报》发表《我们对“节育问题”应有的认识》，主张避孕、节育、晚婚。
- 5 月，沈骥英在《中华医学杂志》发表《节育事工之检讨》。
- 人口政策研究委员会多次开会，年末拟定“人口政策纲领草案”。

1943 年

- 潘光旦在《优生与抗战》中，对于人口主张“既不鼓励亦不限制的原则”。

1945 年

- 5 月，中国国民党六中全会在重庆召开，通过的《民族保育政策纲领案》中，关于人口、生育有许多新的积极的提法，如：“提倡适当生育”、“指导适当之节孕”、“实施婚前检查”、“施行遗传缺陷分子之隔离或绝育”，等等。

1946 年

- 阴毓章在《十年来妇产科之进步》一文中说，节育工作开展是妇产科的一项进步。
- 中央设计局编订《民族保育政策初步实施办法纲要》。

1947 年

- 陈达在美国用英文发表《现代中国人口》。
- 费孝通著《生育制度》，说以前是支持节制生育，而现认为“多设几个节育指导所是舍本求末”。

1948 年

- 5 月,孙严予著《最新避孕法与性问题》出版。
- 6 月,郭泉清著《实用避孕法》出版。
- 约 7 月,中国优生节育协进会在上海成立,主持人为孙严予。孙严予于 1948—1949 年期间,在上海、南京、杭州等多次作节育的讲演,制造、出售节育用品。
- 11 月,孙严予著《最新避孕法》出版。
- 11 月,孙严予收到山格夫人的复信和附赠的夫人的近影和书籍。
- 上海卫生局颁布《上海市市民婚前健康检定实施办法》。
- 戴世光在《新路》发表《论我国今后的人口政策》,提出“减少人口的原则如能为国家基本国策,唯一的方法自然是节制生育”。

1949 年

- 3 月,孙严予著《叛逆女人》出版。
- 5 月,黄裕纶编著《最新生育节制不育症疗法合编》出版。
- 孙严予著作在 1949 年出版的尚有:《今日避孕法与性心理》、《今日节育图解》、《今日避孕法与节育谈》、《节育以优生》等。孙严予在著作中使用“计划生育”一词。

二、主要参考文献

(一) 著作

A

- 安部矶雄. 产儿制限论. 李达,译. 上海:商务印书馆,1922.
- 安部矶雄. 限制生育的理论与实际. 周宪文,译. 上海:群众图书公司,1928.
- 安克强. 1927—1937 年的上海:市政权、地方性和现代化. 张培德,等,译. 上海:上海古籍出版社,2004.
- 安克强. 上海妓女:19—20 世纪中国的卖淫与性. 袁燮铭,夏俊霞,译. 上海:上海古籍出版社,2004.
- 霭理士. 性心理学. 潘光旦,译. 上海:商务印书馆,1997.

- 霭理士. 性的教育. 潘光旦,译. 上海:青年协会书局,1934.
- 霭理斯. 爱的艺术. CC,译. 北新书局,1929.
- 霭理斯. 爱的丛书. 金镜华,译. 张竞生编. 上海:美化出版社,1926.
- 霭理斯(H. HEliis). 科学的生育. 彭兆良,译. 上海:民新书局,1927.
- 爱司琼夫人. 子女选孕法与自然避孕法. 关熙和,译. 上海:人生研究社,1929.

B

- 班固. 汉书·王吉传. 北京:中华书局,1962.
- 班纳科克. 马克思主义与达尔文主义. 施存统,译. 上海:商务印书馆,1922.
- 包世臣. 安吴四种//沈云龙主编. 近代中国史料丛刻(294 册). 台北:文海出版社,1973.
- 北京图书馆编. 民国时期总书目·医药卫生、自然科学. 北京:书目文献出版社,1995.
- 北京图书馆编. 民国时期总书目·社会科学(总论部分). 北京:书目文献出版社,1995.
- 北京图书馆编. 民国时期总书目·教育、体育. 北京:书目文献出版社,1995.
- 本间久雄. 妇女问题十讲. 章锡琛,译. 上海:上海妇女问题研究会,1924.
- 伯纳德·阿斯贝尔. 避孕药片——一个改变世界的药物传奇. 北京:东方出版社,2000.

C

- 陈长蘅. 三民主义与人口政策. 上海:商务印书馆,1930.
- 陈长蘅. 中国人口论. 8 版. 上海:商务印书馆,1928.
- 陈长蘅,周建人. 进化论与善种学. 上海:商务印书馆,1923.
- 陈达. 人口问题. 上海:商务印书馆,1934.
- 陈达. 浪迹十年. 上海:商务印书馆,1946.
- 陈达. 现代中国人口. 廖宝昀,译. 天津:天津人民出版社,1981.
- 陈永生. 高校健康教育教程. 上海:华东师范大学出版社,1992.
- 陈海峰. 中国卫生保健史. 上海:上海科技出版社,1993.
- 陈爽秋. 节育避妊的方法. 经纬书局,1925.

- 陈鼓应. 老子注译及评价. 北京:中华书局,1984.
- 陈平原. 老北大的故事. 南京:江苏文艺出版社,1998.
- 陈意. 家事. 上海:商务印书馆,1933.
- 陈万雄. 五四新文化的源流. 北京:生活·读书·新知三联书店,1997.
- 陈春山,朱怀祖. 卫生法令丛书. 台北:五南图书出版有限公司,1994.
- 陈兴唐. 中国国民党大事典. 北京:中国华侨出版社,1993.
- 陈明光. 中国卫生法规史料选编(1912—1949.9). 上海:上海医科大学出版社,1996.
- 陈东原. 中国妇女生活史. 上海:商务印书馆,1937 年再版.
- 陈顾远. 中国婚姻史. 上海:商务印书馆,1936.
- 陈无我. 老上海三十年见闻录. 上海:上海书店出版社,1997.
- 程浩. 节制生育问题. 上海:亚东图书馆,1925.
- 程德培,等. 1926—1949 良友人物. 上海:上海科学出版社,2004.
- 程瀚章. 学校卫生论. 上海:商务印书馆,1930.
- 柴福沅. 性学 ABC. 世界书局,1928.
- 柴福沅. 性教育. 世界书局,1928.
- 蔡尚思,方行. 谭嗣同选集·下册(增订本). 北京:中华书局,1981.
- 蔡元培. 孑民自述. 南京:江苏人民出版社,1999.
- 蟾侪. 最新结婚学. 中国图书公司和记,1915.
- 常崇煊. 海峡两岸中国人口研讨会论文集. 北京:中国人口出版社,1992.

D

- 董仲书. 春秋繁露//四部丛刊初编(一〇). 上海:上海古籍出版社,1989.
- 董任坚. 性的教育. 儿童书局,1933 年.
- 杜佑. 通典. 北京:中华书局,1988.
- Davenport. 哲嗣学. 胡宣明,杭海译. 中华教育联合会,1919.
- 大川浩. 生育限制法. 沈石顽,译. 上海:昌明书局,1933.
- 大本斋主. 天演论驳义. 上海:土山湾书馆,1923.
- 邓明以. 陈望道传. 上海:复旦大学出版社,2005.
- 达尔文. 达尔文物种原始. 马君武,译. 中华书局,1920.

- 德拉日,等. 鸡霍乱. 朱洗,译. 分歧山书店,1929.
- 邓铁涛,程之范. 中国医学通史 · 近代卷. 北京:人民卫生出版社,2000.

E

- 厄尔力斯. 女子的性冲动. 夏斧心,译. 北新书局,1927.

F

- 冯春龙. 国民党中常委最后归宿 · 第一卷. 北京:华文出版社,2005.
- 房玄龄,等. 晋书 · 四. 北京:中华书局,1974.
- 房玄龄,等. 晋书 · 八. 北京:中华书局,1974.
- 方晓庵. 生活与生育. 文化学社,1931.
- 方万邦. 健康教育. 重庆:商务印书馆,1943.
- 费孝通. 生育制度. 上海:商务印书馆,1947.
- 费孝通. 乡土中国生育制度. 北京:北京大学出版社,1998.
- 复旦大学语言研究室. 陈望道文集 · 第一卷. 上海:上海人民出版社,1979.
- 范晔. 后汉书. 北京:中华书局,1965.
- 伏枥. 竞存论略. 开明书店,1940.
- 傅学文. 邵力子文集 · 下册. 北京:中华书局,1985.

G

- 管仲. 管子 // 四库全书(729 册)上海:上海古籍出版社(影印),1987.
- 国家人口和计划生育委员会. 中国人口和计划生育史. 北京:中国人口出版社,2007.
- 广东社会科学院历史研究室. 廖仲恺集. 北京:中华书局,1963.
- 光复书局大美百科全书编辑部. 大美百科全书. 台北:光复书局企业股份有限公司,1991.
- 高国藩. 中国民俗探微. 南京:河海大学出版社,1993.
- 高平叔. 蔡元培年谱长编 第一卷. 北京:人民教育出版社,1998.
- 高希圣. 产儿制限 ABC. 世界书局,1929.
- 高畠素. 社会主义与进化论. 夏丏尊,李继桢,译. 上海:商务印书馆,1922.
- 高杰. 健康教育. 正中书局,1936.
- 高罗佩. 中国古代房内考. 李零,等,译. 上海:上海人民出版社,1990.

- 高罗佩. 秘戏图考. 杨权,译. 广州:广东人民出版社,1992.
- 郭任远. 心理与遗传. 上海:商务印书馆,1929.
- 郭泉清. 实用避孕法. 家杂志社,1948.
- 郭泉清. 中国医学百科全书 · 计划生育. 上海:上海科学技术出版社,1983.
- 顾鸣盛. 最新种子法. 文艺编译社,1915.
- 耿云志. 胡适遗稿及秘藏书信(35 册). 合肥:黄山书社,1994.
- 葛红兵,宋耕. 身体政治. 上海:三联书店,2005.
- 葛剑雄. 中国人口史第一卷. 上海:复旦大学出版社,2002.
- 盖司脱(H. J. Gerster). 科学的生活法. 邵森棣,译. 重庆:文信书局,1942.

H

- 韩非. 韩非子 · 五蠹//四库全书(729 册). 上海:上海古籍出版社,1987.
- 胡绳武. 清末民初历史与社会. 上海:上海人民出版社,2002.
- 胡适. 白话文学史. 上海:新月书店,1929.
- 胡适,等. 中国问题. 上海:新月书店,1932.
- 胡定安,何焕奎. 新中华健康教育. 新国民书社,1932。
- 胡定安,谢筠寿. 性欲卫生. 上海:商务印书馆,1925.
- 胡锦华. 岁月如歌——中国健康教育发展侧记. 北京:北京大学医学出版社,2006.
- 胡平生. 孝经译注. 北京:中华书局,1996.
- 洪亮吉. 洪北江全集 · 卷诗阁文甲集卷第一. 授经堂重刻本,1887.
- 洪瑞钊. 革命与恋爱. 民智书局,1928.
- 洪治纲. 胡适经典文存. 上海:上海大学出版社,2004.
- 赫胥黎. 天演论. 严复,译. 上海:商务印书馆,1933.
- 侯杨方. 中国人口史(· 第六卷). 上海:复旦大学出版社,2001.
- 侯耀东. 计划生育领导工作全书. 北京:中华工商联合出版社,2000.
- 黄延复. 水木清华——二三十年代清华校园文化. 桂林:广西师范大学出版社,2001.
- 黄裕纶. 最新生育节制不育症疗法合编. 上海:春申诊疗所,1949.
- 黄嘉音. 山额夫人自传. 上海:西风社,1940.
- 何景文. 中学生婚姻指导. 上海:中学生书局,1932.

- 何丽英. 爱河中一百对怨偶. 机杼出版社,1933.
- 和涅部禄(Hornibrook). 节育实施. 胡仁夫人,译. 1929.
- 昊尔. 完璞巽言. 谢洪赉,译. 上海:青年协会书局,1926.

J

- 蒋梦麟. 蒋梦麟自传. 北京:团结出版社,2004.
- 蒋乃镛. 革命的婚姻论. 华洋印务局,1937.
- 姜德明. 周作人书话·上下身. 北京:北京出版社,1996.
- 教育部. 师范学校课程标准. 上海:中华书局,1934.
- 教育杂志社. 巴哥罗底两性教育观. 上海:商务印书馆,1925.
- 教育杂志社. 青年之性的卫生及道德. 上海:商务印书馆, 1925.
- 教育杂志社. 性教育的理论. 上海:商务印书馆,1925.
- 教育杂志社. 性教育的概论. 上海:商务印书馆,1925.
- 教育杂志社. 性教育与学校课程. 上海:商务印书馆,1925.
- 教宗比约十一. 婚姻通牒. 公教教育联合会,1930.
- 金仲华. 妇女问题. 上海:商务印书馆,1933,
- 金满成. 情人制的思想. 新宇宙书店,1930.
- 金良年. 论语译注. 上海:上海古籍出版社,1995.
- 金启华. 诗经全译. 南京:江苏古籍出版社,1984.
- 金启华,朱一清,程自信. 诗经鉴赏辞典. 合肥:安徽文艺出版社,1990.
- 杰西·格·卢茨. 中国教会大学史. 曾钜生,译. 杭州:浙江教育出版社,1987.
- Judge Lindsey. 伴侣婚姻. 若虚,节译. 上海:良友图书印刷公司,1933.
- 江苏地方志编纂委员会. 江苏省志·计划生育志. 南京:江苏古籍出版社,1999.

K

- 柯象峰. 现代人口问题. 正中书局,1934.
- 科学名词审查会. 遗传学进化论术语、术语补遗、分类名词补遗、分科名词. 科学名词审查会,1924.
- 课程教材研究所. 20 世纪中小学课程标准·教学大纲汇编:自然·社会·常识·卫生卷. 北京:人民教育出版社,1999.
- 课程教材研究所. 20 世纪中小学课程标准·教学大纲汇编:生物

卷. 人民教育出版社,1999.

- 康有为. 大同书. 李似珍,评注. 郑州:中州古籍出版社,1998.

L

- 鲁迅. 鲁迅全集(第一卷). 北京:人民文学出版社,1981.
- 鲁迅. 鲁迅全集(第十二卷). 北京:人民文学出版社,1981.
- 《李达文集》编辑组. 李达文集(第一卷). 北京:人民出版社,1980.
- 李景汉. 北京郊区乡村生活调查札记. 上海:三联书店,1981.
- 李文海. 民国时期社会调查丛编·人口卷. 福州:福建教育出版社,2004.
- 李文海. 民国时期社会调查丛编·婚姻家庭卷. 福州:福建教育出版社,2005.
- 李文海. 民国时期社会调查丛编·社会组织卷. 福州:福建教育出版社,2005.
- 李文海. 民国时期社会调查丛编·底边社会卷. 福州:福建教育出版社,2005.
- 李文海. 民国时期社会调查丛编·乡村社会卷. 福州:福建教育出版社,2005.
- 李文海. 民国时期社会调查丛编·少数民族卷. 福州:福建教育出版社,2005.
- 李觏. 易论第一//四库全书(1095册). 上海:上海古籍出版社,1987.
- 李觏. 安民策第十//四库全书(1095册)上海:上海古籍出版社,1987.
- 李宗正. 马尔萨斯主义. 北京:商务印书馆,1962.
- 李中清,郭松义,定宜庄. 婚姻家庭与人口行为. 北京:北京大学出版社,2000.
- 李中清,王丰. 人类的四分之一:马尔萨斯的神话与中国的现实. 北京:生活·读书·新知三联书店,2003.
- 李卫武. 中国:跋涉世纪的大峡谷——生存·发展·困境. 武汉:湖北人民出版社,1997.
- 李华兴. 民国教育史. 上海:上海教育出版社,1997.
- 李·希尔佛. 复制之谜. 李千毅,庄安琪,译. 长沙:湖南科技出版社,2000.

- 李梦生. 中国禁毁小说百话. 上海:上海古籍出版社,1994.
- 李经纬,鄢良. 西学东渐与中国近代医学思潮. 武汉:湖北科学技术出版社,1990.
- 李经纬,等. 中国古代文化与医学. 武汉:湖北科学技术出版社,1990.
- 梁启超. 饮冰室合集・文集之七. 上海:中华书局,1941.
- 梁启雄. 荀子简释. 北京:中华书局,1983.
- 卢建荣,林丽月. 中国文化史. 台北:五南图书出版有限公司,2002.
- 廖育群,等. 中国科学技术史・医学卷. 北京:科学技术出版社,1998.
- 黎振寰. 实验避妊术. 上海:四明书店,1935.
- 黎难秋. 中国科学文献翻译史稿. 合肥:中国科学技术大学出版社,1993.
- 林昭音. 男女性之分析. 上海:商务印书馆,1925 年.
- 刘志琴. 近代中国社会变迁录(二卷). 杭州:浙江人民出版社,1998.
- 刘雄. 遗传与优生. 上海:商务印书馆,1929.
- 刘昫,等. 旧唐书(第八册). 北京:中华书局,1974.
- 刘达临. 世界当代性文化. 上海:三联书店,1999.
- 刘达临. 20 世纪中国性文化. 上海:三联书店,2000.
- 刘大椿,吴向红. 新学苦旅. 南昌:江西高校出版社,1995.
- 刘海鸥. 从传统到启蒙:中国传统家庭伦理的近代嬗变. 北京:中国社会科学出版社,2005.
- 罗世嶷. 科学的家庭. 上海:中华书局,1927.
- 罗敦伟,易家钺. 中国家庭问题. 北京:北京大学家庭研究社,1921.
- 罗素. 中国问题. 秦悦,译. 上海:学林出版社,1996.
- 拉萨诺夫. 共产主义与性爱、结婚、家族问题——马克思、恩格斯见解的发展. 任白涛,译. 言行出版社,1938.
- 雷辛格,等. 六十亿人口的警示. 朱爱萍,等,译. 北京:中国农业出版社,2002.

M

- 孟子. 尽心上//四部丛刊初编(八). 上海:上海书店,1987.
- 墨子. 节用上. //四部丛刊初编(七一). 上海:上海书店,1989.

- 墨子. 辞过. //四部丛刊初编(七一). 上海:上海书店,1989.
- 墨海书馆编. 全体功用问答. 编者刊,1888.
- 梅生编. 妇女年鉴. 上海:新文化书社,1925.
- 马端临. 文献通考·户口考一. //四库全书(610 册)上海:上海古籍出版社,1987.
- 马尔萨斯. 人口原理. 朱泱,等,译. 上海:商务印书馆,1992.
- 马尔萨斯. 人口原理. 子箕,译. 上海:商务印书馆,1961.
- 马尔萨斯. 人口论. 郭大力,译. 上海:世界书局,1933.
- 玛丽斯托泼. 现代节育法. 中国健康学会,编. 上海:健康生活社,1937.
- 马格兰忒山额. 生育节制法. 中华节育研究社,译. 中华节育研究社,1922.
- 马利士笃(M. C. Stopes). 夫妇良箴. 伍连德,译. 上海:英商别发有限公司,1926.
- 马雷孙. 节育原理及方法. 史济本,译. 正中书局,1937.
- 缪名春,刘巍. 老清华的故事. 南京:江苏文艺出版社,1998.
- 缪端生. 产儿调节之理论与实际. 新亚书局,1933.
- 缪勒利尔. 婚姻进化史. 叶启芳,重译. 上海:商务印书馆,1935.
- 蛮石. 节育的实施. 上海:新文化编译社,1933 年.

O

- 讴歌. 协和医事. 北京:生活·读书·新知三联书店,2007.

P

- 普雷斯. 人口原理的说明和例证. 对外贸易学院,译. 北京:商务印书馆,1963.
- 潘光旦. 优生与抗战. 重庆:商务印书馆,1943.
- 潘光旦. 中国之家庭问题. 上海:新月书店,1929.
- 潘光旦. 优生原理. 观察出版社,1949.
- 潘光旦,译. 性的教育. 上海:青年协会书局,1934.
- 潘乃穆,潘乃和. 潘光旦文集(第八卷). 北京:北京大学出版社,2000.
- 潘乃穆,潘乃和. 潘光旦文集(第九卷). 北京:北京大学出版社,2000.
- 潘乃穆,潘乃和. 潘光旦文集(第十一卷). 北京:北京大学出版社,2000.

- 潘乃谷,潘乃和. 潘光旦文集Ⅱ. 北京:光明日报出版社,1999.
- 潘绥铭. 中国性现状. 北京:光明日报出版社,1995.
- 彭列库次克. 社会主义与进化论. 傅烈,译. 辛垦书店,1929.
- 彭珮云. 中国计划生育全书. 北京:中国人口出版社,1997.
- 彭立荣. 婚姻家庭大辞典. 上海:上海科学院出版社,1988.

Q

- 乔启明. 中国农村社会经济学. 上海:商务印书馆,1946.
- 钱挹青. 性医学. 上海:商务印书馆,1935.
- 钱智修,译. 妇女职业与母性. 上海:商务印书馆,1923.
- 青田由美. 最新结婚学. 陈适吾,译. 有正书局,1915.

R

- 冉昭德,陈直. 汉书选. 北京:中华书局,1962.
- 日本苏俄问题研究所译,张郁光,重译. 苏俄性教育的理论与实际. 上海:商务印书馆,1936.
- 阮芳赋. 性的报告. 北京:中医古籍出版社,2002.

S

- 沈约. 宋书(第七册). 北京:中华书局,1974.
- 沈钧儒. 家庭新论. 上海:商务印书馆,1923.
- 上海古籍出版社,法国国家图书馆. 法国国家图书馆藏敦煌西域文献 24 卷. 上海:上海古籍出版社,2002.
- 上海古籍出版社,法国国家图书馆. 法国国家图书馆藏敦煌西域文献 28 卷. 上海:上海古籍出版社,2004.
- 苏轼. 苏东坡集(六)· 苏东坡应诏集 · 策别十四. 上海:商务印书馆,1936.
- 苏轼. 苏东坡集(二)· 策问 · 国学秋试策问. 上海:商务印书馆,1936.
- 舒新城. 中国近代教育史资料(上、中、下册). 北京:人民教育出版社,1979.
- 司马光. 资治通鉴(四). 长沙:岳麓书社,1990.
- 孙中山. 三民主义建国大纲 · 民生主义. 上海:商务印书馆,1929.
- 孙中山. 孙中山选集. 北京:人民出版社,1981.
- 孙沫寒. 中国计划生育史稿. 长春:北方妇女儿童出版社,1987.

- 孙严予. 今日节育图解. 上海:出版者不详,1949.
- 孙严予. 最新避孕法. 上海:出版者不详,1948.
- 孙严予. 节育以优生. 上海:出版者不详,1949.
- 孙严予. 今日避孕法与节育谈. 上海:出版者不详,1949.
- 孙严予. 最新避孕法与性问题. 上海:人生社,1948.
- 孙严予. 今日避孕法与性心理. 上海:出版者不详,1949.
- 珊格尔. 家庭性教育实施法. 封熙卿,译. 上海:商务印书馆,1922.
- 珊格夫人. 女子应有的知识. 赵元任夫人,译. 上海:商务印书馆。1925。
- 桑格尔. 生育节制论. 戴时熙,编译. 上海:泰东书局,1923.
- 桑格. 性教育的示儿篇. 赵荫棠,译. 上海:北新书局,1929.
- 山额尔夫人. 节育主义. 陈海澄,译. 上海:商务印书馆,1925.
- 山格. 美乐之家. 宋学安,编译. 上海:出版协社,1927.
- 宋书功. 中国古代房室养生集要. 北京:中国医药科技出版社,1991.
- 宋兆麟. 中国生育信仰. 上海:上海文艺出版社,1999.
- 司托泼. 母性的爱. 张孝述,译. 大东书局,1933.
- 司托泼. 贤明的父母. 水宁人,译. 北京:北京新书局,1926.
- 司托泼. 儿童爱. 潘公展,译述. 上海:光华书局,1926.
- 守田有秋. 自由恋爱与社会主义. 周宪文,何孝怡,译. 新建设书店,1929.
- 史襄哉. 教育卫生学. 上海:中华书局,1933.

T

- 谭嗣同. 仁学. 印永清,评注. 郑州:中州古籍出版社,1998.
- 屠镇川. 健康教育. 上海:世界书局,1932.

V

- Vogel motulskyzy. 人类遗传学. 罗会元,主译. 北京:人民卫生出版社,1998.

W

- 王肃,注. 孔子家语//四库全书(695 册),上海:上海古籍出版社(影印),1987.
- 王充. 论衡. 上海:上海人民出版社,1974。
- 王先谦. 荀子集解. 北京:中华书局,1988。
- 王符. 潜夫论//四库全书(696 册). 上海:上海古籍出版社,1987.

- 王梵志. 王梵志诗校注. 项楚,校注. 上海:上海古籍出版社,1991.
- 王溥. 唐会要. 上海:上海古籍出版社,1991.
- 王栻. 严复集一册(上). 北京:中华书局,1986.
- 王逸慧,刘宗蕴. 避妊法. 中华医学杂志编辑部,1935.
- 王晓元. 民国名人与日本妻妾. 北京:作家出版社,2004.
- 王逸夫. 择偶艺术. 上海:上海卫生研究社,1946.
- 王先谦. 荀子集解(上). 北京:中华书局.
- 王声多. 马尔萨斯人口论述评. 北京:中国财政经济出版社,1986.
- 王晓丽. 中国民间的生育信仰. 北京:社会科学文献出版社,1999.
- 王旭东. 中国传统性医学. 南京:江苏科技出版社,1992.
- 王雪峰. 教育转型之镜——20 世纪上半叶中国性教育思想与实践. 北京:社会科学文献出版社,2006.
- 王东胜,黄明豪. 民国时期健康教育文集. 南京:江苏人民教育出版社,2008.
- 王君纲. 避妊新术. 上海:良友图书公司,1935.
- 汪士铎. 汪悔翁乙丙日记. 明斋丛刻,1936.
- 汪企张. 避孕法. 大东书局,1928.
- 卫生研究社. 实验避妊术. 大文书局、春明书店,1941.
- 吴志实. 走过云南. 北京:群言出版社,2002.
- 吴相湘. 晏阳初传 · 为全球乡村改造奋斗六十年. 台北:台湾时报出版有限公司,2001.
- 吴景超. 吴景超文集. 上海:复旦大学出版社,2002.
- 魏同贤. 冯梦龙全集 · 太平广记钞. 南京:江苏古籍出版社,1993.
- 魏收. 魏书(第四册). 中华书局,1974.
- W. L. Stowell. 性教育. Y D,译. 北京:北新书局,1926.

X

- 徐宗元. 帝王世纪辑存. 北京:中华书局,1964.
- 徐干. 中论 · 民数//四库全书(696 册). 上海:上海古籍出版社,1987.
- 徐光启. 徐光启集. 上海:上海古籍出版社,1984.
- 徐光启. 农政全书//四库全书(731 册). 上海:上海古籍出版社,1987.
- 徐傅霖,译. 生育节制论. 上海:中华书局,1922.

- 薛福成. 庸庵文外编//沈云龙. 近代中国史料丛刻(943 册). 台北:文海出版社,1973.
- 薛福成. 出使四国日记. 长沙:湖南人民出版社,1981.
- 谢德铣. 周建人评传. 重庆:重庆出版社,1991.
- 新文化编译社. 最新节育的精义和实施. 新文化编译社,1933.
- 许晚成. 男女避孕法. 国光书店,1938.
- 许仕廉. 人口纲要. 上海:中华书局,1934.
- 许仕廉. 中国人口问题. 上海:中华书局,1930.
- 夏晓虹. 晚清女性与近代中国. 北京:北京大学出版社,2004.
- 夏晓虹. 追忆康有为. 北京:中国广播电视出版社,1997.
- 夏晓虹. 追忆梁启超. 北京:中国广播电视出版社,1997.
- 夏南(T. W. Shannon). 性教育指南. 杜佐周,等,译. 上海:中华书局,1934.

Y

- 严复,译. 天演论. 冯君豪,注解. 郑州:中州古籍出版社,1998.
- 严复,译. 天演论(上卷)·汰蕃第九. 湖北沔阳慎始基斋,1898.
- 严仁英. 杨崇瑞——百年诞辰纪念. 北京:北京医科大学,中国协和医科大学联合出版社,1990.
- 严仁英. 实用优生学. 北京:人民卫生出版社,1986.
- 严与宽. 节育的理论与方法. 大东书局,1933.
- 杨群. 张竞生传. 广州:花城出版社,1999.
- 杨冠雄. 性教育法. 黎明书局,1930.
- 杨天宏. 基督教与民国知识分子. 北京:人民出版社,2005.
- 杨步伟. 杂记赵家. 北京:中国文联出版社,1999.
- 杨中新. 西方人口思想史. 广州:暨南大学出版社,1996。
- 亚里士多德. 政治学. 吴寿彭,译. 北京:商务印书馆,1983.
- 叶再生. 中国近代现代出版通史(第二卷). 北京:华文出版社,2002.
- 袁刚,孙家祥,任丙强. 杜威在华讲演集. 北京:北京大学出版社,2004.
- 俞凤宾. 性欲卫生篇. 上海:商务印书馆,1925.
- 易家钺. 家庭问题. 上海:商务印书馆,1920.
- 晏阳初. 晏阳初文集. 詹一之,编. 成都:四川教育出版社,1990.

- 于干,等. 鲁迅选集(第一卷). 成都:四川人民出版社,1983.
- 羽太锐治. 避妊要领. 式隐,译. 上海:妇女问题改造社,1932.

Z

- 朱熹. 四书五经. 北京:中国书店,1984.
- 朱有瓛,高时良. 中国近代学制史料(第四辑). 上海:华东师范大学出版社,1993.
- 朱有瓛. 中国近代学制史料(第二辑下册). 上海:华东师范大学出版社,1989.
- 朱采真. 废妾号. 杭州:浙江书局,1922.
- 朱振声.(最新实验)求孕与避孕. 上海:幸福书局,1933.
- 朱云平. 性教育概论. 上海:世界书局,1941.
- 张菊香. 周作人年谱. 天津:南开大学出版社,1985.
- 张申府. 罗素哲学译述集. 北京:教育科学出版社,1987.
- 张竞生. 张竞生文集(上、下卷). 广州:广州出版社,1998.
- 张竞生. 美的社会组织法. 北京:北新书局、北京大学出版部,1926.
- 张竞生. 美的人生观. 上海:中国印书局,1925.
- 张培忠. 文妖与先知. 北京:生活·读书·新知三联书店,2008.
- 张维庆. 中国计划生育概论. 北京:中国人口出版社,2000.
- 中山大学历史系孙中山研究室,等. 孙中山全集(一卷). 北京:中华书局,1981.
- 中国近代女性期刊汇编(二). 北京:线装书局,2007.
- 中国社会科学院历史研究所,等. 英藏敦煌文献第八卷(5641). 成都:四川人民出版社,1992.
- 中国社会学社. 中国人口问题. 上海:世界书局,1932.
- 中国社会科学院人口研究中心《中国人口年鉴》编辑部. 中国人口年鉴·1985. 北京:中国社会科学出版社,1986.
- 中国性科学百科全书编辑委员会,中国大百科全书出版社科技编辑部. 中国性科学百科全书. 北京:中国大百科全书出版社,1998.
- 中国大百科全书总编辑委员会《社会学》编辑委员会. 中国大百科全书·社会学. 北京:中国大百科全书出版社,1994.
- 中国大百科全书出版社《简明不列颠百科全书》编辑部,译编. 简明不列颠百科全书(6卷). 北京:中国大百科全书出版社,1995.
- 中国大百科全书出版社《简明不列颠百科全书》编辑部,译编. 简明不列颠百科全书(3 卷). 北京:中国大百科全书出版社,1995.
- 中国大百科全书出版社《简明不列颠百科全书》编辑部,译编. 简明不列颠百科全书(7 卷). 北京:中国大百科全书出版社,1995.
- 中国大百科全书出版社《简明不列颠百科全书》编辑部,译编. 简明不列颠百科全书(5 卷). 北京:中国大百科全书出版社,1995.
- 中国社会科学院近代史研究所翻译室. 近代来华外国人名辞典. 北京:中国社会科学出版社,1981.
- 中国大百科全书总编辑委员会《现代医学》编辑委员会. 中国大百科全书·现代医学Ⅰ. 北京:中国大百科全书出版社,1992.
- 中国国民党中央委员会. 中国国民党历次全国代表大会重要决议案汇编. 台北:中国国民党中央委员会党史委员会,1978.
- 中国国民党中央委员会党史委员会. 中国国民党历届历次中全会重要决议案汇编(二)·革命文献第 80 辑. 台北:中国国民党中央委员会党史委员会,1979.
- 中国国民党中央委员会党史委员会. 抗战建国史料——社会建设(一) 革命文献第 96 辑. 台北:中国国民党中央委员会党史委员会,1983.
- 中国健康学会. 健康性生命. 上海:健康生活社,1937.
- 中国人民政治协商会议全国委员会文史资料委员会《文史资料选辑》编辑部. 文史资料选辑第十九册. 北京:中国文史出版社,1989.
- 中国人民政治协商会议全国委员会文史资料委员会《文史资料选辑》编辑部. 文史资料选辑第三十五册. 北京:中国文史出版社,1989.
- 中国社会科学院近代史研究所中华民国史研究室. 胡适的日记. 北京:中华书局,1985.
- 中共中央马克思恩格斯列宁斯大林著作编译局. 马克思恩格斯全集第二十六卷(第二册). 北京:人民出版社,1973
- 中共中央马克思恩格斯列宁斯大林著作编译局. 马克思恩格斯全集第四十六卷(下册). 北京:人民出版社,1982.
- 中共中央马克思恩格斯列宁斯大林著作编译局. 马克思恩格斯全集第二十三卷. 北京:人民出版社,1972.
- 中共中央马克思恩格斯列宁斯大林著作编译局. 马克思恩格斯全集第一卷. 北京:人民出版社,1956.

- 中共中央马克思恩格斯列宁斯大林著作编译局. 马克思恩格斯全集第七卷. 北京:人民出版社,1959.
- 中外书局. 实验避妊法. 中外书局,1923.
- 泽田顺次郎. 两性生殖学. 吴瑞书,编译. 上海:新文编译社,1927.
- 泽田顺次郎. 妊娠避妊与育儿. 怀甡叔,译述. 上海:文明书局,1926.
- 赵璞珊. 中国古代医学史. 北京:中华书局,1997.
- 赵素珠. 情书指南. 上海:世界书局,1921.
- 钟叔河. 周作人文类编·5·上下身. 长沙:湖南文艺出版社,1998.
- 郑逸梅. 南社丛谈. 上海:上海人民出版社,1981.
- 郑振铎. 中国文学研究(上)——小说月报17卷号外. 上海:商务印书馆,1927.
- 郑思礼. 中国性文化:一个千年不解之结. 北京:中国对外翻译出版公司,1994.
- 左奇,严仁英. 杨崇瑞博士:中国妇幼卫生事业的开拓者. 北京:北京医科大学出版社,2002.
- 周建人,辑译. 进化和退化. 上海:光华书局,1930.
- 周建人. 性教育. 上海:商务印书馆,1930.
- 周建人,译著. 性与人生. 上海:开明书店,1927.
- 周尚. 性教育. 上海:商务印书馆,1940.
- 章锡琛. 新道德论集. 妇女问题研究会,1929.
- 瓒璋. 节育问题. 北平:传信书局,1937.

(二) 期刊论文

A

- A. M. Carr-Saunders. 人口过剩说的谬妄. 斐丹,译. 东方杂志,1931,28(21):34-36.

B

- 白公. 节制生育与优生问题. 女青年月刊,1931,10(2):15.
- 碧云. 奖励生育与节制生育. 女青年月刊. 1935,14(4):1-6.
- 伯珩. 日本的节育运动. 东方杂志,1933,30(3):24-26(妇).
- 白继忠. 我党延安时期关于节育问题的讨论. 西北人口,1985(1):22-27.

C

- 陈独秀. 马尔萨斯论与中国人口问题. 新青年,1920,7(4):1－9.
- 陈锦涛. 婚姻强种议(译美国医学报). 国闻汇编,1897,(3):1－2.
- 陈锦涛. 婚姻强种议. 国闻新报,1903,(上卷):72－73.
- 陈撷芬. 婚姻自由论. 女学报,1902,2(3):1－2.
- 陈海澄. 产儿制限运动. 学灯,1922－04－30 增刊。
- 陈海澄. 产儿制限运动. 妇女杂志,1922,8(6):135.
- 陈海澄. 会见山额夫人以后底杂记. 学灯,1922－05－17。
- 陈永生. 雷洁琼教授与二十世纪三十年代的节制生育. 民主,2006,(11):27－29.
- 陈永生,等. 20 世纪初叶中国的节制生育活动. 国际华夏医学,1999,3(1/2):6－7.
- 陈永生,张苏萌. 晚清西医学文献翻译的特点及出版机构. 中华医史杂志,1997,27(2):76－79.
- 陈永生. 清末民初我国学校性教育述略. 中华医史杂志,1993,23(1):6－11.
- 陈文联,黄娟. 张竞生的生育思想. 湖南城市学院学报,2005,26(6):11－13.
- 陈文联,杨发祥. 二十世纪三四十年代中国的节育论争与实践. 西南交通大学学报(社会科学版),2005,6(8):69－74.
- 陈文联. 近代中国"生育节制"思潮的历史考察. 中南大学学报,2007,13(2):174－180.
- 陈碧云. 现代妇女节育运动的解剖. 东方杂志,1933,30(15):1－5(妇).
- 陈鹤琴. 学生婚姻问题. 东方杂志,1921,18(4):101－102.
- 陈绍箕. 洪亮吉与马尔萨斯——两个学说的比较. 华年,1934,3(31):607.
- 陈长蘅. 再论人口政策与国家建设. 中山文化教育馆季刊,1936,3(3):749－769.
- 陈兼善. 优生学和几个性的问题. 民铎,1924,5(4):1－10.
- 陈友华. 关于生育政策调整的若干问题. 人口与发展,2008,14(1):24－35.
- 池田重彦,式甫. 以节育为习惯的妇人容易发生性的障碍. 健康生活,1934,2(3):133－134.
- 常道直.性教育概论.教育杂志,1923,15(8):28－29.
- 蔡鸿,戴芳渊.关于孕妇及产妇的忠告.妇女杂志,1929,15(11):17.
- 曹子实.婚姻论.中国教会新报,1872(192):6－7.
- 残疾应准离婚.香艳杂志,1915(8):7－8.
- 次行.关于我国人口之调查研究.东方杂志,1924,21(4):54－67.

D

- 达尔文天择论,达尔文物竞论,斯宾塞女权论.新明丛报.,1903－02－11.
- 东原.生育节制的实行问题.妇女杂志,1923,9(9):125.
- 董时进.在中国何以须节制生育.东方杂志,1936,33(5):115－120.
- 董平美.生育节制的理论和实际.东方杂志,1936,33(7):259－270.
- 戴世光.论我国今后的人口政策.新路,1948,1(5):3－9.
- 大晚.上海节育指导所鼓吹平民节育.妇女月报,1936,2(4):34.
- 大可.男人与女人.华年,1935,4(36):715－717.
- 杜荃.谁最先提出“生育节制”为基本国策.中华读书报,2000(4):10.
- 丁莉芳,杨东铭.试论桑格夫人的生育节制主义及对中国的影响.广西教育学院学报,1999(2):100－102.

E

- 伊凡,译.山额夫人及其节育运动.中华医学杂志,1936,22 (6):48.

F

- 凤子.女子解放与女子教育.妇女杂志,1924,10(11):1670－1671.
- 凤城蓉君.男女婚姻自由论.清议报,1901,(76):4819－4821.
- 方媚.大众医生沈骥英.女声,1942(7):16.
- 房福安.成府人口调查.社会学界,1927(1):145－182.
- 法妇人厉行避妊急坏了总统夫人.通俗医事月刊, 1920,2(3):61.

G

- 顾孟余.人口问题,社会问题的锁钥.新青年,1920,7(4):1－2.
- 公瑾.关于德国的强迫绝育律.东方杂志,1934,31(9):7－9(妇).
- 古公.性学 ABC.华年,1933,2(26):515－517.
- 格里康.爱情与健康.许敬卢,译.妇女杂志,1924,10(1):113－119.
- 高文辉.中国计划生育与西方节制生育的文化差异.河北师范大学

学报(社科版),1996,19(1):108 – 112.

- Gandhi and Mrs. Sanger Debate Birth Control. ASIA, 1936 (11): 698 – 702.
- 关威. 五四时期张竞生的妇女问题思想. 中华女子学院学报,2006,18(3):78 – 82.

H

- 黄嘉德. 中华健康协会的工作. 中华健康杂志,1941,3(4):1.
- 胡定安. 医学上的产儿制限观. 妇女杂志,1922,8(6):111 – 112.
- 黄卓,译. 一子制度. 家庭研究,1922,2(2):155 – 161.
- 黄厦千. 日本之人口问题. 东方杂志,1929,26(9):39 – 47.
- 黄公觉. 性教育概论. 教育杂志,1923,15(8):2.
- 贺伦特(W L Holland). 远东的人口问题及人口政策. 杨君易,节译. 华年,1937,6(19):368.
- 洪为溥. 中国谚语中的优生见解. 女青年月刊,14(5):51 – 61.
- 婚姻不自由之结果. 新小说,1905,2(2):174 – 175.

J

- 江学煇. 社说:女权平议. 妇女杂志,1918,4(8):4 – 7.
- 健孟. 妇人之力与产儿制限. 妇女杂志,1922,8(6):33.
- 建人. 珊格尔夫人自叙传. 妇女杂志,1922,8(6):9.
- 建人. 从男女的争斗说到生育节制. 东方杂志,1933,30(5):1 – 5(妇).
- 剑平. 斥马丁夫人的谬论. 人言周刊,1936,3(8):141 – 142.
- 金仲华. 亚洲之节育问题. 东方杂志,1934,31(1):7 – 11(妇).
- 金仲华. 节制生育与妇人生理的解放. 妇女杂志,1931,17(9):210.
- 静芝. 国际节育专家马丁夫人的演讲. 生活教育,1936,3(4):155.
- 介夫. 印度的生育节制问题. 东方杂志,1936,33(5):115.
- 教育部公报,1929.1(6):45 – 46.

K

- 克士. 珊格尔夫人的中国观察记. 妇女杂志,1922,8(10):44 – 45.
- 克士. 关于生育节制. 东方杂志,1935,32(5):92 – 93.
- 克士. 生育节制打胎和儿童公育. 东方杂志,1934,31(21):73 – 75.

L

- 陆费逵. 色欲与教育. 教育杂志,1911,3(9):1.

- 六无. 闺房秘物"她的友"为防止生产之灵药. 凌霄,1949(1):7.
- 廖国芳. 打倒山额夫人. 红玫瑰,1927,3(20):3.
- 履冰. 山额夫人在法之失败. 国闻周报,1927,4(43):3.
- 刘王立明. 妇女与节制生育. 东方杂志,1935,32(1):6(社).
- 刘秉麟. 欧战后之人口问题. 东方杂志,1924,21(14):74-79.
- 刘雪萍. 20 世纪 40 年代末中国节育运动初探. 妇女研究论丛,2008(3):49-52.
- 梁景和. 五四时期"生育节制"思潮述略. 史学月刊,1996(3):49-53.
- 兰安生. 节制生育与中国. 中华医学杂志,1936,22(5):354-355.
- 骆传华. 生育节制与中国前途. 女青年月刊,1933,12(3):14.
- 吕鉴萤. 苏联的生育节制. 东方杂志,1933,30(5):8-10(妇).
- 朗之余. 甘地与山额夫人对于节育问题的辩论. 东方杂志,1937,34(3):107-114.
- 林卫光. 自然节育法. 东方杂志,1936,33(21):124-125.
- 林历星. 人口问题与产儿制限. 妇女杂志,1931,17(8):2.
- 凌集熙. 中华妇女节制会年刊. 中华妇女节制会,1935:63-66.
- 离婚志始. 益闻录 1886,(577):315.
- 莲清,译. 辛克来论生育节制. 东方杂志,1935,32(5):93-96.
- Leonard Darwin. 论节制生育. 甘霖,译. 华年,1934,3(41):808-810.
- Leonard Darwin. 优秀分子与生育节制. 甘霖,节译. 华年,1935,4(9):169-171.
- 李剑华. 论节制生育问题. 现代妇女,1948(3):9-11.
- 李功. 桑格夫人与中国的节制生育. 人口战线,1992(4):27-30.
- 李伯重. 节制生育,控制人口增长:清代前中期江南人口问题探讨. 人口与计划生育,1996(3):15-20.
- 论中国治乱与人口之关系. 东方杂志,1907,4(7):129-131.
- 论中国治乱由于人口之众寡. 东方杂志,1904,1(6):115-120.
- 论天演与命运. 东方杂志,1907,4(9):168-170.
- 罗宏顺. 高生殖率的中国人口问题与民族前途. 东方杂志,1926,23(23):39-46.
- 罗齐南. 中山先生论人口问题之讨论. 现代评论,1926,3(72):

399－400.

- 恋爱自由会发起人启事. 社会世界,1912(5):122.

M

- Millard S. Everett. 节育的需要. 贺之,译. 女青年月刊,1935,14(9):31－40.
- 毛履亨,口述. 一个洋行职员的经历. 史林,2000(3):18.
- 梅花. 中国妇女没有自由:再斥马丁夫人的谬论. 人言周刊,1936,3(9):171.
- 梅华女士. 论"人口问题和节制生育". 人言周刊,1936,3(8):148.
- 美医学会承认节育医学事业. 中国红十字会月刊,1937(26):73.
- M. Hirsdhfeld 博士讲演两性病理学. 中华医学杂志,1931,17(4):421.
- 丏尊. 马尔萨斯的中国人口论. 东方杂志,1923,20(10):80－93.

N

- 鸟蛰庐,译述. 避妊之实行实为人种改善之妙策. 香艳杂志,1914(4):5－6.

P

- 潘光旦. 生育限制与优生学. 妇女杂志,1925,11(10):1561.
- 潘光旦. 中国之家庭问题征求答案. 学灯,1927－06－02,09,16.
- 潘光旦. 上海节育研究社缘起与宣言. 优生,1931,1(2):24.
- 潘光旦. 节育研究社最近工作. 优生,1931,1(5):4.
- 潘光旦. 北平妇婴保健会成绩. 华年,1933,2(49):963.
- 潘光旦. 中国之优生问题. 东方杂志,1924,21(22):15－32.
- 潘光旦. 消极优生学的重要(上). 华年,1937,6(4):69－70.
- 潘公展. 巴哥罗底两性教育观. 教育杂志,1920,12(10/11/12):1.
- 彭一湖. 论人口有增加于生活资料以上的恒常倾向. 新青年,1920,7(4):1－7.
- 彭家元. 中国边地之现状与移民. 东方杂志,1925,22(6):40－45.

Q

- 秋瑾. 诗词:勉女权. 神州女报,1907,1:1.
- 乔峰. 产儿制限论. 妇女杂志,1922,8(6):15.
- 乔启明. 中国乡村人口问题之研究. 东方杂志,1928,25(21):11－26.

- 乔启明. 中国农村人口结构及其消长. 东方杂志,1935,32(1):25－44(社).
- 瞿世英. 珊格尔夫人访问记. 妇女杂志,1922,8(6):4－5.

S

- 石川半山. 论女权之渐盛. 清议报,1900(47).
- 三无. 避妊我见. 妇女杂志,1920,6(12):1－7.
- 苏汝江. 中国节育运动史. 女青年月刊,1934,11(9):11－13.
- 山格夫人在纽约被逮. 女铎,1929,18(5):76－77.
- 桑原鹭藏. 中国人口问题. 何孝怡,译. 东方杂志,1928,25(1):79－85.
- 沈骥英. 北平节育诊所八百五十二例案之研究. 中华医学杂志,1936,22(5):358－360.
- 沈骥英. 节育事工之检讨. 中华医学杂志,1942,28(5):158－163.
- 颂芳. 上海节育研究社访问记. 西风,1941(3):244.
- 盛朗西. 性教育在新学制课程上的位置. 教育杂志,1923,15(8):13－14.
- 适隐. 周期禁欲避孕法. 东方杂志,1933,30(13):13－20(妇).
- 绥之. "节育主义"的感想. 人言周刊,1936,3(1):9－10.
- 上海市政府公报,1934(法规143):128－129.
- 上海特别市取缔医药广告暂行规则. 上海特别市政府公报,1944(40):15－16.
- 上海市卫生局医药宣传品管理规则. 上海市政府公报,1947,7(8):331－332.
- 上海节育会近讯. 上海医事周刊,1939,5(48):1.
- 上海节育研究社之目的. 上海医事周刊,1941,7(11):2.
- 上海节育研究社执委会开会记略. 上海医事周刊,1941,7(14):4.
- 上海节育研究社. 上海医事周刊,1940,6(41):2.
- 上海节育会近讯. 上海医事周刊,1939,5(48):1.
- 邵飘萍. 避妊问题之研究. 妇女杂志,1920,6(5):1－8.
- 史斑通在节育上的价值. 康健杂志,1937,5(3):29.
- 三岛通良. 学校卫生学. 汪有龄,译. 教育世界,1901(1):1(卫生).

T

- T. S. 人口论底学说变迁. 新青年,1920,7(4):1－12.

• 田贵銮. 北平节育指导所实况. 女青年月刊,1934,13(9):47 – 48.
• 唐铁康. 日本人口过剩与对华政策. 东方杂志,1924,21(15):150 – 152.

W

• 万国女权会巴黎开会之实况. 竞业旬报,1908 – 07 – 28.
• 吴泽霖. 怎样提倡节育运动. 华年,1933,2(40):736.
• 吴泽霖. 人口问题各论. 华年,1934,3(8):156.
• 王逸慧,刘宗蕴. 避妊法. 中华医学杂志,1934,20(8):1025 – 1084.
• 王逸慧. 节育委员会报告. 中华医学杂志,1937,23(5):635 – 636.
• 王成祖. 中国人口政策之商榷. 华年,1936,5(27):504 – 506.
• 王锡珍. 产儿制限与节欲. 妇女杂志,1922,8(8):117.
• 我天. 介绍几本可靠有用的节育书. 女青年月刊,1934,11(9):94.
• 无聊. 性博士挥扇讲性学(上). 北洋画报,1931(634):2.
• 周光煦. 法兰西人口问题之现在与将来. 东方杂志,1924,21(11):35 – 59.
• 味辛. 珊格尔夫人的"我子之性教育". 妇女杂志,1922,8(9):24.

X

• 夏敷文. 中国节育问题之探讨. 华年,1936,5(15):274.
• 啸云. 马丁夫人的妇女参政之批判. 女青年月刊,1936,15(5):1 – 5.
• 徐日洪. 中国之人口问题:答章柏庵先生节育怀疑. 人言周刊,1936,3(9):175.
• 辛. 郁达夫大谈子宫帽. 海派,1946(3):5.
• 新闻卫生实验区节制生育门诊. 上海医事周刊,1947,13(7):2.
• 许仕廉. 民族主义下之人口问题. 东方杂志,1926,23(16):30 – 36.
• 萧铮. 中国土地与人口问题再检讨. 东方杂志,1936,33(21):23 – 30.
• 谢元范. 关于中山先生论中国人口问题之我见. 现代评论,1926,3(62):198.

Y

• 月祺. 美国生育节制运动的消长. 东方杂志,1933,30(5):5 – 7(妇).
• 幼雄. 新马尔萨斯主义与性道德. 妇女杂志,1921,7(7):31.
• 幼雄,译. 世界人口增加之大势. 东方杂志,1926,23(23):47 – 53.

- 彦华. 如意袋. 小说丛报,1915(17):8-9.
- 远涛. 杜威博士论节育. 华年,1932,1(5):89.
- 伊凡,译. 山额夫人及其节育运动. 中华医学杂志,1936,22(6):478-484.
- 杨效春. 对于时论"中国人口问题"的总答辩. 东方杂志,1927,24(22):9-29.
- 杨崇瑞. 中国妇婴卫生工作之过去与现在. 中华医学杂志,1941,27(5):283-284.
- 杨彬如. 小学校的健康教育. 教育杂志,1926,16(11):1-3.
- 愈之. 长生论. 东方杂志,1917,14(7):109-113.
- 俞凤宾. 健康教育之提倡. 中华医学杂志,1923,9(4):303-306.
- 俞莲实. 民国时期关于"生育节制"的四大论战. 史林,2005(5):128-146.
- 亦敏. 优生和人类的遗传. 女青年月刊,1934,13(9):69.
- 狱生. 优生之社会观. 女青年月刊,1934,13(9):65.
- 叶正亚.《新文化》上的广告. 语丝,1927(124):75-79.
- 易家钺. 中国的性教育问题. 教育杂志,1923,15(8):17.

Z

- 张荫麟. 洪亮吉及其人口论. 东方杂志,1926,23(2):69.
- 张竞生. 性教育运动的意义. 新文化,1927,1(3):112.
- 张竞生. 人口与经济问题平议. 广东经济建设,1937(1).
- 张竞生. 第三种水与卵珠及生机的电和优生的关系. 新文化,1927,1(2):15-65.
- 张慰慈. 世界人口与粮食问题. 东方杂志,1925,22(2):16-23.
- 张苏萌,张丹红. 20 世纪前叶我国卫生(健康)教育机构的发展概况. 中华医史杂志,2001,31(4):242-246.
- 张苏萌,张丹红. 近代以健康教育为书名的著作述评. 中华医史杂志,2003,33(1):51.
- 张慧慧. 女权报宣言. 女权,1912(1).
- 张梓生. 珊格尔夫人在上海家庭日新会的讲演. 妇女杂志,1922,8(6):132-134.
- 张菘年. 罗素与人口问题. 新青年,1920,7(4):1-10.
- 章柏庵."节育"的怀疑. 人言周刊. 1936,3(4):68.

- 章柏庵.“遗传”与“节育”——兼答徐日洪先生.人言周刊,1936,3(11):206-207.
- 章锡琛.读陈兼善先生的“优生学和几个性的问题”.民铎,1925,5(4):1-11.
- 章锡琛.新女性与性的研究.新女性,1927,2(3):6-10,
- 仲华.百年来节育运动纷忧的历史观.妇女杂志,1929,15(11):31.
- 知新,琴宗,编译.无痛安产法.妇女时报,1916,(22):7-9.
- 周建人.珊格尔夫人自叙传.妇女杂,1922,8(6):9.
- 周建人.性教育运动的危机.新女性,1927,2(2):135.
- 周建人.善种学的理论与实施.东方杂志,1921,18(2):56-64.
- 周建人.读中国之优生问题.东方杂志,1925,22(8):15-22.
- 周建人.恋爱选择与优生学.妇女杂志,1925,11(4):597-603.
- 周熚昭.评张竞生美的性欲.新女性,1927,2(5):543-552.
- 周钟慧卿.为什么要办节育指导所.中华妇女节制协会年刊,1934:32-40.
- 周光煦.法兰西人口问题之现在与将来.东方杂志,1924,21(11):35-59.
- 中国人民大学统计学系.戴世光教授在京逝世.应用概率统计,2000,16(2):224.
- 中华医学会模范卫生处消息.上海医事周刊,1939,5(40):1.
- 钟毅.离婚不是羞耻事.崇明旅沪学生会杂志,1922(2):118-119.
- 喆生.产儿制限各面观.妇女杂志,1922,8(6):104.
- 专制婚姻弊.半星期报,1908(18):37.
- 志厚.教育上之色欲问题.教育杂志,1914,6(12):1-4.
- 梓生.珊格尔夫人东来的影响.妇女杂志,1922,8(6):35.
- 众生.谈谈山额夫人.女青年月刊,1936,15(3):31.
- 竹中繁.日本的产儿制限运动.妇女杂志,1931,17(9):73-75.
- 翟淑慧(L. M. Disosway).一个教会医师对于节制生育的意见.中华医学杂志,1936,22(5):356-358.
- 朱宪彝.节育法.中华医学杂志,1929,15(2):204-206.